Guido Knopp

Geheimnisse des »Dritten Reichs«

Guido Knopp

Geheimnisse des »Dritten Reichs«

In Zusammenarbeit mit Alexander Berkel, Anja Greulich, Ricarda Schlosshan, Mario Sporn, Thomas Staehler, Uli Weidenbach

Redaktion: Mario Sporn

C. Bertelsmann

MIX
Papier aus verantwortungsvollen Quellen
FSC® C014496

Verlagsgruppe Random House FSC-DEU-0100
Das für dieses Buch verwendete
FSC®-zertifizierte Papier *Munken Premium Cream*
liefert Arctic Paper Munkedals AB, Schweden.

1. Auflage

Umschlaggestaltung: R·M·E Roland Eschlbeck und Rosemarie Kreuzer
Bildredaktion: Dietlinde Orendi, Annette Mayer
Layout, Satz und Repro: Uhl + Massopust, Aalen
Druck und Bindung: GGP Media GmbH, Pößneck
Printed in Germany
ISBN 978-3-570-10106-3

www.cbertelsmann.de

Inhalt

Vorwort

Die NS-Zeit hat nur zwölf Jahre gedauert, und doch wird sie auch künftig die Wahrnehmung deutscher Geschichte entscheidend prägen. Terror, Völkermord und Weltkrieg gingen von Hitlers Deutschland aus. Die Generationen, welche die NS-Zeit noch bewusst erlebt haben, existieren bald nicht mehr. Noch aber ist es möglich, von Zeitzeugen Aufschlussreiches über die Vergangenheit zu erfahren.

Die Wissenschaft hat sich lange mit grundlegenden Fragen zur NS-Zeit beschäftigt. Sie wendet sich nun Aspekten zu, die bislang weniger Beachtung fanden. Vieles ist noch immer rätselhaft und unbegreiflich. Da trifft es sich gut, dass Archive, die bis heute verschlossen waren, ihre Bestände öffnen, dass es immer wieder zu Film- und Dokumentenfunden kommt, die kaum einer für möglich gehalten hätte.

In diesem Kontext entstand dieses Buch. In sechs Kapiteln richtet es den Blick auf ungeklärte Ereignisse, neue, verblüffende Forschungsergebnisse und nicht zuletzt auf das Interesse aller an den ungelösten Fragen der Geschichte – an Geheimnissen des »Dritten Reichs«. Fakten, die damals nicht bekannt werden durften. Und Fakten, die erst heute erschlossen werden können.

Familie Hitler

Zum Hitler-Kult gehörte auch der von der NS-Propaganda gehegte Nimbus vom Propheten, der gleichsam aus dem Nichts in die Geschichte trat. Die wahre Herkunft des Diktators und seiner Familie hatten keinen Platz im Bild des selbst ernannten »nationalen Erlösers«. Mit pedantischer Konsequenz ließ der NS-Führer seine mehr als schillernden Familienverhältnisse verschleiern. Und doch drohten sie den allenthalben propagierten Wahn von »makelloser« Herkunft ausgerechnet an seinem Beispiel ad absurdum zu führen. Je mehr der Agitator des Rassenwahns im politischen Rampenlicht stand, desto lauter fragten NS-Gegner nach der Herkunft des politischen Aufsteigers, desto mehr wuchs die Furcht vor Denunziation, denn den lückenlosen Nachweis über den Stammbaum, den er von allen Deutschen abforderte, konnte Hitler selbst nicht erbringen. Nach der »Machtergreifung« fiel es dem NS-Diktator leichter, zu diktieren, was »sein Volk« wissen durfte und was nicht. Welche Anstrengungen Hitler unternahm, die Spuren zu verwischen, zeigt dieses Buch. Die Herkunftsorte seiner Vorfahren im sogenannten Waldviertel wurden nach dem »Anschluss« Österreichs für die Errichtung eines Truppenübungsplatzes platt gewalzt. Dennoch hielt er ständigen Kontakt zu seiner Familie – vor allem, um sie unter Kontrolle zu haben. Ein Aktenfund belegt, dass der Rassenwahn auch vor der eigenen Familie nicht haltmachte. Hitlers Großcousine Aloisia Veit wurde Opfer der »Euthanasie«-Morde, sie starb Ende 1940 in einer Gaskammer. Dieses Buch präsentiert eine Vielzahl bislang unbekannter Dokumente, persönlicher Aufzeichnungen, die überraschende Einblicke in Hitlers familiären Hintergrund gewähren, darunter ein seit 40 Jahren verschollenes Manuskript von Adolf Hitlers Schwester Paula, ein umfangreiches FBI-Dossier und Hitlers Abstammungsakten, und nicht zuletzt schildern Nachkommen der Familie Hitler, was es heißt, heute im Schatten des Diktators zu leben.

Legende Rommel

Der von Hitler entfesselte Weltkrieg prägte beispiellose militärische Karrieren. Manche davon wurden zum Mythos. Erwin Rommel kämpfte an vielen Fronten, nicht nur in Afrika. Seine Legende währte weit länger als das Reich, dem er zu dienen glaubte. Auf dem Höhepunkt seiner Erfolge ersetzte sein Ruf, so schien es, ganze Divisionen. Zum Dank beförderte ihn Hitler zum damals jüngsten Feldmarschall der Wehrmacht. Dann kamen die Niederlagen, am Ende stand das Zerwürfnis.

Inzwischen mehren sich die Stimmen, welche die Fassade vom »ritterlichen Krieg«, den Rommel in Afrika geführt habe, bröckeln lassen: So gilt er bis heute als fürsorglicher, bei seinen Soldaten beliebter Feldherr. Doch tatsächlich forderten seine aggressiven Vorstöße auch hohe Verluste. Ein überzeugter Nazi sei »Hitlers Lieblingsgeneral« gewesen, sogar ein »Kriegsverbrecher«, meinen manche Kritiker.

Dem wahren Rommel werden solche Überzeichnungen ebenso wenig gerecht wie alle Anflüge von Heroisierung der vergangenen Jahrzehnte.

Wie viele führende Offiziere verschloss auch er zunächst die Augen vor dem wachsenden Terror der Nazis. Unter Führung ihrer Generalität war die Wehrmacht vom ersten Tag an ein verlässliches Instrument des Vernichtungskriegs. Im Spannungsfeld zwischen Gehorsam und Gewissen, Verdrängung und Protest zog sich Rommel bis in den Sommer 1944 ganz auf seine militärische Funktion zurück. Doch wie kaum ein zweiter General hat er nachweislich verbrecherische Befehle unterbunden. Ob er tatsächlich im Juli 1944, vor dem Attentat auf Hitler, davon wusste und sich am Ende gar mit den Plänen der Verschwörer einverstanden erklärte, dafür liefert dieses Buch neue wichtige Hinweise. Sicher ist jedoch eines: Erwin Rommel wusste genug von der Verschwörung, um dafür mit dem Leben zu bezahlen.

Hitlers Geld

Die von Hitler selbst gestrickte Legende vom asketischen, opferbereiten, selbstlosen »Führer« im Dienste seines Volkes, der sogar auf sein Gehalt als Reichskanzler verzichtet habe, ist so langlebig wie falsch. Dem NS-Agitator öffneten sich viel früher und umfassender üppige Geldquellen als noch lange nach dem Ende der NS-Zeit angenommen. Er hatte finanziell potente Gönner, nicht nur im In-, sondern auch im Ausland. Ohne Korruption, Willkür und mächtige verheimlichte Geldgeber wäre Hitlers Weg zur Macht nicht vorstellbar gewesen. Heute lässt sich nachweisen, wie ungeniert sich Hitler bediente und bedient wurde. Als er 1945 Selbstmord beging, war er ein schwerreicher Mann. Schon zu Beginn seiner »Karriere« verfügte der NS-Agitator über genügend Einkünfte – wohlhabende Gönner aus der Industrie finanzierten ihn heimlich. Als er an der Macht war, schien der Geldstrom kein Ende mehr zu nehmen: Acht Millionen Reichsmark flossen als Tantiemen für sein Buch *Mein Kampf* – das Machwerk wurde vom Staat als Geschenk an alle Neuvermählten überreicht. Anteile am Verkauf von Briefmarken mit Hitlers Porträt, Einnahmen von Fotos, auf denen er abgebildet war, Erbschaften von Parteigenossen – all das wanderte in die Schatulle des Reichskanzlers und »Reichspräsidenten«, der zudem ab 1934 für beide Ämter Vergütungen kassierte. Schon früh wurde er auch aus dem Ausland unterstützt – etwa von Henry Ford, der ab 1922 spendete. Später überwiesen auf Geheiß des US-Industriellen die deutschen Ford-Werke jährlich 50 000 Mark als Geburtstagsgeschenk auf Hitlers Privatkonto. Zahlreiche deutsche Großunternehmen, die mit Zuwendungen die Gunst des »Führers« erkaufen wollten, bemühten sich nach dem Krieg, kompromittierende Spuren zu verwischen. Wer gehörte alles zu den Spendern? Für welche Zwecke nutzte der Diktator sein Geld? Und wo ist sein Vermögen nach dem Krieg geblieben? Dieses Buch zeigt, wie Hitlers Reich zu einem kaum entwirrbaren System von Korruption und Bereicherung geriet, in das auch Parteigänger und führende Militärs eingebunden waren.

Himmlers Wahn, Himmlers Schuld

Heinrich Himmler: Reichsführer SS, Polizeichef, Reichsinnenminister, Heerführer.

Hitlers mächtigster Paladin gibt bis heute große Rätsel auf. Warum ließ Himmler heimlich nach Hexen forschen? Erteilte er und nicht Hitler den Befehl zum Judenmord, wie Forscher heute vermuten? Und welche Rolle spielte die mysteriöse Geliebte, mit der er jahrelang ein geheimes Doppelleben führte?

In einem Barockschloss in Niederschlesien machte 1945 ein Bibliothekar einen unglaublichen Fund: Überreste des von Heinrich Himmler 1935 erteilten »Hexen-Sonderauftrages des Reichsführers SS« – 3621 Mappen, bestehend aus 30 000 Karteibögen. Neuere Forschungen zeigen: Sie waren Teil eines streng geheimen Plans Himmlers, der auf nichts weniger abzielte als die Zerstörung des Christentums.

Heinrich Himmler war ein Spätzünder. Seinen ersten sexuellen Kontakt hatte er mit 27, als er die sieben Jahre ältere Margarete Boden kennenlernte. Ein Jahr später wurde geheiratet, doch die Leidenschaft kühlte schnell ab. 1937 trat eine neue Frau in Himmlers Leben: Hedwig Potthast, seine persönliche Sekretärin. Die Romanze blieb geheim. Für Himmler aber war selbst das Private immer auch politisch. In Anlehnung an germanische Sitten gab er sich überzeugt, dass »rassisch einwandfreie« SS-Männer das Recht auf eine Zweitfrau hätten. Hedwig Potthast brachte zunächst einen Jungen, 1944 eine Tochter zur Welt. Auch seine SS-Leute ermutigte er, für Nachwuchs zu sorgen – innerhalb und außerhalb der Ehe –, ganz im Sinne des Ziels eines Großdeutschen Reichs mit 120 Millionen Menschen, das sich vom Atlantik bis zum Ural ausdehnen sollte. Wohin aber mit den Menschen, die bereits im Osten lebten?

Jahrzehntelang haben Forscher in aller Welt nach einem Befehl Hitlers für den Holocaust gesucht. Ein entsprechendes Dokument wurde nie gefunden. Doch war es überhaupt Hitler, der den Befehl gab? Oder war ein anderer am Werk? Heinrich Himmler? War der Judenmord für Himmler gar nicht Zweck, sondern nur Mittel zum Zweck, seine eigene Macht im »Dritten Reich« auszubauen? Eigenmächtig reiste Himmler nach dem Überfall auf die Sowjetunion im Sommer 1941 zu den SS-Mordkommandos in die eroberten Gebiete. Überall dort, wo er auftauchte, gingen diese SS-Einsatzgruppen dazu über, unterschiedslos jüdische Männer, Frauen und Kinder umzubringen – der Beginn des Holocaust. Die Ermordeten sollten Platz machen für deutsche Siedler. Himmler wollte ganz allein verantwortlich sein für die »Germanisierung« der besetzten Gebiete – durch blutige »ethnische Säuberungen«. Diese Siedlungspläne scheiterten vollständig, doch den als Vorstufe begonnenen Völkermord an den Juden führte er fast bis zum Kriegsende weiterhin durch – mechanisch, systematisch, gründlich.

Hitlers Frauen

Frauen hatte Hitler unglücklich gemacht. Er hat sie nie geachtet. Einige begingen Selbstmord wegen ihm, andere versuchten sich umzubringen. Er wurde geliebt, doch lieben konnte er nicht. Er war nicht glücklos, aber glücksfeindlich. Er mochte Frauen, die ihm unterlegen waren, Mädchen-Frauen, die um Himmels willen nicht zu widersprechen hatten: »Es gibt nichts Schöneres, als sich ein junges Ding zu erziehen: ein Mädchen mit achtzehn, zwanzig Jahren, das biegsam ist wie Wachs.« Frauen hatten ihm zu dienen, aber keine Ansprüche zu stellen. Wenn sie ihm zu nahe kamen, ließ er sie, am ausgestreckten Arm, seelisch verhungern. Er hatte Angst, sich einem Menschen, einer Frau, zu öffnen. Bindung, etwas von sich preiszugeben? Nein, er brauchte die Distanz. Er hatte etwas zu verbergen.

Maria Reiter wollte sich umbringen, Geli Raubal tat es, ebenso Unity Mitford. Eva Braun hat es zweimal versucht. Und doch war sie die wirkliche verheimlichte Geliebte, die ihm bis zum bitteren Ende folgte. Und sie allein war keineswegs nur die naive unpolitische Gespielin, die dem Kriegsherrn und Verbrecher jene Scheinidylle gab, die er begehrte. Eva Braun war nicht nur Zeugin, sie war überzeugt.

Speers Täuschung

Albert Speer, der Baumeister und Aufrüster, gab der braunen Ideologie monumentale Formen in Stein und Beton. Im Gefolge des Tyrannen erlebte Speer als junger Architekt einen rasanten Aufstieg. Mitten im Krieg stieg er auf zum Manager der Rüstungswirtschaft. Hitler war begeistert von der Arbeit seines Ziehsohns, der für ihn die »Welthauptstadt Germania« erbauen sollte. Beim Nürnberger Prozess verheimlichte Speer, wie er auf Kosten Hunderttausender von Zwangsarbeitern und KZ-Häftlingen Hitlers »Rüstungswunder« zu erreichen suchte. Zeit seines Lebens bestritt Speer, vom Holocaust gewusst zu haben – eine Lebenslüge. Erst lange nach dem Krieg wurde bekannt, wie sehr der Aufrüster tatsächlich in die Verbrechen des Regimes verstrickt war. Wäre den Nürnberger Richtern schon seinerzeit das ganze Ausmaß bekannt gewesen – sie hätten wohl auch ihn zum Tode verurteilt. So belegt etwa ein jüngst entdecktes Schreiben Speers an SS-Chef Himmler vom 2. September 1941, dass das Konzentrationslager Natzweiler im Elsass in erster Linie auf seine Initiative errichtet wurde. Natzweiler lieferte Steine für Speers Bauprojekte. Nach seiner Entlassung aus der Haft machte der Architekt Karriere als Bestsellerautor über die Geschichte jenes Reichs, dem er so effizient wie überzeugt gedient hatte. 25 Jahre nach seinem Tod geriet Albert Speer noch einmal in die Schlagzeilen, als im Frühjahr 2006 ein Bild versteigert wurde, dessen Herkunft sich bis in seine angeblich verbrannte Kunstsammlung zurückverfolgen ließ. Diese eher zufällige Entdeckung brachte Licht in ein bis dahin völlig unbekanntes Kapitel der Speer-Biografie: Dass er sein »zweites Leben« inklusive einer langjährigen heimlichen Geliebten in London auch mit Erlösen aus dem Verkauf geraubter jüdischer Kunst bestritt, ist ein Geheimnis, das erst jetzt gelüftet wird.

Wie viele weitere Geheimnisse das »Dritte Reich«, diese dunkelste Epoche der deutschen Geschichte, noch für uns bereithält, wird die Zukunft zeigen.

Familie Hitler

> **Der Mensch, der Millionen von Menschen dem Tod überantwortete, weil sie von »schlechtem Blute« oder weil sie »sozial lebensunwert« waren, war selbst von unklarer Abkunft.**
>
> Walter Görlitz, Historiker

Diese Leute dürfen nicht wissen, wer ich bin, sie dürfen nicht wissen, woher ich komme und aus welcher Familie ich stamme!« In der Stunde seines ersten großen Triumphs fürchtete Adolf Hitler nichts mehr als unangenehme Enthüllungen. Bei der Reichstagswahl im September 1930 war seine Partei durch erdrutschartige Gewinne zur zweitstärksten Fraktion im deutschen Parlament aufgestiegen – ganz Deutschland wollte nun mehr über den Führer der NSDAP wissen. Doch um sein Privatleben hatte Hitler bis dahin konsequent den Mantel des Schweigens gehüllt. Der selbst geschaffene Mythos des Propheten, der aus dem Nichts in die Geschichte getreten sei, um Deutschland zu retten, musste um jeden Preis verteidigt werden. Aber im Herbst 1930 war diese Vorstellung bedroht. Im Wahlkampf und in seinen Pamphleten hatte er offensiv mit Parolen von »Rasse« und »Reinheit« geworben – kein Wunder, dass Journalisten und NS-Gegner schon bald begannen, unangenehme Fragen nach der persönlichen Herkunft des politischen Aufsteigers zu stellen. Sogar in der eigenen Partei gab es seit dem Beginn seiner Karriere Spekulationen über eine angeblich jüdische Abstammung Hitlers. Und dann war da noch dieser lästige Verwandte aus England, William Patrick Hitler, ein Neffe, der ihn zu erpressen drohte. Der Erfolgspolitiker Adolf Hitler begann zu spüren, dass die Familie ihm gefährlich werden konnte.

Hitlers Ahnentafel

Auf der Familiengeschichte des Rassenfanatikers lag der Schatten einer ungeklärten Herkunft, der Verdacht von Inzest und Polygamie haftete an seinen Vorfahren. Wie sah es mit Hitlers eigenem Stammbaum aus, entsprach er überhaupt den Anforderungen der Nazi-Ideologie? Vor der Antwort auf diese Fragen hatte Hitler Angst. In seinem Pamphlet *Mein Kampf* hatte er die eigene Herkunft bewusst verschleiert und in nur einem einzigen Satz auf seine Eltern reduziert, dabei nicht einmal seine Geschwister erwähnt. Nun setzte man dem Zuwanderer aus Österreich mit immer drängenderen Fragen nach seiner eigenen Herkunft zu. Hitler befürchtete, in Deutschland an der eigenen Familiengeschichte zu scheitern. Was er in dieser prekären Situation benötigte, war ein unanfechtbares Gutachten.

»Es gereicht mir zur außerordentlichen Genugtuung, daß ich durch diese meine Arbeit die einwandfreie Widerlegung der verschiedenen böswilligen Ausstreuungen über die Abstammung des Herrn Reichskanzlers der breiteren Öffentlichkeit bekanntmachen konnte.«

Karl Friedrich von Frank, Brief an Hitlers Privatsekretär Rudolf Heß, 1933

Der Österreicher Karl Friedrich von Frank, ein erfahrener Ahnenforscher und NS-Sympathisant, bot seine Dienste an. Monatelang durchforstete er Kirchenbücher und Akten und hatte schließlich mehr als 1200 Dokumente zusammen, aus denen er ein

Der Sohn Franks führte mich in eine geheime Kammer, die in der Bibliothek des Schlosses hinter einem Regal verborgen war. Dort zeigte er am Ende des Ganges auf einen Packen aus hunderten völlig mit Schmutz und Schimmel miteinander verbackenen Dokumenten. Nach ersten vorsichtigen Untersuchungen wurde mir klar, daß vor mir das gesamte geheime Grundlagenmaterial von Franks Forschungen über Hitlers Abstammung lag.

Florian Beierl, Historiker, über seine Entdeckung der Frank-Akten

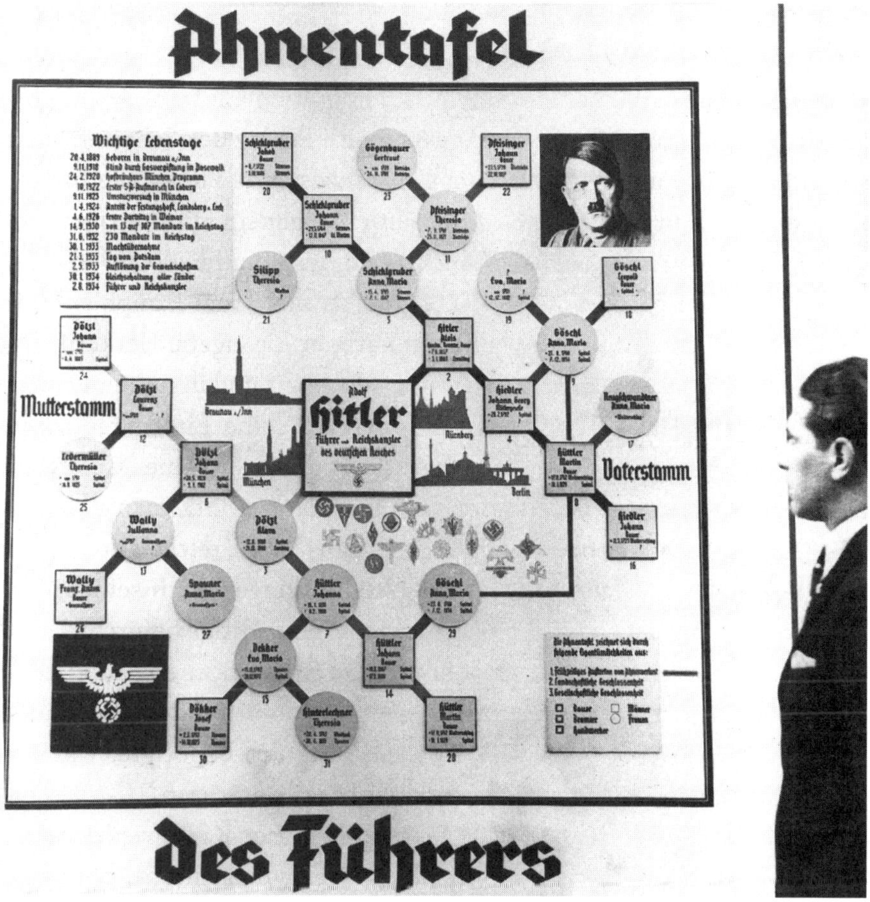

»Schatten einer ungeklärten Herkunft«: Der offizielle Stammbaum Hitlers wies einige Ungereimtheiten auf.

umfassendes genealogisches Gutachten erstellte. Franks geheime Unterlagen über die Herkunft Hitlers galten lange Zeit als verloren, denn der Ahnenforscher hatte dem NS-Führer nur die fertige Ahnentafel übergeben, das gesamte Grundlagenmaterial aber für den persönlichen Gebrauch zurückbehalten.

Dieses Material hatte das Kriegsende in einem Abwasserschacht in Franks Schloss Senftenegg in Niederösterreich überstanden und wurde vor einigen Jahren von dem Historiker Florian Beierl wiederentdeckt: Vieles, was die Dokumente offenbarten, war der Forschung bereits bekannt, doch so akribisch und umfassend wie Frank hatte noch niemand die genauen Details der Genealogie von Hitlers Vorfahren nachgewiesen. Zu diesem Schluss kam 1932 auch Hitler selbst. Das Gutachten lieferte ihm die dringend benötigte »saubere« Herkunft, und in einem Dankesschreiben an den Forscher formulierte er: »Soweit meine Schwester und ich es beurteilen können, stimmt sie durchaus.« Endlich, so glaubte Hitler, hatte er das passende Mittel, um alle Zweifler zum Schweigen zu bringen, und ließ die Ahnentafel in Druck geben. Doch das Gegenteil war der Fall.

Der jüdische Hitler

Die Gegner Hitlers schauten jetzt noch genauer hin und entdeckten im Stammbaum unter der Nr. 45 eine Katharina Salomon. Süffisant kommentierten die Gazetten »der wiederholt... auftauchende Familienname Salomon« könne doch »nicht bedenkenlos als deutscher Name anerkannt werden. ... Zum mindesten gehört es nicht zu den Gepflogenheiten Adolf Hitlers und seiner Anhänger, diesen Namen ohne weiteres als deutschen Namen aufzufassen.«

Die Historikerin Brigitte Hamann hat die Frühgeschichte Hitlers intensiv erforscht und misst der Veröffentlichung von Hitlers Ahnentafel eine besondere Bedeutung bei: »Das Auftauchen dieses jüdisch klingenden Namens war der Auftakt zu heftigsten Spekulationen über eine angebliche jüdische Abstammung Hitlers. Ausgerechnet aber in diesem Punkt machte der Genealoge offenbar einen Fehler.« Zwar korrigierte Frank seinen »Fehler« umgehend und ersetzte im Sonderdruck »Ahnentafel berühmter Deutscher« die Katharina Salomon durch eine »Maria Hamberger«, doch das machte die Sache nur noch schlim-

»Der braune Hitler mit dem gelben Fleck!«

Überschrift des *Österreichischen Morgenblattes* vom 13. Juli 1932

Die Legende von angeblichen jüdischen Vorfahren Hitlers ging sogar in die wissenschaftliche Literatur ein. Heute weiß man aber, dass es keine ernst zu nehmenden Hinweise für jüdische Vorfahren in Hitlers Familie gibt.

Brigitte Hamann, Historikerin

V. b. b.

Österreichisches Abendblatt

Preis 10 Groschen

Schriftleitung und Verwaltung: Wien, 9. Bez., Canisiusgasse 8–10. Fernruf R-50-5-20 Serie. Anzeigenabteilung: 1. Bez., Singerstraße 1. Fernruf R-21-5-21.

1. Jahrgang | Freitag den 14. Juli 1933 | Folge 82

In letzter Stunde:

SA.-Verbrecher an Oesterreichs Grenze verliert Revolver der Münchner Polizeidirektion

*

Frau Matuschkas letzte Fahrt

Morgen: SA.-Aufmarsch an der Grenze

Sensationelle Spuren der Juden Hitler in Wien

Ein voller Erfolg unserer Nachforschungen — Gräber auf dem jüdischen Friedhof — Rosalie Hitlers hebräisches Kochbuch — Neue Matrikelauszüge und photographische Belege

Abdruck, auch auszugsweise, nur mit Quellenangabe gestattet, sämtliche Bilder copyright by Vaterländischer Presseverein Wien, I. [illegible] 6.

Seit Mittwoch abends, seitdem im „Oesterreichischen Abendblatt" die ersten Mitteilungen über die Zusammenhänge der jüdischen Familie Hitler mit der Familie Adolf Hitlers erschienen sind, steht Wien im Zeichen unserer sensationellen Enthüllungen. Aber nicht nur Wien, nicht nur Oesterreich steht im Zeichen dieser beispiellos aufsehenerregenden Berichte: Die gesamte Weltpresse widmet seitenlange Artikeln unseren Enthüllungen.

Der Nazi hat sich natürlich angesichts unserer Enthüllungen eine wahre Panik bemächtigt. Nicht nur, daß sie es durch Drohungen und Einschüchterungen versucht haben, das Erscheinen weiterer Artikel und Photographien zu inhibieren — sie haben in ihrer, mit Ausschluß der Oeffentlichkeit erscheinenden Presse auch alle möglichen dummdreisten, von Unwissenheit und planmäßiger Entstellung strotzenden Artikel veröffentlicht. Wir reagieren auf diese kindischen Wutausfälle nicht weiter. Interessant ist bloß, daß die Nazi die Verbindung der Judenfamilie Hitler mit Wien und Oesterreich anzweifeln. Der nachstehende Bericht, in dem der Nachweis für die

Die Gräber der Hitler auf dem Zentralfriedhof (israelitische Abteilung)

»Der Jude Hitler«?: Reißerisch aufgemachte Zeitungsberichte über angebliche jüdische Vorfahren Adolf Hitlers erwiesen sich bald als unzutreffend.

mer. Denn »als endlich 1933 die von Frank korrigierte und erweiterte Ahnentafel erschien – ohne den Namen Salomon –, verstärkte dies nur die Vermutungen, dass hier etwas absichtlich vertuscht werde«. Etliche Reporter machten sich nun auf die Suche nach jüdischen Hitlers. Im Juli 1933 kündigte eine Wiener Zeitung unter der Schlagzeile »Sensationelle Spuren der Juden Hitler in Wien« neue Enthüllungen an und präsentierte Fotos mit jüdischen Grabsteinen, auf denen sich Namen wie Hüttler oder Hiedler fanden. Und kurze Zeit später druckte dieselbe Zeitung unter der Schlagzeile »Hitlers Judentum notariell bestätigt!« den Stammbaum einer Familie Hiedler aus dem tschechischen Polna ab. Obwohl die Behauptungen keiner Überprüfung standhielten, blieben sie nicht ohne Wirkung und bereiteten dem Kanzler Hitler weiter Kopfzerbrechen. Eine Spur, die von den Journalisten damals nicht entdeckt wurde, konnte jetzt durch Dokumente aus den Archiven der amerikanischen Einwanderungsbehörden belegt werden. Damals lebten tatsächlich jüdische Hitlers in Österreich. Ihre Namen finden sich auf zahlreichen Passagierlisten der Auswandererschiffe, die zwischen 1895 und 1923 New York erreichten. Beweise für eine Verwandtschaft dieser Auswanderer mit Adolf Hitler konnten auch heute nicht gefunden werden, allerdings hätten diese Dokumente damals für reichlich Wirbel gesorgt und Hitler Schwierigkeiten bereitet.

Bis heute halten sich hartnäckige Gerüchte über eine angebliche jüdische Herkunft Hitlers, doch konnte die Wissenschaft mittlerweile zweifelsfrei nachweisen, dass es keine Beweise für jüdische Vorfahren von Adolf Hitler gibt.

Eine zweifelhafte Legitimation

Der falsche Name Salomon in Hitlers Ahnentafel war nicht das einzige unbekannte Detail, das die Abstammung des »Führers« infrage stellte. Vor allem die Herkunft von Hitlers Vater Alois war nebulös. Der war unehelich geboren und trug bis zu seinem 39. Lebensjahr den Namen seiner Mutter: Schicklgruber. Erst dann wurde er nachträglich legitimiert und ein gewisser Georg Hiedler als sein Vater eingetragen. Von diesem Zeitpunkt an

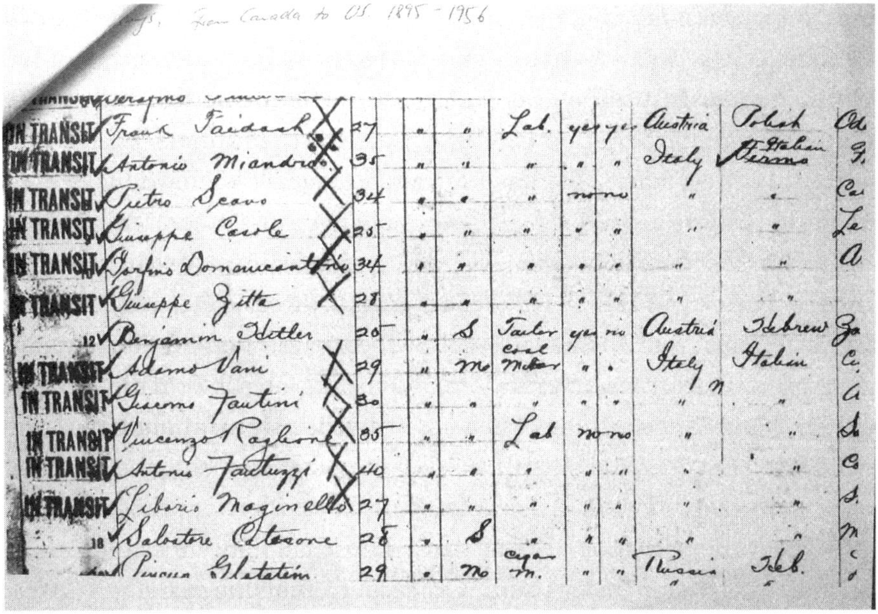

From Canada to US. 1895 – 1956

IN TRANSIT	Frank Faidash	27	Austria
IN TRANSIT	Antonio Miandro	35	Italy
IN TRANSIT	Pietro Scavo	34	
IN TRANSIT	Giuseppe Carle	25	
IN TRANSIT		34	
IN TRANSIT	Giuseppe Zitta	28	
12	Benjamin Hitler	20	Austria – Hebrew
IN TRANSIT	Adamo Vani	29	Italy – Italian
IN TRANSIT	Giacomo Fantini	30	
IN TRANSIT	Vincenzo	35	
IN TRANSIT	Antonio	40	
IN TRANSIT	Liborio Maginello	27	
18	Salvatore	28	
		29	Russia – Heb.

»Benjamin Hitler, Österreich, Jude«: Passagierdaten von US-Auswandererschiffen belegen, dass es in der Alpenmonarchie durchaus jüdische Familien mit dem Namen Hitler gab.

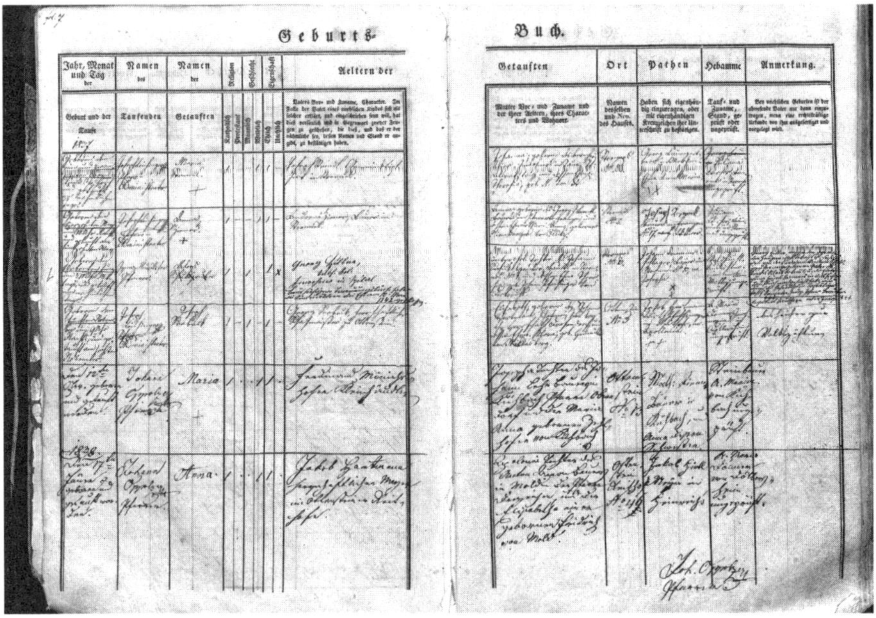

Geburts-Buch.

Jahr, Monat und Tag	Namen des Taufenden	Namen der Getauften	Religion	Geschlecht	Eigenschaft	Aeltern der Getauften	Ort	Pathen	Hebamme	Anmerkung

»Rätselhafte Legitimation«: Mit einem Federstrich wurde im Döllersheimer Taufbuch aus dem unehelich auf die Welt gekommenen Alois Schicklgruber ein legitimierter Alois Hitler (3. Eintrag von oben).

führte Alois den Familiennamen Hitler. Allerdings waren die Umstände dieser legitimatio per matrimonium subsequens, der nachträglichen Legitimation, ausgesprochen rätselhaft und wurden zum Ausgangspunkt zahlreicher weiterer Spekulationen. Vor allem politische Gegner sahen darin eine Möglichkeit, den Rassenfanatiker unglaubwürdig zu machen.

Zum Zeitpunkt der nachträglichen Legitimierung war die Mutter von Alois Hitler schon seit 29 Jahren tot und der Mann, der als sein angeblicher Vater eingetragen wurde, ebenfalls schon vor 19 Jahren verstorben. Obwohl die beiden Eltern verheiratet waren, hatten sie Alois zu ihren Lebzeiten nie als ihren Sohn legitimieren lassen. Diese Tatsachen führten zu verschiedenen Fragen. Zum einen, ob Georg Hiedler tatsächlich der Vater von Alois, zum anderen, ob die Legitimation überhaupt rechtskräftig war. Und schließlich fragte man noch, was denn die Gründe für eine solche späte Anerkennung waren und warum Alois nicht Hiedler hieß wie sein angeblicher Vater. Die österreichische Historikerin Anna Maria Sigmund hat sich intensiv mit Hitlers Abstammung und den Lebensumständen seiner Vorfahren beschäftigt. Ihr ist es gelungen, die Fragen um die wahren Hintergründe der rätselhaften Legitimation von Hitlers Vater zu entschlüsseln.

Hitlers Vater wurde am 7. Juni 1837 in dem kleinen Dorf Strones im Waldviertel geboren und noch am selben Tag in der nahe gelegenen Pfarrei von Döllersheim getauft. Völlig im Einklang mit den damaligen Gesetzen ließ der Pfarrer Ignaz Rueßkefer die Spalte D im Taufbuch für den Namen des Vaters leer, und der kleine Alois erhielt den Familiennamen seiner Mutter – Schicklgruber. Anders als von verschiedenen Hitler-Biografen berichtet, bedeutete diese uneheliche Geburt für Hitlers Vater allerdings keineswegs ein Stigma. Mitte des 19. Jahrhunderts waren immerhin rund 40 Prozent der Bevölkerung ländlicher Gebiete »in der Schande geboren«, eine Tatsache über die sich niemand wirklich aufregte – im Gegenteil. Anna Sigmund hat sich für ihre Recherchen über die Herkunft Hitlers intensiv mit den Lebensgewohnheiten im bäuerlichen Österreich des 19. Jahrhunderts beschäftigt. So konnte sie nachweisen, dass »in bäuerlichen Kreisen, wo Arbeitskräfte dringend benötigt wurden, es sogar Brauch war, vor der Eheschließung die Geburt eines Kindes abzuwarten«.

»In der Schande geboren«: Uneheliche Abkunft galt im niederösterreichischen Waldviertel oftmals nicht als Makel. Im Bild die Taufkirche Alois Schicklgrubers in Döllersheim.

Auch die spätere Karriere von Hitlers Vater zeigte, dass der »Makel« der Unehelichkeit ihn weder gestört noch behindert hatte. Immerhin war er bereits mit 39 Jahren zum »Zollcontrolör« und angesehenen Staatsbeamten in unkündbarer Stellung mit festen Pensionsansprüchen aufgestiegen. Und zum Ende seiner Laufbahn hatte er es sogar zum stellvertretenden Zollamtsleiter der Stadt Linz gebracht. Für einen Mann ohne Abitur war das in der damaligen Zeit eine außergewöhnliche Leistung. Seine Mutter Maria Anna Schicklgruber war nach der Entbindung von ihrem Sohn wieder in das Haus ihres Vaters zurückgekehrt, eines der wohlhabenderen Bauern des Dorfes. Der hatte sie also keineswegs, wie später von vielen Historikern fälschlicherweise behauptet, verstoßen. Auch lebte sie nicht in »größter Armut« und musste sich ihren Lebensunterhalt als einfache Dienstmagd verdienen. Das hatte sie auch gar nicht nötig, stammte sie doch auch mütterlicherseits von alteingesessenen Bauern und Leinwebern ab, die es zu ansehnlichem Wohlstand gebracht hatten. Wie die noch heute erhaltenen Eintragungen der Waisenkasse von Weitra belegen, erbte sie von ihrer Mutter Geld und erhielt obendrein eine Waisenrente,

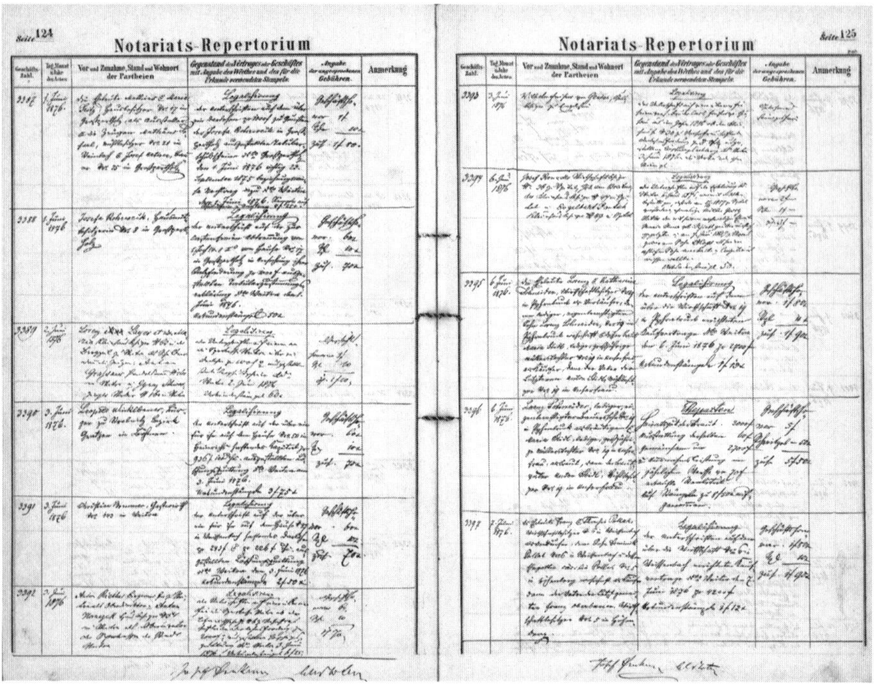

»Der ehemalige Müller Georg Hitler«: Notar Josef Penkner verhalf Alois Hitler 1876 bei dessen nachträglicher Legitimierung zur markanten Form seines Namens (Rechte Seite, 2. Eintrag von oben).

die sie im Lauf der Jahre auf den ansehnlichen Betrag von 165 Gulden ansparte.

Wann und unter welchen Umständen sie den Müllergesellen Georg Hiedler kennenlernte, ist heute nicht mehr feststellbar. Jedenfalls heiratete das Paar am 10. Mai 1842. Ob dieser Georg Hiedler auch der Vater des kleinen Alois gewesen ist, dürfte unter der kleinen Dorfgemeinschaft von Strones damals zweifellos bekannt gewesen sein. Der Müllergeselle selbst ließ den Jungen allerdings nicht nachträglich als seinen Sohn legitimieren.

Als Alois zehn Jahre alt war, verstarb seine Mutter an »Auszehrung infolge Wassersucht«. In dieser Situation handelte der Witwer nach völlig pragmatischen Erwägungen. Da er für die damalige Zeit mit seinen 55 Jahren bereits als ältlicher Mann galt, gab er den kleinen Alois zur Pflege bei seinem Bruder Nepomuk Hüttler. Dieser Ziehvater war nicht nur um 15 Jahre jünger, er war im Dorf Spital auch der reichste Mann, dem neben einer großen Landwirtschaft auch das einzige Gasthaus im

Ort gehörte. Hier wuchs Alois Schicklgruber in ausgesprochen gut situierten Verhältnissen auf. Mit 14 Jahren verließ er schließlich seine Heimat im Waldviertel und ging nach Wien, um bei Verwandten seines Ziehvaters eine Schuhmacherlehre zu absolvieren. Er schloss diese auch erfolgreich ab, doch anscheinend stand ihm der Sinn nach Höherem. Mit 19 Jahren strebte Alois eine Beamtenlaufbahn an und trat in den Zolldienst ein. Was folgte, war eine außergewöhnliche Karriere, in der er es bald zum kaiserlich-königlichen Zolloffizial brachte, sehr zum Stolz seiner Angehörigen im heimatlichen Waldviertel.

Alois Schicklgruber war der Stolz der bäuerlichen Verwandtschaft, einer der Ihren, der sich doch in einem ganz anderen Metier erfolgreich gezeigt hat, der oftmals im Waldviertel war und stolz vor seinen Verwandten verkündet hat: »Ihr werdet euch wundern, wie hoch ich aufgestiegen bin.« Dieses Zitat von ihm ist überliefert.

Anna Maria Sigmund,
Historikerin

Am 6. Juni 1876 – 19 Jahre nach dem Tod von Georg Hiedler und 29 Jahre nach dem Tod von dessen Ehefrau Maria Anna – erschien der ehemalige Ziehvater von Alois Schicklgruber in Begleitung dreier Zeugen vor dem Notar Josef Penkner in der Kreisstadt Weitra. Offensichtlich hielt Nepomuk Hüttler nun den richtigen Zeitpunkt für gekommen, die Abstammung des unehelichen Alois ein für alle Mal zu klären. Der Notar, dem die Männer nach eigenen Angaben seit Langem persönlich bekannt

»... daß der am 5. Jänner 1857 zu Spital verstorbene, ehemalige Müller und Inwohner Georg Hitler [sic!] in ihrer Gegenwart und zu ihnen wiederholt vor seinem Tod als seinem letzten und unabänderlichen Willen erklärte, seinen von ihm ... mit seinem nachmaligen Eheweibe der damals ledigen Bauerntochter Maria Anna Schicklgruber erzeugten Sohn Aloys ... als seinen ehelichen Sohn und vollberechtigten leiblichen Erben seines Namens sowohl als seiner gesamten Habe zu wissen und in aller Form rechtens zu legitimieren.«

Wortlaut des Legitimierungsprotokolls von Alois Schicklgruber alias Hitler

waren, setzte ein Protokoll auf und hielt darin die Aussagen der Zeugen fest, die die Grundlage für die Legitimation bildeten.

Wie ihm die Zeugen glaubhaft gemacht machten, hatte Georg Hiedler zu seinen Lebzeiten mehrfach bekundet, dass er der leibliche Vater von Alois Schicklgruber war und es sein Wunsch sei, dass dieser auch sein Erbe werde.

Der Notar beglaubigte das Dokument, kassierte die Gebühren und machte damit in aller Form Alois Schicklgruber zum Sohn von Georg Hiedler. Es war ein Akt mit weitreichenden Folgen. Denn in dem ausgestellten Protokoll tauchte zum ersten Mal die Schreibweise »Hitler« auf. Der Grund dafür war vermutlich ein Hörfehler des Notars, denn im Waldviertler Dialekt wurden die Namen Hüttler, Hiedler oder Hitler sehr ähnlich klingend ausgesprochen. Zudem war die Schreibweise seit jeher starken Variationen unterworfen, mit der es selbst die Namensinhaber nicht immer so genau nahmen. Mal schrieb man sich Hiedler, ein andermal Hittler, ganz nach Belieben. Die Bedeutung war immer die gleiche – mit »Hüttler« bezeichnete man einen Kleinbauern. Es war also der Notar Josef Penkner aus Weitra, dem Adolf Hitler die markante Form seines Namens zu verdanken hatte – eine Veränderung, die ungeahnte Auswirkungen haben sollte. Denn der NS-Gruß »Heil Hitler« wirkte ungleich effektvoller als ein weicheres »Heil Hiedler«. Vor allem aber ließ es sich bei Massenveranstaltungen wesentlich wirkungsvoller brüllen als ein ganz und gar unvorstellbares »Heil Schicklgruber«. Wie lächerlich dieser Name im Ausland wirkte, zeigte die US-Propaganda, die damit den deutschen Diktator immer wieder verächtlich machte.

»Schickelgruber alias Hitler«: Alliierter Propaganda-Button aus dem Zweiten Weltkrieg.

Mit der notariell bestätigten Erklärung begab sich Nepomuk Hüttler in Begleitung der drei Zeugen am nächsten Tag in die Gemeinde Döllersheim, um auch dort vom zuständigen Pfarrer Josef Zahnschirm die entsprechende Berichtigung des Taufeintrags vornehmen zu lassen und die Legitimation rechtswirksam zu machen. Der Geistliche strich den Namen Alois Schicklgruber dreifach aus, ersetzte ihn durch Hitler und trug in der Spalte des Kindsvaters den Namen Georg Hitler ein. In der letzten Spalte des Taufbuchs vermerkte er die Namen der Zeugen und setzte dahinter jeweils drei Kreuze. Jahrzehntelang hatten Hitler-Biografen diese Zeichen als Ersatzunterschriften der Zeugen gedeutet und vermutet, dass sie Analphabeten gewesen waren. Man spekulierte darüber, ob die Männer eventuell gar nicht richtig verstanden hatten, was genau sie hier bestätigten. Heute weiß man jedoch, dass die drei Kreuze keineswegs Ersatzunterschriften waren, sondern die Bestätigung des Pfarrers für die persönliche Anwesenheit der Zeugen.

Diese Berichtigung des Taufeintrags von Adolf Hitlers Vater sollte für den Diktator selbst später von großer Bedeutung sein. Denn wäre die Spalte mit dem Namen seines Großvaters leer geblieben, dieser also weiterhin unbekannt, so wäre Adolf Hitler nicht in der Lage gewesen, das beizubringen, was er von Millionen Deutschen forderte: den sogenannten Ariernachweis.

Dieses Dokument, das ab 1933 von zahlreichen Staats- und Regierungsstellen verlangt wurde und die Voraussetzung war, um ein öffentliches Amt zu bekleiden, diente in erster Linie dazu, eine nicht jüdische Abstammung zu belegen. Dazu mussten die Betroffenen neben ihren Geburts-, Tauf-, und Heiratsurkunden auch die Dokumente ihrer Eltern und Großeltern beibringen. Mit dem Ariernachweis begann die Ausgrenzung von sogenannten »Nichtariern«, vor allem von Juden sowie Sinti und Roma, die über die Aberkennung ihrer Bürgerrechte bis zur Vertreibung

> »Als nicht arisch gilt, wer von nicht arischen, insbesondere jüdischen Eltern oder Großeltern abstammt. Es genügt, wenn ein Elternteil oder ein Großelternteil nicht arisch ist. Dies ist insbesondere dann anzunehmen, wenn ein Elternteil oder ein Großelternteil der jüdischen Religion angehört hat.«
>
> **Durchführungsverordnung vom 11. April 1933 des »Arierparagraphen« im Gesetz zur Wiederherstellung des Berufsbeamtentums**

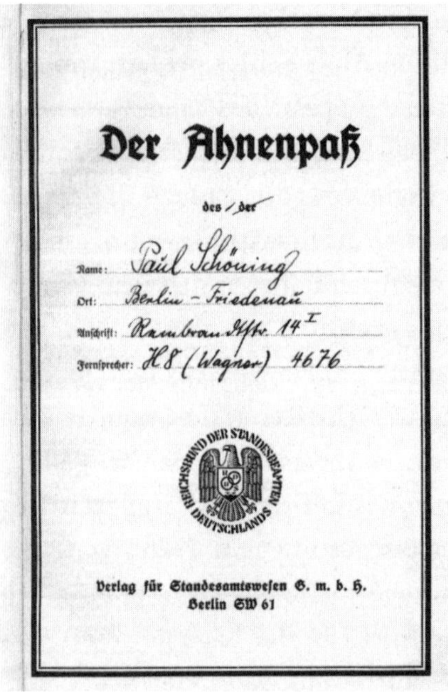

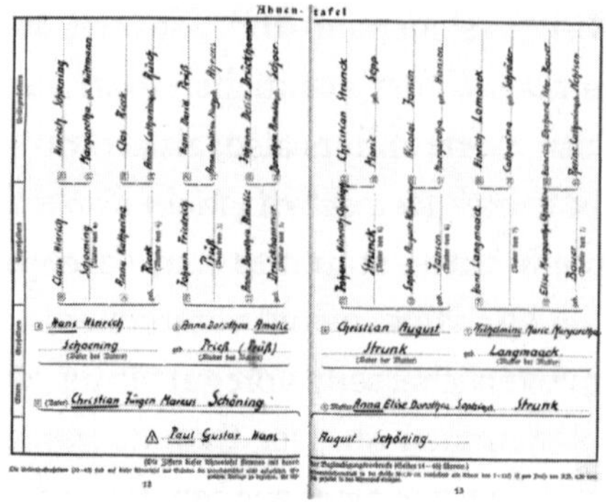

»Es genügt, wenn ein Elternteil oder ein Großelternteil nicht arisch ist«: Mit einem sogenannten »Ahnenpass« mussten die Deutschen ab 1933 ihre »arische« Abstammung nachweisen.

und Ghettoisierung und schließlich zum staatlich organisierten Massenmord führte. Ohne die nachträgliche Legitimierung seines Vaters wäre Adolf Hitler selbst nicht in der Lage gewesen, seinen eigenen Ariernachweis zu erbringen.

Die Frage, warum Nepomuk Hüttler so spät einen derartigen Aufwand überhaupt betrieben hatte, konnte Anna Sigmund ebenfalls klären: Es ging schlicht und ergreifend um Geld.

Die Legitimierung diente also nicht, wie oft vermutet, dazu, den Familiennamen Nepomuk Hüttlers, der ohne männliche Nachkommen geblieben war, zu erhalten. Der geschäftstüchtige und in Gelddingen erfahrene Landwirt wollte sein Erbe so gut wie möglich für die Familie bewahren und vor dem Zugriff des Fiskus schützen. Als Nepomuk Hüttler am 17. September 1888 starb, hinterließ er Alois Hitler den Großteil seines Vermögens. Noch im selben Jahr kaufte Alois ein großes Bauerngut in der Nähe seines Heimatdorfs Spital im Wert von über 4000 Gulden, einem Betrag, der ungefähr dem Gegenwert von 200 Kühen entsprach.

Von diesem Zeitpunkt an besaß Hitlers Vater die finanziellen Mittel, die später seinem Sohn Adolf in dessen Jugend ein relativ sorgenfreies

Leben sicherten und sogar eine Karriere als Künstler möglich erscheinen ließen. Ganz anders also, als es Adolf Hitler in seiner Hetzschrift *Mein Kampf* dargestellt hatte, stammte sein Vater Alois in Wirklichkeit sowohl väterlicher- als auch mütterlicherseits von gut situierten Bauernfamilien ab. Der Grund, warum Hitler in *Mein Kampf* aus seinem Vater einen »armen Häusler« machte, also einen Tagelöhner, der gezwungen gewesen war, seine Arbeitskraft an einen »ausbeuterischen« Grundherrn zu verkaufen, sich aber aus dieser Situation selbst hatte befreien können, war rein politisches Kalkül. Hitler suggerierte dadurch, dass solche Fähigkeiten auch in ihm steckten, und zielte damit auf die Sympathien der Wählermassen aus dem kommunistischen und sozialdemokratischen Lager ab.

Der Initiator Nepomuk Hüttler (Hitler) hatte seinen Ziehsohn zum Haupterben seines Vermögens ausersehen. Die rückwirkende Legitimierung machte Alois Hitler zu einem direkten Verwandten. Als Geschwisterkind fiel er in eine wesentlich niedrigere Erbschaftssteuerklasse als ein »Ziehsohn«, der vor dem Gesetz als Fremder galt und den höchsten Steuersatz zu entrichten hatte.

Anna Maria Sigmund,
Historikerin

»Kein armer Schlucker«: Mit dem Erbe seines Ziehvaters Nepomuk Hüttler kaufte Alois Hitler ein großes Bauerngut im Örtchen Hafeld (Foto aus den 1970er-Jahren).

Hitler verdankte der nachträglichen Legitimation seines Vaters viel. Über eine Sache gab das Dokument des Notars aus Weitra allerdings keine Auskunft. Es regelte lediglich, wer in rechtlichem Sinn als Vater von Alois Schicklgruber zu gelten hatte, sagte aber nichts darüber aus, wer der biologische Vater war. Adolf Hitler selbst konnte sich also nie sicher sein, wer sein Großvater in Wirklichkeit war.

Hitlers Vater Alois ging drei Ehen ein und zeugte mindestens zehn Kinder. Die erste Ehe mit der knapp fünfzehn Jahre älteren Anna Glasl-Hörer blieb kinderlos. Alois hatte die Tochter eines höheren Zollbeamten vermutlich nur geheiratet, weil er sich Vorteile für die eigene Karriere erhoffte. Als sie starb, heiratete er noch im selben Jahr die 24 Jahre jüngere Köchin Franziska Matzelsberger. Mit ihr bekam er die Kinder Alois junior und Angela Hitler. Mit der Treue nahm es Hitlers Vater allerdings nicht sehr ernst. Als seine zweite Frau an Tuberkulose erkrankte, damals ein Todesurteil, begann er ein Verhältnis mit einer Cousine zweiten Grades namens Klara Pölzl. Nach Franziskas Tod wollte er Klara ehelichen, jedoch verweigerte der zuständige Pfarrer aufgrund der engen Verwandtschaft die Trauung. Erst durch eine Ausnahmegenehmigung, die vom Vatikan in Rom bewilligt wurde, durfte das Paar heiraten. Aus dieser Ehe gingen insgesamt sechs Kinder hervor, von denen aber nur Adolf und Paula Hitler überlebten.

Hitler hat sich über die intellektuellen Fähigkeiten seiner Mutter manchmal scherzend, oft auch geschmacklos geäußert. Als man ihm den Fragebogen für jene Frauen vorlegte, die der Euthanasie unterzogen werden sollten, hat er gesagt: »Na, meine Mutter hätte nicht gewußt, warum ein Schiff aus Eisen auf dem Meer schwimmt, und ich wäre dann eigentlich nie geboren worden.«

Anna Maria Sigmund, Historikerin

Selbst für die damalige Zeit war das eine ungewöhnlich hohe Kindersterblichkeit, die, wie manche Historiker vermuten, mit der relativ engen verwandtschaftlichen Beziehung zwischen Vater und Mutter in Zusammenhang gestanden haben könnte. Für Adolf Hitler selbst war die Inzucht in seiner eigenen Familie offenbar kein Problem – im Gegenteil. Noch als Mitglied der Reichswehr hatte er im Jahr 1919 einen Brief über die »Judenfrage« verfasst, in dem er schrieb:

»Durch tausendjährige Inzucht, häufig vorgenommen in engstem Kreise, hat der Jude im allgemeinen seine Rasse und ihre Eigenart schärfer bewahrt als zahlreiche der Völker, unter denen er lebt.« Eine Formulierung, die eine durchaus positive Haltung zur Frage der Inzucht vermuten lässt.

Seine drei Geschwister spielten im Leben von Adolf Hitler stets eine Rolle, wurden aber vor der Öffentlichkeit weitgehend abgeschirmt. Paula, seine einzige leibliche Schwester, lebte in Wien und arbeitete als Bürokraft bei einer großen Versicherungsgesellschaft. Als ihr Bruder 1933 Reichskanzler wurde, verlor sie aufgrund des Namens diese Stellung. Hitler unterstützte sie fortan mit einer monatlichen Zahlung von 250 Reichsmark, die er nach dem »Anschluss« Österreichs auf 500 Mark erhöhte. Um weiteres Aufsehen und lästige Fragen zu vermeiden, verlangte Hitler von ihr, dass sie anonym blieb und den Nachnamen »Wolf« annahm.

Sein schneller Aufstieg hat mir Angst gemacht. Ich muß ehrlich gestehen, dass ich es besser gefunden hätte, wenn er Architekt geworden wäre, wie es ursprünglich seine Absicht gewesen war.

Paula Hitler, CIC-Verhör, 12. Juli 1945

Sein Halbbruder Alois hatte die Heimat in Österreich ebenfalls früh verlassen und sein Glück in der Gastronomie versucht. Ende der 1920er-Jahre war er nach erfolglosen Zwischenspielen als Hühnerzüchter und Vertreter für Eisenwaren schließlich als Kellner im renommierten Weinhaus Huth in Berlin gelandet – der vorläufige Abschluss einer jahrzehntelangen Odyssee, die ihn in seinen Wanderjahren über Frankreich bis nach Irland geführt hatte. Noch vor dem Ersten Weltkrieg hatte Alois in Dublin als Kellner gearbeitet und dort auf der Pferderennbahn die schöne Irin Bridget Dowling kennengelernt. Ihrem Vater gegenüber hatte er sich kurzerhand als Hotelbesitzer auf Bildungsreise ausgegeben, aber der war strikt gegen eine Verbindung mit dem Ausländer. Kurzerhand brannte das Liebespaar nach London durch und schrieb an den Brautvater, dass es nicht eher zurückkommen werde, bevor er nicht sein Einverständnis zur Heirat gegeben habe. Kurz nach der Hochzeit zog das junge Paar nach Liverpool, wo ein Jahr später ein Junge geboren wurde. Die Mutter bestand auf einem irischen Vornamen, der Vater wollte einen deutschen Namen haben, und so einigte man sich schließlich auf William (Wilhelm) Patrick Hitler. Dem

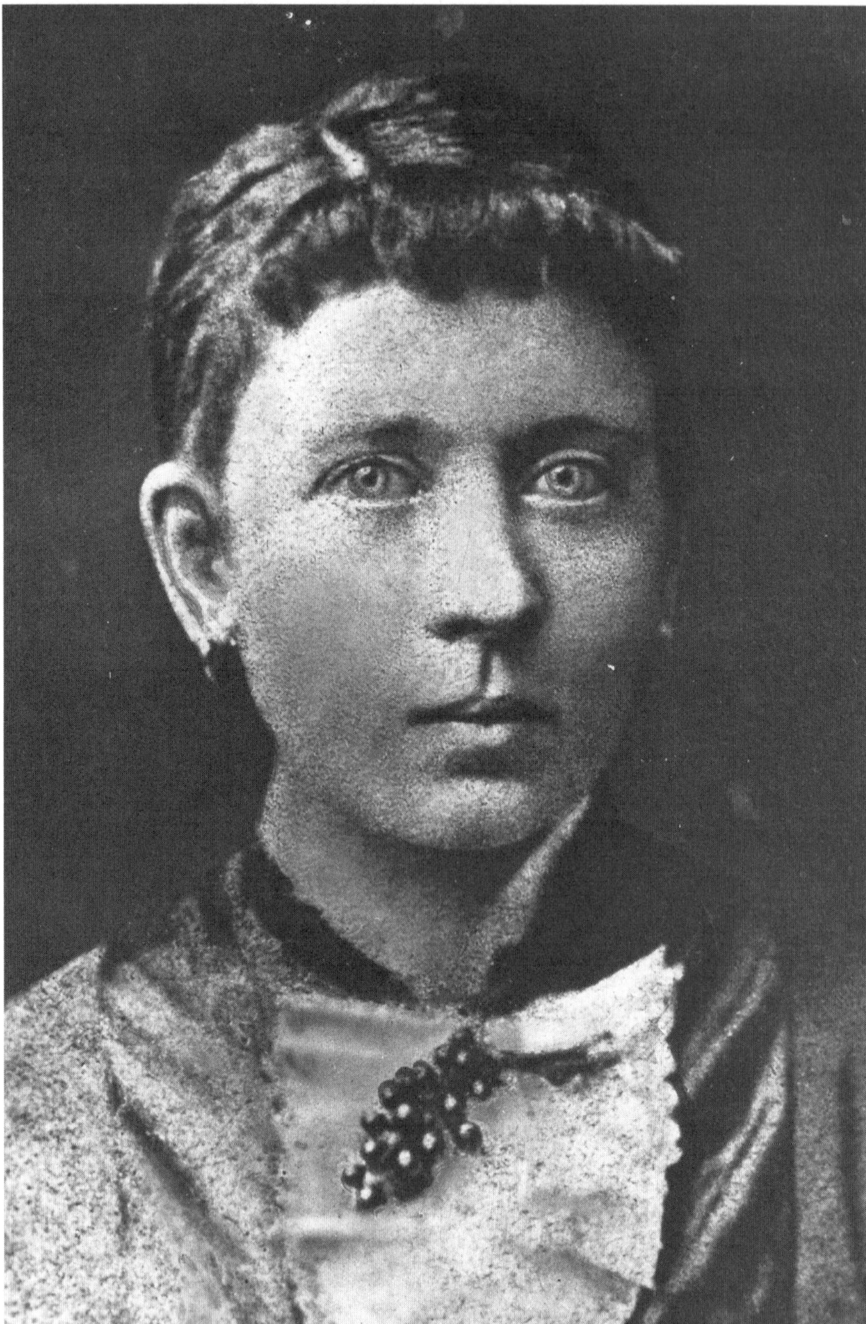

»Schatten der Inzucht«: Hitlers Mutter Klara war die Großcousine ihres Ehemanns. Vier ihrer sechs Kinder starben bereits im Kindesalter.

»Hoch aufgestiegen«: Hitlers Vater Alois hatte im Zolldienst Karriere gemacht.

»Deckname Wolf«: Adolf Hitlers einzige leibliche Schwester Paula um 1915.

Glück der jungen Familie schien zunächst nichts im Wege zustehen, nur die Spiel- und Wettleidenschaft von Alois stellte es immer wieder auf eine harte Probe. Seine Einnahmen waren spärlich, innerhalb eines Jahres musste Alois dreimal die Stellung wechseln. Nachdem er schließlich auch als Hotelbesitzer gescheitert war, wechselte er ganz das Metier. Während sein Halbruder Adolf zur gleichen Zeit in Wien versuchte, seinen Lebensunterhalt durch den Verkauf von selbst gemalten Bildern zu bestreiten, und davon träumte, ein berühmter Maler oder Architekt zu werden, hatte der Halbbruder Praktischeres im Sinn. Gemeinsam mit einem Kompagnon war Alois in das Rasierklingengeschäft eingestiegen und plante Großes. Von England aus wollte er den deutschen Markt erobern und kehrte im Frühjahr 1914 auf den Kontinent zurück. Ein ungünstiger Zeitpunkt, denn als Alois am 28. Juli 1914 in Berlin eine Postkarte an seine Frau aufgab, war dies sein letzes Lebenszeichen für viele Jahre. Er schrieb: »Alle sprechen vom Krieg. Man sagt, daß er in naher Zukunft ausbrechen wird. Ich glaube das zwar nicht, aber ich mache mich nächste Woche auf den

Rückweg nach England.«. Am selben Tag erklärte Österreich-Ungarn Serbien den Krieg – der Ausbruch des Ersten Weltkriegs.

Danach verlor sich die Spur von Alois für Jahre. Bridget hatte er über einen befreundeten Kellnerkollegen und angeblichen Kriegskameraden glauben gemacht, dass er in einem Lazarett in der Ukraine verstorben sei. Erst Jahre später sollte die verlassene Ehefrau die Wahrheit über ihren Mann und den Grund erfahren. Alois hatte ein zweites Mal geheiratet und noch einen Sohn bekommen: Heinz Hitler, der im Gegensatz zu seinem englischen Halbbruder zum Lieblingsneffen Adolf Hitlers avancieren sollte. Doch die Bigamie von Hitlers Halbbruder wurde entdeckt, man machte ihm vor dem Landgericht Hamburg den Prozess. Das Urteil lautete »schuldig«, und Alois wurde zu acht Monaten auf Bewährung und der Zahlung einer Geldstrafe von 800 Reichsmark verurteilt. Ein denkbar ungünstiger Zeitpunkt, denn genau zur gleichen Zeit musste sich noch ein anderer Hitler aus Österreich vor einem deutschen Gericht verantworten: sein Halbbruder Adolf Hitler. Der hatte sich gerade am 9. November 1923 in Deutschland zur Macht zu putschen versucht, war dabei gescheitert und nun wegen Hochverrats angeklagt.

Während der Prozess gegen den Halbbruder Alois in Hamburg in der Flut der alltäglichen Gerichtsverhandlungen unterging und niemandem weiter auffiel, sorgte der ultranationale Adolf Hitler in ganz Deutschland für Aufsehen. Der pflegte, um sich für die weibliche Wählerschaft interessant zu machen, das Image des Junggesellen und ließ seine SA-Schläger Fotografen verprügeln, um zu verhindern, dass ungünstige Fotos von ihm in die Presse gelangten. Kein Wunder, dass im Umfeld des Prozesses zahlreiche Gerüchte über Hitler laut wurden. Eines davon besagte, dass sich Hitler als Schüler einer Hostienschändung schuldig gemacht habe – ein Vorwurf, der im tiefkatholischen Bayern nicht ohne Sprengkraft war.

Hitler selbst schien die Sache immerhin so ernst zu nehmen, dass er seine Halbschwester Angela Raubal beauftragte, nach Linz zu reisen, um seinen ehemaligen Klassenleiter Dr. Eduard Huemer aufzusuchen und um eine schriftliche Stellungnahme zu bitten. Die Schwester erhielt von Hitlers Lehrer, der mittlerweile Direktor des Gymnasiums war, ein regelrechtes Gutachten über den Schüler Adolf Hitler, in dem er feststellte: »Er war entschieden begabt, wenn auch einseitig, hatte sich aber wenig in der

Gewalt, zum mindesten galt er für widerborstig, eigenmächtig, rechthaberisch und jähzornig, und es fiel ihm sichtlich schwer, sich in den Rahmen einer Schule zu fügen.« Was die schulischen Leistungen betraf, so urteilte der Direktor, dass Hitler »einen Durchschnittsschüler kaum überragte«. In der entscheidenden Frage der Hostienschändung allerdings konnte Angela ihrem Bruder die gewünschte Antwort des Lehrers liefern. Der wies die Gerüchte als »gelinde gesagt ganz unbegründet und haltlos« zurück. Der Direktor hatte seine Nachforschungen sogar so gründlich geführt, dass er im Schularchiv auch auf die Unterlagen von Hitlers älterem Bruder Alois gestoßen war, der das Gymnasium einige Jahre vorher besucht hatte. Er schrieb: »Ich verfolgte auch diese Spur … und fand tatsächlich einen Alois Hitler, der im 1. Semester ein Zeugnis ›dritter Klasse‹ erhalten hatte mit Minderentsprechend in Sitten (›wegen grober Verletzung der Disziplinarvorschriften‹) und der die Anstalt nach diesem Misserfolg verließ.«

Vor allem dank der Sympathie des bayerischen Justizministers Franz Gürtner für ihn erhielt Hitler für seinen missglückten Putschversuch ein ausgesprochen mildes Urteil: fünf Jahre Festungshaft mit der Aussicht auf baldige Entlassung bei guter Führung. Hitler dankte es Gürtner später dadurch, dass er ihm bis zu dessen Tod den Posten des Reichsjustizministers in Nazi-Deutschland überließ.

Hitlers Halbschwester Angela Raubal hatte sich spätestens von nun an ganz der Sache ihres Bruders verschrieben. Jahrelang fungierte die Mutter seiner 1931 durch Selbstmord aus dem Leben geschiedenen Nichte Geli als Haushälterin auf dem Berchtesgadener Refugium des Diktators, dem »Berghof«. Als sie sich allerdings 1935 abfällig über Hitlers Freundin Eva Braun äußerte und sie eine »dumme Gans« nannte, kam es zum Bruch, und Hitler verbannte seine Schwester vom Obersalzberg.

Hitlers Halbbruder Alois wusste seine Verwandtschaft mit dem »Führer« gewinnbringender zu nutzen. Mitten im Herzen Berlins eröffnete er 1937 am belebten Wittenbergplatz das Restaurant »Alois«, das sich bald zum beliebten Treffpunkt von SA-Leuten, Parteibonzen und Halbprominenten entwickelte. Stammgäste grüßten den Wirt mit einem vertraulichen »Heil Hitler, Herr Hitler« und ließen sich mit österreichischen Spezialitä-

»Unstetes Wanderleben«: Im Juni 1910 heiratete Alois Hitler in London die Irin Bridget Dowling.

»Lieblingsneffe des Führers«?: Zu Heinz, dem Sohn seines Halbruders Alois aus zweiter Ehe, soll Hitler eine enge Beziehung gehabt haben.

»Heil Hitler, Herr Hitler«: Der Halbbruder des Diktators vor seinem Restaurant im Berlin, August 1937.

»Ganz der Sache ihres Bruders verschrieben«: Hitlers Halbschwester Angela Raubal fungierte bis Mitte der 1930er-Jahre als Verwalterin des Berghofs auf dem Obersalzberg.

ten und Weinen verwöhnen. Die Geschäfte liefen so gut, dass Alois seinen Betrieb noch vergrößern wollte. Doch der Hausbesitzer, ein Jude, war dagegen. Kurzerhand brachte Alois seinen Namen ins Spiel und nutzte den Rassenwahn seines mächtigen Verwandten als Druckmittel. Er schrieb an die »Deutsche Arbeitsfront«: »Die Zeit der jüdischen Machthaber im Hausbesitz dürfte nach den letzten Gesetzen ihr Ende gefunden haben.« Der Opportunist hatte Erfolg und konnte seinen Betrieb ausbauen. Der Vermieter ging ins Exil nach Holland.

Nach dem Krieg floh Alois mit seiner zweiten Ehefrau Hedwig von Berlin nach Hamburg. Jetzt war der Name Hitler zum Fluch geworden, den er so schnell wie möglich loswerden wollte. An die Polizei in Hamburg schrieb er: »Für die Zukunft erscheint es mir unmöglich, meinen Familiennamen Hitler weiter zu führen, der Name erschwert mir, meinen Beruf weiter auszuüben, und stellt eine Belastung im Umgang mit dritten Personen dar.« Der Antrag hatte Erfolg. Am 26. Oktober 1945 machte der Kommandeur der Polizei Hamburg aus Alois Hitler – Alois Hiller.

»Halbidioten und Irrsinnige«

Im Januar 1944 wechselte das wohl brisanteste Dokument der ganzen Nazi-Zeit über Hitlers Familie seinen Besitzer. Kein Geringerer als SS-Chef Heinrich Himmler persönlich schickte ein als »Geheime Reichssache« gekennzeichnetes Dossier per Kurier an Hitlers Sekretär Martin Bormann. Wie heikel die Angelegenheit selbst für einen Mann wie Himmler gewesen war, lässt sich schon aus dem Anschreiben ermessen, das er dem Bericht beifügte. Darin formulierte der SS-Chef ominös: »die Verwandtschaft oder angebliche Verwandtschaft des Führers betreffend«, und vermerkte gleichzeitig ausdrücklich, dass die Umschläge verschlossen verschickt worden waren.

Gleichzeitig bat er darum, ihm den Erhalt zu bestätigen.

Auslöser für die Erstellung des Geheimdossiers waren Gerüchte aus Graz gewesen, die besagt hatten, dass in der österreichischen Stadt mehrere Verwandte Adolf Hitlers lebten, bei denen es sich angeblich um »Halbidioten und Irrsinnige« handelte. Auf Befehl Himmlers war ein SS-Kommando den Gerüchten gefolgt und hatte umfassende Nachforschungen angestellt. Schnell wurden die Agenten fündig und sicherten umfangreiches Beweismaterial. Ein Verzeichnis, das dem Dossier beilag, listete eine Sammlung von knapp 50 verschiedenen Originalschriftstücken und Fotografien auf, die »zur Verhütung einer mißbräuchlichen Verwendung« beschlagnahmt worden waren. Pikanterweise befanden sich unter den Dokumenten auch zahlreiche handschriftliche Briefe von Hitlers Vater

»In gegnerischen Kreisen von Graz-St. Peter kursierte das Gerücht, daß dort Verwandte des Führers ansässig seien, bei denen es sich zum Teil um Halbidioten und Irrsinnige handele. Der Führer sei ein außereheliches Kind und Adoptivsohn des Alois Hitler. Vor der Adoption habe der Führer Schicklgruber geheißen. Die Linie Schicklgruber weise abnormale Menschen auf, was die idiotische Nachkommenschaft bezeuge.«

Aus Himmlers Geheimbericht über Hitlers Verwandte

Alois. Der Bericht, der dem Dossier beigefügt war, ließ keinen Zweifel zu: Die Grazer Familie Veit war tatsächlich direkt mit Adolf Hitler verwandt, und, schlimmer noch, in der Familie waren mehrere Fälle von erblichen Geisteskrankheiten aufgetreten. So vermerkten die Ermittler, dass ein Sohn Selbstmord begangen hatte und zwei noch lebende Töchter »schwachsinnig« beziehungsweise »halbidiotisch« waren. Ein andere Tochter sollte angeblich in Wien in einer Irrenanstalt untergebracht worden und dort verstorben sein. Ihr Name: Aloisia Veit, eine Großcousine Adolf Hitlers.

Die genauen Umstände und Hintergründe zu Aloisias Krankheit hatten die SS-Ermittler wohl aufgrund der gebotenen Eile nicht weiter recherchiert und dementsprechend nichts in ihrem Bericht vermerkt. Denn sonst wären sie ohne Zweifel auf ein Dokument gestoßen, das Einblick in eines der düstersten Kapitel von Hitlers Familiengeschichte gibt. Es ist die komplette Krankenakte der Aloisia Veit. Sie wurde von dem ehemaligen Leiter des Instituts für Rechtsmedizin der Universität München, Professor Dr. Wolfgang Eisenmenger, ausgewertet. Der Experte für genanalytische Ermittlungen kam dabei zu dem schwerwiegenden Verdacht, dass im Erbgut von Hitlers Familie Faktoren vorhanden waren, die den Ausbruch psychischer Erkrankungen begünstigten.

Die Krankenakte von Aloisia Veit lieferte nicht nur die Bestätigung für Fälle von Geisteskrankheit in der Familie Hitlers. Mit ihrer Hilfe konnte auch das Schicksal der Cousine selbst aufgeklärt werden.

»Aloisia V., Stubenmädchen im Hotel Höller, ... benimmt sich seit ca. 1 Woche sehr auffällig. Sie fürchtet sich, über die Hotelgänge zu gehen, fängt grundlos zu weinen an, Freude und Trauer im Herzen zu haben, sie müsse oft weinen oder auch eine halbe Stunde lachen. Sie sieht Gespenster und möchte eigentlich nur fröhliche Kinderaugen ansehen. ... Als sie bis zum Abtransport in einen abgeschlossenen Raum geführt wird, will sie denselben nicht betreten, da sich ein vergittertes Fenster darin befindet. ›Ich geh bei einem Gitter nicht vorüber!‹«

Auszug aus der Krankenakte von Hitlers Großcousine Aloisia Veit

»Halbidioten und Irrsinnige«: Familie Veit um das Jahr 1900. Aloisia steht links neben ihrem Vater, einem Vetter von Hitlers Vater. Das Foto stammt aus dem Himmler-Dossier von 1944.

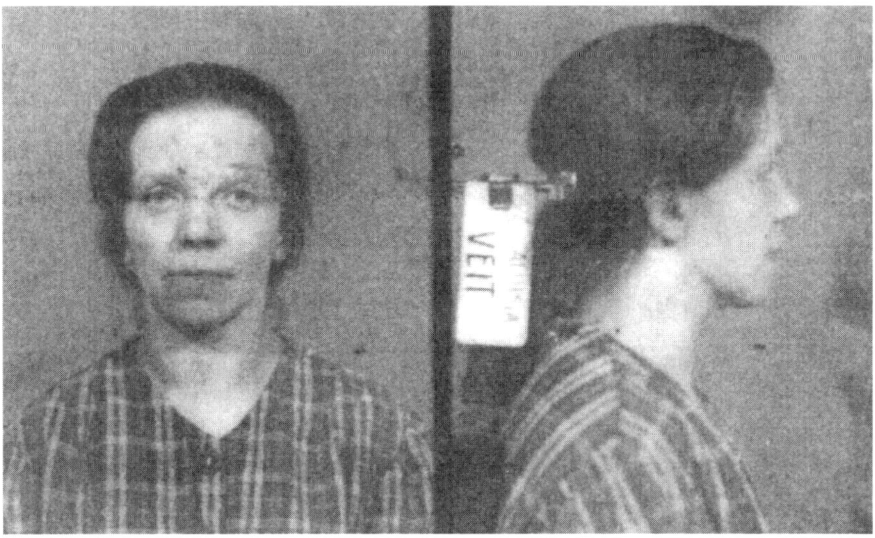

»Sie sieht Gespenster«: Hitlers Großcousine Aloisia Veit fiel dem nationalsozialistischen Vernichtungsprogramm von »lebensunwertem Leben« zum Opfer.

Bereits 1935 hatte Hitler auf dem Reichsparteitag der NSDAP angekündigt, im Falle eines Krieges ein umfassendes Programm zu starten, um »Minderwertige«, »Ballastexistenzen« und »unnütze Esser«, wie geistig behinderte Menschen im NS-Jargon abfällig bezeichnet wurden, auszulöschen. Wohl im Oktober 1939 unterschrieb der Diktator dann persönlich ein Ermächtigungsschreiben, mit dem er die Vernichtung sogenannten »lebensunwerten Lebens« einleitete, der bis zum Ende des Krieges hunderttausende behinderte Menschen in ganz Europa zum Opfer fielen. Mit diesem Schreiben hatte Hitler auch das Todesurteil über seine eigene Großcousine Aloisia unterzeichnet.

»Reichsleiter Bouhler und Dr. med. Brandt sind unter Verantwortung beauftragt, die Befugnisse namentlich zu bestimmender Ärzte so zu erweitern, daß nach menschlichem Ermessen unheilbar Kranken nach kritischster Beurteilung ihrer Krankheit der Gnadentod gewährt werden kann.«

Von Hitler persönlich unterzeichnetes Schreiben

Aloisia Veit litt an Schizophrenie und Verfolgungswahn. Die Möglichkeit einer medikamentösen Behandlung gab es damals noch nicht, und so bestand die Therapie hauptsächlich darin, die Betroffenen wegzusperren. Insgesamt neun Jahre war Aloisia in der geschlossenen Abteilung der psychiatrischen Klinik »Am Steinhof« bei Wien untergebracht. Die Einträge in ihrer Akte wurden minutiös geführt. Ärzte und Pflegekräfte notierten über Jahre hinweg kleinere Verletzungen genauso sorgfältig und regelmäßig wie das Gewicht der Patientin oder außergewöhnliche Vorkommnisse. Dabei blieb ihr Gesundheitszustand über die Jahre zumindest stabil: Phasen der Unruhe und Erregung wechselten sich immer wieder mit ruhigeren Abschnitten ab. Von ihren Betreuern wurde Aloisia als nett und fleißig beschrieben, die sich gerne mit kleinen Handarbeiten beschäftigte. Oft wurden auch monatelang keine besonderen Vorkommnisse verzeichnet – ein Indiz dafür, dass es der Patientin den Umständen entsprechend relativ gut ging. Doch im November 1940 wurden die Aufzeichnungen plötzlich abgebrochen. Aloisia Veit wurde in eine Zweigstelle der Klinik im niederösterreichischen Ybbs verlegt. Doch Ybbs war nur eine Zwischenstation. Am 6. Dezember 1940 erfolgte der letzte Eintrag in Aloisias Akte. Es war ein Stempel mit dem Text: »Auf Grund einer Anordnung des Kommissärs für Reichsverteidigung in eine nicht genannte Anstalt versetzt.« Die Formulierung war eine bürokratische Tarnbezeichnung, die dazu diente, das wahre Schicksal der Opfer zu verschleiern. In Wirklichkeit verbarg sich dahinter eine grausame Wahrheit. Aloisia Veit wurde in die Anstalt Hartheim bei Linz überstellt und kurze Zeit später in der dortigen Gaskammer umgebracht. Damit erlitt sie ein Schicksal, das sie mit mehr als 190 000 Menschen während der NS-Herrschaft teilte. Aloisia Veit wurde das Opfer eines Mordprogramms ihres eigenen Großcousins Adolf Hitler.

Die kleine Schwester

George Allen hatte im Mai 1945 sehr erfolgreich gearbeitet. Der Offizier des Counter Intelligence Corps, des amerikanischen Militärgeheimdienstes, war nach dem Krieg mit der Aufgabe betraut worden, Mitarbeiter aus dem innersten Kreis um Hitler aufzuspüren, die in den letzten Kriegstagen nach Süddeutschland geflohen und hier untergetaucht waren. Innerhalb weniger Wochen war es Allen gelungen, mithilfe von Informanten Hitlers Sekretärin Christa Schroeder, seinen Fahrer Erich Kempka und seinen Leibarzt Theo Morell zu verhaften, persönlich zu vernehmen und anschließend den Militärgerichten zu übergeben.

George Allen war in Berchtesgaden gerade damit beschäftigt, Hitlers ehemaligen »Reichsstatthalter« in Bayern, General Franz von Epp, zu verhören, als ihn ein Anruf aus dem Hotel Berchtesgadener Hof erreichte. In dessen Keller seien »verdächtige Koffer« gefunden worden. Bei der umgehenden Überprüfung der Gepäckstücke wurde Allen schnell klar, dass er auf eine heiße Spur gestoßen war. Denn er hatte alte Fotografien entdeckt, die eine Frau mittleren Alters mit sorgfältig gescheiteltem Haar und seltsam stechenden Augen zeigte. Allen erkannte die Frau sofort. Es handelte sich um niemand anderen als Hitlers Mutter Klara. Allen war augenblicklich klar, dass nur ein enges Familienmitglied Hitlers im Besitz einer so privaten Fotografie sein konnte. Er handelte sofort, zumal sich die Fahndung leichter als erwartet gestaltete. Die Besitzerin des Koffers

»Er war doch mein Bruder«: Hitlers Schwester Paula nach ihrer Festnahme durch US-Truppen 1945, denen gegenüber sie ihren Bruder gegen alle Vorwürfe verteidigte.

hatte nämlich ihren Namen und ihre neue Adresse hinterlassen. Es war ein gewisse Frau Wolf, die im sogenannten Dietrich-Eckart-Haus, einer abgelegenen Berghütte auf dem Obersalzberg, wohnte. Als Allen der Frau wenig später gegenübertrat, begrüßte er sie höflich als Fräulein Hitler, denn vor ihm stand niemand anderer als Hitlers einzige leibliche Schwester – Paula.

Bei der Vernehmung am nächsten Morgen waren die Erwartungen von George Allen und seinem Dolmetscher entsprechend hoch. Die Amerikaner hofften auf zahlreiche unbekannte Details aus der Biografie des Mannes, der als Jahrhundertverbrecher in die Geschichtsbücher eingehen sollte. In der Tat zeigte sich Paula Hitler durchaus kooperativ – und erzählte Belangloses: über ihre Jugendzeit auf dem kleinen Gut ihres pensionierten Vaters in Oberösterreich, über die Schulnoten ihres Bruders Adolf und seine Vorliebe für klassische Musik, wie schreibfaul er immer gewesen war und dass er sich nie etwas aus Fleisch gemacht habe. Auch die wenigen Begegnungen, die sie mit ihrem Bruder während seiner Zeit als Kanzler gehabt hatte, verschwieg sie nicht. Geschickt vermied sie dabei den Eindruck, etwas zu verheimlichen oder beschönigen zu wollen. Sie gab sich einfach als kleine Schwester, die nie etwas mit der Politik oder gar den Gräueln zu tun gehabt hatte, für die ihr Bruder verantwortlich gemacht wurde. Erst als die Verhörspezialisten am Ende der Befragung begannen, den Druck auf Paula immer mehr zu erhöhen, und sie schließlich auch nach ihrer persönlichen Einstellung und ihren Gefühlen für den Bruder fragten, gestand sie, wie nahe ihr sein Ende ging: »Unabhängig von allem, was passiert ist – Sie dürfen nicht vergessen, er war doch mein Bruder.« Als Paula zu weinen begann, brach George Allen die Vernehmung ab. Er hatte sich sein Urteil über die Schwester des Diktators gebildet und war zu der Überzeugung gekommen, dass von Paulas Aussagen keine größeren Einblicke in das Leben ihres Bruders zu erwarten waren. In seinen Augen verband sie mit Hitler nicht viel mehr, als dass sie zufällig dieselben Eltern gehabt hatten und einige Jahre ihrer Jugend miteinander verbrachten. Enttäuscht ließ der Offizier Paula auf ihre Hütte zurückbringen.

Mehrmals noch wurde die engste noch lebende Verwandte Hitlers zu Befragungen vorgeladen – jedes Mal ohne besonderen Erkenntnisgewinn. Danach erlosch das Interesse der Amerikaner an Paula Hitler, und sie geriet allmählich in Vergessenheit. Auch in der Öffentlichkeit wurde über die Schwester Hitlers wenig bekannt. Wohl auch, weil sie wie schon während der Nazi-Zeit weiterhin unter dem Pseudonym Wolf lebte, sich völlig zurückzog und von der Öffentlichkeit abschirmte. Nur wenige Einheimische wussten, wer die Frau wirklich war, die von Sozialhilfe lebte und mittlerweile in eine kleine Wohnung im Parterre des Gasthofs Schwabenwirt gegenüber dem Berchtesgadener Bahnhof gezogen war.

Im Sommer 1958 hatten sich die Amerikaner dauerhaft in Berchtesgaden eingerichtet und mehrere luxuriöse Hotels zu Erholungszentren umgebaut. Hier konnten Angehörige der US-Streitkräfte an dem Ort Urlaub machen, den schon Hitler wegen seiner beeindruckenden Bergwelt zu seinem privaten Refugium erwählt hatte und der das letzte Kriegsziel amerikanischer GIs in Europa gewesen war. Um die Urlaubsgäste entsprechend über die zahlreichen Naturwunder und historischen Sehenswürdigkeiten der Gegend zu informieren, hatten die Amerikaner ein eigenes Informationsbüro eingerichtet, das in der ehemaligen sogenannten »Kleinen Reichskanzlei« untergebracht war. Während der NS-Zeit hatte das Bauwerk im Stil eines überdimensionierten Bauernhauses Hitler während seiner Aufenthalte auf dem Berchtesgadener Obersalzberg als Außenstelle der Berliner Reichskanzlei gedient, über die er bei Bedarf dringende Regierungsgeschäfte abwickelte. Den Krieg hatte das Gebäude völlig unbeschadet überstanden und war von den Amerikanern voll ausgestattet und möbliert übernommen worden.

Als der junge US-Soldat und angehende Journalist Jasper C. Boone im Sommer 1958 hierher als leitender Informationsoffizier abkommandiert wurde, hatte er über Berchtesgaden und die Geschichte des Ortes noch nie etwas gehört. Umso mehr interessierten den jungen Mann, der plante, später einmal Geschichte zu studieren, die geheimnisvollen Anekdoten rund um den Obersalzberg, mit denen einheimische Fremdenführer versuchten, ihren Gästen dessen Vergangenheit anschaulich zu machen und das erwartete Trinkgeld etwas aufzubessern. Geradezu elektrisiert wurde Boone von einer Geschichte, die er von seinem deutschen Fotografen und Kontaktmann Ferdinand Schlösser zu hören bekam. Schlösser, der sein Labor im Keller von Boones Dienstsitz eingerichtet hatte, kannte das Geheimnis von Frau Wolf und wusste, wer sie wirklich war. Boone war augenblicklich von der Idee begeistert, die Schwester Hitlers persönlich kennenzulernen. Vielleicht, so hoffte er, war es sogar möglich, sie für ein Interview zu gewinnen. Doch Ferdinand Schlösser winkte ab. Er wusste, dass Paula Hitler jede Öffentlichkeit mied und obendrein nicht viel von Amerikanern im Allgemeinen hielt, angeblich eine Einstellung, die sie von ihrem Bruder übernommen hatte. Dem Fotografen war klar, dass ein Treffen mit Hitlers Schwester nur durch eine List zu erreichen war.

Millionen Deutsche kannten Johann Langwieder von den damals populären Zigarettenbildchen als einen ehemaligen Vorgesetzten und Kriegskameraden Adolf Hitlers aus dem Ersten Weltkrieg. Die NS-Propaganda hatte mehrere Treffen zwischen Langwieder und Hitler effektvoll in Szene gesetzt, um dessen Mythos als mutigen Frontkämpfer im

Wir hatten zuvor Johann Langwieder interviewt, einen unmittelbaren Vorgesetzten Hitlers aus dem Ersten Weltkrieg, der uns einige Fotos mit Hitler gezeigt hatte. Wir beschlossen, Paula einen Brief zu schreiben und zu erwähnen, daß wir Adolfs unmittelbaren Vorgesetzten kannten. Dann würde sie uns empfangen und mit uns sprechen. Wir würden ihn mitbringen und die Fotos zeigen.

Jasper C. Boone, US-Presseoffizier

Ersten Weltkrieg wirkungsvoll darzustellen. Und auch nach 1945 hatte Langwieder mehrfach Hitler als tapferen und untadeligen Soldaten des Ersten Weltkriegs verteidigt. Wahrscheinlich fühlte er sich dem Diktator auch deshalb verpflichtet, weil dieser ihm eine Stelle als Heizer am Flughafen Ainring verschafft und obendrein ein zinsloses Darlehen für den Bau eines kleinen Hauses gewährt hatte. Aus Dankbarkeit brachte

»Dieses Häuschen klein soll ein Denkmal für Adolf Hitler sein«: Hitlers ehemaliger Vorgesetzter Johann Langwieder ließ auch nach dem Ende des Dritten Reichs nichts auf den »Führer« kommen.

Paula Wolf
Berchtesgaden
Hansererweg 1

18.März 1959

Sehr geehrter Herr Schlösser !

Aus Ihren lieben Zeilen habe ich ersehen,dass Sie einen Kriegskameraden meines Bruders kennen.

Wenn Sie Ihren Besuch bei mir mit Herrn Langwieder nicht bis Ende Mai verschieben wollen,dann bliebe nur dieses Wochenende - ich fahre nämlich dann weg bis Mitte Mai,um der Frühjahrsfeuchtigkeit in meiner kalten Wohnung wenigstens einigermassen zu entgehen.Der heilige Rheumatius setzt sich schon wieder in den Knochen fest und ich leide sehr darunter.

Bitte,erinnern Sie Herrn Langwieder, dass er die Bilder mitbringt,die ihn mit meinem Bruder zusammen zeigen.Ich selbst war immerhin schon 18 Jahre alt,als der erste Weltkrieg zum Ausbruch kam und ich erinnere mich heute noch,als damals ein Sommergast aus Wien die Behauptung aufstellte, dieser Krieg würde furchtbar werden und länger dauern wie der dreissigjährige Krieg....und wenn mans recht bedenkt,haben wir seit dem Jahre 1914 auch keinen richtigen Frieden mehr gehabt.

Und nun sind seit dem zweiten Weltkrieg schon wieder 14 Jahre vergangen und ich verwundere mich,was sich in einem kurzen Menschenalter alles zusammendrängt und man muss alles hinnehmen wie es kommt....

Damit schliesse ich mit herzlichen Grüssen ! Ich werde auf jeden Fall Samstag nachmittag zuhause sein.Ich wohne ebenerdig und erspare mir und auch anderen das Treppensteigen.

Ihre

Paula Hitler

»Was sich in einem kurzen Menschenalter alles zusammendrängt«: In einem Brief an Ferdinand Schlösser signalisierte Paula Wolf-Hitler ihre Bereitschaft zu einem Gespräch.

Langwieder an seinem Haus den Spruch »Dieses Häuschen klein soll ein Denkmal für Adolf Hitler sein« an, den er auch nach dem Krieg nicht entfernte.

Boone und Schlösser wussten, dass dieser Mann ihr Schlüssel zu einem Treffen mit Paula Hitler war. Sie beschlossen, ihn als Lockvogel zu benutzen, um Hitlers Schwester zu einem Treffen zu bewegen. Der Plan funktionierte, Paula willigte tatsächlich ein. Am 23. März 1959 empfing die Schwester Hitlers ihren Besuch. Da Jasper Boone fürchtete, nicht gut genug Deutsch zu sprechen, und um alle Details der Unterredung zu behalten, bat er Schlösser, ein Protokoll anzufertigen, das hier erstmals im Original gezeigt wird. Offensichtlich störte Hitlers Schwester die Anwesenheit des Amerikaners überhaupt nicht – im Gegenteil: Zum allerersten Mal gab Paula Hitler ihre wahre Meinung über ihren Bruder Adolf preis und äußerte sich gegenüber Boone auch zu politischen Themen. Ganz offensichtlich sah sie es als ihre Pflicht an, Hitler zu verteidigen und dessen vermeintliche »Verdienste« gegenüber dem Amerikaner herauszustreichen. Und auch bei der Frage der Schuld war die kleine Schwester verbohrt. Sie wollte nicht wahrhaben, dass ihr Bruder die Verantwortung an unendlichen Verbrechen trug, versuchte zu relativieren und die Schuld auf seine Untergebenen abzuwälzen.

Sie glaubt, daß Himmler und seine Mitarbeiter viel effizienter waren, als es ihr Bruder je von ihnen erwartet hätte.

Jasper C. Boone, US-Presseoffizier, über sein Interview mit Paula Hitler

Sie sagte: »Es war die Idee meines Bruders, die Autobahn zu bauen. Mein Bruder hat verhindert, dass Deutschland kommunistisch wurde. Der Volkswagen war seine Idee. Er hat den Leuten Arbeit gegeben, als wir in einer tiefen wirtschaftlichen Krise steckten. Sie müssen bedenken, Napoleon war einer der meistgehassten Menschen seiner Zeit, aber jetzt ist er ein Nationalheld – und ich glaube, das gleiche wird eines Tages mit meinem Bruder geschehen.«

Jasper C. Boone, US-Presseoffizier, über sein Interview mit Paula Hitler

Was Paula gegenüber dem Amerikaner damals verschwieg, wurde erst vor Kurzem bekannt: wie eng sie selbst mit den Verbrechen ihres Bruders während der Nazi-Zeit in Berührung gekommen war.

Ich besuchte Paula Hitler in Berchtesgaden.
Wir schrieben den 21. März 1959 - Frühlingsanfang. Es war ein herrlicher Sonnentag. Fast sommerlich warm war es im Berchtesgadener Land. Auf den hohen Bergen, die Berchtesgaden umschließen, glänzte der Firnschnee wie tausendjährige Gletscher. Es war einmalig schön in der gigantischen Bergwelt, in der Berchtesgaden wie ein kostbarer Kleinod eingebettet liegt! - An diesem Tage besuchte ich Paula Hitler, die leibhafte Schwester Adolf Hitlers und auch die einzige Namensträgerin dieser Familie Hitler. Ein freundlicher Brief ging dieser Einladung voraus. Ein alter Kriegskamerad Adolf Hitlers, Johann Langwieder 71 Jahre, der im ersten Weltkrieg mit Adolf Hitler 1 1/2 Jahre an der Westfront guter Kamerad war, hatte den Wunsch, die Schwester Hitlers einmal persönlich kennen zu lernen. Gegen 2 Uhr nachmittags klingelten wir an der Wohnungstüre, wo auf einem Schild : Paula Wolf stand. - Paula Wolf ist der inoffizielle Name Hitlers Schwester. Diesen Namen trug sie schon bereits vor der Machtübernahme auf Hitlers Wunsch, um irgendwelchen Belästigungen von der Außenwelt zu entgehen. - Nach einem "Herein" betraten wir die Stube. Wir stellten uns vor und sofort erinnerte sich die 63 jährige Frau an unsere schriftliche Einladung ihrerseits. Sie bot uns Platz an und war im ersten Moment etwas verstört, da sie nach dem Mittagessen ein wenig eingeschlummert war. Ihre Wohnung ist in einem alten Haus ebenerdig, gleich hinter dem großen Gasthof und Kino Schwabenwirt, direkt an der Ache, gegenüber des Hauptbahnhofes. Frau Hitler besitzt einen Raum von etwa 16 qm und eine kleine Nebenkammer. Die Nachmittagssonne des schönen Frühlingstages sandte einige Strahlen in ihr bescheidenes Zimmer. Obschon Frau Hitler sich bemühte im Laufe der Zeit ihren Wohnraum einigermaßen gemütlich zu gestalten, machte es auf uns den Eindruck wirklich ärmlicher Verhältnisse. Seit Jahren schon leidet sie an rheumatische Erkrankungen, was sie auf die feuchtkalte Wohnung zurückführt. Das Gehen bereitet ihr auch große Schwierigkeiten, da die Beine nicht mehr so recht wollen. Sie lebt von einer kleinen Fürsorgerente, sehr einsam und zurückgezogen. Ein kleiner Schreibmaschinentisch barg eine Menge Akten und Urkunden, sowie viele andere Korrespondenzschriftstücke, die sich von vielen Nachkriegsprozessen und anderem Schriftverkehr angesammelt haben. Aus persönlichen Gründen und familiärem Interesse sammelt sie von allen Zeitungen Berichte und Artikel über ihren Bruder Adolf, die sie erreichen kann. In einer Art von Buffet befinden sich viele Bücher

»Eindruck wirklich ärmlicher Verhältnisse«: das von Schlösser verfasste Protokoll des Besuchs bei Paula Hitler im März 1959.

Die »Schattenschwester«

Im Sommer 1939 hatte Paula ein großzügiges, malerisch gelegenes Haus in der niederösterreichischen Stadt Weiten bezogen, rund 100 Kilometer von Wien entfernt. Das Anwesen mit großem Garten war ein Geschenk ihres Bruders gewesen, nachdem sie zuvor eine Villa am Stadtrand von Wien abgelehnt hatte, die von einer jüdischen Familie beschlagnahmt worden war. Allerdings war der Grund für Paulas Ablehnung keineswegs der Tatsache geschuldet, dass das Haus von Juden geraubt worden war, sondern vielmehr, dass der für die Villa zuständige Verwalter, ein SS-Offizier, das Haus völlig vernachlässigt und heruntergewirtschaftet hatte. Als Paula ihrem Bruder davon erzählte, war dieser angeblich sehr aufgebracht und nahm sich der Sache persönlich an. Von dem SS-Offizier habe man danach, wie sich Paula ausdrückte, »nie wieder etwas gehört«.

In der Abgeschiedenheit der Kleinstadt Weiten konnte Paula dank ihres Bruders ein sorgenfreies Leben genießen. Aufgrund der monatlichen Zahlungen, die ihr Hitler zukommen ließ, brauchte sie nicht zu arbei-

Das repräsentative Haus in Weiten, das Paula 1939 mithilfe ihres Bruders beziehen konnte.

Die Verlobung mit dem Euthanasie-Arzt Erwin Jekelius musste Paula Hitler nach der Intervention ihres Bruders lösen.

ten. Doch obwohl Hitlers Schwester sich inkognito wähnte und ihr Pseudonym Wolf benutzte, hatte sich unter der Bevölkerung bald herumgesprochen, wer sie in Wirklichkeit war. Und auch, dass sich die Schwester des »Führers« mit dem Arzt Erwin Jekelius verlobt hatte, blieb nicht lange verborgen. Unter den Nachbarn kursierten unerhörte Gerüchte über den Verlobten: nämlich dass der Mediziner Menschen beseitigte, die behindert waren.

Heute weiß man, dass der Verlobte von Paula Hitler tatsächlich an zentraler Stelle an der planmäßigen Ermordung geistig behinderter Menschen beteiligt war. Dr. Erwin Jekelius war Chefarzt der psychiatrischen Klinik »Am Steinhof« in Wien – derselben Klinik, in der auch Hitlers Großcousine Aloisia Veit neun Jahre lang eingesperrt war. Als Gutachter der sogenannten »Aktion T4«, wie die Tarnbezeichnung der Nazis für den Mord an behinderten Menschen lautete, bearbeitete der Arzt die Meldebögen der Patienten und entschied aufgrund der Aktenlage, wer als »Euthanasiefall« in die NS-Tötungsanstalten geschickt und vergast wurde. Doch der Arzt war kein Mitläufer, der notgedrungen Befehlen gehorchte, sondern ein Überzeugungstäter, der mithalf, den von Hitler angeordneten Mord auch auf eine gesetzliche Basis zu stellen. Gemeinsam mit anderen Medizinern erarbeitete Jekelius den Entwurf für ein Euthanasiegesetz, das »Gesetz über Sterbehilfe bei unheilbar Kranken«, das im Oktober 1940 verabschiedet wurde, allerdings keine Rechtsgültigkeit mehr erlangte.

Ob Dr. Jekelius auch für den Tod von Hitlers Großcousine Aloisia Veit verantwortlich war, lässt sich heute nicht mehr mit Sicherheit feststellen. Auch nicht, ob Adolf Hitler oder seine Geschwister das Schicksal ihrer Großcousine kannten. Fest steht allerdings, dass Paula Hitler genau wusste, welches Schicksal geistig behinderte Menschen im Reich ihres Bruders zu erwarten hatten. Und ihr war auch bekannt, welche Rolle ihr Verlobter dabei spielte. Hatte sie den Arzt doch überhaupt erst kennengelernt, als sie – mit Erfolg – versuchte, den Abtransport einer Bekannten in die Gaskammer der NS-Tötungsanstalt Hartheim zu verhindern. Paula wollte den Arzt trotzdem heiraten und bat ihren Bruder um Erlaubnis. Doch als Hitler erfuhr, wer Dr. Jekelius war und was er »beruflich« machte, reagierte der Diktator hysterisch. Nur er bestimmte, wer sich der Familie nähern durfte. Er beauftragte den SS-Chef Himmler, seinen Schwager in spe verhaften zu lassen und an die Ostfront zu schicken.

Erwin Jekelius überlebte den Krieg, wurde von Angehörigen der Roten Armee auf der Flucht verhaftet und 1948 in Moskau vor Gericht gestellt. Den Russen gestand der Arzt, dass er nicht nur persönlich an der Tötung von mehr als 4000 Erwachsenen, sondern auch an der Massenvernichtung geisteskranker Kinder beteiligt war. Seine Verhörprotokolle wurden erst vor wenigen Jahren im Zuge von ZDF-Recherchen über die Familie Adolf Hitlers wiederentdeckt. Minutiös ist darin festgehalten, wie der Arzt die eigene Beteiligung und die erschütternden Details der Morde schilderte. »Für jedes kranke Kind, das sich in Behandlung befand, habe ich als Klinikdirektor mithilfe meines medizinischen Personals eine spezielle Bescheinigung angelegt, die sowohl die Krankengeschichte als auch die Diagnose enthielt. Diese Bescheinigung wurde an das Innenministerium nach Berlin zur Begutachtung durch eine dort eingerichtete spezi-

»Im Sommer 1940, während meiner Tätigkeit als Referent, erhielt ich einen Brief von einer gewissen Paula Hitler mit der Bitte, ich möchte doch ihre Bekannte Heiderer retten, die sich in der Nervenheilanstalt ›Steinhof‹ befand. Der Brief war gut und korrekt geschrieben. Als Facharzt für Psychiatrie konnte ich den Charakter der Autorin als positiv erkennen und beschloß, mit ihr persönlich zu sprechen.«

Auszug aus dem Verhörprotokoll von Dr. Erwin Jekelius in sowjetischer Haft

elle Ärztekommission gesandt, die dann über die Notwendigkeit, das eine oder andere Kind zu töten, entschied. Man stellte Listen über die betreffenden Kinder zusammen und schickte sie mir zur unmittelbaren Ausführung. Ich habe diese Listen an Dr. Gross übergeben, der dann die Tötung der Kinder mittels der Verabreichung von Luminal vornahm.« Auch darüber, wie die Angehörigen der Kranken systematisch getäuscht wurden, gab der Arzt Auskunft: »Die Tötung kranker Kinder wurde von uns unter strengster Geheimhaltung vorgenommen. Daher wussten die Eltern darüber gar nichts. Nach der Vergiftung eines Kindes durch Dr. Gross wurde den Eltern mitgeteilt, dass ihr Kind an dieser oder jener Krankheit gestorben sei, die er sich selbst ausdachte. Diese Mitteilungen habe ich als Klinikdirektor selbst unterschreiben.«

Paula Hitler hatte ihr Wissen von den Verbrechen ihres Bruders nach dem Krieg nie öffentlich gemacht – im Gegenteil: Stets präsentierte sie sich als die ahnungslose und liebende Schwester, die sich dazu berufen fühlte, den Bruder zu verteidigen. So schrieb sie wenige Jahre nach Kriegsende an einen befreundeten, rechtsgerichteten Verleger: »Ich sehe den Mann [Hitler] immer nur mit den guten, strahlenden Augen vor mir, die überstrahlten bei weitem die Gewitter, die zu verschiedensten Zeiten bei den verschiedensten Anlässen über andere Häupter, ohne Ausnahmen, wolkenbruchartig niedergegangen sind. Und dieses Bild im guten Sinne würde dafür stehen, es auch für die übrige Menschheit festzuhalten.« Für die Opfer und

»Vorzeitig gealtert«: das Grab Paula Hitlers in Berchtesgaden kurz nach ihrem Tod im Juni 1960.

deren Leiden fand die Schwester nie ein Wort des Mitgefühls. In den letzten Jahren ihres Lebens galt ihr Interesse nur noch dem Erbe, das ihr Bruder hinterlassen hatte. Über Jahre kämpfte sie als nächste noch existierende Angehörige mit den Gerichten um einen Erbschein. Am Ende hatte sie Erfolg. Doch viel Zeit, den Sieg auszukosten, blieb Paula Hitler nicht mehr. Wie sich ihr behandelnder Arzt erinnerte, »war sie eindeutig vorzeitig gealtert – sie war knapp 60 Jahre alt, sah aber aus wie 80 Jahre«. Am 1. Juni 1960 verstarb Paula Hitler an Herzversagen und wurde auf dem neuen Friedhof von Schönau bei Berchtesgaden beigesetzt. Die Kosten für das Grab wurden über Jahrzehnte von einem ehemaligen SS-Mann bezahlt, der sich damit das zweifelhafte Recht erkaufte, selbst einmal an der Seite der Schwester eines der größten Verbrecher der Geschichte beerdigt zu werden.

Der englische Neffe

Es muss für Adolf Hitler ein Schock gewesen sein, als 1930 gleich zwei englische Zeitungen Interviews mit dem Sohn seines Halbbruders Alois veröffentlichten: »Dieser junge Londoner Büroangestellte, William Patrick Hitler, ist ein Neffe von Adolf Hitler, dem neuen politischen Führer in Deutschland.«

Bis zu diesem Zeitpunkt hatte es der NS-Führer verhindern können, dass Angehörige seiner Familie Interna an die Presse ausplauderten. Nun musste er Enthüllungen durch eine undichte Stelle in der Familie selbst fürchten. Offensichtlich beunruhigte ihn diese Tatsache, und er wies seine Halbschwester Angela an, den geschwätzigen Verwandten unverzüglich nach Berlin zu zitieren. Die Schwester ahnte wohl, dass der Neffe nicht so ohne Weiteres kommen würde, und bediente sich einer List. Sie telegrafierte nach London: »VATER STIRBT STOP KOMM SOFORT NACH BERLIN STOP TANTE ANGELA.« Ohne zu zögern folgte Willy der Aufforderung, doch anstatt seinen sterbenden Vater Alois vorzufinden, sah er sich einem tobenden Adolf Hitler gegenüber. In ihren Memoiren schilderte Willys Mutter nach dem Krieg, was sich bei dem Familientref-

»Der Neffe von Adolf Hitler«: William Patrick Hitler versuchte, aus seiner Verwandtschaft mit dem NSDAP-Führer Kapital zu schlagen.

fen in einem Berliner Hotelzimmer abgespielt hatte, bei dem auch Willys Vater Alois und dessen Schwester Angela Raubal anwesend waren. Hitler schäumte vor Wut und empfing sie mit den Worten: »Das muß ausgerechnet mir passieren! Ich bin umgeben von Idioten, jawohl, Idioten seid ihr. Ihr zerstört alles, was ich mit meinen eigenen Händen aufgebaut habe.« Und an Willy gewandt: »Was hast du der Presse erzählt? Wer hat dir die Erlaubnis gegeben, dich als Autorität in meinen Privatangelegenheiten aufzuspielen?«

Als der Neffe einwandte, dass er doch lediglich die Wahrheit gesagt habe, verlor Hitler vollends die Fassung und brüllte: »Die Wahrheit! Ich werde von allen Seiten angegriffen und kann mir keinen Schandfleck erlauben. Ich stehe nur einen Schritt davor, ganz nach oben zu kommen, ich kann sogar Kanzler werden, und dann zerstört mich meine eigene Familie. Dann kommt ein ›Neffe‹ und erzählt ihnen die ganzen schmutzigen Details, die sie wissen wollen.« Am Ende seiner Tirade behauptete Hitler, dass Willy gar nicht mit ihm verwandt sei, da dessen Vater Alois kein leiblicher Sohn von Hitlers Vaters sei, sondern lediglich adoptiert. Mit 2000 Dollar Schweigegeld und der strengen Auflage, das Verwandtschaftsverhältnis künftig zu leugnen, schickte er Willy wieder nach Hause. Der eingeschüchterte junge Mann hielt sich an die Anweisungen des prominenten Politikers, doch das änderte nichts an der Tatsache, dass er einen Namen trug, der in England keinen guten Klang hatte. Nach Hitlers »Machtergreifung« im Januar 1933 begegnete man ihm mit immer größeren Vorbehalten. Sobald er bei Vorstellungsgesprächen seinen Namen nannte, winkte man freundlich, aber bestimmt ab. Willy hatte größte Probleme, Arbeit zu finden.

In England war der Name eine Bürde, in Deutschland ließ sich daraus vielleicht Profit schlagen. Und die Geschichte von seinem »adoptierten« Vater hatte Willy nie wirklich überzeugt. Der junge Mann wandte sich an Dr. Frederick Kaltenegger, den Rechtsanwalt der britischen Botschaft in Wien, und beauftragte den Juristen, beweiskräftige Papiere über seine Verwandtschaft mit dem NS-Führer zu beschaffen. Dr. Kaltenegger reiste ins Waldviertel und nach Braunau und machte zahlreiche Dokumente ausfindig, darunter die Geburtsurkunde von Alois Hitler und die Heiratsurkunde der Hitler-Eltern. Im Sommer 1933 schickte der fleißige Jurist ein umfangreiches Paket mit zahlreichen Unterlagen nach London, aus denen Willys Verwandtschaft mit Hitler eindeutig hervorging. Als Honorar für seine Bemühungen schlug Kaltenegger im Begleitschreiben ein englisches Pfund vor »unter der Voraussetzung, dass Sie sich das leisten können, ansonsten zahlen Sie, was Sie können«. William deponierte die Dokumente in einem Londoner Bankschließfach und reiste nach Deutschland ab.

Am 20. Oktober 1933 traf der Neffe in Berlin ein und wandte sich über seine Tante Angela Raubal an Hitler. Doch der Diktator ließ ihm nur kühl ausrichten, dass er ihn nicht als Verwandten betrachte. Als Willy darauf seine Dokumente ins Spiel brachte, änderte sich der Ton schlagartig. Die genauen Zusammenhänge hat der US-Historiker Dr. Timothy Ryback erforscht, der sich seit Jahren intensiv mit der Familiengeschichte der Hitlers befasst: »Hitler kannte den Inhalt der Dokumente zwar nicht, stufte sie aber dennoch als so bedeutsam ein, dass er bereit war, den Forderungen von Willy Folge zu leisten.« Ryback sah in Willy eine ernsthafte Bedrohung für Hitler: »Es war eine dreiste Erpressung von Willy, und das Erstaunliche ist, dass es funktioniert hat.«

Hitler hatte Angst vor Beweisen für jüdische Vorfahren in der Familie, was eine absolute Katastrophe für ihn gewesen wäre. In Wirklichkeit bezog sich Willys Drohung allerdings auf die Bigamie seines Vaters Alois und dessen Verurteilung.

Timothy Ryback, Historiker

Der Diktator empfing seinen Neffen nun persönlich in der Reichskanzlei und stattete ihn mit einem Startkapital von 500 Reichsmark aus, um die erste Zeit zu überbrücken. Anschließend verwies er

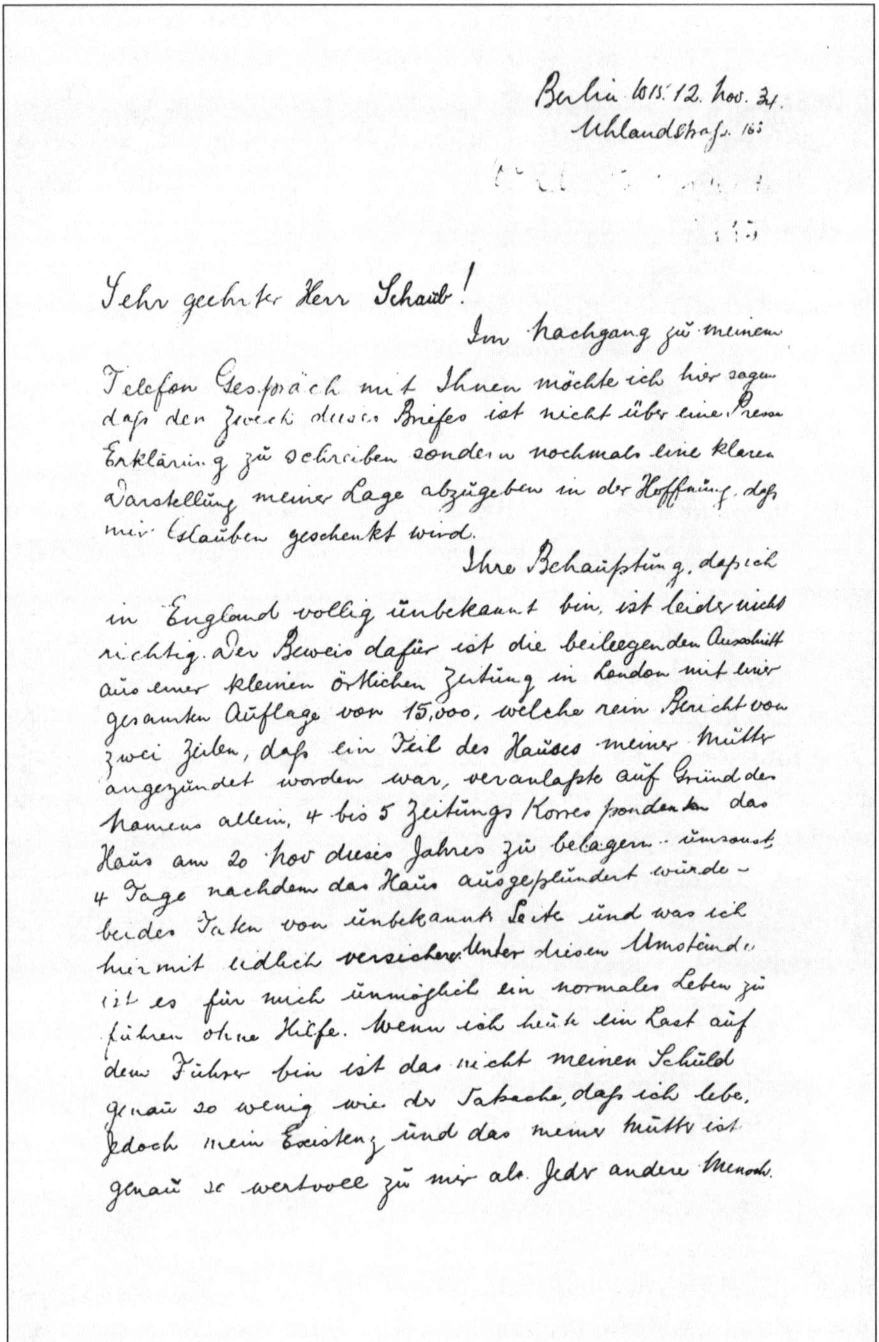

Berlin W15. 12. Nov. 34.
Uhlandstraße 163

Sehr geehrter Herr Schaub!

Im Nachgang zu meinem Telefon Gespräch mit Ihnen möchte ich hier sagen daß der Zweck dieses Briefes ist nicht über eine Presse Erklärung zu schreiben sondern nochmals eine klaren Darstellung meiner Lage abzugeben in der Hoffnung, daß mir Glauben geschenkt wird.

Ihre Behauptung, daß ich in England völlig unbekannt bin, ist leider nicht richtig. Der Beweis dafür ist die beiliegenden Ausschnitt aus einer kleinen örtlichen Zeitung in London mit einer gesamten Auflage von 15,000, welche rein Bericht von zwei Zeilen, daß ein Teil des Hauses meiner Mutter angezündet worden war, veranlaßte auf Grund des Namens allein, 4 bis 5 Zeitungs Korrespondenten das Haus am 20 Nov dieses Jahres zu belagern – umsonst, 4 Tage nachdem das Haus ausgeplündert wurde – beides Taten von unbekannter Seite und was ich hiermit endlich versichere. Unter diesen Umständen ist es für mich unmöglich ein normales Leben zu führen ohne Hilfe. Wenn ich heute ein Last auf dem Führer bin ist das nicht meinen Schuld genau so wenig wie der Tatsache, daß ich lebe. Jedoch mein Existenz und das meiner Mutter ist genau so wertvoll zu mir als jeder andere Mensch.

»Ekelhafte Erpressergeschichte«: Ein Brief William Patrick Hitlers von 1934, in dem er auf Hitler'sche Familiengeheimnisse anspielt.

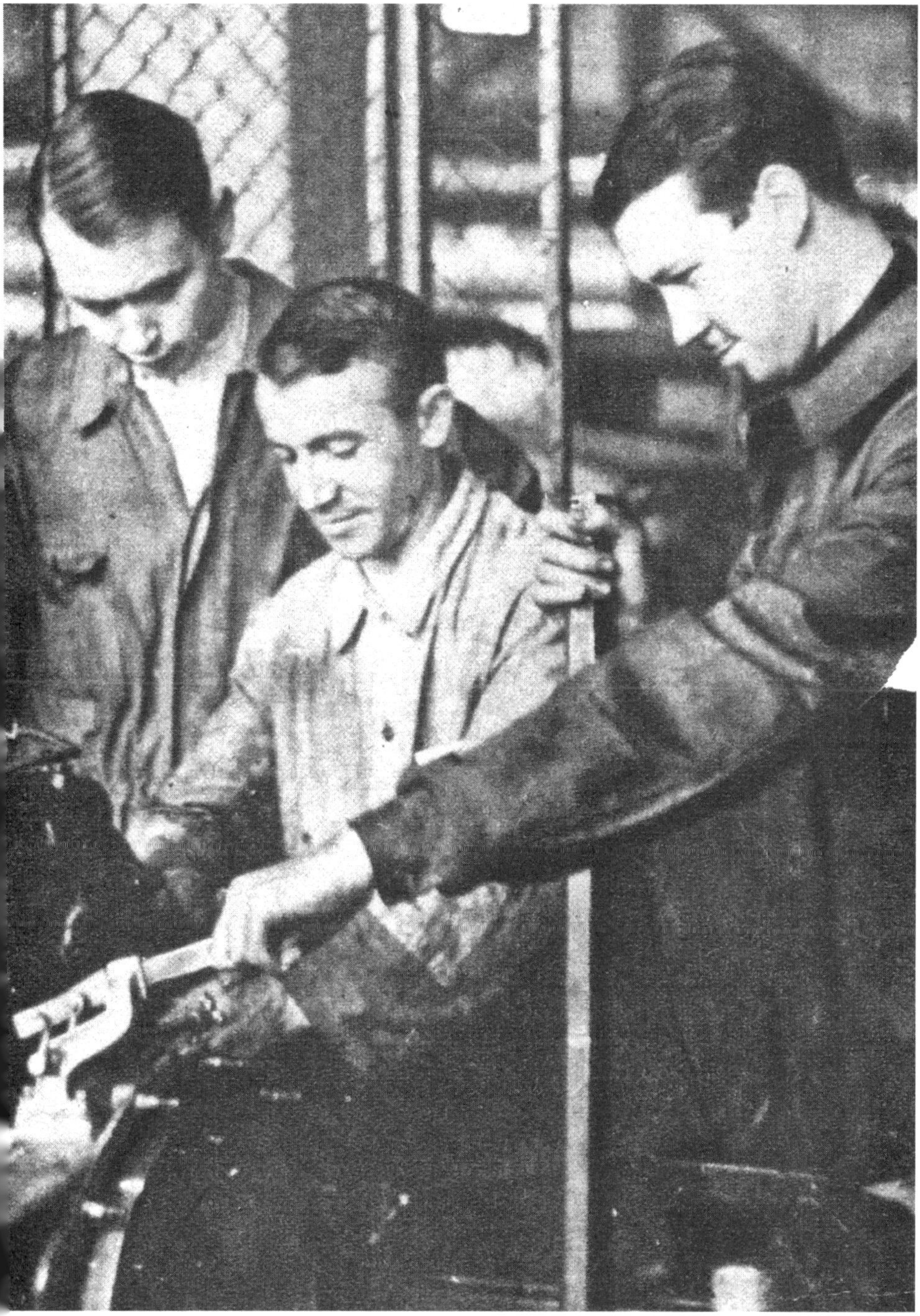

»Azubi am untersten Ende der Hierarchie«: Auch die Anstellung beim Automobilhersteller Opel entsprach nicht den Vorstellungen von William Patrick Hitler.

ihn an seinen Stellvertreter Rudolf Heß, der ihm eine Ausbildungsstelle bei der Reichskreditanstalt besorgte. Doch das war nicht die Art von Beschäftigung, die sich William Patrick im Reich seines Onkels vorgestellt hatte: als kleiner Azubi am untersten Ende der Hierarchie. Obendrein brachte ihm die neue Stelle nicht genügend ein. Erneut wandte er sich an seinen Onkel und drohte diesmal ganz unverhohlen in einem Brief, der noch heute im Bundesarchiv verwahrt wird: »Um das zu erzielen, werde ich die Erklärung der englischen Presse übergeben in diesem Sinn, die eine Besserung meiner Lebensverhältnisse in England sichern wird.«

Und noch eine andere Quelle weist auf die Erpressung hin. Sie stammt von Hitlers langjährigem Rechtsanwalt und späterem Generalgouverneur im besetzten Polen, Hans Frank. Der sogenannte »Polenschlächter« wurde nach dem Krieg vom internationalen Militärgerichtshof in Nürnberg zum Tode verurteilt. In seiner Zelle verfasste er seine Memoiren, die später unter dem Titel *Im Angesicht des Galgens* veröffentlicht wurden. Darin berichtete er: »Eines Tages ... wurde ich zu Hitler gerufen. Er war in seiner Wohnung am Prinzregententheater. Er sagte mir unter Vorlage eines Briefes, daß hier eine ›ekelhafte Erpressergeschichte‹ eines seiner widerlichsten Verwandten vorliege, die seine, Hitlers, Abstammung betreffe. Wenn ich nicht irre, war es ein Sohn seines Stiefbruders Alois Hitler, der leise Andeutungen machte, daß sicher ›im Zusammenhang mit gewissen Presseäußerungen ein Interesse daran bestünde, sehr gewisse Umstände unserer Familiengeschichte nicht an die große Glocke zu hängen‹.« Heute kennt man die Gründe, warum Hitler damals nachgab und seinem Neffen eine neue Anstellung beim Autohersteller Opel in Rüsselsheim besorgen ließ. Hier wurde der Neffe kaufmännischer Mitarbeiter in der Finanzabteilung und trat auch brav in die nationalsozialistische Einheitsgewerkschaft »Deutsche Arbeitsfront« (DAF) ein.

Anscheinend hatte er sich mittlerweile mit den Gepflogenheiten im Reich seines Onkels arrangiert und konnte dem Leben in Deutschland einiges abgewinnen. Als er im November 1937 nach England reiste, um seine Mutter zu besuchen, konnte er der Versuchung nicht widerstehen. Trotz Hitlers Verbot gab er der Zeitung *Daily Express* ein Interview. Darin verkündete er stolz: »Ich bin der einzige legale Nachkomme der Familie Hitler.«

Offensichtlich genoss er die Aufmerksamkeit, die ihm sein Name endlich einbrachte, und fügte hinzu: »Ich wüsste nichts Negatives über meinen Onkel. Seit der Führer die Macht hat, ist in Deutschland vieles sehr viel besser geworden.« Vor der Reporterin posierte er ganz im Stil des Nazi-Führers mit vor der Brust verschränkten Armen und sagte dazu: »Diese Geste liegt mir im Blut. Ich merke, wie ich sie immer öfter benutze.«

»Es ist schwer, meine englischen Freunde davon zu überzeugen, mich als Engländer zu betrachten. Etliche scheinen zu glauben, daß ich direkt für viele Dinge in Deutschland, die sie für schlecht halten, verantwortlich bin.«

William Patrick Hitler
im *Daily Express*
vom 4. Januar 1938

Doch auch diese Art von öffentlichen Äußerungen schätzte der Diktator überhaupt nicht. Als Willy nach Deutschland zurückkehrte, zitierte ihn der Onkel erneut zu sich. Wütend hielt er ihm vor, dass William Patrick ihn ständig in Peinlichkeiten verwickle, und drohte ihm, dass er entweder deutscher Staatsbürger werden müsse oder dass es für ihn nicht länger »ratsam« sei, in Deutschland zu bleiben. Ohnehin aber glaube Hitler nicht, dass aus ihm je ein guter Deutscher werde. Willy wurde klar, dass seine Versuche, in der Nähe des Onkels Fuß zu fassen und von seinem Namen zu profitieren, zum Scheitern verurteilt waren. Schließlich wurde William Patrick Hitler im Frühjahr 1939 in Deutschland der Boden unter den Füßen zu heiß. Mithilfe seines besten Freundes gelang es ihm, sich über die holländische Grenze abzusetzen. Von dort aus reiste er weiter nach England. Doch auch seiner Heimat kehrte er bald darauf den Rücken. Willys neues Ziel hieß Amerika.

»Meine Jahre in Deutschland waren keine verschwendete Zeit, denn immerhin hatte ich die Möglichkeit, hinter das Propagandabild zu schauen und die Wahrheit über Hitler und sein Regime herauszufinden. Seine vielgerühmte Bescheidenheit, zum Beispiel, ist reine Fiktion. Statt die üppige Zurschaustellung von Reichtum abzulehnen, umgibt er sich mit extravaganterem Luxus, als es sich je ein Kaiser gegönnt hätte.«

William Patrick Hitler in der Zeitschrift *Look*, 4. Juli 1939

Ausgestattet mit einem Besuchervisum, betrat er am 30. März 1939 gemeinsam mit seiner Mutter Bridget Hitler amerikanischen Boden. Die Lust an öffentlichen Auftritten war ihm keineswegs vergangen. Kurz nach seiner Ankunft präsentierte er sich in der US-Wochenschau und verkündete: »Ich glaube, daß Hitlers Politik in Europa keinen Nutzen für die Menschheit bringen wird.« Und um keine Missverständnisse aufkommen zu lassen, setzte er hinzu: »Ich hoffe, die Amerikaner lassen sich nicht von meinem Schnurrbart irritieren, denn mein Herz ist auf dem rechten Fleck, und das ist die Hauptsache.« Die amerikanische Öffentlichkeit gierte zu dieser Zeit geradezu nach Informationen aus dem privaten Umfeld des deutschen Diktators, und William Patrick Hitler wusste die Gunst der Stunde zu nutzen. Er schloss Verträge mit diversen Veranstaltungsagenturen und startete einen regelrechten Medienfeldzug gegen den verhassten Onkel. Auf ausgedehnten Vortragsreisen tourte er durch die USA und Kanada, wobei reißerische Plakate dem staunenden Publikum verkündeten: »William Patrick Hitler enthüllt die sensationelle Wahrheit über Nazi-Deutschland und seine Führer« und »Wer ist der Führer wirklich, wie lebt der Führer, was der Führer privat und öffentlich sagt«.

Ein Hitler in der Synagoge

Der Erfolg blieb nicht aus. Schon bald füllte William Patrick mit seinen Vorträgen große Hallen, in die Tausende Einlass begehrten. In manchen Städten war der Zustrom so groß, dass die Polizei einschreiten musste, um das tumultartige Gedränge unter Kontrolle zu bringen. Auch unter der jüdischen Zuhörerschaft fand William Patrick Hitler großes Interesse. Gut ein Jahr nachdem sein Onkel in einem mörderischen Fanal die Synagogen in Deutschland hatte niederbrennen lassen, engagierte die größte jüdische Gemeinde in Chicago William Patrick Hitler für einen Vortrag zum Thema »Was die Deutschen denken«. Als Veranstaltungsort wählte man die ehrwürdige Anshe-Emet-Synagoge und kündigte an, dass der »katholischen Neffe« von Adolf Hitler »trotz verschiedener Versuche, ihn zum Schweigen zu bringen, die Wahrheit über das Dritte Reich er-

»Was die Deutschen denken«: Mit dem Versprechen, einen Blick hinter die Kulissen des Dritten Reichs zu werfen, tourte William Patrick Hitler durch die USA.

»Ein Hitler in der Synagoge«: Während seiner Vortragsreise in den USA trat er unter anderem in der Anshe-Emet-Synagoge in Chicago auf.

Why I hate my

1 My mother in 1910 when she married Alois Hitler, Adolf Hitler's half-brother. They lived together in England for three years. Then he deserted her and went to Germany. I am their only child.

2 Alois, my father. He has his brother Adolf's dictatorial disposition. After deserting my mother, he married again in Germany. In 1923, in Hamburg, he was tried for bigamy and given a suspended sentence and a fine.

3 In 1929 I visited my father in Berlin and went to a Nazi rally where I first saw my uncle and where this picture of him was taken. In 1930 when I returned, Hitler called at my father's house . . .

by William Patrick Hitler

NEPHEW of ADOLF HITLER

EDITOR'S NOTE: William Patrick Hitler is the son of Adolf Hitler's half-brother, Alois. His mother is Irish. He was born and reared in England. He is now in America with his mother on a lecture tour.

Mr. Hitler's bitterness toward his uncle is best understood in the light of the following facts: Alois Hitler deserted William Patrick's mother and married again without divorcing her. Ignoring many urgent requests, neither Alois nor Adolf ever helped her rear her son. William Patrick's career in England was ruined because he was Adolf Hitler's nephew. He was hounded out of Germany for the same reason.

7 My relationship with Hitler was now well known in England. In March, 1932, it cost me my job. I wrote my father for help and in June received the above reply in which he says that "A" (Adolf Hitler) wanted me to come to Germany at once for a "family meeting" to settle our "private affairs." When I reached Germany my father took his family and me on a vacation in the mountains where he took this picture of his wife, son and me. Upon returning to Berlin, I received a letter from Berchtesgaden containing a message from Hitler. He disclaimed any knowledge of me or interest in my welfare and maintained that I was not my father's son and, therefore, not a blood relative

Page 16—LOOK—July 4, 1939

»Warum ich meinen Onkel hasse«: Mit einer großangelegten Story in der Zeitschrift *Look* erreichte in den USA der Rummel um William Patrick Hitler seinen Höhepunkt.

uncle ...

4 Being very close to my father at the time, he autographed this picture for me. We had cakes and whipped cream, Hitler's favorite dessert. I was struck by his intensity, his feminine gestures. There was dandruff on his coat.

5 When I visited Berlin in 1931, the family was in trouble. Geli Raubal (above center), the daughter of Hitler's and my father's sister, had committed suicide. Everyone knew that she and Hitler had long been intimate and that she had been expecting a child—a fact which enraged Hitler. His revolver was found by her body.

6 I published some articles on my uncle when I returned to England and was forthwith summoned back to Berlin and taken with my father and aunt to Hitler's hotel. He was furious. Pacing up and down, wild-eyed and tearful, he made me promise to retract my articles and threatened to kill himself if anything else were written on his private life. Arrows show me above with my father and half-brother.

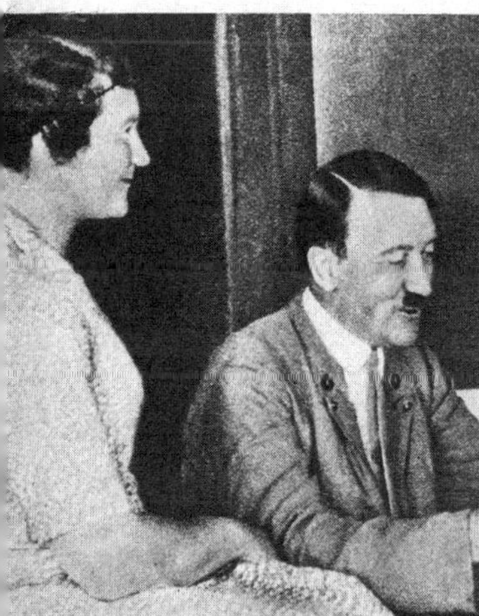

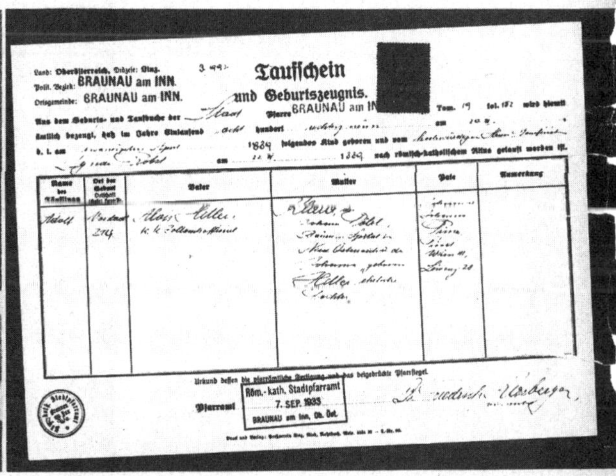

Land: Oberösterreich, Diözese: Linz.
Polit. Bezirk: BRAUNAU am INN.
Ortsgemeinde: BRAUNAU am INN.

Taufschein und Geburtszeugnis.

Aus dem Geburts- und Taufbuche der Pfarre BRAUNAU am In[redacted] Tom. 19 fol. 152 wird hiemit amtlich bezeugt, daß im Jahre Eintausend acht hundert ... am ... 1889 folgendes Kind geboren und vom ... d. i. am ... 1889 nach römisch-katholischem Ritus getauft worden ist.

Name des Täuflings	Ort der Geburt	Vater	Mutter	Pate	Anmerkung
Adolf					

Urkund dessen die pfarrämtliche Fertigung und das beigedrückte Pfarrsiegel.

Pfarramt

Röm.-kath. Stadtpfarramt
7. SEP. 1933
BRAUNAU am Inn, Ob. Öst.

8 The letter came from my Aunt Angela Raubal (Geli's mother). She is shown here with Hitler at Berchtesgaden where she kept house for him until 1935 when he made her leave on 24 hours notice. He has never gotten on with Paula, his only other sister, because she talked about his private life and once worked for a Jew. She is unmarried and is now living in Vienna under the name of Wolfe.

9 When he saw Hitler's repudiation of me, my father also turned on me and sent me back to England. I realized then that if Hitler should decide to denounce me as an imposter, my father would certainly side with him, and that what I needed was unassailable proof that I *was* Adolf Hitler's nephew. Since I could not get work in England, without changing the name which *I* had in no way disgraced and was therefore determined to keep, I spent the following year rounding up the proof. Among other documents, I was able to procure Hitler's birth certificate which is reproduced above.

(Frank Bauman-LOOK, International News Photos)

Continued on Next Page

> **In allen diesen Interviews, die William Patrick Hitler gegeben hat, war nie die Rede von einem angeblich jüdischen H[itler]-Großvater. Wie viel Geld hätten Patrick und Bridget Hitler mit dieser Story verdienen können! ... Auch die posthum veröffentlichten Memoiren Bridget Hitlers brachten nicht den leisesten Hinweis auf irgendwelche jüdische Verwandtschaft.**
>
> Brigitte Hamann, Historikerin

zählen« werde. Da man mit großem Andrang rechnete, bat man die Gemeindemitglieder vorsorglich um rechtzeitige Reservierungen.

Publizistisch unterstützt wurde Willys Tournee durch zahlreiche Interviews, die der geschäftstüchtige Neffe bereitwillig im ganzen Land gab. Krönender Höhepunkt war eine groß aufgemachte Story in der populären Illustrierten *Look*. Unter der Überschrift »Warum ich meinen Onkel hasse« beschrieb William Patrick seine Odyssee und das letzte Zusammentreffen mit seinem »diktatorischen« Verwandten: »Seine rachsüchtige Brutalität an jenem Tage machte mir Angst, ich fürchtete um meine persönliche Sicherheit.« Sein Vater Alois sei ebenso eingeschüchtert gewesen: »Er lebt in Todesangst und fürchtet jede Publizität. Er ahnte, daß ich Deutschland verlassen und von nun an frei reden würde.«

Hitler in der Navy

Zwei Jahre lang tourte Willy durch die USA und Kanada. Doch mit dem Voranschreiten des Krieges in Europa verlor das Publikum langsam das Interesse an seinen »Enthüllungen« über den deutschen Diktator. Schließlich wurde er nur noch in der Provinz gebucht und trat in Clubhäusern und Kleinstadtsälen auf. Als im Dezember 1941 das Deutsche Reich den USA den Krieg erklärte, entschied William Patrick Hitler, dass nun der Zeitpunkt gekommen war, um mit echten Waffen gegen seinen Onkel zu kämpfen. Der Dreißigjährige meldete sich freiwillig in einem New Yorker Rekrutierungsbüro, wurde gemustert und für voll tauglich befunden. Doch der US-Armee kamen dann doch Bedenken: Auf einem ihrer Formulare mussten die Bewerber routinemäßige Fragen beantwor-

»Mein Erfolg als Dozent hat mich zu dem vielleicht am besten besuchten politischen Vortragsredner gemacht, und die Polizei musste häufig die tobenden Menschenmengen zurückhalten, die Zutritt zu meinen Veranstaltungen in Boston, Chicago und anderen Städten verlangten.«

William Patrick Hitler, Brief vom 3. März 1942 an den amerikanischen Präsidenten Roosevelt

ten, darunter auch diese: »Ich habe folgende lebende Verwandte, die in den Streitkräften der folgenden Länder dienten oder dienen«: William Patrick schrieb wahrheitsgemäß: »1. Thomas Dowling, Onkel, England, 1923–1926, Royal Air Force; 2. Adolf Hitler, Onkel, Deutschland, 1914–1918, Gefreiter«. Die Armee lehnte den Antrag ab – Sicherheitsrisiko. Wieder einmal hatte sich der Name als Fluch erwiesen. Doch so schnell gab William Patrick nicht auf. Gewöhnt, mit Staatsoberhäuptern zu verhandeln, wandte er sich im März 1942 in einem dreiseitigen Brief direkt an den Präsidenten der Vereinigten Staaten, Franklin D. Roosevelt, und bat diesen um Unterstützung.

Pathetisch formulierte er darin: »Ich bin nur einer von vielen, aber ich habe ein Leben, das ich dafür hergeben kann, daß diese großartigen Sache … am Ende triumphiert.« Und er fügte hinzu: »Mehr als alles andere ist es mein Wunsch, so schnell wie möglich aktiv kämpfen zu können und dabei von meinen Freunden und Kameraden in diesem bedeutenden Freiheitskampf als einer der ihren akzeptiert zu werden.« Der Brief zeigte Wirkung, jedoch nicht im Sinne William Patricks. Präsident Roosevelt bat den Chef des FBI höchstpersönlich, diesen merkwürdigen Zeitgenossen genauer unter die Lupe nehmen zu lassen. Während der nächsten zwei Jahre sammelten die Agenten Zeitungsartikel, überprüften Zeugenaussagen und luden William Patrick mehrfach zu eingehenden und langwierigen Befragungen vor. Am Ende stand ihr Urteil fest: Der Neffe war sauber. Und FBI-Direktor Edgar

»Ein außerordentlich faules Individuum, das keine Initiative hat und ständig nach einer Position sucht, in der man nicht viel arbeiten muß, aber gut bezahlt wird.«

FBI-Bericht über William Patrick Hitler, 1942

»Hitler tritt in die Navy ein!«: Der Eintritt William Patricks in die US-Marine wurde 1944 öffentlichkeitswirksam inszeniert.

Hoover bestätigte: »Es konnten keinerlei Hinweise darauf gefunden werden, daß er in irgendwelche subversive Aktivitäten verwickelt war.«

Nun stand der Aufnahme in die Streitkräfte nichts mehr im Wege, und im März 1944 überraschte die amerikanische Wochenschau mit der Meldung: »Hitler tritt in die Navy ein! – P.S.: Es ist nicht Adolf Hitler. Es ist der Neffe des Führers, der vor fünf Jahren hierhergekommen ist. Das wird Onkel Schicklgrubers Herz brechen!« Vor laufenden Kameras legte William Patrick den Eid auf die Verfassung der Vereinigten Staaten ab und wurde offiziell als Rekrut in die US-Navy aufgenommen. Entschlossen verkündete er: »Als Mitglied der Streitkräfte hoffe ich aktiv an der Beseitigung meines Onkels mitwirken zu können, der so viel Unglück über die Welt gebracht hat.«

Doch sein Beitrag im Kampf gegen den Verwandten blieb gering. Nach der Grundausbildung wurde William Patrick den Bautruppen der Navy zugeteilt und blieb auf dem amerikanischen Kontinent stationiert – als Labortechniker einer Sanitätsabteilung. Ein letztes Mal noch klickten die Kameras, als William Patrick Hitler nach dem Krieg ehrenhaft entlassen wurde, dann wurde es still um den einst so öffentlichkeitshungrigen Neffen. Sehr still sogar, denn jetzt hatte der Neffe Angst, dass ihm die Verwandtschaft zu dem Jahrhundertverbrecher zum Verhängnis werden könnte. Oder hatte gar ein Sinneswandel stattgefunden? Zwar versuchte er, sämtliche Hinweise auf seine Verwandtschaft zu tilgen, und änderte vollständig seinen Namen: Aus William Patrick Hitler wurde Patrick Alexander Stuart-Houston. Doch seltsamerweise erinnerte der neue Nachname auffallend an ein geistiges Vorbild Adolf Hitlers, den britischen

Sie lebten sehr zurückgezogen, und ich wurde auch nie in ihr Haus eingeladen. Ich weiß nicht, ob dort überhaupt jemand Fremder hineinkam. Wenn Phyllis zu meiner Schwiegermutter herüberkam, war sie immer in Eile. Ich würde nicht sagen, dass sie geheimnisvoll lebten – aber eben sehr zurückgezogen. Da war immer so eine Grenze, die man nicht überschritt: Man fragte nicht allzu viel.

Marilyne Banaszak, Willys Nachbarin auf Long Island

Antisemiten Houston Stewart Chamberlain. Und seinen erstgeborenen Sohn nannte er Alexander Adolf.

Seine Ehefrau Phyllis, eine Deutsche, hatte er 1948 als sogenannte »Kriegsbraut« in die Staaten kommen lassen. Als die junge Berlinerin im Hamburger Hafen den Truppentransporter »Topa Topa« betrat, tauschte sie ein Leben im zerstörten Nachkriegsdeutschland gegen eine Zukunft an der Seite eines Hitler. Von nun an half sie, das Geheimnis ihres Man-

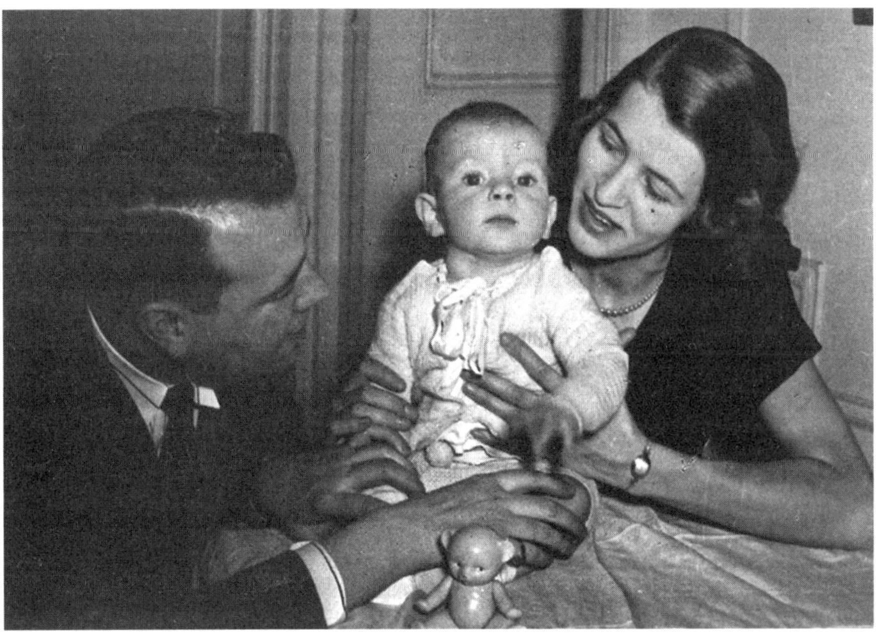

»Gut gehütetes Geheimnis«: William Patrick und seine Ehefrau Phyllis mit ihrem erstgeborenen Sohn Alexander.

nes um jeden Preis zu hüten – mit Erfolg. Wohl niemand in der Kleinstadt Patchogue auf Long Island ahnte, wer die Familie in Wirklichkeit war, die hier nach außen ein ganz normales »amerikanisches« Leben führte.

William Patrick Hitler starb 1987, ohne je wieder an die Öffentlichkeit getreten zu sein. Diese Vorsicht lassen auch seine Söhne walten. Die letzten männlichen Nachkommen der Familie Hitler – Willys Söhne Alexander, Louis und Brian – leben auf Long Island und blocken jeden neugierigen Fragesteller ab. Ein offenes Bekenntnis zur lästigen Verwandtschaft könnte ihr Leben für immer verändern – und das zerstören, was sie an Normalität aufgebaut haben. Ihre Familiengeschichten geben sie nicht preis – zumindest in diesem Punkt gleichen sie ihrem berühmt-berüchtigten Verwandten, der so unrühmlich in die Geschichte einging.

Familienschicksal im Waldviertel

William Patrick Hitler musste nach dem Krieg nur seinen Namen ändern, um ein normales Leben führen zu können und dem Fluch, mit Hitler verwandt zu sein, zu entgehen. Für die zahlreichen Cousins und Cousinen in Hitlers alter Heimat sah die Situation ganz anders aus. Als die Rote Armee im April 1945 auch im österreichischen Waldviertel einmarschierte, begann eine intensive Suche nach den Angehörigen des ehemals größten Tyrannen Europas. Quasi als Ersatz für den Diktator selbst, der sich den Russen durch seinen Selbstmord entzogen hatte, mussten nun seine noch lebenden Verwandten herhalten. Der Befehl aus Moskau lautete »Kollektivhaft«, und unter dem Motto »Hitler-Blut kaputt« begann die Jagd auf die noch lebenden Verwandten Adolf Hitlers.

Von Familiengeschichte habe ich gar keine Ahnung. Auf dem Gebiet bin ich der Allerbeschränkteste. Ich habe auch früher nicht gewußt, daß ich Verwandte habe. Erst seit ich Reichskanzler bin, habe ich das erfahren.

Hitler bei einem Tischgespräch, aufgezeichnet von Henry Picker

Hitlers Cousine Maria Koppensteiner wurde am 30. April 1945 beim Brotbacken in ihrem Heimatdorf von den Rot-

»Hitler-Blut kaputt«: Die Familie Koppensteiner kurz vor dem Einmarsch der Roten Armee.

armisten verhaftet. Ihr Mann Ignaz, der seine Frau nicht im Stich lassen wollte, ging freiwillig mit. Die vier Kinder der Koppensteiners blieben allein auf dem Hof der Eltern zurück. Noch heute lebt hier einer der beiden Söhne, der Landwirt Adolf Koppensteiner. Nur ein einziges Mal hat er mit Journalisten über das Schicksal seiner Familie und das Trauma, mit Hitler verwandt zu sein, gesprochen. Noch sehr genau erinnert er sich, was er als damals sechsjähriger Junge erlebt hat.

Ich fürchte mich heute noch, ganz ehrlich, ich habe heute noch oft Angst. Ja, warum? Weil man nicht weiß, was alles noch kommen kann.

Adolf Koppensteiner, Hitler-Verwandter

»Mein Vater und meine Mutter haben ihr ganzes Leben niemandem etwas getan. Der Vater hatte entsetzliche Furcht vor den Russen. Draußen vor dem Haus hatten sie eine große Höhle gegraben, da war ich auch dabei. Und darin wollten sie sich verstecken.«

Über das Schicksal der Eltern machten sich die Geschwister schon damals keine Illusionen. »Die Russen haben gesagt, daß die Eltern nur eine Aussage machen müssen, aber wir haben gewußt, daß sie nie wiederkommen.« Maria Koppensteiner hatte ihren Cousin Adolf Hitler zum letzten Mal als Neunjährige gesehen, ihr Mann Ignaz war dem Diktator nie persönlich begegnet. Doch die beiden wurden so lange verhört, bis sie gestanden, die Verbrechen ihres Verwandten Adolf Hitler unterstützt zu haben. Als »deutschfaschistische Verbrecherin«, die eine »soziale Gefahr« darstelle, wurde Maria Koppensteiner nach fünf Jahren Untersuchungshaft zu 25 Jahren Zwangsarbeit verurteilt. Sie starb 1953 in der Strafanstalt Werch-Uralsk an Herzversagen. Ihr Mann war noch während der Untersuchungshaft im Moskauer Lefortowo-Gefängnis an Herzlähmung gestorben. Ihre Kinder erhielten keine Nachricht vom Schicksal der Eltern. Adolf Koppensteiner: »Wir hatten die Hoffnung, dass sie irgendwann wiederkommen. Aber sie sind eben nicht wiedergekommen. Keine einzige Nachricht, kein einziges Schreiben, gar nichts hat man erfahren.«

»Ich habe heute noch Angst«: Adolf Koppensteiners Eltern wurden 1945 nach Russland verschleppt.

Auch die Brüder von Maria Koppensteiner, Adolf Hitlers Cousins, wurden von den Sowjets gefangen genommen. Johann Schmidt wurde noch in einem Wiener Gefängnis erschlagen. Alle übrigen wurden nach Moskau transportiert und zu langjährigen Haftstrafen verurteilt. Der 1925 geborene Johann Schmidt junior überlebte als Einziger. Obwohl man ihm keine persönliche Schuld vorwerfen konnte, war er zu 25 Jahren Sondergefängnis verurteilt worden. 1955 kam er durch Begnadigung frei. Von den fünf Familienangehörigen Hitlers aus dem Waldviertel überlebten vier die Haft nicht. Erst 1955 erfuhren ihre Kinder von Heimkehrern aus der Kriegsgefangenschaft erste Bruchstücke vom Schicksal der Eltern. Die endgültige Todesnachricht von Ignaz und Maria Koppensteiner erfolgte erst 1992 nach Öffnung der Geheimarchive des KGB. Auch heute noch, fast siebzig Jahre nach Kriegsende, lebt Adolf Koppensteiner mit der unbestimmten Angst, irgendwann für die Verbrechen seines Großcousins Adolf Hitler büßen zu müssen. Er führt ein Leben im Schatten der Vergangenheit, im Schatten der Familie Hitler.

»Sippenhaft«: Auch Johann Schmidt lebte bis zuletzt im Schatten des Diktators.

Legende Rommel

> **Erwin Rommel … bleibt eine Verkörperung guten sauberen deutschen Soldatentums. Leben und Wirken bis zu seinem Opfer sind ein zeitloses männliches und menschliches Vermächtnis für sein Land.**
>
> Hans Speidel, *Invasion 1944*

Die Todesboten waren pünktlich. Genau um zwölf Uhr mittags klingelten am 14. Oktober 1944 zwei Männer in Generalsuniformen der Wehrmacht an der Tür des Hauses Wippinger Steige Nr. 13 in Herrlingen bei Ulm. Ein Adjutant empfing die hohen Offiziere, die ihre Mäntel nicht ablegten und ohne weitere Umschweife verlangten, den Hausherrn zu sprechen. Dieser wartete mit seiner Frau bereits im Arbeitszimmer: Erwin Rommel, hoch dekorierter Feldmarschall des »Dritten Reichs«, als »Wüstenfuchs« bei Freund und Feind legendärer Heerführer und ehedem »Lieblingsgeneral« Hitlers. Ob die Gäste denn zum Mittagessen blieben, fragte die Ehefrau Rommels arglos, doch die beiden Militärs lehnten barsch ab. Sie müssten ihren Mann in dienstlicher Angelegenheit sprechen, erklärten sie mit Nachdruck – und zwar allein.

Noch hoffte Rommel, der zuletzt an der Invasionsfront in Frankreich eine deutsche Heeresgruppe kommandiert hatte, die Besucher würden von ihm lediglich Rechenschaft für die gescheiterte Abwehr der alliierten Landung in der Normandie verlangen. Doch Wilhelm Burgdorf, Chef des Heerespersonalamts und Chefadjutant des Oberkommandos der Wehrmacht bei Hitler, sowie Ernst Maisel, Abteilungsleiter für »Weltanschauliche Erziehung« und »Ehrenangelegenheiten« im Heerespersonalamt, hatten einen viel gravierenderen Auftrag: Sie konfrontierten den Feldmarschall mit dem Vorwurf, er sei am Putschversuch des 20. Juli 1944 beteiligt gewesen. Die Generale zitierten belastende Aussagen von gefangen genommenen Verschwörern und erklärten, alle Indizien sprächen gegen Rommel. Deshalb sei es nun notwendig, dass er die »angemessenen Konsequenzen« ziehe. Rommel wurde leichenblass. Er sprang auf und lief unruhig im Zimmer auf und ab. »Ich fühle mich unschuldig«, stieß er schließlich hervor. »Ich bin nicht beteiligt am Attentat. Ich habe in meinem ganzen Leben dem Vaterland gedient und das Beste getan.« Doch dann ließ er sich resigniert in den Sessel sinken. »Ich werde die Konsequenzen ziehen«, sagte er leise, und dann: »Ich habe den Führer geliebt und liebe ihn noch.«

Die letzten Stunden im Leben Rommels machen das ganze Dilemma dieser scheinbar bis ins letzte Detail ausgeleuchteten Persönlichkeit deutlich: Wer war dieser Mann wirklich? Ein ritterlicher Heerführer, der zwar einem verbrecherischen System diente, dabei aber so untadelig blieb, dass bis heute Straßen und sogar Bundeswehr-Kasernen nach ihm benannt sind – als einzigem Feldmarschall aus Hitlers Wehrmacht neben Erwin von Witzleben, der freilich am 20. Juli eine aktive Rolle spielte? Ein brutaler Nazi-General und Kriegsverbrecher, eine scheele Propagandafigur, deren Andenken noch immer lediglich von Ewiggestrigen hochgehalten wird, wie andere behaupten? Oder tatsächlich ein Mann des Widerstands, der sich zwar spät, dann aber mit Nachdruck der Verschwörung von Wehrmachtsoffizieren gegen Hitler anschloss und auch das Attentat auf den Diktator guthieß – somit ein Vorbild bis heute?

Wer also war Rommel? Was ist das Geheimnis dieses Mannes, dass auch mehr als 65 Jahre nach seinem Tod sein Mythos noch immer nicht verblasst ist? Dass noch immer Bücher zu Bestsellern werden, die sich mit seiner Person beschäftigen, Filme und Dokumentationen ein Millionenpublikum vor die TV-Geräte locken und Ausstellungen zu seinem Leben wegen des gewaltigen Besucherandrangs verlängert werden müssen? Erliegen wir bis heute der NS-Propaganda, die den schneidigen Schwaben zu einem ihrer Hauptprotagonisten erhoben hatte? Waren seine Leistungen als

Wo immer Erwin Rommel befahl – er blieb stets des »Teufels General«.

Ralph Giordano,
Publizist

Feldherr wirklich derart außergewöhnlich, dass er heute zu Recht weltweit der bekannteste Soldat der Wehrmacht ist? Oder vermochte Rommel tatsächlich ein »richtiges Leben im Falschen« zu führen – war er ein sauberer Deutscher, unbefleckt von Völkermord und den Verbrechen des NS-Regimes? Berührt uns letztlich die Tragik dieser Persönlichkeit, die, scheinbar aus dem Nichts kommend, bis in höchste Sphären aufstieg, um dann umso brutaler ins Bodenlose zu stürzen? Was ist das Geheimnis der »Legende Rommel«?

»Pour le Mérite«

Gut viereinhalb Jahre vor jenem tragischen Oktobertag 1944 hatte der kometenhafte Aufstieg des Feldherrn begonnen. Es waren die Tage des »Westfeldzugs« im Frühjahr 1940, als die Wehrmacht den Erzfeind Frankreich in nur sechs Wochen niederringen konnte. Erstmals hatte Rommel damals das Kommando über eine Panzerdivision erhalten und sich mit schnellen und überraschenden Vorstößen tief hinter die feindlichen Linien einen Namen gemacht. Bemerkenswert daran war vor allem, dass Rommel als Militärführer bis dahin mit Panzern so viel zu tun gehabt hatte wie mit U-Booten oder Sturzkampfbombern – nämlich nichts. Er war Infanterist, und als Autor des Buchs *Infanterie greift an* war auch Hitler auf ihn aufmerksam geworden. Den Diktator hatten Rommels Berichte aus dem Ersten Weltkrieg an die »unvergeßlichste und größte Zeit« seines Lebens erinnert – entsprachen diese doch in vielen Punkten den Erlebnissen und Gefühlen des seinerzeitigen Gefreiten Hitler. Der »Füh-

»Gestern Abend fuhr mein Regiment weg. Ich zog natürlich mit meiner geliebten 7. Kompanie zum Bahnhof. Die Leute haben mich alle so schrecklich lieb, lassen sich für mich in Stücke hauen. Vom Feldwebel bis zum Unteroffizier bis zum Rekruten. Das tut so wohl.«

Rommel, Brief an seine Schwester Helene, 3. August 1914

rer« persönlich sollte fortan zu den entscheidenden Förderern des ungewöhnlichen Generals zählen.

Rommel, 1891 als Sohn eines Schulrektors in Heidenheim geboren, hatte im August 1914 als Leutnant den Beginn des Ersten Weltkriegs erlebt und war Ende 1915 als Kompaniechef beim neu aufgestellten Württembergischen Gebirgsbataillon erstmals mit Führungsaufgaben betraut worden. Diese Elitetruppe wurde überall dort eingesetzt, wo im Gebirgskrieg geballte Schlagkraft an vorderster Front vonnöten war – in den Hochvogesen gegen die Franzosen, in den Waldkarpaten gegen die Rumänen und schließlich an der Isonzofront in den Julischen Alpen gegen die Italiener. Hier gelang dem 25-jährigen Rommel 1917 mit der Erstürmung des Monte Matajur ein erstes Husarenstück, das bereits alle Ingredienzien seiner späteren militärischen Erfolge aufwies: Überraschung und Kriegslist, Ehrgeiz und Eigeninitiative, Sturheit und (wenn nötig) Ignorieren von Befehlen höherer Dienstgrade.

Im Grunde genommen blieb er immer der gleiche Leutnant im Erfassen der Augenblickssituation und dem sich daraus ergebenden blitzartigen Handeln.

Kurt Hesse,
Offizier der Reichswehr

Im Mai 1915 hatte Italien trotz eines bestehenden Bündnisvertrags Österreich-Ungarn den Krieg erklärt. In den Alpen waren die Fronten freilich ähnlich wie in Flandern und Nordfrankreich schon bald zum Stellungskrieg erstarrt. In elf blutigen Schlachten hatten die Kriegsparteien seither versucht, diese Erstarrung aufzubrechen, konnten aber immer nur minimale Geländegewinne zur einen oder anderen Seite hin erzielen. Jetzt wollten die Österreicher in einer zwölften Isonzoschlacht die endgültige Entscheidung erzwingen. Helfen sollten ihnen dabei Truppenkontingente ihres deutschen Bundesgenossen – darunter auch die württembergischen »Gebirgler«.

In den frühen Morgenstunden des 24. Oktober 1917 begann bei strömendem Regen die Großoffensive. Rommel stand an der Spitze einer Abteilung, die etwa 500 Mann umfasste. Rasch konnte er die weniger gut gesicherten ersten beiden Linien der Italiener durchbrechen, doch dann wurde er gestoppt – nicht durch feindliches Feuer, sondern durch eigene Vorgesetzte. Der Kommandeur eines neben den Württembergern kämpfenden bayerischen Infanterieregiments verlangte, dass Rommel sich seinen Befehlen unterstellte – und die ließen nur einen Schluss zu: Die Ehre der Gipfelerstürmung sollte seinen Bayern und nicht den Württembergern zufallen. Rommel fügte sich zähneknirschend. Erst am nächsten Morgen konnte er seinen Vormarsch fortsetzen. Während die Bayern frontal zum Kampf um den Gipfel antraten, wählte Rommel eine andere, für ihn typische Taktik: Er umging die italienischen Stellungen auf halsbrecherischen Pfaden, wobei seine Männer ihre schweren MG auf den Schultern tragen und gewaltige Höhenunterschiede bewältigen mussten. Bald sah sich Rommels Abteilung einer geballten Streitmacht der Italiener gegenüber, und er musste nun entscheiden, wie er sich angesichts dessen verhalten sollte: Rückzug – und damit Aufgabe des gewonnenen Terrains – oder Angriff trotz offensichtlicher eigener Unterlegenheit? Wie so oft in seiner späteren militärischen Karriere entschied sich Rommel für die zweite Variante – und sollte damit Erfolg haben. Mit viel Glück und unter Ausnutzung des Überraschungsmoments gelang es ihm, die feindlichen Truppen zu überwältigen. Am Ende des Tages hatte seine Abteilung gewaltige Geländegewinne erzielt und mehr als 3000 Gefangene gemacht.

Nun blieb noch die endgültige Eroberung des Gipfels, doch gerade als Rommels Abteilung sich zum Angriff formieren wollte, traf ein Befehl seines Regimentskommandeurs ein. Dieser hatte aus der großen Zahl der Gefangenen den Schluss gezogen, dass der Monte Matajur bereits erobert sei, und ordnete jetzt den Rückzug an. Rommel dachte jedoch gar nicht daran, diesem Befehl Folge zu leisten. Mit dem Rest seiner Leute – ihm blieben gerade noch 100 Mann und sechs Maschinengewehre – ging er weiter vor. Nun kam ihm zugute, dass die Italiener bereits so demoralisiert waren, dass sie scharenweise die Waffen streckten. »Um 11.40 Uhr des 26. Oktober 1917«, so schrieb Rommel später stolz, »verkünden drei grüne und eine weiße Leuchtkugel, daß das Matajur-Massiv gefallen ist. Ich ordne für meine Abteilung eine einstündige Gipfelrast an. Sie ist wohlverdient.« In der Tat hatte Rommel seine Männer nicht nur bis an die Grenze ihrer körperlichen Leistungsfähigkeit belastet, er hatte für seine ehrgeizigen Pläne auch ihr Leben aufs Spiel gesetzt – sich selbst dabei freilich nicht geschont. »Vergießt Schweiß – aber kein Blut«, sollte eines jener geflügelten Worte werden, die Rommel später zugeschrieben wurden. Für diesmal zumindest war sein Vabanquespiel gut gegangen.

Die Erstürmung des Monte Matajur war der Höhepunkt von Rommels Kampfeinsätzen im Ersten Weltkrieg – sie wurde für ihn aber auch noch auf andere Weise zu einer prägenden Erfahrung. Vor dem Beginn der Offensive hatte die deutsche Armeeführung für den Bezwinger der Felsenfestung den »Pour le Mérite«, die höchste preußische Tapferkeitsauszeichnung, ausgelobt. Doch bald musste Rommel feststellen, dass gleich zwei anderen Offiziere diese Ehre zuteil wurde, die nach seiner Meinung nur ihm zukam: Zum einen erhielt Ferdinand Schörner, ein Leutnant des mit den Württembergern konkurrierenden bayerischen Regiments und später im Zweiten Weltkrieg berüchtigter Feldmarschall, den begehrten »Blauen Max«. Doch damit nicht genug: Auch ein Leutnant eines in der Nähe eingesetzten schlesischen Infanterieregiments bekam die Auszeichnung schon einen Tag nach der Eroberung der Felsenfestung an die Uniform geheftet – und zwar von Kaiser Wilhelm II. persönlich. Rommel war entrüstet und reichte schriftlich seine Beschwerde ein. Die Sache zog Kreise bis hinauf ins Militärkabinett des Kaisers. Erst im Dezember wurde in Berlin entschieden, dass auch Rommel den »Pour le Mérite« erhalten sollte – freilich gemeinsam mit seinem Regimentskommandeur, der ihm eigentlich schon den Rückzug befohlen hatte, bevor der Gipfel erobert war. Rommel bestärkte diese offensichtliche Zurücksetzung sowie die Tatsache, dass er die ihm zustehende Auszeichnung nur auf dem Beschwerdeweg erkämpfen konnte, in seinen Minderwertigkeitsgefühlen gegenüber seinen adligen Offizierskollegen sowie seinen Vorurteilen gegen die Welt der Stäbe und militärischen Dienststellen in der Etappe.

Es war deshalb sicherlich ganz und gar nicht in seinem Sinne, dass er kurz vor Torschluss noch von der Front weg zu einer dieser Stabseinheiten abkommandiert wurde. Auch dort gingen die Kränkungen weiter: In seiner Dienststelle war er, wie er bald feststellen musste, der einzige Offizier mit dem im Ersten Weltkrieg nur knapp 700-mal verliehenen »Pour le Mérite«. Als Wilhelm II. den Stab besuchte, wurde Rommel von seinen Vorgesetzten demonstrativ in den Hintergrund verbannt. Doch der Kaiser entdeckte den Träger des »Blauen Max« in der Menge und holte ihn nach vorn. Dass Wilhelm sogar die Hintergründe der Verleihung noch

»Die Leute lassen sich für mich in Stücke hauen«: Rommel (rechts) mit einem Gebirgsschützen seiner Division, 1917.

»Pour le Mérite«: Für die Eroberung des Matajur erhielt Rommel gemeinsam mit seinem Regimentskommandeur Theodor Sproesser (links) den begehrten Tapferkeitsorden.

parat hatte, sicherte ihm Rommels Sympathie. Dennoch war er froh, als er Ende 1918 wieder zu seinem alten Regiment zurückkehren konnte.

Soldat in der Republik

Inzwischen hatte sich die militärische und politische Lage im Reich gründlich geändert. Der Krieg war zu Ende, der Kaiser hatte abgedankt. Die Macht lag vielerorts in den Händen von Roten Räten, im Land herrschte Bürgerkrieg. Chaos, Hunger und Kälte bedrohten das Leben der Menschen. Doch während der Schock der Niederlage und die von den meisten Soldaten abgelehnte Revolution zahlreiche ehemalige Frontkämpfer politisierten, blieb Rommel, was er immer gewesen war: ein »Nur-Soldat«, der die neue, republikanische Ordnung nicht wie viele andere Offiziere in Freikorpsverbänden bekämpfte.

Die Siegermächte des Ersten Weltkriegs hatten der deutschen Republik nur knapp 100 000 Mann als Streitmacht zugestanden. Rommel, der sich für eine Weiterverwendung in der Reichswehr bewarb, hatte Glück und konnte bei der Truppe bleiben. Ende 1921 wurde er Chef einer Maschinengewehrkompanie in Stuttgart – und blieb es fast acht Jahre lang. Dann erhielt er – immer noch als Hauptmann – eine Berufung als Lehrer an der Infanterieschule in Dresden. Dort machte er sich Gedanken über die Kriegszeit, fragte nach den Ursachen der Niederlage und kam zu dem Ergebnis, dass das Heer in seiner alten Organisationsform den Erfordernissen eines modernen Krieges nicht gewachsen war. Im Krieg hatte sich Rommel immer wieder an den Grenzen gerieben, die durch die militärische Tradition Deutschlands gezogen waren. Nicht nur seine Erfahrungen vom Monte Matajur hatten ihm gezeigt: Leistung allein hatte nicht genügt in der kaiserlichen Armee. Herkunft und Dienstalter gingen vor.

Wie die meisten Berufsoffiziere sah sich auch Rommel nicht als Politiker, sondern als Soldat mit der Pflicht zum Gehorsam.

Manfred Rommel, Sohn

Auch in der Weimarer Republik fühlte sich Rommel zurückgesetzt. Trotz mehrerer Versuche wurde er nicht zur Generalstabsausbildung zugelassen. Rommels Sohn Manfred meint, dass sich sein Vater schließlich selbst nicht mehr um die Versetzung in den Generalstab bemüht, dies jedoch später als Fehler bezeichnet habe. Auf der anderen Seite erkannten Rommels Vorgesetzte seine Leistungen durchaus an. Sie bescheinigten ihm einen »kristallklaren Charakter, selbstlos, schlicht und bescheiden, bei den Kameraden beliebt, von den Untergebenen hoch verehrt« oder lobten ihn, wie der Kommandeur der Infanterieschule und spätere Generalfeldmarschall Wilhelm List, als »vorzüglichen Soldaten«.

Ende 1916 hatte er während eines kurzen Fronturlaubs Lucie Mollin geheiratet, die er fünf Jahre zuvor während eines Lehrgangs an der Kriegsschule in Danzig kennengelernt hatte. Es wurde eine glückliche Ehe, die gleichwohl zwölf Jahre kinderlos blieb, ehe im Dezember 1928 Sohn Manfred auf die Welt kam. Damit, so schien es, war die kleine Familie komplett. Auffällig enge Beziehungen unterhielten die Rommels freilich zu einem Mädchen, das der kleine Manfred nur als seine Cousine Gertrud kannte. Erst sehr viel später sollte er die Wahrheit erfahren – Gertrud war nicht seine Cousine, sondern seine Halbschwester.

Nach seiner Rückkehr aus Danzig Ende 1911 hatte Erwin Rommel in Weingarten die Bekanntschaft der 20 Jahre alten Walburga Stemmer gemacht. Schnell wurden die beiden ein Paar, doch an eine Heirat war nicht zu denken: Walburgas Familie war verarmt, weil ihr Vater das einstmals stattliche Vermögen durchgebracht hatte. Auch Rommel selbst fehlte damals das für einen standesgemäßen Offiziershaushalt notwendige Hab und Gut. Als Rommels Vater im Sommer 1913 von der Affäre Wind bekam, forderte er von seinem Sohn, sich sofort von Walburga zu trennen. Doch dieser widersetzte sich – aus gutem Grund: Seine Braut war im fünften Monat schwanger. Erwin Rommel senior erlebte die Geburt seines unehelichen Enkelkinds nicht mehr: Drei Tage bevor die kleine Gertrud das Licht der Welt erblickte, starb er. Für seinen Sohn war es eine verzwickte Situation: Was sollte der junge Leutnant jetzt tun? Wie in Familienbesitz befindliche Briefe Rommels an seine »Walburg« zeigen, schien er eine Zeit lang sogar mit dem Gedanken zu spielen, die Armee zu verlassen und die Mutter seines Kindes zu heiraten. Der Ausbruch des Ersten

»Ich habe sie mehr lieb als mich selbst«: Rommel mit Walburga Stemmer, der Mutter seiner Tochter Gertrud.

»Cousin und Cousine«?: Erst als Jugendlicher sollte Manfred Rommel (links) erfahren, dass Gertrud (rechts) in Wahrheit seine Halbschwester war.

»Glückliche Ehe«: Mit Ehefrau Lucie verband Erwin Rommel eine tiefe Liebesbeziehung. Foto aus dem Jahr 1917.

Rommels Familie im Jahr 1930: Tochter Gertrud, Ehefrau Lucie, Mutter Helene, Sohn Manfred und Schwester Helene (vorn, v.l.n.r.).

»Sollte ich ... fallen, habe ich nur den einen Wunsch, die arme Trudel und Walburg versorgt zu wissen.«

Rommel, Brief an seine Schwester Helene, 3. August 1914

Weltkriegs im darauffolgenden Sommer beendete dann alle Spekulationen in dieser Richtung. Ohne Gesichtsverlust konnte Rommel jetzt den Dienst nicht mehr quittieren.

Gleichwohl kümmerte er sich weiter in geradezu rührender Weise um Walburga und Gertrud. An seine Schwester richtete er kurz vor dem Abmarsch ins Feld die Bitte, sich im Falle seines Todes der beiden anzunehmen und seine eigene Lebensversicherung in Höhe von 10 000 Mark zur Sicherung des Lebensunterhalts von Walburga und Gertrud zu verwenden. »Mutter und Du sind sicherlich so lieb und erfüllen mir diesen letzten Wunsch«, schrieb er in einem Brief. »Ist es mir vergönnt, gesund zurückzukehren, so ist mein einziges Ziel, Trudel gut erziehen zu lassen und Walburg mit Rat und Tat unter die Arme zu greifen. Ich habe es mit wenig Mitteln bisher fertiggebracht, ich kann jedem Vergnügen mit Freuden entsagen, wenn ich den beiden etwas Gutes tun kann, ich habe sie mehr lieb als mich selbst. Ich will gutmachen, was ich gefehlt.«

Unklar ist, warum sich Rommel schließlich doch von der Mutter seines Kindes lossagte und seinen Danziger Schwarm Lucie Mollin heiratete. Erschien ihm die Ehe mit der Rektorentochter standesgemäßer als die Beziehung zu der mittellosen Walburga? Fakt ist, dass Rommel sie und Töchterchen Gertrud weiter unterstützte. Walburga Stemmer ihrerseits blieb ihrem Erwin stets in Liebe verbunden. Je länger die Ehe Rommels kinderlos blieb, desto mehr hoffte sie, dass er eines Tages zu ihr zurückkehren würde. Die Nachricht von der Schwangerschaft Lucie Rommels traf sie dann wie ein Schlag. Zwei Monate vor der Geburt von Manfred Rommel starb sie in Weingarten – nach offizieller Lesart an einer Lungenentzündung. Doch ihr Enkel Josef Pan, Gertruds Sohn, erklärt: »Später erzählte der Hausarzt der Familie, dass Walburga sich das Leben genommen habe.« Nun kümmerten sich Erwin Rommel und seine Frau um die inzwischen fünfzehnjährige Gertrud, die in der Folgezeit bei ihrer Großmutter in Weingarten aufwuchs. War der Makel eines unehelichen Kindes der Grund dafür, dass Rommels Laufbahn in einer noch immer nach althergebrachten Traditionen geführten Reichswehr lange Jahre so wenig Fortschritte machte? Sollte es so gewesen sein, so brach nun eine neue Zeit an, die nicht nur solche Ehrbegriffe wegwischte.

Eine neue Zeit

Nur sehr wenig ist darüber bekannt, wie Rommel gegenüber dem aufkommenden Nationalsozialismus eingestellt war. In der Weimarer Republik war ihm als Offizier der Reichswehr jede politische Betätigung untersagt. Auch nach der »Machtergreifung« trat er nicht in die NSDAP oder eine ihrer Gliederungen ein. In den ersten Jahren der NS-Herrschaft, als Hitler seine Macht konsolidierte und auch auf die alten militärischen Eliten Rücksicht nehmen musste, dürfte es Rommel wie vielen anderen Konservativen schwergefallen sein, nicht das in ihren Augen »Positive« am neuen Staat zu sehen. Wenn ein starker Führer militärische Tugenden wie Gehorsam, Disziplin und Ordnung zu schätzen schien – welcher Offizier wollte ihm das angesichts der unhaltbaren Zustände im Reich vorwerfen? Wenn die Knebelketten des Versailler Vertrags endlich abgeworfen werden sollten – welcher Patriot hätte dieser Forderung Hitlers widersprechen sollen? Wenn die Armee modernisiert und verstärkt werden würde – was hätte ein Berufssoldat wie Rommel dagegen einwenden sollen? Wenn der neue Reichskanzler am »Tag von Potsdam« vor der Garnisonkirche der preußischen Tradition seine Reverenz erwies, welchem Frontkämpfer hätte er da nicht aus der Seele gesprochen – selbst einem Schwaben wie Rommel?

Spätestens mit Hitlers Entscheidung für die Wehrmacht und gegen Röhms SA am 30. Juni 1934 schien es eine weitgehende Interessenidentität zwischen dem Diktator und seiner Armee zu geben – gemeinsame Ziele, die es nun vereint zu erreichen galt. Dass diese Inszenierung eine bewusste Irreführung war – wie viele Deutsche wussten dies damals oder ahnten es auch nur? Rommel gehörte zu denen, die sich täuschen ließen. »Bei diesem Anlaß hätte man mit der ganzen Blase aufräumen sollen«, äußerte er nach dem »Röhm-Putsch« – und meinte damit die zahlreichen, in

Armeekreisen ungeliebten »Parteibonzen« und »Goldfasane«, mit denen Hitler sich umgab. Rommel übersah, dass die kaltblütige Beseitigung der SA-Führung nur der Auftakt zu einem ganz anderen Spiel war – einem Spiel, in dem ihm noch eine besondere Rolle zukommen sollte.

Im Oktober 1933 hatte der inzwischen zum Major beförderte Rommel eine neue Aufgabe als Bataillonskommandeur in einem Goslarer Infanterieregiment übernommen, den »Goslarer Jägern«. In dieser Funktion traf er zum ersten Mal persönlich den Mann, der inzwischen zum »Führer und Reichskanzler« aufgestiegen war. Im September 1934 besuchte Hitler den »Reichsbauerntag« in Goslar, der in der alten Kaiserstadt mit dem üblichen NS-Pomp aus Aufmärschen, Reden und Militärparaden zelebriert wurde. Rommels Aufgabe an diesem Tag war es, eine Ehrenkompanie vor der Kaiserpfalz zu befehligen. Es heißt, es habe Reibereien mit der SS gegeben, die üblicherweise für den Schutz Hitlers zuständig war. Rommel habe damit gedroht, seine Männer abzuziehen, wenn man sie in die zweite Reihe verbanne. Inwiefern diese Behauptung den Tatsachen entspricht, lässt sich heute kaum mehr nachvollziehen – Hitler schritt schließlich die Front der schnurgerade aufgereihten, die Gewehre präsentierenden Reichswehrsoldaten ab, die SS blieb im Hintergrund. Rommel seinerseits marschierte, den Degen gezogen, mit stolzgeschwellter Brust einige Meter hinter dem »Führer«. Noch nahm dieser keine besondere Notiz vom Bataillonskommandeur des Jägerregiments. Ein militärischer Händedruck, ein paar Worte über den »Pour le Mérite« – das war alles.

Im Jahr 1935 übernahm Rommel eine neue Aufgabe als Lehrgangsleiter an der neu ins Leben gerufenen Kriegsschule in Potsdam. Zwei Jahre später glaubte das Reichskriegsministerium in ihm den richtigen Mann für den Posten des Verbindungsoffiziers zur Reichsjugendführung gefunden zu haben. Doch die Aufgabe, das Millionenheer der in der Hitlerjugend (HJ) organisierten Jugendlichen und insbesondere ihre vormilitärische Ausbildung unter die Fittiche der Wehrmacht zu bringen, erwies sich für Rommel als eine Nummer zu groß – zumal er ein ums andere Mal mit »Reichsjugendführer« Baldur von Schirach aneinandergeriet. Diesem legte er nahe, zuerst einmal seinen Wehrdienst abzuleisten, bevor er sich wie ein »kommandierender General« aufführe. 1938 gab Rommel den Posten stillschweigend wieder ab.

»Mit stolzgeschwellter Brust«: Parade während des Hitlerbesuchs zum »Reichsbauerntag« in Goslar 1934. Rommel marschiert rechts außen (mit Stahlhelm).

Inzwischen hatte das 1937 erschienene Buch *Infanterie greift an* – das bis 1945 immerhin über 400 000-mal verkauft werden sollte – seinen Namen einer breiteren Öffentlichkeit bekannt gemacht. Dass das Werk auch an höchster Stelle wahrgenommen wurde, dafür sorgten unterdessen einflussreiche Förderer; allen voran Nicolaus von Below. Dieser war auf der Infanterieschule in Dresden einer der eifrigsten Schüler Rommels gewesen und hatte mittlerweile als Luftwaffenadjutant Hitlers Zugang zum engsten Führungszirkel. Below war es, der den Diktator auf Rommels Buch aufmerksam machte. Zudem brachte er bei Hitler, der stets nach »tüchtigen Frontoffizieren ohne Generalstabsvorbildung« Ausschau hielt, ein ums andere Mal den Namen seines ehemaligen Mentors ins Spiel. Später sollte vor allem die enge Freundschaft mit dem von Hitler sehr geschätzten Wehrmacht-Chefadjutanten Rudolf Schmundt Rommel einen direkten Draht zum obersten Feldherrn garantieren – unter Umgehung des Generalstabs. Während der Sudetenkrise Anfang Oktober 1938 wurde Rommel das Kommando über das »Führerbegleitbataillon« übertragen. In dieser Funktion erlebte er die Begeisterung der Menschen im Sudetenland, die dem Diktator wie einem Messias zujubelten und die Fahrt des

»Direkter Draht zum Führer«: Mit Nicolaus von Below (2. v. links) und Rudolf Schmundt (rechts) hatte Rommel einflussreiche Förderer in der Militärführung.

»Einzigartiger Triumphzug«: An Hitlers Seite erlebte Rommel im Oktober 1938 beim Einmarsch ins Sudetenland den Jubel der deutschstämmigen Bevölkerung.

»Führers« zu einem einzigen Triumphzug werden ließen. Rommel selbst erlag ebenfalls zunehmend der Faszination Hitlers und machte sich auch während sogenannter »Nationalpolitischer Schulungskurse« die krude Gedankenwelt des Diktators zu eigen: »[Der] Soldat muß heute politisch sein, denn er muß stets einsatzbereit sein für die neue Politik«, schrieb er an seine Frau, nachdem er Hitler reden gehört hatte.

»Die deutsche Wehrmacht ist das Schwert der neuen deutschen Weltanschauung.«

Rommel, Brief an seine Frau, 2. Dezember 1938

Im November 1938 berief ihn Hitler zum Kommandeur der Kriegsschule Wiener Neustadt. Das altehrwürdige Institut sollte nach dem Willen des Diktators die modernste Kriegsschule Europas werden, und der unkonventionelle Rommel schien ihm für diese Aufgabe der richtige Mann zu sein. Viel Zeit zur Entfaltung in der ein halbes Jahr zuvor dem Reich »angeschlossenen« sogenannten »Ostmark« blieb Rommel freilich nicht: Schon im März 1939 stand der nächste Sonderauftrag an – diesmal war es die »Erledigung der Rest-Tschechei«. Erneut befehligte Rommel das »Führerbegleitkommando«, mit dem der Usurpator den in Böhmen und Mähren einmarschierenden deutschen Truppen auf dem Fuß zu folgen gedachte.

An der Landesgrenze kam die Frage auf, ob Hitler direkt auf kürzestem Weg nach Prag fahren oder auf zusätzlichen Begleitschutz durch sein persönliches SS-Kommando warten sollte. Während sämtliche anwesenden Militärs für die zweite Option votierten, war es Rommel, der Hitler überzeugte: »Es gibt für Sie, mein Führer, nur den Weg in das Herz des Landes, in die Hauptstadt, auf die Burg von Prag.« In der Tat machten sich Hitler und Rommel schließlich kaum geschützt im offenen Wagen auf den Weg. Die durchaus nicht ungefährliche Hatz durch Feindesland mag das Gefühl der Verbundenheit zwischen den beiden Frontkämpfern des Ersten Weltkriegs bestärkt haben.

Die »Gespensterdivision«

Schon der deutsche Einmarsch in Prag war keiner jener populären »Blumenkriege« mehr gewesen – im Gegensatz zum »Anschluss« Österreichs oder der »Heimholung« des Sudetenlands waren die Soldaten der Wehrmacht auf den Vormarschstraßen nicht mit ekstatischem Jubel begrüßt worden, sondern zumeist mit eisigem Schweigen. Als im Sommer 1939 dann die Krise mit Polen auf einen Höhepunkt zusteuerte, standen erstmals alle Zeichen auf Krieg – allein Rommel wollte es nicht wahrhaben. Er war der tiefen Überzeugung, dass Hitler, der als Frontsoldat die Schrecken des Krieges kennengelernt habe, alles tun werde, um den Frieden zu erhalten. Am 23. August wurde er erneut ins »Führerhauptquartier« versetzt, nachdem er zu Anfang des Monats zum Generalmajor befördert worden und damit endgültig in die Ränge der Wehrmacht-Generalität aufgestiegen war. Noch am Vorabend des Angriffstags schrieb er seiner Frau: »Ich glaube doch, daß es ohne schwerere kriegerische Verwicklungen abgehen wird.« Offenbar vertraute er den Beteuerungen Hitlers, ihm ginge es allein um den polnischen »Korridor«, der seit dem Inkrafttreten des Versailler Vertrags Ostpreußen vom übrigen Reichsgebiet trennte.

Zunächst unterschied sich Rommels Dienst kaum von seinen vorangegangenen Einsätzen beim »Führerbegleitkommando«, außer dass Hitlers Entourage jetzt einer kämpfenden Truppe folgte. Umso mehr bewunderte Rommel Hitlers persönlichen Mut, der in diesen Tagen im offenen Wagen zahlreiche Truppenbesuche absolvierte – und dies in Gegenden, die noch keinesfalls befriedet waren, sondern zur Kampfzone zählten. »Es schien ihm Vergnügen zu machen, im Feuer zu stehen«, so Rommel

»Von ihm [Hitler] geht eine magnetische, vielleicht hypnotische Kraft aus, die ihren tiefsten Ursprung in dem Glauben hat, er sei von Gott oder der Vorsehung berufen, das deutsche Volk ›zur Sonne empor‹ zu führen.«

Rommel, 1939

»Eine hypnotische Kraft«: Als Kommandeur des »Führerbegleitkommandos« während des Polenfeldzugs 1939 geriet Rommel immer mehr in den Bann des Diktators.

später. Hitler seinerseits verstand es, sich mit kleinen Gesten und Gunstbeweisen die Wertschätzung seines Generals zu sichern. Rommel durfte an den Lagebesprechungen teilnehmen und sich dort manchmal sogar zu Wort melden. In den Briefen des Vielschreibers an seine Frau kam die wachsende Begeisterung für den Diktator zum Ausdruck: »Bin viel mit dem Führer zusammen. Dies Vertrauen ist für mich die größte Freude, mehr als mein Generalsrang«, hieß es etwa. Jede freundliche Bemerkung, jede noch so kleine Aufmerksamkeit Hitlers schilderte er in seinen Mitteilungen nach Hause. »Er ist außerordentlich freundlich zu mir«, »gestern Abend durfte ich neben ihm sitzen« oder »komme nun öfters mit ihm ins Gespräch«. Der unpolitische Soldat geriet nun immer mehr in den Bann des Diktators.

Er bewunderte an Hitler, dass »er sofort die wesentlichen Punkte erfassen und aus ihnen eine Lösung ableiten« könne. In quasipersönlichen Audienzen, die der Diktator ihm gewährte, erläuterte ihm der »Führer« das Zusammenwirken von Panzern, Sturmtruppen und Luftwaffe und betonte immer wieder, dass schnelle Siege dem Feind jede Chance zur Verteidigung nehmen müssten. »Ich hatte den Eindruck, dass Rommel jedes Wort des Führers gierig in sich aufsog«, berichtete Hitlers Kammerdiener Heinz Linge später. Zu seiner großen Freude konnte Rommel feststellen, dass sich Hitlers Auffassungen eines modernen Krieges mit seinen eigenen deckten. Der Einsatz von Panzern und gepanzerten Verbänden, die in Polen mit ihrer hohen Geschwindigkeit und geballten Feuerkraft tief ins Feindesland vorstießen, sei zwar eine ganz neue Art von Kriegführung gewesen, so der Militärhistoriker und Rommel-Biograf David Fraser. Es sei jedoch ein Krieg gewesen, wie Rommel ihn im Grunde bereits mit seinem Gebirgsschützenbataillon geführt habe. »Er war schon immer davon überzeugt, dass Stoßkraft, Überraschung und Konzentration den Erfolg brachten, und hatte schon immer an die Wirksamkeit des raschen Vorstoßens in Flanke und Rücken des Feindes geglaubt, wobei auf andere Risiken kaum Rücksicht genommen werden dürfe. Schon als unerfahrener junger Leutnant war er instinktiv davon überzeugt gewesen, dass es im Krieg auf Kühnheit und Beweglichkeit ankomme. In Polen sah er mit Genugtuung die moderne Anwendung seiner eigenen militärischen Grundsätze und … die Bestätigung dessen, was er unablässig gepredigt hatte.«

Die Zukunft gehört dem Panzer als Mittelpunkt eines jeden taktischen Denkens.

Rommel

Insofern war es nur folgerichtig, dass er auf Anfrage des Heerespersonalamts nun um das Kommando über eine Panzerdivision bat. Die »Stoppelhopser« von der Infanterie hatten für Rommel endgültig ausgedient, er wollte seinen Krieg an vorderster Front nun so schnell und beweglich führen, wie es nur mit Panzern möglich war. Die Bedenken des Personalamts, ob der Infanterieoffizier überhaupt die Einsatzmöglichkeiten der Panzerwaffe kenne, konnte er jedoch offenkundig nicht sofort zerstreuen – er wurde zunächst auf eine Gebirgsjägerdivision verwiesen. Es war wohl Hitler persönlich, der sich nachdrücklich für Rommel einsetzte und ihm im Februar 1940 den Befehl über die im Rheinland stationierte 7. Panzerdivision verschaffte.

Er kommandierte damit eine Panzereinheit, die entsprechend den Vorstellungen von General Heinz Guderian organisiert war und beim Westfeldzug eine Speerspitze des Angriffs bilden sollte. Der »Vater der deut-

Rommel mit seiner 7. Panzerdivision, das war doch für diese alten Herren, die den Stellungskrieg in Frankreich gewohnt waren, eine unglaubliche neue Art der Kriegführung. Und jeder wusste, das hat Hitler durchgesetzt.

Winrich Behr, Offizier des DAK

schen Panzerwaffe« stimmte mit Rommels Ansichten über moderne Kriegführung überein. In seinem Standardwerk *Achtung – Panzer!* hatte Guderian betont, es komme vor allem darauf an, immer in Bewegung zu bleiben und dem Feind durch die Wucht des eigenen Angriffs keine Möglichkeiten zum Aufbau von Verteidigungsstellungen zu lassen. Diese Taktik hatte mit den althergebrachten Grundregeln militärischen Handelns – etwa Sicherung der Flanken und Deckung der vorgehenden Spitzen – nichts mehr zu tun. Entsprechend wurde sie von den Traditionalisten in der Wehrmachtführung abgelehnt, wenn nicht gar regelrecht angefeindet. Dennoch stimmte Hitler einem Operationsplan zu, der auf Guderians Prämissen basierte und schließlich einen nicht für möglich gehaltenen triumphalen Sieg über Frankreich ermöglichte.

Anders als für Kommandeure größerer Militärverbände damals üblich, führte Rommel seine Männer nicht am Kartentisch in der Etappe, sondern in vorderster Linie. Schon am dritten Angriffstag waren die Spitzen der Division durch das unwegsame Waldgebiet der Ardennen vorgestoßen und hatten das erste Angriffsziel, die Maas, erreicht. Wiederum drei Tage später hatte die Division den Fluss überwunden und nun die stark befestigte französische Verteidigungsstellung, die Maginotlinie, vor sich. Auch diese konnte durch einen massiven Feuerschlag »aus der Bewegung« genommen werden. Nun begann für Rommel der Krieg, den er schon immer führen wollte: Ohne auf die Haltebefehle seiner vorgesetzten Dienststellen zu achten, jagte er wie besessen vorwärts – überzeugt davon, intuitiv richtig zu handeln. Schnell wurde seine Truppe bei Freund und Feind als »Gespensterdivision« bekannt. Kritische Momente konnten bei dieser Art der Kriegführung natürlich nicht ausbleiben. Hätte der Gegner Zeit gefunden, die lang gestreckten deutschen Linien zu attackieren, so wäre

»Wo Rommel ist, ist vorn«: Während des schnellen Vormarschs in Frankreich 1940 führte Rommel seine bald als »Gespensterdivision« bekannte Einheit bevorzugt von der Spitze aus.

»Das Publikum ist tief beeindruckt«: Für den Kinofilm »Sieg im Westen« wurden später zahlreiche spektakuläre Szenen nachgestellt.

> Ja, wenn wir den Führer nicht hätten. Ich weiß nicht, ob es einen anderen deutschen Mann geben würde, der die Kunst der militärischen Führung und auch der politischen Führung in gleichem Maße so genial beherrscht.
>
> **Rommel, April 1940**

Rommel nicht in der Lage gewesen, Gegenangriffe umgehend zu erkennen und abzuwehren. Die Folgen wären fatal gewesen, nicht zuletzt deshalb, weil die Verbindung zwischen dem Kommandeur und dem eigenen Divisionsstab keineswegs immer aufrechterhalten werden konnte – und auch die deutsche Armeeführung nicht wusste, wo Rommels »Gespenster« eigentlich gerade kämpften. Doch Rommel hatte wieder einmal das Glück des Tüchtigen. Die Verteidiger waren von der Wucht des deutschen Angriffs derart geschockt, dass sie zu einer systematischen Gegenwehr nicht mehr in der Lage waren. Als der erste Teil des Feldzugs für Rommel am 1. Juni vor Lille endete, hatte seine Division bei geringen eigenen Verlusten mehr als 7000 französische Gefangene gemacht, eine große Zahl von französischen Panzern erbeutet und mehrere hundert weitere zerstört. Rommel erhielt für seine Leistungen das Ritterkreuz und wurde weiterhin von Hitler persönlich hofiert.

Die Wertschätzung des Kriegsherrn hatte jedoch auch eine Kehrseite. Als »Günstling Hitlers« genoss Rommel bei der militärischen Führung kein besonders großes Ansehen. General Hermann Hoth, Rommels Vorgesetzter als Kommandeur des XV. Armeekorps, bescheinigte diesem zwar, dass er »neue Wege in der Führung einer Panzerdivision beschritten« habe. Generalstabschef Franz Halder jedoch bezeichnete ihn als »verrückt gewordenen General«, der sich wiederholt über Befehle von oben hinweggesetzt hatte. Doch nichts ist erfolgreicher als der Erfolg. Das musste auch die Armeeführung anerkennen. Schon während des Feldzugs hatte sie umfangreiches Ma-

> **Rommel genoß Hitlers besonderes Vertrauen, das er sich durch seine rasche und wirkungsvolle Kriegführung im Frankreich-Feldzug erworben hatte.**
>
> Nicolaus von Below, *Als Hitlers Adjutant*

terial für einen abendfüllenden Kinofilm drehen lassen, der schließlich ein halbes Jahr später unter dem Titel »Sieg im Westen« in die Kinos kam. Nach der Kapitulation Frankreichs waren zahlreiche Szenen »ergänzend« nachgestellt worden, wobei auch Rommel erstmals vor einer Filmkamera agierte. Zu diesem Zeitpunkt spielte er jedoch nicht mehr als eine Nebenrolle. Entgegen einer oftmals in der Literatur geäußerten Auffassung hatte das Propagandaministerium mit dem Film nichts zu tun – im Gegenteil: Goebbels kritisierte sogar »die geschichtlichen und psychologischen Inkorrektheiten bei der Gestaltung des Filmwerks«, das »erhebliche Mängel« aufweise. Dennoch musste er zugeben, dass der Film am Ende doch überzeuge: »Das Publikum, meist Offiziere, ist tief beeindruckt!« Noch aber gab es keinen Rummel um Rommel. Den unschätzbaren Propagandawert eines Erwin Rommel sollte Goebbels erst im darauffolgenden Jahr erkennen.

Unter der Sonne Afrikas

Am 6. Februar 1941 wurde Rommel vom Oberbefehlshaber des Heeres eröffnet, dass er ausgewählt worden sei, ein deutsches Eingreifkorps in Nordafrika zu kommandieren. Am Nachmittag desselben Tages traf der General mit Hitler persönlich zusammen, der ihm für den vorgesehenen Einsatz ebenfalls Instruktionen erteilte. Ein halbes Jahr zuvor hatte der italienische Diktator Benito Mussolini Ägypten angegriffen. Er wollte hinter den Deutschen, die soeben ihren »Erbfeind« Frankreich besiegt hatten, nicht zurückstehen und sein »Nuovo Impero Romano« auf afrikanischem Boden ausbauen. Dieses bestand bis dahin vor allem aus den Kolonien Libyen und Äthiopien und sollte nach dem Willen des größenwahnsinnigen »Duce« dereinst ganz Nordostafrika umfassen. Die italienische Offensive geriet jedoch schon bald vor den britischen Verteidigungsstellungen ins Stocken. Als die Commonwealth-Truppen im Dezember 1940 eine Gegenoffensive starteten, fiel die italienische Front wie ein Kartenhaus zusammen. Binnen acht Wochen wurden die Italiener 800 Kilometer nach Westen zurückgedrängt, 130 000 Soldaten gerie-

»Nordafrikanisches Desaster für Mussolini«: Im Januar 1941 ergeben sich in Libyen italienische Soldaten den vorrückenden Briten.

ten in Gefangenschaft, 400 Panzer und 3000 Geschütze waren verloren. Die kläglichen Reste der Armee flohen Hals über Kopf in Richtung Tripolis. Mussolinis Kolonialreich stand vor der Auflösung – und er musste kleinlaut den deutschen Bündnispartner um Hilfe bitten, wollte er keine schmerzhafte Niederlage erleiden.

Hitler versprach zu helfen, nicht allein aus Solidarität, sondern durchaus auch aus eigenem Interesse. Die Unterstützung sollte die drohende Kapitulation der Italiener mit all ihren – auch psychologischen – Auswirkungen auf die Achsenmächte verhindern. Sie konnte zudem feindliche Truppen binden und vor allem die britischen Versorgungswege im Mittelmeer empfindlich stören. Hitlers vollmundige Ankündigung gegenüber Mussolini, man werde zur Unterstützung der italienischen Truppen »den verwegensten Panzergeneral, den wir in der deutschen Armee besitzen« nach Nordafrika schicken, ist oft als Beweis der hohen Wertschätzung Rommels durch den Diktator interpretiert worden. Man kann die

> **Rommel besitzt die Fähigkeit, seine Truppen mitzureißen. Dies ist für den Heerführer einer Truppe, die unter besonders schwierigen atmosphärischen Verhältnissen zu kämpfen hat wie in Nordafrika, eine absolute Notwendigkeit.**
>
> Hitler

Sache freilich auch anders sehen: Für seine »große und eigentliche Aufgabe: die Auseinandersetzung mit dem Bolschewismus« (Hitler am 2. Juni 1940), die spätestens mit der berüchtigten Weisung Nr. 21 zum »Fall Barbarossa« vom Jahresende 1940 beschlossene Sache war, schien Rommel verzichtbar zu sein. Nordafrika dagegen war für Hitler und die deutsche Militärführung von Anfang an nur ein Nebenkriegsschauplatz.

Entsprechend wurde Rommel durch das Oberkommando des Heeres (OKH) instruiert, dass seine Aufgabe rein defensiver Natur sei: Es gelte, vor Tripolis eine Verteidigungslinie aufzubauen und den britischen Vormarsch aufzuhalten. Mit nennenswerten Verstärkungen könne der kleine, anfangs lediglich aus zwei Divisionen bestehende Sperrverband nicht rechnen. Dem ungestümen Rommel dürften solcherart Pläne kaum gefallen haben. Als Defensivkünstler hielt er sich für deplatziert. Womöglich köderte Hitler ihn im persönlichen Gespräch deshalb mit ähnlichen Argumenten, wie er sie zuvor in einem Schreiben an Mussolini verwendet hatte: Durch »das rein defensive Halten der Stellung« könne das weitere Vordringen der Engländer nicht verhindert werden. Die Abwehr selbst müsse offensiv geführt werden. Angriff statt Verteidigung? Das war schon eher nach Rommels Geschmack. Vor allem sein ausgeprägtes Talent zur Improvisation und sein Mut, ungewöhnliche Wege zu beschreiten, machten ihn in Hitlers Augen zum geeigneten Kandidaten für die Aufgabe in Nordafrika, nachdem der Kriegsherr zuvor mit dem vom OKH vorgeschlagenen Hans Freiherr von Funck einen typischen Vertreter des preußisch-deutschen Offizierskorps abgelehnt hatte.

Als Rommel am 12. Februar 1941, nur sechs Tage nach seiner Audienz bei Hitler, zum ersten Mal afrikanischen Boden betrat, strotzte er geradezu vor Selbstbewusstsein. Seinem skeptischen Ordonnanzoffizier Heinz Werner Schmidt erklärte er mit Nachdruck, man werde nach Osten vorstoßen, dann eine Rechtswendung machen und schließlich die nach dem Ersten Weltkrieg verloren gegangenen deutschen Kolonien zurück-

Das erste Mal sah ich Rommel, als wir in den Hafen von Tripolis einliefen. Er stand am Kai, wild gestikulierend, und versuchte, uns Dampf zu machen. Er wollte die Truppe möglichst schnell in die Uniformen und an die Waffen bringen, da er einen Angriff der Engländer auf Tripolis befürchtete.

Winrich Behr, Offizier des DAK

erobern. Schmidt war verblüfft. Ähnliche Gefühlsregungen erhoffte sich Rommel auch bei seinem Kriegsgegner, denn unmittelbar nach seiner Ankunft trat »General Bluff« in Aktion. Aus Pappe und Holz ließ er Gestelle zimmern, die aus der Ferne wie Panzer aussahen, aus der Nähe betrachtet aber bestenfalls kleine Kinder erschrecken konnten. Die wenigen Fahrzeuge, die Rommel umgehend Richtung Front schickte, mussten Äste und Eisenketten hinter sich herziehen – der so aufgewirbelte Staub sollte den Eindruck einer gewaltigen Streitmacht erwecken, die sich dem Feind zur Schlacht stellte. Als Mitte März dann tatsächlich die ersten deutschen Panzer in Tripolis eintrafen, ließ Rommel diese bei einer Parade mehrfach um den Häuserblock fahren – und gaukelte den gegnerischen Beobachtern so eine Gefechtsstärke vor, über die er gar nicht verfügte.

Es erscheint jedoch mehr als fraglich, ob sich die Briten mit solchen Taschenspielertricks ins Bockshorn jagen ließen – besaßen sie doch sehr viel handfestere Informationsquellen über ihren neuen Kontrahenten auf dem nordafrikanischen Kriegsschauplatz. Im englischen Bletchley Park hatten Kryptologen den als »absolut sicher« geltenden Code der deutschen Verschlüsselungsmaschine »Enigma« geknackt, mit der die Wehrmacht ihren gesamten Funkverkehr abwickelte. Zwar war das Dechiffrieren der Funksprüche kompliziert und zeitaufwendig, doch die britische Führung wusste nun zumindest in Grundzügen über die Pläne und Einsatzstärken ihres Gegners Bescheid. Dies sollte sich vor allem für die deutsche Kriegsmarine verheerend auswirken, machte sich jedoch auch im Wüstenkrieg in Nordafrika bemerkbar. Demnach erschienen den Briten die wenigen Wehrmachtssoldaten in Libyen nicht als ernsthafte Bedrohung. Am 12. Februar, dem Tag, an dem Rommel in Tripolis eintraf,

»General Bluff«: Um eine größere Truppenstärke vorzutäuschen, ließ Rommel seine wenigen Panzer während der Truppenparade in Tripolis mehrfach an den Schaulustigen vorbeirollen.

entschied das *War Cabinet*, den Vormarsch in Libyen zunächst einzustellen. Für Premier Winston Churchill hatte nun Griechenland Priorität, in das italienische Truppen Ende Oktober 1940 eingefallen waren – ebenfalls ohne Abstimmung mit ihrem deutschen Bündnispartner. Zwar hatten Mussolinis Streitkräfte von der griechischen Armee schon bald gestoppt werden können, doch drohte nun auch an der Ägäis ein militärisches Eingreifen der Wehrmacht.

Dies alles blieb Rommel verborgen. Er wusste nicht, dass die Briten Kräfte aus Nordafrika abzogen, und rechnete vielmehr mit dem baldigen Beginn einer britischen Großoffensive. Dies erklärt auch die Eile, ja Hektik, mit der er seine Truppen Richtung Front in Marsch setzen ließ. Er wollte jedenfalls den Briten unbedingt zuvorkommen und das Heft des Handelns in der Hand behalten. Inzwischen hatte seine Truppe auch ihre offizielle Bezeichnung erhalten: »Deutsches Afrika-Korps« (DAK). Hitler hatte den Namen als Reminiszenz an das »Deutsche Alpenkorps« gewählt, in dem Rommel während des Ersten Weltkriegs gekämpft hatte –

pikanterweise gegen die Italiener. Jetzt, 1941, war Rommel offiziell dem italienischen »Comando Supremo« unterstellt, und alle militärischen Operationen hätten eigentlich von diesem genehmigt werden müssen. Doch faktisch scherte sich Rommel darum nicht, wie er sich vom deutschen OKH nicht einschränken ließ – solange er sich vom »Führer« persönlich gedeckt wusste.

Als der General Mitte März noch einmal in Berlin Vortrag hielt, musste er feststellen, dass man im OKH an der defensiven Ausrichtung des Einsatzes festhielt. Dennoch entschloss Rommel sich zum Vormarsch. Noch von Berlin aus gab er den Befehl zum Angriff und konnte bei einem kleinen Wüstenfort namens El Agheila den ersten Erfolg verbuchen. »Ich bin mit einer kleinen Gruppe – vielleicht 20 Mann und ein Leutnant – vorgefahren«, erinnert sich Winrich Behr, damals Angehöriger einer Aufklärungsabteilung. »Wir haben dann unsere Fahrzeuge stehen lassen und sind nachts am Strand die restlichen Kilometer zu Fuß marschiert. Als wir ankamen, stellte sich heraus, dass im Fort zwar Hunderttausende von Flöhen, aber kein einziger Brite übernachtete. Erst im Morgengrauen kamen ihre Spähwagen angefahren, die wir dann schnappten oder abschossen. Und diese lächerliche Geschichte kam, weil sie natürlich von einer gewissen strategischen Bedeutung war, in die deutsche Presse. Das Fort El Agheila erschien dort, als ob es Fort Knox wäre und wir eine große Schlacht geschlagen hätten. In Wirklichkeit war es eine lächerliche Karl-May-Geschichte.«

Rommel sagte: Wo marschiert wird, wird gesiegt; jeder Stillstand ist schlecht.

Friedrich Hauber,
Ordonnanz in Rommels Stab

Am meisten hat mich die Wochenschau geärgert mit den Spiegeleiern auf den Panzern. Wo hätten wir die Eier herkriegen sollen? Vielleicht einer, der hinten in der Etappe war und mit Beduinen zusammenkam. Eier konnte man vielleicht gegen Tee und gegen Zucker kriegen. Aber wo sollte ich Tee und Zucker hernehmen?

Rolf-Werner Völker, Panzergrenadier im Afrikakorps

»Er hat sich schon entsprechend in Positur gestellt«: Im Gegensatz zu zahlreichen anderen Wehrmachtsgeneralen liebte Rommel den großen Auftritt.

»Als wäre es Fort Knox«: Die Eroberung des Wüstennests El Agheila durch die deutschen Verbände war der Auftakt des großangelegten Propagandarummels um Erwin Rommel.

»Anfangs kritisch beäugt«: Alfred-Ingemar Berndt (links hinter Rommel) wurde bald zum wichtigsten Vertrauten des DAK-Kommandeurs.

Auch die Deutsche Wochenschau blies die Eroberung des Wüstenforts gewaltig auf und sang erstmals das Hohelied auf Rommel, der in vorderster Linie den Angriff geleitet habe, wie es hieß. Eine glatte Lüge – die nicht die letzte bleiben sollte. Die deutsche Propaganda hatte ihr neues Lieblingssujet gefunden: Palmen und Minarette, wolkenloser Himmel und Wüstensand, Oasen und Kamelherden, brennende Sonne und auf Panzerblechen brutzelnde Spiegeleier: Es war die Exotik eines fremden Kontinents, den die Deutschen damals zumeist nur aus Abenteuerromanen kannten. Dazu »Action« – anstürmende Panzer, donnernde Geschütze, Luftangriffe auf feindliche Stellungen. Endlich wieder Nervenkitzel für die deutschen Kinogänger, die seit dem Sieg über Frankreich weitestgehend mit Filmchen von der »Heimatfront« hatten vorliebnehmen müssen. Und dazwischen immer wieder Rommel, Rommel, Rommel – im langen Ledermantel, seinen Männern die Richtung weisend; im offenen Wagen, energisch gestikulierend; mit dem Fernglas in die endlose Weite blickend; staubverkrustet mit der Fliegerbrille auf der Stirn; bei einer Lagebesprechung, Befehle erteilend; unter seinen Soldaten.

Der Rommel-Rummel wurde jetzt zur Chefsache: Kurt Hesse, ein Bekannter aus Dresdner Tagen, der inzwischen als Pressechef des Heeres amtierte, schickte zusätzlich zum normalen Kontingent drei seiner Topleute nach Libyen, darunter Hans Ertl, der als Kameramann bereits für Leni Riefenstahl gearbeitet hatte. Auch Goebbels suchte den direkten Draht zu dem »fabelhaften Offizier« in Afrika: Alfred-Ingemar Berndt, im Zivilleben Ministerialdirektor im Propagandaministerium, leistete seinen Frontdienst beim DAK ab. Berndt wurde zwar anfangs von Rommel kritisch beäugt, stieg jedoch rasch zum wichtigsten Vertrauten des Wüstengenerals auf. Rommel wurde ein geradezu willfähriges Objekt der Propaganda – kein anderer Wehrmachtgeneral sei von der Wichtigkeit des Propagandaeinsatzes derart durchdrungen, notierte Goebbels erfreut. Während andere Truppenführer die »Propagandafritzen« und

Er war ein bisschen eitel. … Und er hat sich dann schon entsprechend in Positur auf den Panzer gestellt und hat das entsprechend begünstigt.

Hellmut von Leipzig, Rommels Fahrer

»Lieber General Rommel! Ich will ehrlich sein, lieber General Rommel, immer habe ich Dich bewundert, sei es in der Wochenschau oder in der Zeitung. Schon lange dachte ich mir, soll ich an General Rommel schreiben, aber immer habe ich Scheu davor gehabt. Doch in der letzten Wochenschau, die ich gestern sah, nahm ich mir den Mut. Ich brauche ja bei Dir nicht denken, dass Du es so kalt aufnimmst, wie mancher andere. Bei Dir, General Rommel, kann ich aus tiefstem Herzen sprechen. Ich verehre Dich und Dein Afrika-Korps und hoffe, und hoffe, dass Du und Dein Afrika-Korps den Sieg erleben können.«

Brief eines zehnjährigen Mädchens aus Augsburg, 21. Juni 1941

Kriegsberichterstatter nur widerwillig duldeten, wurden sie von Rommel hofiert. Für das beste Bild warf er sich ein ums andere Mal in Pose, ließ Szenen mitunter auch nachstellen, wenn sie seinen Ansprüchen nicht genügten. Aus persönlicher Eitelkeit, aus Einsicht in die Notwendigkeit? Vor allem wohl aus naheliegendem eigenem Interesse. Seit der bitteren Erfahrung vom Monte Matajur hatte er sich geschworen, sich niemals mehr unterbuttern zu lassen. Klappern gehörte für ihn jetzt stets zum Kriegshandwerk.

Der Pakt mit der Propaganda hatte jedoch auch seine Schattenseite. So dichtete ihm die NS-Wochenzeitung *Das Reich* im April 1941 einen lupenreinen nationalsozialistischen Lebenslauf an. Rommel erschien darin als Arbeitersohn, der nach dem Krieg die Armee verlassen habe und schließlich einer der ersten SA-Führer Württembergs geworden sei. Er protestierte schriftlich gegen diese Unwahrheiten, doch im Propagandaministerium zeigte man sich uneinsichtig: Selbst wenn die Angaben nicht zuträfen, könnten sie dem Ruf eines so ausgezeichneten Generals doch unmöglich schaden! So bastelten sich Goebbels' Märchenerzähler auch weiterhin einen Helden nach ihrer Fasson. Dabei verschwammen ein ums andere Mal Dichtung und Wahrheit. Rommel spreche perfekt Arabisch, hieß es beispielsweise – dabei waren es kaum 50 Worte, die der General beherrschte. Andere Experten wussten die Antwort darauf, warum Rommel sich mit solch schlafwandlerischer Sicherheit in der Wüste bewegte –

wollten sie doch unter den mehreren Dutzend Bezeichnungen, die das Arabische für den Begriff »Sand« bereithielt, auch den altarabischen Ausdruck »Rommel« entdeckt haben.

Der Herr des Wüstenkriegs

Erarbeitet hatte sich der solchermaßen Gefeierte das Image als »Herr des Wüstenkriegs« mit seinem blitzschnellen Vorstoß in die östliche libysche Provinz Cyrenaika, der Freund und Feind vollkommen überraschte. Rastlos trieb Rommel seine Männer vorwärts, und nach vier Tagen waren bereits 300 Kilometer Wüste zurückgelegt. Als Problem erwies sich bald der Nachschub, der über immer längere Strecken herbeigeschafft werden musste. Mit Blick auf diese Achillesferse forderte das italienische Oberkommando die sofortige Einstellung der Angriffe. Doch gegen alle Warnungen und expliziten Verbote riskierte Rommel den weiteren Vormarsch – und bekam schließlich von Hitler recht, der ihn zu seinen »unerwarteten Erfolgen« beglückwünschte. Was die britischen Soldaten in zwei Monaten erkämpft hatten, eroberte Rommels noch unvollständiges Afrika-Korps in kaum zwei Wochen zurück. Das Nachschubproblem vermochte Rommel dabei auf seine Weise zu lösen: Beim überstürzten Rückzug hatten die Verteidiger oftmals das zurückgelassen, was die Deutschen am dringendsten brauchten – Brennstoff und Verpflegung. Diese Beute nährte den weiteren Angriff – zumindest vorläufig.

Doch war es allein Rommels Sieg? Hatten allein sein taktisches Geschick, sein Ideenreichtum und sein besonderer Führungsstil diesen

Die Versorgungsfrage interessierte ihn nur in zweiter Linie. Er sagte zu uns: »Holt euch das Benzin doch bei den Tommys!« Das haben wir eine Zeit lang auch gemacht. Aber die Versorgung auf Dauer sicherzustellen, dafür hatte Rommel nicht die gleiche Sorge wie andere Leute.

Winrich Behr, Offizier des DAK

»Der Wüstenfuchs«: Rommels spektakuläre Vorstöße machten ihn in Nordafrika bei Freund und Feind zur mythischen Figur.

»Das Heft des Handelns in der Hand behalten«: Nach ihrer Ankunft in Afrika marschieren deutsche Kolonnen durch die Wüste Richtung Front.

»Kein Interesse an der Versorgungsfrage«: Rommels Krieg in Nordafrika krankte bis zuletzt an der niemals zufriedenstellend gelösten Frage des Nachschubs.

Triumph über die britischen Kräfte ermöglicht? Die deutsche Propaganda verkaufte es so, allerdings war das nur die halbe Wahrheit. Tatsächlich war Rommel auf einen Gegner getroffen, der sich in einer Phase der Umorganisation befand. Zudem hatten die britischen Befehlshaber den Meldungen der eigenen Funkaufklärung vertraut – diese hatte die defensiven Befehle des OKH an Rommel entschlüsselt und Entwarnung gegeben. Dass sich der Befehlshaber des DAK über die Weisungen aus Berlin einfach hinwegsetzen könnte und dennoch angreifen würde – damit hatten die Briten nicht rechnen können.

Und noch war nicht die gesamte Cyrenaika in deutscher Hand: Als Stachel im Fleisch der Front war Tobruk übrig geblieben. Die von den Italienern zur Festung ausgebaute Hafenstadt war von einem Verteidigungsring von fast 50 Kilometern umgeben. Ausgedehnte Panzersperren, Drahtverhaue und Minenfelder versperrten den Weg. Die Festung wurde über den Seeweg versorgt und von einem starken britischen Truppenkontingent verteidigt. Im Rausch des schnellen Vormarschs glaubte Rommel, auf genaue Pläne der Festungsanlagen verzichten zu können und auch Tobruk aus der Bewegung einzunehmen – ein fataler Trugschluss.

> Die ersten Angriffe auf Tobruk hat hier niemand verstanden. Obwohl die Stärke und Besatzung der Festung bekannt war, wurde jedes neu eintreffende Bataillon zum Angriff angesetzt und kam natürlich nicht durch. So ist jeder Verband vor Tobruk stark angeschlagen. Manche sprunghafte Führung des DAK will uns inferioren Führern nicht recht in den Kopf.
>
> **Maximilian von Herff, Regimentskommandeur im DAK**

Mehrfach ließ er seine zahlenmäßig weit unterlegenen, von den Strapazen des Vormarschs ausgelaugten Truppen anrennen. Überall gerieten sie in starkes Abwehrfeuer der Briten. In den ersten beiden Tagen des Angriffs verloren die Deutschen über 1200 Mann. »Glühenden Haß ... entflammte Rommel in uns gegen sich«, schrieb ein Kompanieführer, »wenn er in verbohrter Sturheit immer wieder uns für seine geblendete Urteilskraft bezahlen ließ, in maßloser Brutalität tausende Menschenleben und unersetzliches Material seinem persönlichen Ehrgeiz sinn- und nutzlos opferte.« Am Ostersonntag 1941 schickte Rommel ungerührt weitere 500 Mann und 20 Panzer in die Schlacht. Nur 116 von ihnen kamen zurück.

Dies steht im eklatanten Widerspruch zum Bild des fürsorglichen Heerführers, das die NS-Propaganda von Rommel zeichnete und das bis heute einen guten Teil des »Mythos Rommel« ausmacht. Tatsächlich beeindruckte Rommel seine Männer stets durch seinen persönlichen Einsatz an vorderster Front – doch Rommel war bei den Soldaten nicht im gleichen Maße beliebt wie andere Truppenführer. Zwar habe er vor jedem Einsatz überlegt, wie er mit möglichst wenigen Verlusten ans Ziel komme, bestätigt Winrich Behr. Er habe jedoch »nicht darauf verzichtet, ein notwendiges Ziel anzugreifen, nur weil er meinte, dabei könnten Soldaten ums Leben kommen«. Er sei »eine kompromisslose, harte, im Grunde unpersönliche Natur« gewesen, so sein späterer Stabschef Alfred Gause. Mancher Offizier empfand es regelrecht als Bestrafung, unter Rommel Dienst zu tun. Nach

> **Er hat von seinen Soldaten nie etwas verlangt, was er nicht von sich selbst verlangt hätte.**
>
> Wilfried Armbruster, Dolmetscher Rommels

> **Wenn irgendwas nicht passte, dann war er schnell mit dem Kriegsgericht zugange. Er war glashart. Wenn er vorne ist, haben auch die anderen vorne zu sein, ohne Rücksicht auf Verluste.**
>
> Friedrich Hauber, Ordonnanz in Rommels Stab

dem Scheitern des Angriffs auf Tobruk traf der Zorn des Heerführers den Kommandeur der 5. leichten Division, Generalmajor Johannes Streich. Dieser musste sich in einer lautstark geführten Diskussion zahlreiche Vorwürfe gefallen lassen, darunter den, er sei »in der Fürsorge für die Truppe zu weit gegangen«. Offenbar hätte Rommel am liebsten, um sein ehrgeiziges Ziel zu erreichen, auch noch die letzten Reste der stark dezimierten Division vor Tobruk in den Kampf geworfen – und damit verbluten lassen.

Wieder einmal häuften sich in Berlin die Beschwerden über Rommels Führungsstil. Auch in der Heeresführung traten erneut seine Kritiker auf den Plan. Der General sei »seiner Führungsaufgabe in keiner Weise gewachsen«, notierte Generalstabschef Franz Halder, der schließlich Generalleutnant Friedrich Paulus nach Afrika schickte, um »diesen verrückt

»Tausende Menschenleben sinn- und nutzlos geopfert«: Erschöpfte Soldaten des DAK während der Kämpfe um Tobruk, Juni 1941.

gewordenen Soldaten [Rommel] durch seinen persönlichen Einfluss abzufangen«. Paulus, der anderthalb Jahre später durch den Untergang seiner 6. Armee in Stalingrad in die Geschichtsbücher eingehen sollte, kannte Rommel seit den zwanziger Jahren, als beide Männer in Stuttgart Kompaniechefs in einer Infanteriedivision waren. Schon damals waren sie sich in herzlicher Abneigung zugetan – während Rommel ein Mann der Truppe war, galt Paulus als der typische unnahbare Generalstabsoffizier. Es war deshalb wenig verwunderlich, dass Paulus jetzt nicht gerade schmeichelhafte Urteile über Rommel fand.

»Dieser verrückt gewordene Soldat«: Generalstabschef Franz Halder zählte zu den erklärten Gegners Rommels.

Halder plante, Rommel eine neue Kommandobehörde vor die Nase zu setzen und die Befugnisse des DAK-Kommandeurs gravierend zu beschneiden, doch er hatte die Rechnung ohne den Wirt gemacht: »Dem Führer kommt es nur darauf an, daß Rommel nicht durch eine übergeordnete Stelle gehemmt wird«, beschied ihm der Chef des Wehrmachtführungsstabs, General Alfred Jodl. Damit war Rommel per »Führerentscheid« rehabilitiert und konnte schließlich sogar erreichen, dass ihm der Stab unterstellt wurde.

»Die Engländer zollen in ihren Zeitungen General Rommel das höchste Lob. Das ist ein Zeichen dafür, daß sie sich nicht wohl in ihrer Haut fühlen, denn in England lobt man den Gegner nur, wenn man unterliegt, weil man damit eine bessere Begründung für eine Niederlage hat.«

Goebbels, Tagebuch, 20. Dezember 1941

Dass Rommel bereits zuvor zwei britische Offensiven zurückzuschlagen vermochte, hatte Hitler in »allerbeste Stimmung« versetzt. Er überhäufte seinen erfolgreichen General mit militärischen Ehren: Im Juli ernannte er ihn zum »General der Panzertruppe« und kurze Zeit später zum Oberbefehlshaber der »Panzergruppe Afrika«. Rommel schrieb an seine Frau: »Wie ich jetzt ... erfahren habe, verdanke ich meine neueste Beförderung nur dem Führer. Du kannst Dir meine Freude darüber denken. Seine Anerkennung zu finden für mein Tun und Handeln ist das Höchste, was ich mir wünschen kann.« Halder dagegen notierte resigniert: »Rommels charakterliche Fehler lassen ihn als eine besonders unerfreuliche Erscheinung hervortreten, mit der aber niemand gern in Konflikt geraten will wegen der brutalen Methoden und wegen seiner Stützung an oberster Stelle.«

Verlorene Siege

Für die Briten hatte der Kriegsschauplatz Nordafrika derweil eine ganz neue Bedeutung gewonnen – militärisch und vor allem psychologisch. Die Cyrenaika war nach dem britischen Rückzug aus Griechenland 1941 der einzige Punkt, an dem sie den Deutschen an Land direkt gegenüberstanden. Der Vormarsch des Afrika-Korps hatte die Verteidiger Ägyptens schwer getroffen. Auch die britische Öffentlichkeit suchte nach Erklärungen für die unerklärlichen Niederlagen. Sie fand sie in der Person des gegnerischen Feldherrn. Allein seiner Genialität wurden die Erfolge zugeschrieben. Nur ein besonderer General, eine Art Übermensch, war in der Lage, der glorreichen britischen Armee solch schmähliche Niederlagen zuzufügen. Aber damit sollte nun Schluss sein. Die britische Öffentlichkeit erwartete von ihrer Armee den Sieg – man verstand sich schließlich als Weltmacht. Frische Kräfte rollten an die Front.

Doch die Briten vertrauten nicht allein auf ihre numerische Überlegenheit. Vor der Schlacht sollte der Mythos Rommel ausgeschaltet werden. Ein 50 Mann starkes Geheimkommando machte sich am 10. November 1941 von Alexandria aus in zwei U-Booten auf den Weg, um den Mann zu kidnappen, dem die Briten zutrauten, auch gegen ihre Übermacht zu bestehen.

»Der Idealfall war die Gefangennahme von Rommel als Propagandacoup«, erzählt Sir Thomas Macpherson, einer der Kommandosoldaten. »Das hätte natürlich auch die Vorbereitungen des Afrika-Korps auf die nächste Offensive gestört, aber vor allem wäre es ein Propagandaerfolg gewesen. Die Operation war von Churchill abgesegnet worden. Er wusste, die Sache lief, und war begeistert davon. Er hielt die Gefangennahme von Rommel für eine fabelhafte Angelegenheit.«

Unter Führung von Oberstleutnant Geoffrey Keyes erreichten die Männer

Wir haben es mit einem sehr geschickten und wagemutigen Widersacher zu tun und, wenn ich das trotz der Verheerungen des Krieges sagen kann, mit einem großen General.

Winston Churchill
vor dem britischen Unterhaus, Januar 1942

Wenn wir Rommel vernichten, dann zerstören wir auch den Mythos. Das war die Idee.

James Gornall, Scharfschütze
im Attentatskommando

»Kühne, verwegene Taten«: Die britische Kommandoaktion zur Gefangennahme Rommels unter Leitung von Oberstleutnant Geoffrey Keyes (vorn rechts) scheiterte. Zeichnung von 1943.

Geoffrey Keyes … liebte kühne, verwegene Taten, und ohne in irgendeiner Weise schlecht über ihn reden zu wollen: Er sah sich gern als Schauspieler in einem großen Kinofilm.

Sir Thomas Macpherson, Adjutant von Geoffrey Keyes

der »Operation Flipper« in der Nacht zum 18. November das Haus in Beda Littoria, wo sie Rommels Unterkunft vermuteten. Ihr Auftrag war klar: »Wir sollten ihn gefangen nehmen. Wenn er sich aber gewehrt hätte, hätten wir ihn einfach erschossen«, so James Gornall, der ebenfalls an dem Unternehmen beteiligt war. Doch die Mission wurde zum Fehlschlag. Keyes starb im Kugelhagel der deutschen Wachsoldaten, der Rest des Kommandos musste sich zurückziehen.

Rommel jedoch befand sich gar nicht in dem Gebäude. Er hatte in Rom mit dem italienischen Oberkommando konferiert und traf erst am darauffolgenden Tag wieder in Nordafrika ein. Schlechtes Wetter hatte eine frühere Rückkehr verhindert und ihn so gerettet.

Damit blieb es der Auseinandersetzung auf dem Schlachtfeld vorbehalten, den Krieg in Nordafrika zu entscheiden. Als die britischen Truppen an ebenjenem 18. November 1941 vorstießen, trafen sie auf einen Gegner, der in den eigenen Offensivvorbereitungen steckte und nicht zur Verteidigung bereit war. Schnell konnten die Angreifer die deutschen Linien durchbrechen und vorrücken. In der britischen Presse machte sich Euphorie breit: »Rommel eingekesselt!«, »Rommel in wilder Flucht« – so lauteten die Schlagzeilen. Die Situation für das deutsche Afrika-Korps spitzte sich zu. Stellung um Stellung musste aufgegeben werden. Am 16. Dezember begann der von Rommel angeordnete Rückzug an der gesamten Frontlinie. Zu Silvester 1941 stand Rommel dort, wo sein Vormarsch im Juni begonnen hatte: an der Agheila-Linie.

Der Sieg der Briten – eine Niederlage der Deutschen? Ja, müsste die Antwort lauten, wenn Nordafrika ein »normaler« Kriegsschauplatz gewesen wäre. Doch es gehört zu den Paradoxien des Wüstenkriegs, dass es hier nicht allein auf Landgewinne ankam. Ein Vormarsch über Hunderte von Kilometern Wüste bedeutete (fast) nichts – das Ausschalten der gegnerischen Kräfte hingegen alles. So konnten die Briten trotz der Eroberungen nicht zufrieden sein, denn das eigentliche Ziel hatten sie nicht erreicht: die Zerschlagung der deutschen Kräfte. Das britische Haupt-

Wir kamen zum Hauptquartier, draußen waren keine Wachen. Geoffrey Keyes stieß die Tür auf und ließ seine Maschinenpistole loshämmern. Er wurde getroffen – einer war eben schneller. Er taumelte zurück, schleppte sich einige Meter, fiel zu Boden und starb.

James Gornall, Scharfschütze im Attentatskommando

quartier musste in einer Mischung aus Anerkennung und Bedauern zugeben: »Es ist General Rommel gelungen, einen geordneten Rückzug zu organisieren.« Das erkannte selbst Hitler an, der sonst kategorisch forderte, einmal eroberte Gebiete bis zum letzten Blutstropfen zu verteidigen: »Sagen Sie ... Rommel, ich bewundere ihn«, gab er dessen Stabschef nach einem Treffen mit auf den Weg. Das Bündnis zwischen dem »Führer« und seinem General hielt.

Dies galt umso mehr, als Rommel Ende Januar 1942 mit immer noch völlig unzureichenden Kräften eine erneute Gegenoffensive startete. Die Geschichte schien sich zu wiederholen. Wie sechs Monate zuvor traf der deutsche Angriff die Briten unvorbereitet. Wie im Juni 1941 gelangen schnelle Vorstöße. Schon bald waren weite Teile der Cyrenaika wieder in deutscher Hand. Erneut regnete es Orden und Beförderungen auf Rommel, der jetzt die »Panzerarmee Afrika« befehligte. Es folgte Rommels taktisches Meisterstück. Während die britische Aufklärung glaubte, dass die deutschen Verbände nach Osten vorrückten, ließ der »Wüstenfuchs« kehrtmachen. Sein tatsächliches Ziel war Tobruk. Stukas eröffneten in den Morgenstunden des 20. Juni den Angriff und bombten eine Gasse durch die Verteidigungslinien, durch die dann die deutschen Panzer stießen. Am Morgen des 21. Juni 1942 war die Festung in deutscher Hand. In der Heimat feierte der *Völkische Beobachter* in großen Lettern »Rommels herrlichen Sieg«. Es war der bis dahin größte Triumph des Afrika-Korps: Der zentrale Eckpfeiler des britischen Verteidigungssystems in Nordafrika war gefallen. Tobruk brachte dem »Wüstenfuchs« nicht nur einen weiteren Popularitätsschub, sondern auch noch einen neuen Rang ein: Generalfeldmarschall. Es war die fünfte Beförderung innerhalb von kaum drei Jahren. »Dass ich nun Feldmarschall geworden bin, ist mir

»Die vordersten Teile stehen 200 km vor Alexandria. Noch einige Schlachten werden zu schlagen sein, ehe wir das Ziel erreicht haben. Allein das Schwerste ist wohl längst hinter uns.«

Rommel, Brief an seine Frau, 29. Juni 1942

wie ein Traum«, schrieb Rommel seiner Frau.

Rommel galt jetzt endgültig als lebende Legende – bei Freund und Feind. Viele Briten hatte die Niederlage so unvorbereitet getroffen wie Samuel Bradshaw: »Es war für uns alle ein psychologischer Schlag. Tobruk war all die Monate ein Symbol für unseren Widerstand.« Es trat ein, was Hitler mit klammheimlicher Freude im kleinen Kreis prophezeit hatte: »Es ist gefährlich, einen maßgeblichen Mann des Gegners so herauszustellen, wie es Churchill bei Rommel getan hat. Ein Name beginnt auf diese Weise die Bedeutung zu erlangen, die dem Wert mehrerer Divisionen gleichkommt.«

Doch war Rommel wirklich der geniale Feldherr, als den ihn die deutsche Propaganda hinstellte, als der er auch von den Briten gesehen wurde? Sicher, wieder einmal hatte sich Rommel als meisterlicher Taktiker erwiesen. Doch die Erfolge des Frühjahrs 1942 hatten auch einen sehr viel profaneren Hintergrund: Im Sommer 1941 – noch vor der Kriegserklärung der Achsenmächte an die USA im Dezember desselben Jahres – war es dem militärischen Nachrichtendienst der Italiener gelungen, aus einem Safe in der US-Botschaft in Rom einen geheimen diplomatischen Code samt allen Verschlüsselungstafeln zu entwenden, zu kopieren und unbemerkt wieder zurückzubringen. Alle Funksprüche, die mit dem sogenannten »Black Code« verschlüsselt waren, konnten fortan von Italienern und Deutschen mitgelesen werden. Rommels bester Mann saß deshalb jetzt in Kairo: der US-Militärattaché Bonner F. Fellers – Rommel nannte ihn seine »gute Quelle«. Beinahe täglich kabelte Fellers, der von den Briten mit Material versorgt wurde und auch selbst ausgedehnte Frontbesichtigungen unternahm, äußerst detaillierte Berichte über die Stärke, Aufstellung und die Pläne der Briten nach Washington. Damit war auch Rommel über die stra-

»Rommel ist überhaupt ein General, der durch seine Erfolge auch die größten Propagandasiege erficht. Solche Generäle müssten wir mehrere haben.«

Goebbels, Tagebuch, 27. Juni 1942

»Ein psychologischer Schlag«: Nach der Eroberung von Tobruk im Juni 1942 besichtigt Rommel ein provisorisches Lager mit britischen Kriegsgefangenen.

»Wie ein Traum«: Aus den Händen Hitlers erhält Rommel Ende September 1942 die Ernennungsurkunde zum Feldmarschall und den Marschallsstab.

»Gute Quelle«: US-Militärattaché Bonner F. Fellers wurde ohne sein Wissen von der deutschen Feindaufklärung abgeschöpft.

tegischen und taktischen Absichten seines Gegners bestens informiert. Rommel konnte seine Kräfte deshalb punktgenau ansetzen. Ein Großteil seiner Erfolge von Januar bis Juni 1942 war auf die »gute Quelle« zurückzuführen.

Fellers' präzise Lagebeurteilungen waren es auch, die Rommel jetzt in seiner Absicht bestärkten, den geschlagenen Briten unverzüglich nachzusetzen. In Kairo sei es bereits zu Freudenkundgebungen der arabischen Bevölkerung gekommen, so Fellers, und in einigen britischen Kommandobehörden in der ägyptischen Hauptstadt gebe es untrügliche Anzeichen von Panik. Wieder einmal wollten Rommels Vorgesetzte von der Verfolgungsjagd nichts wissen – doch einmal mehr schlug sich der »Führer« auf dessen Seite.

Man müsse die Briten bis »zum letzten Hauch eines einzelnen Mannes« verfolgen. »Die Göttin des Schlachtenglücks streicht an den Feldherren immer nur einmal vorbei. Wer sie in einem solchen Augenblick nicht erfaßt, wird sie oft niemals mehr einzuholen vermögen.« Rommel jedenfalls wollte ihr auf den Fersen bleiben. »Alle Einheiten bereiten sich auf den weiteren Vormarsch vor«, lautete sein Funkspruch nach der Eroberung von Tobruk. Seinem Dolmetscher Wilfried Armbruster stellte er schon die weiteren Ziele vor Augen: »Wenn wir so weitermarschieren, können wir uns bis nach Palästina durchschlagen.« Und insgeheim gab es da noch den großen »Orientplan«: die Eroberung der Ölfelder in Persien und die Vereinigung mit dem deutschen Ostheer. Und so sangen die Soldaten, die teils an die Ostfront, teils nach Afrika transportiert wurden, etwa am Hauptbahnhof Leip-

Heute stehen wir hundert Kilometer vor Alexandria und haben das Tor Ägyptens in der Hand.

Rommel, 3. Oktober 1942

zig: »In Jerusalem am Bahnhof, werden wir uns wiedersehn!«

Mit einem möglichen Vormarsch der deutschen Truppen geriet jedoch nicht nur Kairo oder der strategisch wichtige Sueskanal in Gefahr, sondern auch der Zufluchtsort vieler verfolgter Juden. Mehreren hunderttausend war es gelungen, vor den Mordkommandos der Nationalsozialisten ins vermeintlich sichere Palästina zu entfliehen. Jetzt machte sich unter ihnen Angst breit: Was würde geschehen, wenn es den deutschen Truppen gelang, tatsächlich bis ins Heilige Land vorzustoßen? Erst jüngst wurde publik, dass die Pläne für die Ausdehnung des Holocaust in den Nahen Osten schon in den Schubladen des Reichssicherheitshauptamts lagen. Unmittelbar nach der Eroberung von Tobruk wurde der Stab eines »Einsatzkommandos Ägypten« zusammengestellt und nach Libyen in Marsch gesetzt.

»Exekutivmaßnahmen gegen die Zivilbevölkerung«: Walther Rauff leitete das »Einsatzkommando Ägypten«.

An der Spitze stand SS-Obersturmbannführer Walther Rauff, einer der wichtigsten Organisatoren des Judenmords in der besetzten Sowjetunion und Erfinder der »Gaswagen«. Nach dem Muster der Einsatzgruppen, die im Rücken des Ostheers die Massentötungen vollzogen, hatte Rauff den Auftrag, auch in Ägypten und Palästina »in eigener Verantwortung gegenüber der Zivilbevölkerung Exekutivmaßnahmen zu treffen«.

»Das zentrale Betätigungsfeld von Rauffs Einsatzkommando, die Realisierung der Shoa in Palästina, wäre mithilfe jener [arabischen] Kollaborateure unmittelbar nach dem Erscheinen der Panzerarmee Afrika schnell in die Tat umgesetzt worden.«

Klaus-Michael Mallmann/ Martin Cüppers, *Hakenkreuz und Halbmond*

War der »untadelige« Soldat Rommel also in Wahrheit Wegbereiter des Massenmords? Bisher galt das Dogma, dass der Feldzug in Afrika anders gewesen sei als die Kämpfe im Osten – eine ritterli-

»Im Rücken der Front«: Der Schatten des Holocaust fiel auch auf Nordafrika – Ende 1942 werden tunesische Juden zur Zwangsarbeit rekrutiert.

che, saubere Auseinandersetzung, ein »Soldatenkrieg«, in dem es keine Verbrechen gegeben habe. Das stimmt für den direkten Befehlsbereich Rommels. Es sind mehrere Fälle bekannt, in denen er Weisungen Hitlers ignorierte, jüdische Soldaten und andere Freischärler auf britischer Seite sofort zu erschießen. Nur ein einziger Befehl Rommels in Libyen hatte einen antisemitischen Hintergrund: Den deutschen Soldaten wurde verboten, bei Juden zu kaufen. Das freilich war auch in Deutschland selbst Usus. Dennoch bleibt es das unauflösliche Dilemma des »unpolitischen« Soldaten Rommel, dass auch seine Feldzüge Teil von Hitlers Weltanschauungskrieg waren – ob er wollte oder nicht. Würde Rommel die Mordkommandos geduldet haben, wenn er von ihnen erfahren hätte? Zum Glück für ihn musste er auf diese heikle Frage nie eine Antwort finden. Zwar meldete sich Rauff nach seiner Ankunft im Juli 1942 beim Stab Rommels, um sein »Einsatzkommando« der Panzerarmee Afrika zu unterstellen. Doch der Feldmarschall weilte wieder einmal bei seinen Fronttruppen und war für Rauff vorerst nicht zu sprechen. Als sich die Kriegslage wenig später zuungunsten der Deutschen entwickelte, kehrte Rauff unverrichteter Dinge nach Deutschland zurück. Rommels Schild blieb unbefleckt.

Doch nun wendete sich das Kriegsglück gegen ihn. Zunächst versiegte Anfang Juli 1942 die »gute Quelle«. Wenig später verlor Rommel seinen Feindnachrichtendienst, als dieser in einen britischen Vorstoß geriet. Die Einheit hatte nicht selten direkt neben Rommels Gefechtsstand operiert und ihm die ins Deutsche übersetzten Funksprüche übermittelt, noch bevor ihr Empfang von englischer Seite bestätigt wurde. Rommel tappte über die Absichten seines Gegners wieder im Dunkeln. Nun rächte sich der überstürzte, im Siegestaumel gefasste Entschluss, die Offensive Richtung Ägypten fortzusetzen. Schon nach wenigen Tagen blieb der Vormarsch der wenigen noch einsatzfähigen deutschen Panzer an der Engstelle zwischen dem Mittelmeer und der für Panzer unpassierbaren Kattarasenke bei einer unscheinbaren Bahnstation stecken, die der Verteidigungslinie der Briten ihren historischen Namen gab: El Alamein.

Unter ihrem neuen Oberbefehlshaber General Bernard Law Montgomery begannen die Briten im Oktober 1942 eine Gegenoffensive, der die Deutschen angesichts der britischen Luftüberlegenheit und der Übermacht ihrer Bodentruppen kaum Herr wurden. Rommel war zu diesem Zeitpunkt nicht bei seinen Truppen. Gesundheitlich angeschlagen, weilte er in der Heimat. Doch auch er hätte den Angreifern wenig entgegensetzen können – außer seinen legendären Ruf. Doch was war der Mythos Rommel gegen die fast 1100 Panzer Montgomerys? »You can't stop a steam roller with a Volkswagen« (»Sie können keine Dampfwalze mit einem VW aufhalten«), so Douglas Waller, der damals auf britischer Seite kämpfte, in Anspielung auf frühere Erfolge des »Generals Bluff«. So blieb nur der geordnete Rückzug. Doch als der nach Afrika zurückgekehrte Rommel seinen obersten Befehlshaber darum bat, erhielt er eine unmissverständliche Antwort: »In der Lage, in der Sie sich befinden, kann es keinen anderen Gedanken geben als auszuharren, keinen Schritt zu weichen und jede Waffe und jeden Kämpfer, die noch freigemacht werden können, in die Schlacht zu werfen. ... Ihrer Truppe können Sie keinen anderen Weg zeigen als den zum Siege oder zum Tode.« Es war einer der typischen Durchhaltebefehle Hitlers, wie es sie in den nächsten Jahren noch mehrfach geben sollte. Rommel war entsetzt, sein Vertrauen in die militärischen Fähigkeiten des »Führers« erschüttert. Er gehorchte zunächst, hatte er doch von seinen Untergebenen selbst immer wieder unbeding-

»Keinen Schritt weichen«: Rommel (rechts) in seinem Befehlsstand vor El Alamein, Juli 1942.

Daily Mirror

NOV 5

ROMMEL ROUTED HUNS FLEEING IN DISORDER

He dished it out

9,000 men captured 260 tanks destroyed 600 planes knocked out

The Italians have asked for an armistice to enable them to bury their dead. The message does not state whether or not the request applies to all Italian forces on the Mediterranean Qattara front.

ROMMEL'S desert army, blitzed as no German army has ever been blitzed before, is in full retreat with the Eighth Army in close pursuit of his "disordered" columns.

The dramatic story of General Montgomery's smashing victory was told in the following special joint communique from British Headquarters in Cairo last night:—

"The Axis forces in the Western Desert, after twelve days and nights of ceaseless attacks by our land and air forces, are now in full retreat.

"Their disordered columns are being relentlessly attacked by our land forces and by the Allied Air Force by day and night.

"General von Stumme, a senior General, who is said to have been in command during Rommel's absence in Germany, is known to have been killed.

"So far we have captured over 9,000 prisoners, including General Ritter von Thoma, Commander of the German Afrika Korps, and a number of other senior German and Italian officers.

He couldn't take it

Huns' road back may be shambles

We keep up 'nightmare bombing'

The Missing Link

OXO

»Rommel besiegt! Hunnen fliehen in Auflösung«: Unter dem neuen Oberbefehlshaber Bernard Law Montgomery (linkes Bild, rechts) gelang es den Briten, die Deutschen zurückzuschlagen.

»Man pflegte im Führerhauptquartier militärische Belange den propagandistischen unterzuordnen, so paradox dies auch klingt. Man konnte sich nicht damit abfinden, dass man dem deutschen Volk und der Welt sagen muß, daß El Alamein verlorenging, und glaubte dieses Schicksal durch einen Befehl ›Sieg oder Tod‹ wenden zu können.«

Erwin Rommel, *Krieg ohne Hass*

ten Gehorsam gefordert. Doch als er sah, welche Folgen das haben würde, entschloss er sich, auf eigene Faust zu handeln, um zu retten, was noch zu retten war.

Viel blieb nicht mehr, zumal in Rommels Rücken britische und US-amerikanische Truppen in Nordwestafrika landeten und er sich damit einem Zweifrontenkrieg ausgesetzt sah. In einer geradezu verzweifelten Aktion erschien er unangemeldet in Hitlers Hauptquartier, um dem Kriegsherrn deutlich zu machen, dass angesichts der alliierten Überlegenheit nur noch eine Chance bestand: Rückzug aus Afrika, wertvolles Material und kampffähige Einheiten für die Schlacht um Europa retten. Hitler verlor die Beherrschung, putzte ihn vor allen Anwesenden herunter und verbot die Evakuierung. Es folgte das unvermeidliche: Rückzug Stück um Stück. Bis zum Mai 1943 leistete die »Heeresgruppe Afrika« noch Widerstand, ehe sie kapitulierte – ohne ihren großen Kommandeur.

Ich glaube wirklich, man darf einen Mann nicht zu lange Zeit in einer sehr schweren Verantwortung lassen. Das demoralisiert ihm mit der Zeit die Nerven.

Hitler, Dezember 1942

Am 9. März war Rommel abberufen worden. Der Name des »Wüstenfuchses« sollte aus dem bitteren Ende der Kämpfe in Afrika herausgehalten, sein legendärer Ruf nicht mit Niederlagen befleckt werden – weil es »seinem Namen sehr abträglich sein würde«, wie Goebbels notierte. »Eine militärische Autorität wie die Rommels kann man nicht nach Belieben schaffen und nach Belieben wieder beseitigen.«

Die letzte Schlacht

Als unbesiegter Held wurde der Feldmarschall nun herumgereicht. Bücher und Rundfunkvorträge entstanden, die Kameras der Wochenschau richteten ihre Objektive auf ihn. Es war eine Rolle, die dem aktiven Heerführer nicht allzu sehr behagte. Doch ein neues Kommando bekam er zunächst nicht. Hitler, hieß es, wolle ihn sich »aufsparen« für schwierige Aufgaben, »wo eine klare improvisatorische Führung am dringendsten benötigt wird«, so Goebbels. Im Sommer 1943 war ein neues Betätigungsfeld gefunden: Alliierte Truppen waren auf Sizilien gelandet; der Bruch der »Achse« Berlin–Rom stand unmittelbar bevor. Als das italienische Oberkommando einen Waffenstillstand mit den Alliierten schloss und das Land damit als deutscher Bündnispartner wegfiel, besetzten Rommels Truppen ab dem 8. September Norditalien, während Generalfeldmarschall Kesselring versuchte, die Offensive der Alliierten im Süden zu stoppen. Unklare Befehlsstrukturen und ein beständiges Schwanken Hitlers zwischen den unterschiedlichen Positionen der beiden Feldmarschälle erschwerten Rommels Einsatz, der letztlich Episode blieb.

Anfang November 1943 fand er sein endgültiges Aufgabenfeld im besetzten Frankreich. Hitler ernannte ihn zum Inspekteur der Verteidigungsanlagen im Westen, die an der Kanalküste die fraglos bevorstehende Landung der Alliierten aufhalten sollten. Rommel war irritiert: »Man weiß nicht recht, ob die neue Verwendung eine Kaltstellung bedeuten soll. Von verschiedenen Seiten wird sie anscheinend so bewertet. Ich sträube mich, dies zu glauben«, schrieb er an seine Frau. In der Tat stand seine Position auf wackligen Füßen: Bis auf Weiteres blieb er Hitler direkt unterstellt; sein eigentlicher Vorgesetzter, der Oberbefehlshaber West, wurde nicht informiert. Konkrete Entscheidungsbefugnisse für den Fall einer alliierten Landung erhielt Rommel nicht. Es blieb bei vagen Zusagen. Dass er in den folgenden Monaten aber wieder verstärkt in den Fokus der deutschen Propaganda rückte, macht deutlich, welche Rolle Hitler ihm hauptsächlich zugedacht hatte: Der Feldmarschall sollte eine Art psychologische Trumpfkarte darstellen, den Alliierten Respekt einflößen und an der Heimatfront Siegeszuversicht vermitteln: Wo Rommel ist, kommt keiner durch.

Mit Feuereifer machte er sich nun an die Arbeit, um so schnell wie möglich nachzuholen, was bis zu diesem Zeitpunkt versäumt worden war: die Befestigung von fast 2000 Kilometern Küstenlinie, von den Deutschen großspurig als »Atlantikwall« bezeichnet. Dieser bestand bis dahin nur aus diversen, kaum in ein Gesamtkonzept eingebundenen Bunkerbauten, zwischen denen große Lücken klafften. Rommel erreichte nun, dass gewaltige Mengen Stahl und Beton für die Erweiterung der Verteidigungsbauten bereitgestellt wurden.

Zudem zeigten sich erneut die Fantasie und das Organisationsgeschick des Improvisationskünstlers in Form von Unterwasserhindernissen für Landungsboote, Stacheldrahtverhauen, Panzersperren und einer Erfindung, die bald »Rommelspargel« genannt wurde: in den Boden gerammte und teils mit Minen versehene Baumstämme, die an der Küste und im Hinterland die Landung von Lastenseglern unmöglich machen sollten. Minen schienen Rommel überhaupt die beste Waffe in dieser Situation zu sein: »Ich will Minen gegen Menschen, gegen Panzer, gegen Fallschirmjäger – ich will Minen gegen Schiffe und Landungsboote.«

**»Sehr begeistert ist der Führer ... von der Arbeit Rommels. Rommel hat im Westen mustergültig gewirkt.
Er hat eine alte Rechnung mit den Engländern und Amerikanern zu begleichen und glüht innerlich vor Zorn und Haß. Rommel ist wieder der alte Kämpfer.«**

Goebbels, Tagebuch,
14. April 1944

Im Gegensatz zu den von der NS-Propaganda großspurig angekündigten Wunderwaffen gab es die Waffen wirklich, mit denen er das Wunder einer Abwehr der alliierten Landung erreichen wollte. Die Frage war nur: Wohin damit? Die Antwort führte zu den grundsätzlichen Problemen, die Rommels Arbeit erschwerten: dem Kompetenzwirrwarr und den Meinungsverschiedenheiten in der hohen Generalität über die richtige Verteidigungsstrategie.

Gerd von Rundstedt, der 68 Jahre alte OB West, erwartete die Landung an der schmalsten Stelle des Ärmelkanals bei Calais und wollte große Truppenkontingente der Alliierten erst zur Küste vordringen lassen und

»Eine alte Rechnung offen«: Der Generalfeldmarschall besichtigt im Dezember 1943 die Verteidigungsanlagen des Atlantikwalls.

»Mustergültig gewirkt«: Die sogenannten »Rommelspargel« sollten die Landung von feindlichen Lastenseglern erschweren.

»Wir stehen in einem schweren Kampf, der entscheidenden Schlacht dieses Krieges. Außerordentliches wurde in den letzten Monaten und Wochen geleistet, und doch sind wir nicht so fertig, wie ich es gerne hätte. Noch mehr Minen, noch tiefere Sperren im Wasser und gegen Luftlandetruppen, noch mehr Artillerie, Flak, Wurfgeräte und Nebelscheinwerfer!«

Rommel, Brief an seinen Sohn Manfred, 21. Mai 1944

dann zerschlagen – das alte Erfolgsrezept der Kesselschlachten. Rommel hingegen hatte keine Zweifel, dass angesichts der zu erwartenden absoluten alliierten Luftüberlegenheit die gegnerischen Truppen noch in der Landungsphase angegriffen und ins Meer zurückgeworfen werden müssten. Die Panzerdivisionen sollten deshalb unmittelbar an der Küste stationiert werden und sofort in den Kampf eingreifen. Wie sich zeigen sollte, hätte Rommels Konzept tatsächlich Chancen auf Erfolg gehabt – allein: auch er rechnete mit einer Landung am Pas-de-Calais. Seine Panzer hätten dann zwar an der Küste bereitgestanden – allerdings an der falschen. Ausgerechnet Hitler selbst hatte zwar auch auf die Normandie als möglichen Ort der alliierten Offensive hingewiesen, konnte sich jedoch nicht dazu durchringen, die gesamten Verteidigungsanstrengungen auf die normannische Küste zu konzentrieren. Die Folge war ein windelweicher Kompromiss, der allen Beteiligten gerecht zu werden versuchte und letztlich keinem nutzte. Die Panzerstreitmacht wurde aufgesplittert und das deutsche Abwehrpotenzial damit weiter geschwächt.

»Strategische Differenzen«: Rommel mit dem Oberbefehlshaber West, Generalfeldmarschall von Rundstedt, im März 1944.

Als der Angriff der Alliierten auf Europa in den Morgenstunden des 6. Juni 1944 begann, befand sich Rommel zu Hause bei seiner Familie – die Meteorologen hatten eine Schlechtwetterlage vorhergesagt, die einen Landungsversuch für mehrere Tage auszuschließen schien. Zum zweiten Mal in seiner Karriere war Rommel im entscheidenden Moment nicht an der Front. Erst am späten Abend des »längsten Tages« kehrte der inzwischen zum Befehlshaber der Heeresgruppe B aufgestiegene Feldmarschall in sein Hauptquartier La Roche-Guyon zurück. Wertvolle Stunden waren verstrichen, weil die Verantwortlichen sich nicht einigen konnten: War dies nur ein Ablenkungsmanöver oder der erwartete Hauptstoß? Als endlich klar wurde, dass man es tatsächlich mit dem lange gefürchteten Großangriff auf die »Festung Europa« zu tun hatte, war es längst zu spät: Die Landungstruppen der Alliierten hatten mehrere ausgedehnte Brückenköpfe erkämpft, während heftige Angriffe der britischen und amerikanischen Luftwaffe die Verlegung der zum Teil hunderte Kilometer weit entfernten Panzer an die bedrohten Frontabschnitte nahezu unmöglich machte.

In den darauffolgenden Tagen erkannte Rommel, dass der Vormarsch der Westalliierten nicht mehr aufzuhalten war. In ihm reifte nun der Gedanke, dass in dieser Lage versucht werden müsse, Verhandlungen mit den Westmächten aufzunehmen. Diese sollten das Ziel haben, im Westen einen Waffenstillstand zu erreichen, um sich anschließend – möglicherweise sogar gemeinsam mit Briten und Amerikanern – nach Osten zu wenden und dem als Bedrohung für ganz Europa angesehenen Bolschewismus entgegenzutreten. Heute wissen wir, dass die Hoffnung, einen Keil in die Anti-Hitler-Koalition treiben zu können, zu diesem Zeitpunkt vollkommen illusorisch war. Damals erschien sie Männern wie Rommel

> »Die Truppe kämpft allerorts heldenmütig, jedoch der ungleiche Kampf neigt dem Ende entgegen. Es ist meines Erachtens nötig, die Folgerungen aus dieser Lage zu ziehen. Ich fühle mich verpflichtet als Oberbefehlshaber der Heeresgruppe, dies klar auszusprechen.«
>
> **Rommel, »Betrachtungen zur Lage«, 15. Juli 1944**

»Tag der Entscheidung«: Als am 6. Juni 1944 die alliierte Invasion in der Normandie begann, weilte Rommel bei seiner Familie in Deutschland.

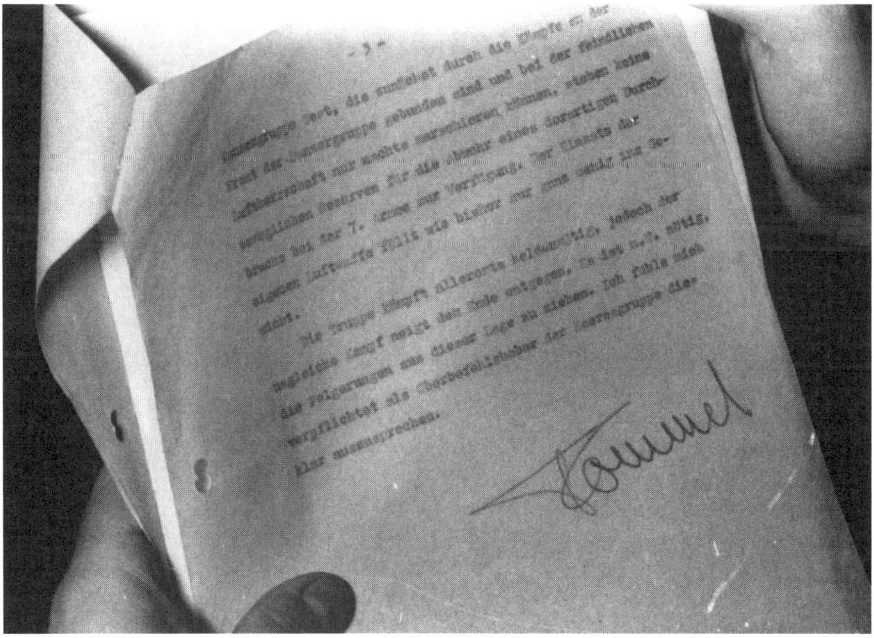

- 3 -

gruppe West, die zunächst durch die Kämpfe an der
Front der Panzergruppe gebunden sind und bei der feindlichen
Luftherrschaft nur nachts marschieren können, stehen keine
beweglichen Reserven für die Abwehr eines derartigen Durch-
bruchs bei der 7. Armee zur Verfügung. Der Einsatz der
eigenen Luftwaffe fällt wie bisher nur ganz wenig ins Ge-
wicht.

Die Truppe kämpft allerorts heldenmütig, jedoch der
ungleiche Kampf neigt dem Ende entgegen. Es ist m.E. nötig,
die Folgerungen aus dieser Lage zu ziehen. Ich fühle mich
verpflichtet als Oberbefehlshaber der Heeresgruppe dies
klar auszusprechen.

Rommel

»Es ist nötig, die Folgerungen aus der Lage zu ziehen«: In einer Denkschrift vom 15. Juli 1944 legte Rommel seine Einschätzungen dar.

als eine letzte Chance, den befürchteten Untergang des Deutschen Reichs noch abzuwenden. Es muss Rommel jedoch auch klar gewesen sein, dass ein solcher Schritt – wäre er von Erfolg gekrönt gewesen – in Deutschland eine neue Dolchstoßlegende nach dem Vorbild von 1918 geschaffen hätte.

Während einer Lagebesprechung am 17. Juni 1944 äußerte Rommel gegenüber Hitler, dass man auf politischem Wege zu einem Ende des Kriegs im Westen kommen müsse. Dies gehöre nicht zu seinen Obliegenheiten, fuhr Hitler seinen General hart an: Mit ihm, Hitler, schließe niemand Frieden – um dann jedoch mit gespielter Freundlichkeit von V-Waffen und Strahljägern zu fabulieren, mit deren Hilfe die Kriegswende in absehbarer Zeit erzwungen werde. Noch einmal gelang es dem Diktator, Rommel mit diesen Worten auf seine Seite zu ziehen, doch die Konfrontation mit der harten Kriegsrealität ließen bei diesem bald endgültig alle Illusionen verfliegen. Am 29. Juni unternahm er auf Hitlers Berchtesgadener Refugium »Berghof« einen letzten Versuch, den Kriegsherrn von der Notwendigkeit einer politischen Lösung zu überzeugen. Doch der ließ ihn nicht mehr zu Wort kommen und verwies ihn schließlich des Raums.

Es war das letzte Mal, dass sich der »Führer« und sein »Lieblingsgeneral« persönlich gegenüberstanden.

In Augenzeugenberichten ist die Rede davon, dass Rommel in den darauffolgenden Tagen mehrfach erklärt habe, die Westfront »aufmachen« zu wollen, um dafür zu sorgen, dass Briten und Amerikaner vor den Russen in Berlin einmarschierten. Dabei habe selbst Sepp Dietrich, »Alter Kämpfer« der NSDAP und Kommandeur der Waffen-SS-Division »Leibstandarte Adolf Hitler« signalisiert, mit Rommel gehen zu wollen. Zum letzten Schwur in dieser Sache sollte es jedoch nicht mehr kommen. Am Abend des 17. Juli geriet Rommels Wagen bei der Rückreise von

Rommel hat klargemacht, dass der Krieg als solcher verloren war und zu einem Ende gebracht werden musste. Das war das Stärkste, was er als aktiver Militär sagen konnte. Seine berühmte Feststellung gipfelte im Satz: »Es muss ein politisches Ende gesucht werden.«

Meinhard Glanz, Soldat des DAK, später Bundeswehrgeneral

einem Frontbesuch in einen feindlichen Tieffliegerangriff. Rommel befahl, eine geeignete Stelle zu suchen, die ausreichend Schutz bot – zu spät. Aus allen Rohren feuernd, stürzten sich die britischen Jagdbomber auf ihr Ziel. Rommels Fahrer wurde die Schulter herausgerissen, er verlor die Kontrolle über das Fahrzeug. Von Granatsplittern getroffen, wurde Rommel aus dem Wagen geschleudert und erlitt schwere Kopfverletzungen. Damit war der Feldmarschall vorerst ausgeschaltet.

Die Möglichkeit, dass Hitler das deutsche Volk in den eigenen Untergang mitzunehmen beabsichtigte, zog er wohl schon Anfang 1944 in Betracht. Im Sommer 1944 wurde sie zur Gewissheit.

Manfred Rommel

»Vorerst ausgeschaltet«: Der zerstörte Wagen Rommels nach dem Tieffliegerangriff vom 17. Juli 1944. Links Waffen-SS-General Sepp Dietrich.

Feldmarschall im Widerstand?

Drei Tage später explodierte in Hitlers Hauptquartier »Wolfsschanze« die von Stauffenberg gelegte Bombe. Es war der Versuch des Tyrannenmords, um der Welt zu zeigen, dass nicht alle Deutschen Hitler blind ins Verderben folgen wollten. Ein »Aufstand des Gewissens«, getragen nicht von der Volksstimmung, sondern von einem kleinen Kreis von Verschwörern in der Wehrmacht. Welche Rolle aber spielte dabei Rommel? Was wusste er, was billigte er?

Dass es in Deutschland Widerstandszirkel gab, hatte Rommel 1943 zuerst vom Stuttgarter Oberbürgermeister Karl Strölin erfahren. Strölin, ein ehemaliger Regimentskamerad Rommels aus dem Ersten Weltkrieg und »Alter Kämpfer« der NSDAP, hatte sich innerlich von Hitler abgewandt. Bei einem Gespräch im Februar 1944 berichtete Strölin dem Feldmarschall über Gaskammern und Massenerschießungen im Osten und forderte Rommel auf, sich »für die Rettung des Reiches« zur Verfügung zu stellen. Strölin hatte Kontakt zu Carl Goerdeler, dem ehemaligen Leipziger Oberbürgermeister, der als führender Kopf des zivilen Widerstands galt. Goerdeler wiederum hoffte, den »Faktor Rommel« in seine Umsturzpläne einbeziehen zu können. Zwar galt der Feldmarschall vielen Verschwörern als Mann Hitlers, doch wenn es gelang, den populären Kriegshelden auf die Seite des Widerstands zu ziehen, würde das die Basis des Umsturzes in der Bevölkerung zweifellos erheblich vergrößern. Zudem glaubten die Verschwörer, in Rommel den richtigen Mann zur Anknüpfung von Verhandlungen

»Rettung des Reiches«: Stuttgarts Oberbürgermeister Karl Strölin berichtete Rommel von den Verbrechen im Rücken der Ostfront.

mit den Westmächten vor sich zu haben, da sie ebenfalls einen Separatfrieden im Westen anstrebten. Goerdeler soll Rommel sogar für das Amt des Reichspräsidenten vorgesehen haben. Doch noch Ende März 1944 notierte der Verschwörer Generaloberst Ludwig Beck, dass man »auf Rommel nicht zählen« könne.

Vor allem zwei Offizieren war dann die Rolle zugedacht, den Feldmarschall endgültig auf die Seite der Verschwörung zu ziehen: zum einen Generalleutnant Hans Speidel, der seit Mitte April 1944 als Stabschef Rommels fungierte, zum anderen Cäsar von Hofacker, dem Adjutanten des deutschen Militärbefehlshabers in Frankreich, Karl-Heinrich von Stülpnagel, der zum engeren Kreis der Verschwörer zählte. Da schriftliche Aufzeichnungen von Gesprächen nicht angefertigt wurden, etliche Unterlagen verloren gegangen sind oder vernichtet wurden und sich die Aussagen von Überlebenden teilweise widersprechen, sind freilich bis heute viele Fragen offen. Unklar ist vor allem: Wusste Rommel von dem geplanten Attentat – und billigte er es? Vor allem einem Besuch Hofackers bei Rommel am 9. Juli 1944 kommt dabei eine entscheidende Bedeutung zu – hatte Hofacker dem Feldmarschall, wie er nach seiner Rückkehr nach Paris behauptete, tatsächlich »völlig reinen Wein eingeschenkt«?

Nach dem Scheitern des Umsturzversuchs wurde Hofacker verhaftet und soll unter Folter in der Gestapo-Haft ausgesagt haben, dass Rommel »nach gelungenem Attentat zur Verfügung« gestanden hätte. Diese Aussage habe Hofacker Anfang September 1944 bei einer Gegenüberstellung mit dem inzwischen ebenfalls verhafteten Speidel allerdings wieder zurückgenommen, so jedenfalls behauptet es Speidel. Speidel selbst

»Der Feldmarschall trat den Attentatsabsichten entgegen, da er Hitler nicht zum Märtyrer gemacht wissen wollte. Sein Gedankengang war, sich der Person Hitlers durch zuverlässige Panzerverbände zu bemächtigen, um ihn vor ein deutsches Gericht zu stellen und wegen seiner Verbrechen am eigenen Volk und an der Menschlichkeit zu verurteilen. Das Volk, das ihn gewählt hatte, sollte ihn auch richten.«

Hans Speidel, *Invasion 1944*

»Auf die Seite des Widerstands ziehen«: Der Generalfeldmarschall mit General Karl-Heinrich von Stülpnagel (Mitte) und seinem Stabschef Hans Speidel (rechts).

»Reinen Wein eingeschenkt«?: Bis heute ist unklar, was Cäsar von Hofacker (hier Ende August 1944 vor dem sogenannten »Volksgerichtshof«) mit Rommel besprochen hat.

wurde drei Tage und Nächte ununterbrochen verhört, bestritt jedoch nach dem Krieg, dabei belastende Aussagen über seinen Vorgesetzten gemacht zu haben. Tatsächlich aber war eine Aussage Speidels – er habe von den Attentatsplänen gewusst und Rommel davon Kenntnis gegeben, der Feldmarschall habe jedoch die Weitermeldung unterlassen – Grundlage eines Verfahrens vor dem »Ehrenhof des Heeres«, mit dem er aus der Wehrmacht ausgestoßen und wie die übrigen Verschwörer dem Volksgerichtshof zur Aburteilung überstellt werden sollte. Doch in der Verhandlung wurde Speidel überraschenderweise freigesprochen – was wiederum Rommel als Mitwisser belastete.

»Ich möchte nochmals feststellen, daß mein Mann nicht an den Vorbereitungen oder den Ausführungen des 20. Juli beteiligt war, da er es als Soldat ablehnte, diesen Weg zu beschreiten. Er war während seiner Laufbahn immer Soldat und nie Politiker.«

Lucie Rommel, September 1945

Es bleibt ein Knäuel unterschiedlicher Behauptungen, der sich nicht mit letzter Gewissheit entwirren lässt. Rommels Sohn Manfred sagt heute, dass seinem Vater Erwägungen, ein Attentat auf Hitler durchzuführen, mit Sicherheit bekannt waren.

Es sei »kaum vorstellbar, dass die Überlegung, Hitler zu töten, in Gegenwart Rommels unerwähnt blieb und dass er selbst nie daran gedacht hat. Der Gedanke lag viel zu nahe.« Das Wissen um ein geplantes Attentat habe jedoch nicht bedeutet, dass er dem Tyrannenmord auch zugestimmt habe. Der tote Hitler sei für ihn gefährlicher als der lebende gewesen. Der Feldmarschall habe die Gefahr gesehen, dass mit dem Mord ein Märtyrer geschaffen worden wäre. Ohnehin habe Rommel von den konkreten Attentatsplänen des 20. Juli keine Ahnung gehabt.

Was aber hat Rommel dann am 9. Juli mit Hofacker verabredet? Hatte dieser möglicherweise ganz allgemein von der »Beseitigung« Hitlers gesprochen? Dahingehend lassen sich jedenfalls Rommels Worte interpretieren, als er nach seiner Verwundung aus dem Koma erwacht war und von dem Anschlag auf Hitler erfahren hatte: Jetzt verstehe er endlich, wovon dieser Hofacker eigentlich geredet habe. Dies freilich könnte aber auch bereits ein Teil der Strategie Rommels gewesen sein, sich selbst als Mitwisser aus der Schusslinie zu bugsieren. Ebenso wie seine schriftli-

»Es ist ja so, daß also der Rommel mir draußen an der Front sagt: ›Es gibt gar keine andere Möglichkeit mehr, mit Deutschland noch irgendwie vernünftig durchzukommen, als daß wir den Führer und seine engste Sippschaft möglichst schnell umbringen. Und dann haben wir am ersten noch Aussicht, zu einem tragbaren Frieden zu kommen.‹«

General Heinz Eberbach in Trent Park, 20. September 1944

chen Verlautbarungen dieser Tage, als er etwa seiner Frau schrieb: »Zu meinem Unfall hat mich das Attentat auf den Führer besonders stark erschüttert. Man kann Gott danken, daß es so gut abgegangen ist.« Was hätte ein führender Offizier nach dem gescheiterten Attentat auch anderes sagen sollen, ohne sich und seine Familie zu gefährden?

Jüngst erschlossene britische Aktenbestände lassen hingegen den Schluss zu, dass Rommel durchaus eine aktivere Rolle bei dem Umsturzversuch spielte, als bislang angenommen. Es handelt sich um Wortprotokolle von hohen deutschen Stabsoffizieren, die im englischen Kriegsgefangenenlager Trent Park ohne ihr Wissen abgehört wurden, was den dort getätigten Aussagen einen hohen Quellenwert verleiht. Vor allem den Berichten von General Heinrich Eberbach, der im Juli 1944 die »Panzergruppe West« geführt hatte und noch am 16. und 17. Juli mit Rommel zusammengetroffen war, kommt dabei große Bedeutung zu.

»Die Westfront aufmachen«: SS-General Sepp Dietrich (links) und Generalmajor Heinrich Eberbach (rechts) wussten von Rommels Plänen.

Eberbach zufolge habe der Feldmarschall erklärt, um »mit Deutschland noch irgendwie vernünftig durchzukommen«, müsse der »Führer« möglichst schnell »umgelegt« werden. Rommel sei mit den Zielen der Verschwörer einverstanden gewesen, habe aber darauf bestanden, dass die »Revolution gegen Hitler« von der Heimat ausgehen müsse, da andernfalls die Front zusammengebrochen wäre. Erst wenn in der Heimat vollendete Tatsachen geschaffen worden wären, hätten sich die Fronttruppen solidarisch erklären können. Hat sich Rommel also doch noch von dem Mann losgesagt, der ihm selbst eine glänzende Karriere ermöglichte, dabei jedoch – wie er spät, aber dann umso klarer begriff – Deutschland ins Verderben geführt hatte?

Der Führer war tief getroffen von dem Verrat des Feldmarschall Rommel... und er wollte es dem deutschen Volk nicht antun, bei dem er einen so großen Namen hatte, General Rommel vor Gericht zu stellen.

Alfred Jodl, OKW-Chef, Vernehmung in Nürnberg 1945

Der schwer verwundete Rommel blieb nach dem 20. Juli zunächst unbehelligt. Als dem »Führer« Anfang August 1944 belastendes Material über seinen Feldmarschall vorgelegt wurde, war er zwar »betroffen« und »enttäuscht«, entschied jedoch lediglich: »Rommel nach seiner Wiederherstellung befragen und ihn dann entlassen, ohne weiteres Aufhebens.«

Der Stein wurde dann von gänzlich unerwarteter Seite ins Rollen gebracht. Nachdem Rommel aus dem Lazarett nach Hause entlassen worden war, hatte ihn in Herrlingen ein lokaler NSDAP-Funktionär besucht, um dem Feldmarschall die Genesungswünsche der Partei zu überbringen. Vor diesem machte Rommel dann seinem ganzen Unmut Luft: Der Krieg sei verloren; Hitler, dessen »Geisteskraft nachgelassen« habe, nur noch von Dilet-

»Der Führer ist der Überzeugung, daß Rommel zwar an den Attentatsvorbereitungen nicht beteiligt ist, daß er aber davon gewusst hat. Ich muß sagen, daß das... die schwerste menschliche Enttäuschung für mich ist. Aber mir war ja schon seit langem bekannt, daß Rommel kein Steher ist.«

Goebbels, Tagebuch, 2. August 1944

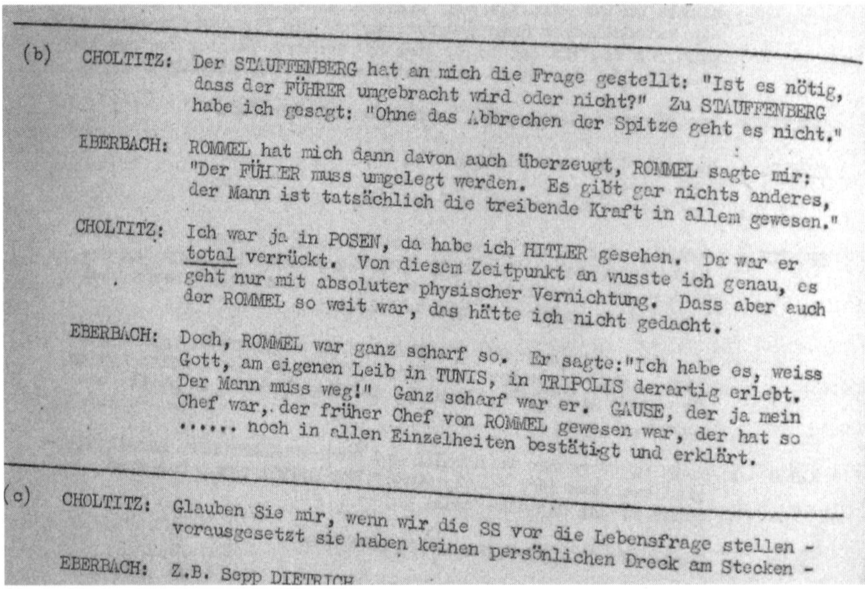

(b) CHOLTITZ: Der STAUFFENBERG hat an mich die Frage gestellt: "Ist es nötig, dass der FÜHRER umgebracht wird oder nicht?" Zu STAUFFENBERG habe ich gesagt: "Ohne das Abbrechen der Spitze geht es nicht."

EBERBACH: ROMMEL hat mich dann davon auch überzeugt, ROMMEL sagte mir: "Der FÜHRER muss umgelegt werden. Es gibt gar nichts anderes, der Mann ist tatsächlich die treibende Kraft in allem gewesen."

CHOLTITZ: Ich war ja in POSEN, da habe ich HITLER gesehen. Da war er total verrückt. Von diesem Zeitpunkt an wusste ich genau, es geht nur mit absoluter physischer Vernichtung. Dass aber auch der ROMMEL so weit war, das hätte ich nicht gedacht.

EBERBACH: Doch, ROMMEL war ganz scharf so. Er sagte:"Ich habe es, weiss Gott, am eigenen Leib in TUNIS, in TRIPOLIS derartig erlebt. Der Mann muss weg!" Ganz scharf war er. GAUSE, der ja mein Chef war, der früher Chef von ROMMEL gewesen war, der hat so ...... noch in allen Einzelheiten bestätigt und erklärt.

(c) CHOLTITZ: Glauben Sie mir, wenn wir die SS vor die Lebensfrage stellen - vorausgesetzt sie haben keinen persönlichen Dreck am Stecken -

EBERBACH: Z.B. Sepp DIETRICH

»Den Führer umlegen«: Die Abschrift eines abgehörten Gesprächs von General Eberbach in Trent Park stellt Rommel in ein neues Licht.

»Zunächst unbehelligt«: Der verwundete Feldmarschall mit Ehefrau Lucie und Sohn Manfred auf der Terrasse seines Hauses in Herrlingen.

»Einigermaßen wiederhergestellt«: Das letzte Foto des lebenden Rommel, aufgenommen am 1. Oktober 1944 vor der Universitätsklinik in Tübingen.

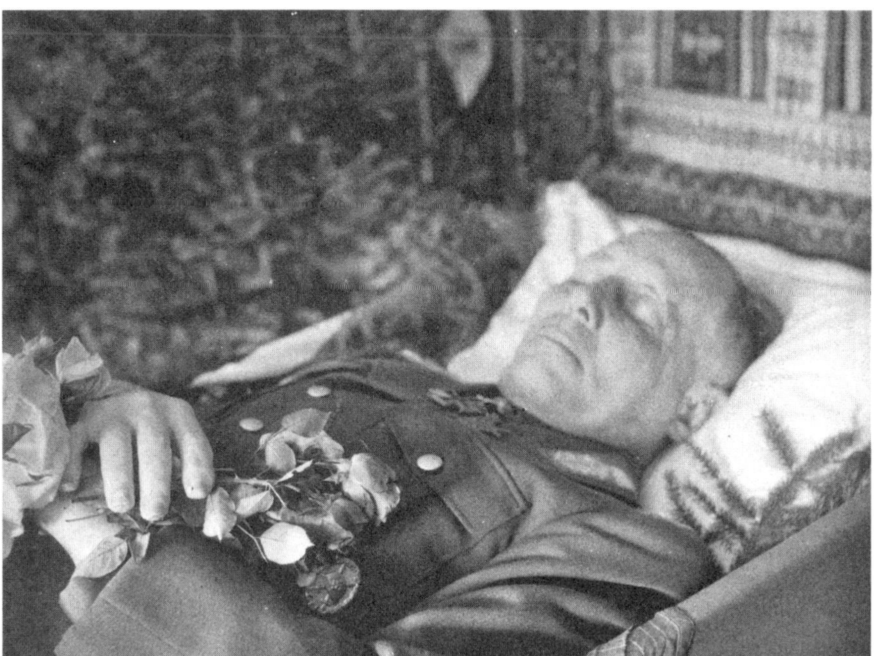

»Den Freitod vorgezogen«: Um seine Familie vor der Verfolgung zu schützen, tötete sich Erwin Rommel mit einer Giftkapsel.

tanten umgeben. Diese defätistischen Äußerungen gelangten auf Umwegen zu Martin Bormanns NSDAP-Parteikanzlei. Bormann, dessen Verhältnis zu Rommel nie besonders gut gewesen war, sah seine Stunde gekommen und informierte Hitler. Dieser bekam nun möglicherweise auch von der Wehrmachtführung weiteres, Rommel belastendes Material vorgelegt.

Einige Autoren spekulieren deshalb über eine Intrige des OKW gegen Rommel. Alles sei das Werk von Keitel und Jodl, behauptete etwa Rommels einstiger Ordonnanzoffizier Alfred-Ingemar Berndt später. In der Tat hatte der Feldmarschall immer noch viele Gegner in der militärischen Führungsspitze. Doch waren diese auch bereit, Rommel endgültig ans Messer zu liefern? Für den 7. Oktober 1944 ließ Hitler Rommel nach Berlin bestellen, doch Rommel lehnte die Reise mit Verweis auf seinen angeschlagenen Gesundheitszustand ab. Seine Absage, sich Hitler persönlich zu stellen, wurde vom Diktator letztlich als Schuldeingeständnis bewertet. Sechs Tage später kündigte das OKW den Besuch zweier Offiziere an.

»Es ist mir nicht möglich auszudrücken, was in seinem Gesicht zu lesen war«, beschreibt Lucie Rommel die Situation, als ihr Mann am 14. Oktober 1944 gegen 13 Uhr aus seinem Arbeitszimmer kam, um sie über das Ergebnis des etwa einstündigen Gesprächs mit den Generälen Burgdorf und Maisel zu informieren. Knapp gab Rommel, bleich und doch gefasst, das grausame Ergebnis wieder: »Ich bin gekommen, dir Lebewohl zu sagen. Sie verdächtigen mich der Teilnahme am Anschlag auf Hitler. Der Führer hat mich vor die Wahl gestellt, mich entweder vergiften zu lassen oder vor das Volksgericht zu kommen. Sie haben das Gift mitgebracht. In einer Viertelstunde bin ich tot.« Seinem Sohn erklärte der Feldmarschall,

> »Der Führer wollte sein Ansehen vor dem deutschen Volke nicht herabsetzen und gebe ihm daher die Chance des Freitodes mittels einer Giftpille, die ihm unterwegs von einem der beiden Generale gegeben werde. Für den Fall einer Weigerung werde er sofort verhaftet und in Berlin vor den Volksgerichtshof gestellt. Mein Vater hat den Freitod vorgezogen.«
>
> **Manfred Rommel, eidesstattliche Erklärung, 1945**

warum er freiwillig aus dem Leben scheiden werde: »Hitler hat mir mitteilen lassen, daß im Falle meines Freitodes euch nichts geschieht; im Gegenteil, es wird für euch gesorgt werden.«

Rommels Selbstmord bewahrte die Familie vor der Sippenhaft, er sollte ein Staatsbegräbnis bekommen, damit das »Geheimnis seines Verrats vor dem deutschen Volk geheimgehalten werden konnte«. Die Täuschung der Öffentlichkeit war den Nazis viel wert. Nach kurzem Abschied stieg Rommel mit Burgdorf und Maisel in den Wagen, der vor dem Haus wartete. Schon nach wenigen Minuten ließ Burgdorf den Wagen halten und gab Rommel die tödliche Giftkapsel – kurze Zeit später war der Feldmarschall tot.

Der Zweifel, der Rommel angesichts der sicheren Niederlage gekommen sein mag und ihn veranlasste, seine Kenntnis vom Attentat auf den »Führer« nicht weiterzugeben, kompensiert nicht die aufgesummte Schuld.

Ralph Giordano, Publizist

Ironischerweise hat gerade der erzwungene Selbstmord Rommels erheblich dazu beigetragen, den »Mythos Rommel« über die Niederlage des »Dritten Reichs« zu retten. Die Verbrechen des Hitlerreichs wurden Rommel nicht angelastet, der Ehrenschild des »Wüstenfuchses« blieb fleckenlos. Bereitwillig hielten britische Historiker nach dem Krieg am Bild des ebenso genialen wie ritterlichen Heerführers fest, das schon die englische Kriegspropaganda gezeichnet hatte – und die geschlagenen Deutschen griffen diese Vorlage nur allzu gern auf.

Bereichert wurde das Bild um die Legende vom Widerstandskämpfer – allen voran von Rommels ehemaligem Stabschef Speidel: Er habe sich vorgenommen, aus Rommel »einen Nationalheros des deutschen Volkes« zu machen, erklärte Speidel nach Kriegsende. Die bittere Tragik von Rommels Schicksal jedoch können beide Zuschreibungen nicht fassen: mit voller Hingabe und den besten Intentionen einem Regime gedient zu haben, das an anderen Orten ungeheuerliche Verbrechen beging. Als er diese Selbsttäuschung zum Schluss erkannte, war es zu spät.

A-I-Z
ERSCHEINT WÖCHENTLICH EINMAL • PREIS 20 PFG., Kc. 1,60
30 GR., 30 SCHWEIZER RP. • V. b. b. • NEUER DEUTSCHER
VERLAG, BERLIN W8 • JAHRGANG XI • NR. 42 • 16.10.1932
DER SINN DES
HITLERGRUSSES:
Motto:
MILLIONEN
STEHEN
HINTER MIR!
Kleiner Mann bittet um große Gaben

Hitlers Geld

> **Große Lügner sind auch große Zauberer.**
>
> Hitler

Im Finanzamt München-Ost dämmerte dem Finanzinspektor Vogt, dass er ein Problem hatte. Seine Mahnungen an die Reichskanzlei waren ungehört verpufft, und nun hatte sich eine formidable Riege von Gegnern vereint, um ihn daran zu hindern, seine Arbeit zu tun. Und die bestand darin, Steuern einzutreiben. Auch die Steuern von Adolf Hitler, dem Kanzler des Deutschen Reichs. Doch der dachte gar nicht daran, seine Steuerschuld zu begleichen – und die war erheblich. Denn Adolf Hitler – vom konservativen Establishment als kleiner »Weltkriegsgefreiter« abgetan, nach eigenem Bekunden ein höchst bescheidener Diener seines Vaterlands – war im Jahr seiner Machtübernahme bereits Millionär. Die Verkäufe seines Buches *Mein Kampf* hatten 1933 die Marke von 900 000 Exemplaren überschritten und ihm Einkünfte von 1,2 Millionen Mark beschert. Das entsprach dem 750-Fachen eines Facharbeitergehalts, das bei jährlich etwa 1600 Mark lag.

Davon ahnte die Öffentlichkeit allerdings nichts. Den Menschen in Deutschland wurde suggeriert, dass endlich ein Mann des Volkes die Zügel der Regierung in der Hand hielt – einer, der die Nöte des kleinen Mannes kannte, weil er selbst Not gelitten und sich von ganz unten nach ganz oben gekämpft hatte. Sehr publikumswirksam hatte Hitler kurz nach der »Machtergreifung« auf das Gehalt des Reichskanzlers verzichtet. Schon früh strickte er an der Legende vom asketischen, opferbereiten, selbstlosen »Führer«.

Die medienwirksame Spende konnte sich der Bestsellerautor Hitler mit Leichtigkeit leisten. Doch der staatsbürgerlichen Verpflichtung, Steuern

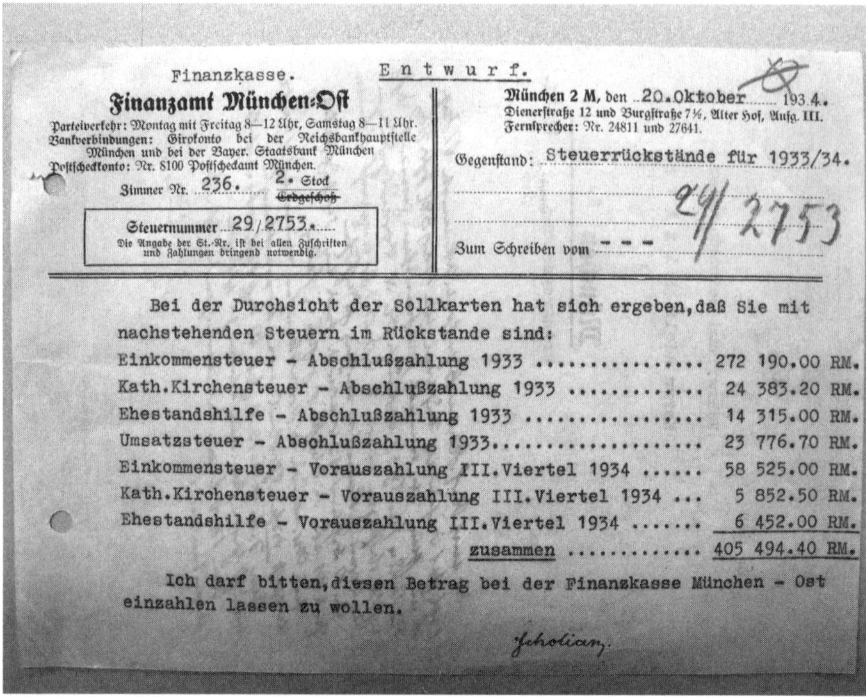

Finanzkasse. Entwurf.

Finanzamt München-Ost

Parteiverkehr: Montag mit Freitag 8–12 Uhr, Samstag 8–11 Uhr.
Bankverbindungen: Girokonto bei der Reichsbankhauptstelle München und bei der Bayer. Staatsbank München
Postscheckkonto: Nr. 8100 Postscheckamt München.

Zimmer Nr. 236. 2. Stock ~~Erdgeschoß~~

Steuernummer 29/2753.
Die Angabe der St.-Nr. ist bei allen Zuschriften und Zahlungen dringend notwendig.

München 2 M, den 20.Oktober 1934.
Dienerstraße 12 und Burgstraße 7½, Alter Hof, Aufg. III.
Fernsprecher: Nr. 24811 und 27641.

Gegenstand: Steuerrückstände für 1933/34.

29/2753

Zum Schreiben vom ---

Bei der Durchsicht der Sollkarten hat sich ergeben, daß Sie mit nachstehenden Steuern im Rückstande sind:

Einkommensteuer – Abschlußzahlung 1933	272 190.00 RM.
Kath.Kirchensteuer – Abschlußzahlung 1933	24 383.20 RM.
Ehestandshilfe – Abschlußzahlung 1933	14 315.00 RM.
Umsatzsteuer – Abschlußzahlung 1933..................	23 776.70 RM.
Einkommensteuer – Vorauszahlung III.Viertel 1934	58 525.00 RM.
Kath.Kirchensteuer – Vorauszahlung III.Viertel 1934 ...	5 852.50 RM.
Ehestandshilfe – Vorauszahlung III.Viertel 1934	6 452.00 RM.
zusammen	405 494.40 RM.

Ich darf bitten, diesen Betrag bei der Finanzkasse München – Ost einzahlen lassen zu wollen.

»Mit nachstehenden Steuern im Rückstande«: Ende 1934 flatterte dem »Führer« eine saftige Steuernachforderung auf den Tisch.

zu zahlen, wollte er nicht nachkommen. Und nun lag diese unangenehme Angelegenheit in den Händen des Münchner Steuerinspektors Vogt. Zum wiederholten Male hatte Hitlers Adjutantur nicht auf dessen Nachfragen reagiert. Hitlers Chefadjutant, SS-Obergruppenführer Julius Schaub, der die steuerlichen Angelegenheiten des Kanzlers bearbeitete, war für Vogt meist nicht zu sprechen oder gab ausweichende Antworten. Schließlich aber bewegte er sich – und fuhr schweres Geschütz gegen den kleinen Finanzbeamten auf.

Schaub wandte sich an den Staatssekretär im Reichsministerium der Finanzen, Fritz Reinhardt. Der war von Hitler im April 1933 persönlich eingesetzt worden und traf im Ministerium die Entscheidungen im Steuerwesen. Reinhardt entschied kurzerhand, dass Hitler die Hälfte seiner Jahreseinnahmen als Werbungskosten absetzen konnte, damit blieb für 1933 eine Steuerschuld von 297 000 Mark, dazu kam die Forderung, für das Jahr 1934 eine Vorauszahlung von 400 000 Mark zu leisten. Doch

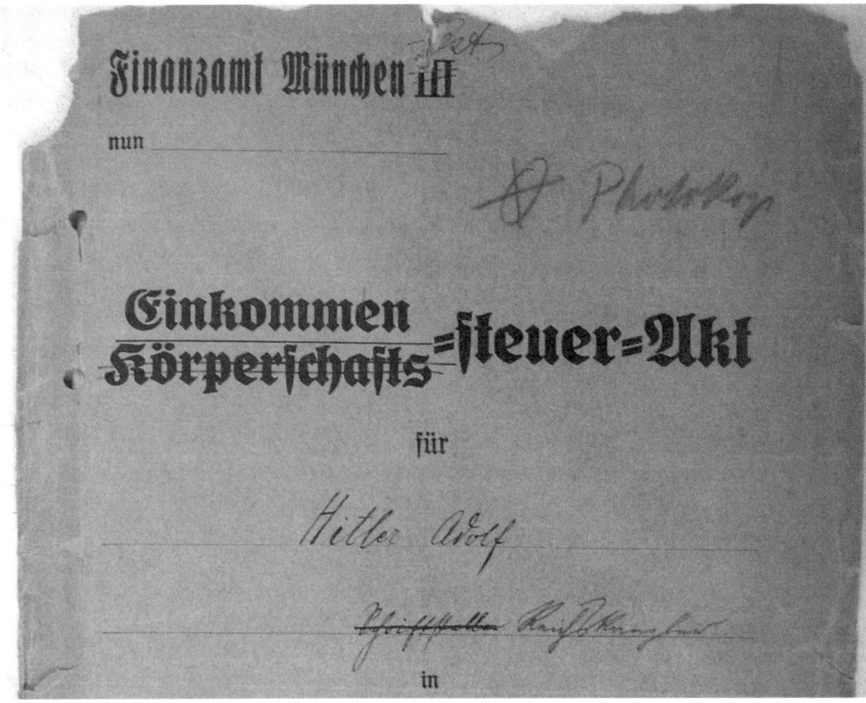
Finanzamt München
nun
Einkommen
Körperschafts
=steuer=Akt
für
Hitler Adolf
in

»Der Führer ist damit steuerfrei«: Knapp zehn Jahre nach seiner Anlage wurde Hitlers »Steuer-Akt« im Münchner Finanzamt geschlossen.

Hitler war immer noch nicht bereit, diese reduzierte Einkommensteuer zu bezahlen. Pünktlich überwiesen wurde nur seine Kirchensteuer. Der ansonsten zahlungsunwillige »Führer« ließ erneut seinen Finanzstaatssekretär Reinhardt von der Leine. Der trug dem Münchner Oberfinanzpräsidenten Ludwig Mirre nun auf, seinen Finanzbeamten endlich auf die Finger zu klopfen. Und so setzte Mirre Vogts direkten Vorgesetzten über eine Vereinbarung in Kenntnis, die im Finanzministerium getroffen worden war: Adolf Hitler sei »im Hinblick auf seine verfassungsrechtliche Stellung nicht steuerpflichtig«. Und am 19. Dezember 1934 schrieb Mirre an den Vorsteher des zuständigen Finanzamts: »Alle Steuerbescheide sind, soweit sie eine Pflicht des Führers begründen würden, von vornherein nichtig. … der Führer ist damit steuerfrei!«

Mit diesem Vermerk wurde Hitlers Akte im Finanzamt Ost im »Alten Hof« in der Burgstraße aus dem Verkehr gezogen und unter Verschluss genommen. Der Deal zulasten der Staatskasse lohnte sich für Hitler –

als Reichskanzler sollte er nie Steuern bezahlen. Die »Amtshilfe« lohnte sich auch für den Münchner Oberfinanzpräsidenten Mirre. Er bekam als Dank für seine freundliche Hilfe bis zum Jahr 1945 2000 Mark monatlich zu seinem Beamtengehalt hinzu – steuerfrei, versteht sich. Und am 1. April 1935 wurde er dann zum Präsidenten des Reichsfinanzhofs ernannt.

Hitler als Steuersünder – dieser Aspekt mag angesichts der ungeheuerlichen Verbrechen, die der Diktator in seiner zwölfjährigen Amtszeit zu verantworten hatte, eher unbedeutend erscheinen. Doch gleicht diese Episode aus der Anfangszeit seiner Herrschaft der Spitze eines Eisbergs; sie lässt ahnen, was unter der Oberfläche der allseits propagierten Einfachheit und Bescheidenheit lauerte. Die besondere Steuerregelung für Hitler ist symptomatisch für die korrumpierende Wirkung, die das NS-Herrschaftssystem von Beginn an auf die staatlichen Strukturen des Deutschen Reichs hatte. Dreist wurde stets der Vorteil der NS-Führer durchgeboxt. Und überall fanden sich in den bestehenden Strukturen bereitwillige Helfer, die gegen entsprechende Pfründen – Geld, Karriere, Einfluss – gerne mitmachten. Zugleich wirft die anrüchige Steuerbefreiung ein Licht auf Hitlers persönliches Finanzgebaren sowie auf die Tatsache, dass der Kontrast zwischen verkündeten Idealen und gelebter Realität bei ihm besonders krass war: Der nach außen zur Schau gestellte spartanische Lebensstil Hitlers, die öffentlich gepriesene persönliche Bescheidenheit des »Führers«, war Teil einer Inszenierung, die mit der Realität wenig zu tun hatte. Der Multimillionär Hitler praktizierte Askese in puncto Essen und Kleidung – das sei unbestritten, stellt sein Biograf Ian Kershaw in seinem Standardwerk *Hitler, 1889 – 1933* fest und fügt an, dass des Diktators Leben dennoch »im Rahmen eines unerhörten Luxus« stattfand. Der »Führer« des »Dritten Reichs« genoss die Früchte der Macht sichtlich. In welchem Umfang er das tat, ist tatsächlich eines der Geheimnisse der Nazi-Diktatur.

Das träge Leben

> **»Mir wurde gähnend übel bei dem Gedanken, als unfreier Mann einst in einem Büro sitzen zu dürfen, nicht Herr sein zu können der eigenen Zeit.«**
>
> Hitler, *Mein Kampf*

»Ich werde meine Pläne nie an einem Mangel an Geld scheitern lassen!« Mit dieser Maxime wandte sich Adolf Hitler kurz nach dem Amtsantritt als Reichskanzler gegen die Sparappelle seines Finanzministers Lutz Graf Schwerin von Krosigk.

Hitler hatte es weit gebracht mit diesem Denken. Am Anfang seiner Karriere habe bittere Armut gestanden – so will es Hitler dem Leser in seinem autobiografischen Werk *Mein Kampf* weismachen, wenn er über die Jahre 1907 bis 1913 berichtet. »Wien aber war und blieb für mich die schwerste, wenn auch gründlichste Schule meines Lebens«, schrieb Hitler und berichtet von Jahren der Entbehrung und des Elends. Tatsächlich – er hatte in Männerwohnheimen gehaust und war für einige Monate Ende 1909 »ganz unten« gewesen. Doch diese Phase des Elends war selbst verschuldet, denn der junge Adolf Hitler zeigte keinerlei Neigung, einem regelmäßigen Broterwerb nachzugehen. Er sah sich als Künstler und – nach der Ablehnung seines Aufnahmegesuchs durch die Wiener Kunstakademie Ende 1907 – als verkanntes Genie. Diese Einstellung machte es ihm schwer, sich mit dem Gedanken an prosaische Tätigkeiten anzufreunden, um den eigenen Lebensunterhalt zu bestreiten. Zumal im ersten Jahr seines Wienaufenthalts ohnehin keine Geldsorgen auf ihm lasteten. Er bezog nach dem Tod seines Vaters eine Waisenrente und verfügte nach dem

> Bei den ersten Vorträgen, die ich Hitler in Etatsangelegenheiten zu halten hatte, stieß ich auf eine merkwürdige Befangenheit. Sie stammte wohl daher, daß er mich noch nicht kannte und allen finanziellen Fragen eine ausgesprochene Abneigung entgegenbrachte.
>
> **Lutz Graf Schwerin von Krosigk,**
> **deutscher Finanzminister 1933 bis 1945**

»Ich werde meine Pläne nie an einem Mangel an Geld scheitern lassen«: Reichsfinanzminister Lutz Graf Schwerin von Krosigk (rechts) wurde von Hitler weitgehend ignoriert.

Tod der Mutter im Dezember 1907 über ein kleines Erbe – 1200 Kronen reichten für ein Jahr in Wien, ohne arbeiten zu müssen. Und genau das tat Hitler, er lebte von der Substanz und widmete sich den Dingen, die er liebte. Hohe Eintrittspreise hielten ihn nicht davon ab, häufig in der Hofoper den Werken seines Lieblingskomponisten Wagner zu lauschen.

»Der junge, dandyhafte Hitler verachtete die Vorstellung, für das täglich Brot zu arbeiten.«

Ian Kershaw, *Hitler, 1889–1936*

»Wien, die Stadt, die so vielen als Inbegriff harmloser Fröhlichkeit gilt, als festlicher Raum vergnügter Menschen, ist für mich leider nur die lebendige Erinnerung an die traurigste Zeit meines Lebens.«

Hitler, *Mein Kampf*

Er teilte ein bescheidenes Zimmer mit seinem Freund Gustl Kubizek und beeindruckte diesen durch Vorträge über Architektur, Kunst, Musik. Er begann ein Theaterstück zu schreiben, versuchte sich an Architekturentwürfen und Bühnenbildern – und brachte nichts zu Ende. »Dem jungen Hitler waren systematische Vorbereitung und harte Arbeit so fremd wie dem späteren Diktator. Statt dessen verbrachte er die meiste Zeit dilettierend, wie schon zuvor in Linz, entwarf grandiose Projekte, die allein der willige Kubizek vernahm – ›phantastische‹ Pläne, die für gewöhnlich aus plötzlichen Launen und glänzenden Ideen entstanden und kaum geboren, wieder fallengelassen wurden«, schreibt Ian Kershaw und spricht von einer »Trägheit des Lebensstils«. Kershaw konstatiert, dass Hitler nichts getan habe, um ernsthaften beruflichen Ehrgeiz zu dokumentieren: »Zu dieser Zeit unternahm Hitler nichts, um durch Arbeit den Lebensunterhalt selbst zu verdienen.« Er schlief lange, spazierte durch die Gärten von Schloss Schönbrunn und beschloss viele Tage mit einem Opernbesuch. Er lebte das Leben eines Bohemiens – gewiss nichts Verwerfliches für einen jungen Mann auf der Suche nach Orientierung. Später aber stellte sich Hitler als Opfer verknöcherter Strukturen dar, die Talenten wie ihm keine Chance boten; er sei zu einem harten Überlebenskampf gegen widrige Verhältnisse gezwungen gewesen. Doch das war eine Legende, mit der er in *Mein Kampf* das Bild vom zähen Aufsteiger vermitteln wollte.

Sein Freund Kubizek stammte ebenfalls aus Linz, er schilderte später, dass er während eines Besuchs bei Hitlers Halbschwester Angela Raubal deutliche Kritik an dessen Verhalten vernahm: »Alle seine Angehörigen hielten ihn für einen Taugenichts, der jede brotbringende Arbeit von vornherein scheute.« Schließlich ging Hitler seine Lieblingstante Johanna um Unterstützung an, diese gewährte ihm ein Darlehen von 924 Kronen. Damit konnte Hitler fast ein weiteres Jahr in den Tag hineinleben. Erst

»Fünf Jahre, in denen ich erst als Hilfsarbeiter, dann als kleiner Maler, mir mein Brot verdienen mußte; mein wahrhaft kärglich Brot, das doch nie langte, um auch nur den gewöhnlichen Hunger zu stillen. Er war damals mein getreuer Wächter, der mich als einziger fast nie verließ, der in allem redlich mit mir teilte. Jedes Buch, das ich mir erwarb, erregte seine Teilnahme; ein Besuch der Oper ließ ihn mir dann wieder Gesellschaft leisten auf Tage hinaus; es war ein dauernder Kampf mit meinem mitleidlosen Freunde.«

Hitler, *Mein Kampf*

»Das Leben eines Bohemiens«: Obwohl Hitler in seinen Wiener Jahren nur wenig Geld zum Leben hatte, war für ihn der häufige Besuch der Hofoper selbstverständlich.

»Phantastische Pläne«: Hitlers Entwurfzeichnung für den Neubau einer großen Tonhalle in seiner Heimatstadt Linz vom Sommer 1908.

als auch dieses Geld aufgebraucht war, im Herbst 1909, musste er seine Wohnung aufgeben, landete er auf der Straße und schließlich in einem elenden Männerwohnheim.

Zu dieser Zeit waren die Mieten und Lebenshaltungskosten in Wien extrem gestiegen, und es herrschte wegen der steten Zuwanderung eine große Wohnungsnot. Die Behauptung Hitlers in *Mein Kampf*, dass er fortan auf dem Bau geschuftet habe, ist widerlegt, ebenso wie seine bittere Klage: »Zwei Jahre hatte ich keine andere Freundin als Sorge und Not, keinen anderen Begleiter als ewigen unstillbaren Hunger.« Diese Schilderung aus *Mein Kampf* ist maßlos übertrieben, denn Hitler hatte Glück und traf im Obdachlosenasyl auf einen Überlebenskünstler namens Reinhold Hanisch. Und der bewegte den jungen »Künstler«, endlich einmal seine – wenn auch begrenzten – Talente in bare Münze umzusetzen. Er schlug ihm vor, kleinformatige Bilder zu malen, mit denen Hanisch dann Rahmenwerkstätten abklapperte. Dort waren Motive willkommen, die halfen, die leeren Rahmen zu verkaufen. Erstmals verdiente Hitler ein wenig Geld; die beiden teilten den Erlös und konnten sich so bald aus dem Obdachlosenasyl verabschieden. Hanisch und Hitler zogen in ein mustergültiges Männerwohnheim, eine Art »Leuchtturmprojekt« der damaligen Wiener Armenfürsorge. Das Wohnheim in der Meldemannstraße war keine Endstation für gescheiterte Existenzen – hier gab es Einzelzimmer, vorbildliche Sanitäranlagen, gepflegte Gemeinschaftsräume, Kochnischen für Selbstkocher sowie preiswerte Mahlzeiten. Und es gab Arbeitsräume, in denen die Männer verkaufbare Bastelarbeiten anfertigen konnten. Hitler malte nun regelmäßig Aquarelle von Wiener Motiven, Fotos oder Postkarten dienten als Vorlage, Hanisch vermarktete die Billigkunst. »Beide verdienen nun genug Geld, um sich die demütigende Suche nach anstrengenden Gelegenheitsarbeiten zu ersparen, ebenso wie das tägliche stundenlange Anstehen vor irgendeiner schmutzigen Schlafstätte oder dem Obdachlosenasyl«, schreibt die Historikerin Brigitte Hamann in ihrer Studie *Hitlers Wien* und stellt fest: »Zum ersten Mal in seinem Leben ist Hitler fähig, seinen Lebensunterhalt durch Arbeit zu bestreiten.« Doch es gab Ärger mit seinem »Agenten« Hanisch, der sich über die Arbeitsmoral Hitlers beklagte: »Es war unmöglich, Hitler an die Arbeit zu bringen. Während ich mich abmühte, Rahmer und Tapezie-

Mit kleinformatigen Aquarellen wie dieser Ansicht des Parlamentsgebäudes in Wien gelang es Hitler, eine Zeit lang seinen Lebensunterhalt zu bestreiten.

»Unmöglich, Hitler an die Arbeit zu bringen«: Hitlers »Agent« Reinhold Hanisch (rechtes Bild). Links ein Aquarell der Karlskirche in Wien.

Als junger Mensch habe ich Sorgen gehabt, wo es sich um Werte von 10, 20 oder 30 Mark handelte. Eine einzige Zeit gab es, in der ich keine Sorgen hatte: die sechs Jahre beim Militär; da hat man das nicht so ernst genommen. Den Anzug ... bekam man geliefert, das Essen auch, desgleichen das Quartier.

Hitler in einer Rede 1941

rer zu bearbeiten, setzte er sich morgens im Heim hin, um zu zeichnen. Aber dann fing er schon das Politisieren an, und für gewöhnlich wurde er der Wortführer«, schreibt Hanisch später in seinen Erinnerungen. Hitler hielt Hanisch entgegen, dass er nur malen könne, wenn er sich in entsprechender Stimmung befinde, er sei »kein Kuli, der auf Bestellung arbeite«. Schließlich überwarfen sich Hitler und Hanisch, angeblich, weil Hanisch die Gewinne nicht korrekt geteilt hatte. Hitler aber vermarktete sich nun in Eigenregie und konnte von den Einkünften leben. »Im Frühjahr 1913 trieb Hitler nach drei Jahren im Männerheim immer noch dahin – nicht mehr heruntergekommen und nur für sich selbst verantwortlich, aber ohne jede Karriereaussichten«, fasst Hitler-Biograf Kershaw diese Phase zusammen. Doch zehn Jahre nach dem Tod des Vaters trat eine Wende ein: Hitler konnte sich über die Erstattung des Erbes, das erst mit dem 24. Lebensjahr des Erbberechtigten ausgezahlt werden durfte, freuen. 819 Kronen gingen per Post an den »Kunstmaler« Adolf Hitler, wohnhaft in der Meldemannstraße, Wien. Nun konnte er einen lang gehegten Wunsch verwirklichen: Er verließ Wien, die Hauptstadt des Vielvölkerreichs Österreich-Ungarn, das er verachtete. Schon früh war er deutschnational geprägt worden – im Linz seiner Jugendjahre, das eine annähernd geschlossene deutschstämmige Bevölkerung hatte, war das nichts Ungewöhnliches.

Der Aufbruch

Der 24-jährige Hitler ging nach München. Wie Wien war die bayerische Metropole eine Residenzstadt, die viele Künstler anzog und in der viele künstlerische Karrieren ihren Anfang nahmen. Davon indes war der Neuankömmling weit entfernt. Immerhin erlaubte ihm seine Erfahrung als Postkartenmaler, auch hier ein Auskommen zu finden. Doch 1914 sollte sich sein Leben, wie das unzähliger Menschen in Europa, jäh verändern. Der Ausbruch des Ersten Weltkriegs wurde auch von Hitler freudig begrüßt. Er meldete sich freiwillig zur bayerischen Armee und zog im Herbst 1914 in den Krieg. »Ich schäme mich auch heute nicht zu sagen, daß ich, überwältigt von stürmischer Begeisterung, in die Knie gesunken war und dem Himmel aus übervollem Herzen dankte, daß es mir das Glück geschenkt, in dieser Zeit leben zu dürfen«, behauptete er zehn Jahre später in seinem Pamphlet *Mein Kampf*. Der Kriegsfreiwillige Hitler erlebte im Oktober 1914 mit dem »Regiment List« seine Feuertaufe bei

»Stürmische Begeisterung«: Inmitten der Menschenmenge, die am 2. August 1914 auf dem Münchner Odeonsplatz den Kriegsausbruch bejubelte, befand sich auch Hitler.

den Kämpfen gegen die Briten bei Ypern. Danach verbrachte er den Krieg vorwiegend als Meldegänger im rückwärtigen Bereich der Front. Das »Regiment List« wurde in diesen Jahren für ihn zur Heimat, er stand im Sold des bayerischen Staates und war aller Sorgen um Verpflegung und Unterkunft enthoben. Als Soldat hatte er das Empfinden, für die deutsche Nation an einer großen, weltbewegenden Auseinandersetzung teilzuhaben – das verlieh seinem Dasein gleichzeitig eine Art Sorgenfreiheit und jene Bedeutung, die er sich wünschte. Doch auch diese Zeit, die ihn mit »stolzem Glück« erfüllt hatte, endete jäh. Im Oktober 1918 wurde der Gefreite Hitler Opfer eines britischen Gasangriffs und erblindete zeitweise; im Lazarett im pommerschen Pasewalk erfuhr er von der Revolution und der Niederlage.

»Nun sah ich erst, wie sehr alles persönliche Leid versinkt gegenüber dem Unglück des Vaterlandes«, schrieb er rückblickend. Und er überhöhte diesen Moment zum entscheidenden Wendepunkt seines Lebens: »Ich aber beschloß, Politiker zu werden.« Ganz einfach war es nicht, wenn auch die Bedeutung von Kriegserlebnis und Niederlage für den jungen Hitler unbestreitbar sind, wie Ian Kershaw betont: »Der Erste Weltkrieg hat Hitler erst möglich gemacht. ... Ohne den Krieg wäre ein verkrachter Künstler wie Hitler auf dem Stuhl des Reichskanzlers, auf dem mit Bismarck noch ein Mann mit der ›richtigen‹ Herkunft Platz genommen hatte, undenkbar gewesen.« Doch bis dahin war es ein langer Weg.

Als Hitler 1919 nach München zurückkehrte, war er noch immer Soldat der bayerischen Armee. Doch den meisten Einheiten, die von den Fronten in die Heimat verlegt wurden, stand die Demobilisierung bevor. Für fast alle Heimkehrer stellte sich nach vier Jahren Krieg die Frage, wo und wie sie nun ein Auskommen finden würden. Das galt auch für den fast dreißigjährigen Gefreiten Adolf Hitler. Der besaß ein Sparbuch, auf dem 15 Mark lagen – und sonst wenig. Er hatte nichts gelernt, niemand wartete auf ihn. »In dieser Zeit war Hitler bereit, von irgend jemandem einen Posten anzunehmen, der ihm freundlich gesinnt war. ... Er glich einem müden streunenden Hund, der nach einem Herren suchte«, schrieb Jahre später Karl Mayr, der als Hauptmann der bayerischen Armee 1919 zu einem frühen Förderer Hitlers wurde. Mayr war extrem rechtskonservativ und antirevolutionär eingestellt; diese Gesinnung war in der baye-

»Entscheidender Wendepunkt«: Hitler nach Kriegsende im Kreis von Regimentskameraden.

rischen Armeeführung eine wichtige Voraussetzung für die weitere Verwendung nach dem Krieg, denn die Armee sah sich, nachdem sie die Münchner Räterepublik zerschlagen hatte, als Bollwerk gegen Marxismus und Revolution. Mayr lockte Hitler mit der Aussicht auf einen Verbleib in der Armee und heuerte ihn an – er sollte als »V-Mann« im Kameradenkreis revolutionären Tendenzen entgegenwirken.

An der Münchner Universität wurden im Juni 1919 diese »Propagandaleute« der Nachrichtenabteilung in einem »antibolschewistischen Aufklärungskurs« geschult; in den Diskussionen nach den Vorlesungen fiel Hitler als lebhafter und überzeugender Diskussionsteilnehmer positiv auf. Bald hatte Hitler den Auftrag, eigene Vorträge zu halten, um den Kameraden, die angeblich vom »Bolschewismus verseucht« seien, wieder eine nationalistische Gesinnung näherzubringen. Er machte eine entscheidende Erfahrung – es gelang ihm, seine Zuhörer aufzuwecken und zu begeistern. »Zum ersten Mal im Leben hatte er eine Sache gefunden, die er uneingeschränkt ›beherrschte‹. Beinahe zufällig war er über seine größte Begabung gestolpert«, beschreibt Hitler-Biograf Ian Kershaw diesen Wendepunkt im Leben des bisher so Erfolglosen, der bald im Kameradenkreis zum »Starredner« avancierte. Hauptmann Mayr hatte weitere Aufträge für seine »V-Männer« – sie sollten für die Armee die über 50 Parteien beobachten, die im Zuge des Umsturzes von 1918 in München entstanden waren. Adolf Hitler bekam den Befehl, am 12. September 1919 zu einer Veranstaltung der Deutschen Arbeiterpartei im Sterneckerbräu zu gehen und darüber zu berichten. Während der Versammlung des – so Hitler – »langweiligen Vereins« kam es zu einer Diskussion, in die Hitler beherzt eingriff.

Ein Aufmarsch der »Roten Armee« während der Münchner Räterepublik, Ende April 1919.

»Ein streunender Hund, der nach einem Herrn sucht«: Der bayerische Armeehauptmann Karl Mayr (links neben Reichswehrminister Gustav Noske) heuerte Hitler als V-Mann an.

»Mensch, der hat a Gosch'n, den kunnt ma braucha«, war die Reaktion des DAP-Vorsitzenden Drexler, der Hitler anbot, sich der Partei anzuschließen. Wenige Tage später trat Hitler mit der Mitgliedsnummer 555 in die DAP ein. Was ihn zu diesem Schritt bewogen habe, sei die Chance gewesen, in der kleinen Organisation schnell an Profil zu gewinnen und sie vielleicht bald zu beherrschen, erklärte Hitler einige Jahre später in *Mein Kampf*. Im September 1919 also trat der unbedeutende Habenichts Hitler in eine unbedeutende Splitterpartei ein, in deren Parteikasse sich gerade einmal 7,50 Mark fanden. Es war der Beginn einer höchst ungewöhnlichen Karriere – und der Anfang einer höchst lukrativen finanziellen Symbiose.

Politik als Beruf

Die DAP war mitgliederschwach und brauchte ein Zugpferd – Hitler ahnte, dass dies seine Chance war, und er nutzte sie. Seine Auftritte sprachen sich herum, er füllte im Jahr 1920 immer größere Säle, schließlich sogar das Zelt des »Circus Krone«. Und die Rednerhonorare, die er neben seinem Wehrsold kassierte, waren ein willkommenes Zubrot. Er ahnte, dass die Politik ihm die Chance bot, seinen Lebensunterhalt zu bestreiten, sozial aufzusteigen, etwas aus sich zu machen. Hitler hatte ganz pragmatisch seine Karrierechance erkannt und ergriff sie. Welche Ideologie diese Partei genau hatte, schien vorerst gleichgültig, man war sich auf diffuse Weise einig, dass die neue Ordnung nichts taugte und man dagegen angehen wollte. Den Verantwortlichen in der DAP wurde bald klar, dass die DAP ohne Hitler ein Nichts war; Hitler aber merkte, dass er einen organisatorischen Rahmen brauchte, um sein Talent zur Geltung zu bringen. Und so redete er auf den Veranstaltungen, die von der DAP organisiert wurden, zog die Leute an, die Spenden gaben und die Parteikasse mit Geld füllten, mit dem Plakate für die nächste Veranstaltung gedruckt werden konnten. Hitler ließ sich über die Schande von Versailles aus, über das zu verachtende System von Weimar, über den vermeintlich allzu großen Einfluss der Juden. Nichts davon war neu oder originell, er bot nur

»Langweiliger Verein«: Der Mitbegründer und zweite Vorsitzende der DAP, Anton Drexler, in typisch bayerischer Tracht, der sogenannten »kurzen Wichs«.

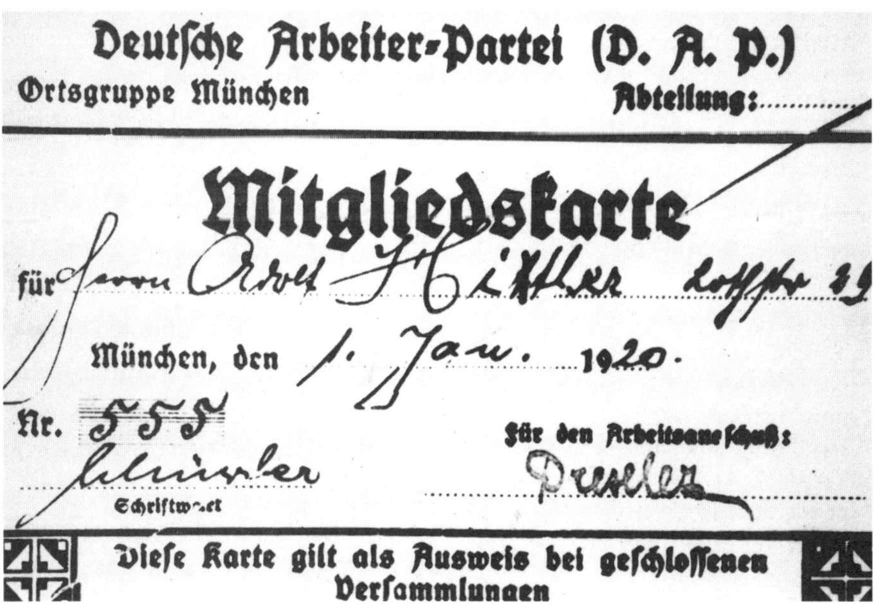

Deutsche Arbeiter-Partei (D. A. P.)

Ortsgruppe München Abteilung: ....

Mitgliedskarte

für Herrn Adolf Hitler Lothstr 29

München, den 1. Jan. 1920

Nr. 555

Für den Arbeitsausschuß:

Schüssler Drexler

Schriftwart

Diese Karte gilt als Ausweis bei geschlossenen Versammlungen

Hitlers DAP-Mitgliedskarte mit der Nummer 555 – später wurde sie in die Nummer 7 verfälscht. Tatsächlich war Hitler Mitglied Nr. 55, denn die Partei begann ihre Zählung erst bei 500.

»Der Wunsch, den bedrückenden Pflicht- und Ordnungsansprüchen der bürgerlichen Welt zu entgehen … hat denn auch ausschlaggebend alle Schritte des Kriegsheimkehrers gelenkt. … Politik verstand und betrieb er als Beruf dessen, der ohne Beruf ist und bleiben will.«

Joachim Fest, *Hitler – Eine Biographie*

beißende Kritik, keine Lösungen. Aber er traf den richtigen Ton und griff die thematischen Trends der Zeit geschickt auf – das wollten die Leute hören. Denn München war schon in den Kriegsjahren das Zentrum von vielerlei völkischen, extrem nationalistischen und antisemitischen Sekten, Verbänden und Vereinen gewesen – das war der Nährboden, auf dem auch die Hitler'sche Karriere erblühte.

Noch bis zum 31. März 1920 stand Hitler in Diensten der Armee und erhielt seinen Sold, doch dann beschloss er, dass er seinen Lebensunterhalt allein als politischer Redner verdienen wollte. Es war eine Karriereentscheidung, die sich buchstäblich bezahlbar machte.

Sein Agieren auf der politischen Bühne Münchens erregte die Aufmerksamkeit von Leuten, die Verbindungen in die »bessere Gesellschaft« hatten, darunter der Dichter und Dramatiker Dietrich Eckart, der von Hitler sehr angetan war.

Er öffnete ihm die Türen zu den Salons wohlhabender Bürger, die ebenso völkisch, nationalistisch und antisemitisch dachten wie Hitler und Eckart. 1920 machte Eckart Hitler in Berlin mit dem damals führenden Lokomotivenhersteller Ernst Borsig bekannt, der seine Sympathie bekundete und in dieser Zeit einer der wenigen Großindustriellen war, die für Hitler und seine Partei spendeten. Doch die meisten frühen Förderer stammten eher aus dem wohlhabenden Mittelstand, wie etwa die Bechsteins, Inhaber der berühmten Pianofabrik in Berlin.

»Mächtige Gönner in München erkannten in Hitler den unverzichtbaren ›Trommler‹ für die nationalistische Sache. Voller Stolz übernahm Hitler in den frühen zwanziger Jahren den ihm zugewiesenen Part.«

Ian Kershaw, *Hitler, 1889–1936*

Helene Bechstein begegnete 1920 dem im privaten Kreis eher schüchtern wirkenden Agitator mit mütterlichem Wohlwollen. Die Bechsteins bürgten

»Ich habe ihm einige Kunstgegenstände zur Verwertung gegeben, mit der Bemerkung, daß er damit machen könne, was er wolle. Es handelt sich bei diesen Kunstgegenständen um solche von höherem Wert.«

Helene Bechstein 1924 in einem Polizeiprotokoll

für ein Bankdarlehen von 45 000 Mark für Hitler, das dieser nie zurückzahlte – das übernahmen seine neuen Gönner; zudem bekam die Partei fortan regelmäßige Spenden. Das Geld begann zu fließen. Für Hitler und die Partei brachen nun bessere Zeiten an. Helene Bechstein überließ Hitler später noch Schmuck und wertvolle Kunstobjekte, die dieser als Sicherheit einsetzte – etwa für ein Privatdarlehen von 60 000 Schweizer Franken, eine immense Summe in einer Zeit, in der die Mark durch die Inflation rapide an Wert verlor. Heiß begehrte, weil stabile, Fremdwährung in die Kasse brachte auch Eckarts Verbindung zum Europa-Repräsentanten des Ford-Konzerns.

Dessen Chef Henry Ford war ein bekennender Antisemit. Eckart gelang es, bei den Amerikanern eine Spende für die bayerischen Gesinnungsgenossen lockerzumachen – die Verbindung zwischen Ford und Hitler sollte lange andauern: Jahrelang flossen die Spenden, nach der Machtübernahme Hitlers ließ ihm Henry Ford alljährlich als Geburtstagsgeschenk 50 000 Reichsmark zukommen. Hitler bedankte sich 1938 mit einem Orden, den er dem US-Industriellen verlieh.

Im München der frühen 1920er-Jahre öffnete Eckart für Hitler die Türen zum betuchten Bürgertum und zu mittelständischen Unternehmern. Es galt als chic, den radikalen Volkstribun Hitler zu abendlichen Veranstaltungen in den Salons dieser Schicht einzuladen. Da und dort wurden Schecks ausgestellt, Spendenzusagen gemacht.

Ford sagte mir, dass er zur finanziellen Unterstützung Hitlers mit dem Erlös aus dem Verkauf von Automobilen und Lastwagen, die er nach Deutschland geschickt hatte, beigetragen habe.

Winifred Wagner über ein Treffen mit Henry Ford in den USA

Der neue Star der rechten Szene war ein überaus erfolgreicher Geldbeschaffer für die Partei – und für sich. Ein Ge-

Der völkische Schriftsteller Dietrich Eckart wurde zu einem frühen Förderer Hitlers.

»Bekennender Antisemit«: US-Automobilkönig Henry Ford (links, hier 1928 mit seinem Sohn Edsel) spendete jahrelang hohe Summen an die NSDAP.

halt von der Partei bekam der erfolgreiche Frontmann indes nicht, das wäre mit seiner Rolle als »Enfant terrible« nicht zu vereinbaren gewesen, so das Kalkül Hitlers. Und es nutzte seinem Ansehen, nur »ehrenamtlich« den Chefposten innezuhaben. Bei der nun florierenden Geldbeschaffung entstand eine Grauzone, wie der Publizist Wulf Schwarzwäller in seinem Buch *Hitlers Geld* ausführt: »Wurde Bares an ihn übergeben, so wurden niemals Quittungen verlangt oder gegeben. ... Es stand ganz in Hitlers eigenem Ermessen, was er an die Parteikasse abführte. Fragten ihn Parteigenossen gelegentlich, womit er eigentlich seinen Lebensunterhalt verdiene, so konnte er äußerst unwirsch werden. ... Kam die Frage auf sein Einkommen, so konterte Hitler, daß er sich für die Partei gesundheitlich aufopfere, wochenlang manchmal ›ausschließlich von Tiroler Äpfeln‹ lebe.« Um diesen Eindruck zu untermauern, blieb er in seiner bescheidenen Wohnung in der Thierschstraße bei seiner mütterlichen Vermieterin wohnen. Ansonsten war Bescheidenheit nicht seine große Stärke. Schon im Herbst 1920 hatte er von der Partei verlangt, ihm einen »Kraftwagen« zu stellen – das Automobil war damals ein teures Privileg der begüterten Schichten. Das Fahrzeug, so Hitler, solle ihm eine gewisse Würde verleihen und seinen Stil von dem der linken, proletarischen Konkurrenten unterscheiden, denn die gingen zu Fuß oder führen Straßenbahn. Tatsächlich kratzte der Schatzmeister in der Parteikasse Geld für ein altes Vehikel zusammen, das jedoch

»Hitler wußte, er war der einzige Star der Partei, und er war alles andere als zurückhaltend, wenn es um die Ausnutzung der Macht ging, die ihm diese Position verlieh.«

Ian Kershaw, *Hitler, 1889–1936*

»Der König von München«: Hitler inszenierte sich als erfolgreichen Aufsteiger.

ständig liegen blieb. Entnervt schaffte Hitler schließlich eine gebrauchte »Selve«-Karosse an – von dem ihm gespendeten Geld. Zum Ausgleich verlangte er von der Partei einen Chauffeur, den sie ihm gewährte. Derart mit den Attributen bürgerlichen Wohlstands aufgewertet, erschien Hitler schon damals manchem Parteigenossen als »König von München«. Auch politisch nahm er nun vollends die Zügel in die Hand: 1920 wurde er zum ersten Vorsitzenden der Partei, die nun NSDAP hieß, gewählt; ausdrücklich wurden ihm »diktatorische Vollmachten« gewährt. Die meisten Spendengelder führte er gewiss an die Partei ab, denn er betrachtete sie als eine Art Privatunternehmen, in das es zu investieren galt. Für sich selbst, so schreibt Wulf Schwarzwäller, betrachtete Hitler »Geld eigentlich nur als Mittel, sich privat ein angenehmes und mäßig flottes Leben zu machen. ... Für Rücklagen oder gar wertbeständige Anlagen interessierte er sich zunächst kaum.«

Für eine Handvoll Dollars

Das taten andere. Wirtschaftlich stellte schon Ende 1920 sein früher Mentor Dietrich Eckart entscheidende Weichen. Der erkannte: »Die Parteien fangen an, das Volk gründlich zu bearbeiten. Wie das gemacht wird, weiß man. Durch einen Orkan von Reden, Zeitungsartikeln, Flugblättern. Das kostet Geld. Die Leute müssen doch genau wissen, wer ihre Wohlfahrt am besten vertreten wird, und um ihnen das klarzumachen, bedarf es einer kostspieligen Agitation. Da sind wir glücklich wieder bei den Moneten«, befand er und riet dringend dazu, eine parteieigene Zeitung zu gründen. Er hatte schon etwas im Blick: Der *Völkische Beobachter* des Verlags Franz Eher Nachf. war in finanzieller Schieflage und stand zum Verkauf. Mit einer Auflage von 7000 war das Blatt in rechten Kreisen Münchens bereits gut bekannt. Der Kaufpreis sollte 120 000 Mark betragen, plus Übernahme von 250 000 Mark Schulden. Die junge NSDAP hatte überhaupt kein Geld. Der braune Poet Eckart nutzte deshalb seine Verbindungen: 60 000 Mark steuerte der Reichswehrgeneral Ritter von Epp, der mit der NSDAP sympathisierte, aus einem »verdeckten« Reichs-

»Kostspielige Agitation«: Nach dem Erwerb des *Völkischen Beobachters* wurde die Zeitung zum wichtigsten Sprachrohr der NSDAP-Propaganda.

wehrfonds bei – als Darlehen, für das Eckart persönlich bürgte. Fast 60 000 Mark gab das NSDAP-Mitglied Gottfried Grandel, ein Augsburger Speiseölhersteller; für diesen Betrag musste Hitler bürgen. Das Geld war eingesammelt – doch eine Partei war keine »juristische Person« und konnte nicht als Käufer auftreten. Und so wurde der »Nationalsozialistische Deutsche Arbeiterverein« gegründet. Der Verein war nun hundertprozentiger Besitzer der neuen Franz Eher Verlag GmbH und des *Völkischen Beobachters*. Vorsitzender des Vereins war

»Genialer Coup«: Mithilfe von Max Amann (links) wurde Hitler während der Inflationszeit zum Verleger.

»Nach der nun erfolgten Übergabe des *Völkischen Beobachter* an die Partei will ich Ihnen, lieber Herr Eckart, für die uns noch in letzter Minute gewährte große Hilfe auch auf diesem Wege meinen wärmsten Dank zum Ausdruck bringen.«

Hitler, 1920 in einem Brief an Dietrich Eckart

schon bald Adolf Hitler, Chefredakteur des »VB« wurde Dietrich Eckart.

Zum Geschäftsführer des Vereins machte Hitler seinen früheren Unteroffizier und Kriegskameraden Max Amann. Und dieser Amann fädelte nun einen genialen Coup ein. Im November 1921 – es war die Zeit der Inflation – stand ein Dollar bereits bei 180 Mark. Hitler, so Amann, könne doch leicht Spenden in harter Währung einsammeln und diese in Unsummen wertloser Mark umtauschen, um dann die geliehenen 120 000 Mark zurückzuzahlen. Damit wäre Hitler dann in der Lage, sich zum alleinigen Anteilseigner des Verlags Franz Eher GmbH zu machen. Aus unbekannter Quelle erhielt Hitler die notwendige Summe der US-Währung – es genügten ganze 666 Dollar, in Papiermark umgerechnet, um die jeweils 60 000 Mark Schulden an den Reichswehrfonds und an den Speiseölhersteller Grandel zurückzuzahlen. Am 16. November vermeldete Hitler im Münchner Registriergericht, dass er nun alle Anteile am »VB« und am Franz Eher Verlag besitze.

»Mit Amanns Unterstützung war Hitler zu einem jener Inflationsgewinnler geworden, die er in seinen Reden stets mit radikaler Unbarmherzigkeit geißelte«, konstatiert Wulf Schwarzwäller in seiner Studie *Hitlers Geld*. Viel wichtiger noch: De facto war Hitler jetzt Zeitungsverleger und Verlagsbesitzer. Der *Völkische Beobachter* sollte noch jahrelang defizitär bleiben, die Parteikasse schoss immer wieder Unsummen zu, um

Gerade in der Anfangszeit zu Zeiten der Großinflation bis 1923 war natürlich ausländisches Geld wie Golddukaten, denn das einheimische Geld wurde ja von Tag zu Tag weniger wert. Und Hitler hat es verstanden, aus der Schweiz größere Summen zu transferieren und zum anderen aus Amerika sich Spenden geben zu lassen.

Wolfgang Zdral, Wirtschaftsjournalist

die Zeitung, deren Anteile zu 100 Prozent Hitler gehörten, am Leben zu erhalten. Gleichzeitig aber war der Schatzmeister der Partei, Franz Xaver Schwarz, im Verlagsbüro nicht willkommen – diktatorisch hatte der Parteivorsitzende Hitler bestimmt, dass die Geschäfte Amanns im »VB« den NSDAP-Kassenwart nichts angingen. Der musste indes Geld aus der Parteikasse an Hitler auszahlen, wenn dieser »persönlichem Bedarf« anmeldete. Beträge von bis zu einigen tausend Mark wurden als »Sonderausgaben für Werbemaßnahmen« verbucht. Doch auch wenn der »VB« zunächst ein Zuschussgeschäft blieb – das Blatt trug erheblich zum Aufstieg der Partei bei: Es entwickelte sich rasch zu einem publizistischen Geschütz, mit dem die Weimarer Republik sturmreif geschossen wurde. Pikant war, dass sich Hitler für sämtliche Artikel, die er für den »VB« schrieb, Autorenhonorare auszahlen ließ.

Der Bestsellerautor

Die Buchabteilung des Verlags Franz Eher sollte dagegen bald von einem Werk profitieren, das untrennbar mit dem Namen Hitler verbunden ist. In der Haft in Landsberg entstand 1924 sein Pamphlet *Mein Kampf*, ein schwer lesbares Sammelsurium autobiografischer und weltanschaulicher Ausführungen, das 1925 erschien. Hitlers Buch, publiziert in Hitlers eigenem Verlag, brachte ihm äußerst vorteilhafte Tantiemen – er erhielt pro verkauftem Exemplar 15 Prozent vom Ladenpreis, der mit 12 Mark recht teuer ausfiel. 10 000 Bücher gingen im ersten Jahr über den Ladentisch, Hitler nahm 18 000 Mark ein – das war mehr als das Zehnfache des in Deutschland durchschnittlichen Bruttojahresverdienstes, der knapp 1500 Mark betrug.

Seine Politkarriere war nach dem Novemberputsch 1923 von der Festungshaft in Landberg nur kurzzeitig unterbrochen worden; für die Zeit danach war zudem finanziell gesorgt. Durch die Einführung der Rentenmark hatte das Deutsche Reich die Inflationsspirale gestoppt, auch deutsches Geld hatte wieder Wert. Hitlers Gönnerin Helene Bechstein sorgte als Bürgin dafür, dass ihr teurer Freund nach der Entlassung einen Perso-

»Äußerst vorteilhafte Tantiemen«: Während seiner Haft in Landsberg (links) entstand Hitlers Buch *Mein Kampf*, das ihm schon bald finanzielle Unabhängigkeit sicherte.

»Deutschlands Zukunft«: Plakat zur Neugründung der NSDAP 1925.

nalkredit von 45 000 Mark bekam – da er dieses Geld nie zurückzahlte, wandelten die Bechsteins die Bürgschaft in eine Schenkung um. Hitler, der nun bekannter war als je zuvor, engagierte privat drei Angestellte: Rudolf Heß als Privatsekretär verdiente 300 Mark monatlich, sein Leibwächter Julius Schaub 200 Mark, sein Chauffeur Julius Schreck 100 Mark. Der Chauffeur war billig, teuer aber die Karosse, die er lenkte: Der Autonarr Hitler kaufte 1925 einen Mercedes-Kompressorwagen, ein Spitzenmodell zum Preis von 20 000 Mark. Weitere Ausgaben entstanden, als Hitler für 1000 Mark im Jahr auf dem

Obersalzberg bei Berchtesgaden ein Landhaus, das »Haus Wachenfeld«, mietete. Auch sonst ließ er es sich gut gehen – vom »Haus Wachenfeld« fuhr er häufig nach München, um seine Nichte Geli in die Oper auszuführen und um viel Zeit in Restaurants wie der »Osteria«, dem Café Heck oder dem Carlton Tea Room zu verbringen. Anders als in den Wiener Jahren konnte er sich diesen Lebensstil nun mit Leichtigkeit leisten.

Anfang Februar 1925 war die zwischenzeitlich verbotene NSDAP neu gegründet worden. Ein Gehalt als Parteivorsitzender, das ihm Schatzmeister Schwarz anbot, lehnte Hitler noch immer brüsk ab. Er wollte nicht in den Kassenbüchern der Partei erscheinen, da sich das Finanzamt zunehmend für seine Einnahmen interessierte.

Schon am 1. Mai 1925 mahnte ihn die Finanzbehörde: Er solle bitte eine Steuererklärung für 1924 sowie für das erste Quartal 1925 einreichen. Seine Antwort: Er habe keine Einnahmen gehabt und nur von Bankdarlehen gelebt. Weitere Erklärungen blieb er schuldig. Für das letzte Quartal 1925 gab er schließlich Einnahmen von 11 231 Mark an. Davon wollte er allerdings 6540 Mark als »berufliche Ausgaben« absetzen: Die Kosten für seine drei Angestellten, Reisekosten – all das brauche er, denn er sei schließlich »politischer Schriftsteller«: »Ohne meine politische Aktivität wäre mein Name unbekannt. Meine politische Tätigkeit versorgt mich mit dem Material, als politischer Schriftsteller tätig zu sein«, lautete seine durchsichtige Ausrede. Auch Schuldenzinsen von 2245 Mark müssten ihm vom Einkommen abgerechnet werden, es blieben also nur noch 2446 Mark zu versteuern. Dann versuchte er, Mitleid zu erregen: »Ich beschränke meine persönlichen Bedürfnisse, indem ich auf Alkohol und Tabak verzichte, meine Mahlzeiten in den allerbescheidensten Restaurants einnehme. ... Auch das Automobil ist für mich nur Mittel zum Zweck. Nur das Automobil ermöglicht es mir, meine tägliche Arbeit zu

»Das Finanzamt ist sehr hinter unseren Büchern her. Zu gern würden sie uns einmal was am Zeug flicken. Aber sie werden keinen Anlaß dafür finden. Deswegen will auch der Chef nie in den Büchern stehen.«

Franz Xaver Schwarz, Schatzmeister der NSDAP, 1929

»Das Automobil als Mittel zum Zweck«: Während des Nürnberger NSDAP-Parteitags im August 1927 nimmt Hitler in seinem Mercedes stehend die Parade der Parteiformationen ab.

»Hitler privat«: Im Haus Wachenfeld auf dem Obersalzberg verbrachte der Parteiführer ab 1925 einen großen Teil seiner freien Zeit.

»Hitler als Werkzeug der Industrie«: So klar wie in der Fotomontage von John Heartfield, in der Fritz Thyssen Hitler wie einen Hampelmann am Strick zieht, lagen die Dinge damals nicht.

leisten.« Damit waren die Münchner Finanzbeamten die Ersten, denen er sich als persönlich bescheidener, unermüdlich tätiger Zeitgenosse zu verkaufen suchte. Dieses Image, später intensiv propagandistisch gepflegt, wird auch für die Masse der »Volksgenossen«, die er ab 1933 regiert, zum Bild Adolf Hitlers gehören. Eine Lüge, die noch heute nachwirkt.

Mitte der 1920er-Jahre war ein Geflecht etabliert, das sich als äußerst lukrativ erweisen sollte: Hitler und die Partei waren eine finanzielle Symbiose eingegangen. Die Partei schoss viel Geld zu, der Parteichef profitierte, ebenso wie der *Völkische Beobachter*, der Unsummen verschlang. Beide aber, der wirkungsmächtige Frontmann Hitler sowie die lautstarke Zeitung, sicherten der Partei jenen Zulauf und jene Aufmerksamkeit, welche sie in der politischen Szene Weimars zum Überleben brauchte. Der Wirtschaftsjournalist Wolfgang Zdral, Autor von *Der finanzierte Aufstieg des Adolf H.*, bilanziert, dass der Parteichef unbegrenzte Möglichkeiten hatte: »Das Paradoxe in Bezug auf das Parteivermögen war, dass Hitler als oberster Parteichef ständig darauf Zugriff hatte und sich unbegrenzt am Geldhahn bedienen konnte.«

Die Insignien des Erfolgs

1928 tätigte Hitler mit »eigenem Geld« erneut größere private Investitionen: Er kaufte das »Haus Wachenfeld« am Obersalzberg für 30 000 Mark. Um das Finanzamt nicht erneut neugierig zu machen, verschleierte er seinen Schritt. Im Grundbuch von Berchtesgaden stand seine Halbschwester Angela als Eigentümerin. Im Herbst 1929 bezog er zudem in München eine repräsentative Mietwohnung am vornehmen Prinzregentenplatz, die Miete betrug 4147 Mark im Jahr. Dazu passte nicht so recht, dass er seine offiziellen Einnahmen für das Jahr 1929 mit nur 15 448 Mark angab. Es wird vermutet, so Wulf Schwarzwäller in *Hitlers Geld*, dass er sich für manche persönlichen Ausgaben auf den Ruhrindustriellen Fritz Thyssen stützte, der große Summen für die NSDAP spendete: Thyssen hatte Hitler schon 1923 kennengelernt und sich von ihm beeindruckt gezeigt. Er hatte im Inflationsjahr 1923 über 100 000 Goldmark an rechte Kreise um

General Ludendorff gespendet und ausdrücklich den Wunsch ausgesprochen, dass auch die NSDAP davon profitieren solle. Thyssen war Mitglied der Deutschnationalen Volkspartei; sein Kontakt zur NSDAP intensivierte sich erst 1928, als sich Rudolf Heß an ihn wandte, weil die Partei Geld brauchte. Der Großindustrielle machte daraufhin wohl über eine Million Mark locker – damit wurde er als Einzelperson zu ihrem größten Wohltäter.

»Thyssen von ganz altem Schlage. Knorke. Ein Kapitalist, aber solche Wirtschaftsführer läßt man sich schon gefallen.«

Goebbels, Tagebuch, 6. Januar 1931

»Ich persönlich habe der Nationalsozialistischen Partei zusammen eine Million Mark gegeben.«

Fritz Thyssen 1940 in seinem Buch *I paid Hitler*

Dieses Geld floss zu einem großen Teil in den Umbau der neuen Parteizentrale. Das Barlow-Palais an der Brienner Straße in München wurde für über 800 000 Mark renoviert und zum neuen »Braunen Haus« umgebaut. Thyssen soll Hitler bei Besuchen in München oft zum Essen getroffen haben und angeboten haben, für eine Ausstattung aufzukommen, die eines prominenten Politikers würdig sei. »Auffällig ist jedenfalls, dass Hitler zur selben Zeit sein Zimmer zur Untermiete in der Thierschstraße aufgibt und eine Neun-Zimmer-Wohnung in der Prinzregentenstraße 16 bezieht«, schreibt der Wirtschaftsjournalist Wolfgang Zdral in seinem Buch *Der finanzierte Aufstieg des Adolf H.*

»Repräsentative Parteizentrale«: Das »Braune Haus« in München, März 1931.

In der Parteikasse herrschte Ende der zwanziger Jahre dennoch ständig Ebbe. Die Beiträge der Parteigänger brachten nur wenig ein, Ende 1928 hatte die NSDAP erst 100 000 Mitglieder, dafür aber Schulden in Millionenhöhe. Der Apparat, vor allem auch die Zuwendungen für das riesige Heer

»Aufwändige Inszenierung«: Die Massenaufmärsche der NSDAP-Parteitage belasteten die stets klamme Parteikasse – SA-Einheiten auf dem Nürnberger Hauptmarkt, August 1927.

der SA-Leute, die sich für die Partei auf den Straßen prügelten, kosteten immense Summen. Trotz all der vielen Finanziers und großzügigen Gönner blieb das Geld stets knapp, denn in der »Kampfzeit« der NSDAP wurde es mit beiden Händen wieder ausgegeben. Nicht nur die parteieigene Zeitung, der *Völkische Beobachter*, musste hoch bezuschusst werden, um die Propagandaschlachten der 1920er-Jahre durchzuhalten. Auf Geheiß Hitlers waren die Parteitage schon in dieser Zeit aufwendig inszenierte Ereignisse und verschlangen viel Geld. Die als pompös und martialisch bekannten Nazi-Inszenierungen entfalteten immerhin eine erhebliche Werbewirkung. Vor allem in der Provinz galten gerade NS-Veranstaltungen während der Wahlkämpfe als willkommene und geradezu unterhaltsame Abwechslung. So konnte die Partei es sich leisten, bei Wahlkampfveranstaltungen Eintritt zu nehmen: 30 Pfennig, Arbeitslose hatten freien Zutritt. Im sechswöchigen Wahlkampf 1930 gab es reichsweit 34 000 Veranstaltungen der NSDAP – und das spülte dringend benötigtes Geld in die leeren Kassen. Hitler selbst konnte Anfang der 1930er-Jahre hochzufrieden sein: Seine Karriere als Politiker war in vollem Schwung, die NSDAP fand politisch große Beachtung – und finanziell ging es ihm persönlich glänzend. Im Jahr 1931 überwies ihm der Eher Verlag 40780 Mark als Tantiemen für *Mein Kampf*, für Artikel im *Völkischen Beobachter* kassierte er zusätzlich 15000 Mark. Im folgenden Jahr 1932 verzeichnete er ein Bruttoeinkommen von fast 65000 Mark.

Geschenke für den »Führer«

Das Jahr 1933 brachte die alles entscheidende Zäsur für Deutschland – in jeder erdenklichen Hinsicht. Es begann der Marsch in die Diktatur, in den Krieg und in den vollkommenen moralischen Bankrott. Und für Hitler, der am 30. Januar 1933 als Führer der stärksten Reichstagsfraktion zum Reichskanzler ernannt wurde, begann in diesem Schicksalsjahr der Aufstieg zu absoluter Macht und zu fast vollkommener finanzieller Unabhängigkeit. Bald sollte ihn nicht mehr interessieren, wie viel Geld ihm zur Verfügung stand, sondern nur noch, was man damit machen konnte. Von nun an erntete er die Früchte der Macht. Nach außen hin aber war er bemüht, als Politiker neuen Typs zu wirken. Und so vermeldete der *Völkische Beobachter* eine Woche nach Hitlers Machtantritt, dass der neue Kanzler auf das Jahresgehalt, das ihm in diesem Amt zustand, verzichten werde. 29200 Mark verdiente ein deutscher Reichskanzler jährlich, dazu kam eine Aufwandsentschädigung von 18000 Mark. Das Geld solle den Angehörigen von SA- und SS-Leuten zugute kommen, die im Kampf um die Macht getötet worden seien, schrieb der »VB« und verkündete, dass Hitler seine neue Position als Ehrenamt betrachte. Auch so unterfütterte Hitler die Propaganda mit einem Mythos, der lange Zeit wirksam war: dass Hitler finanzielle Belange unwichtig seien und dass er persönlich ein höchst bescheidenes Leben führe. Dieser Eindruck hielt sich hartnäckig, wohl auch, weil keine Zeitung damals vermeldete, dass Hitler diesen Verzicht nur ein Jahr später zurücknahm. Dreist war zudem sein Verhalten, als er sich nach dem Tod des Reichspräsidenten Hindenburg auch dessen Amt aneignete. Damit trat er nicht nur den Geist der noch immer geltenden Verfassung mit Füßen, sondern kassierte schamlos doppelt: Auch das Gehalt des

Jetzt konnte er Geld mit vollen Händen ausgeben... Er wusste: solange die deutsche Industrie verdiente, würden seine privaten Geldquellen unerschöpflich sein. Und dafür, dass es der deutschen Industrie noch nie besser gegangen war als unter seiner Herrschaft, dafür hatte er gesorgt – mit gigantischen Rüstungsprojekten

Wulf C. Schwarzwäller, *Hitlers Geld*

Reichspräsidenten von 37 800 Mark und eine jährliche Aufwandsentschädigung von 120 000 RM wurden ihm nun monatlich gutgeschrieben.

Doch waren diese staatlichen Gehälter nur ein Zubrot – die wirklich großen Summen verdiente der Privatmann Hitler mit seinem Buch *Mein Kampf*, das nach dem Machtantritt bis 1945 über zehn Millionen Mal verkauft wurde und ihm gut acht Millionen Mark einbringen sollte. Das war enorm viel Geld, doch auch diese Summen verblassen angesichts der Gelder, die ihm von anderer Seite zuflossen. Denn der »Reichsstand der Deutschen Industrie« beschloss auf Initiative des Essener Großindustriellen Gustav Krupp von Bohlen und Halbach, dem neuen starken Mann ein Geschenk zu machen. Die Industrie sagte »Danke« – dafür, dass fortan in Deutschland jegliche Gefahr »linker« Experimente gebannt war, dass im NS-Staat die Gewerkschaften zerschlagen wurden, dass die Löhne und Gehälter auf dem Stand von 1933 eingefroren blieben und dass nun riesige und lukrative Rüstungsprogramme aufgelegt wurden. Das »Interessenbündnis auf Gegenseitigkeit« zwischen den Unternehmerverbänden und den neuen Machthabern sollte besiegelt werden durch eine großzügige Geste der Konzernherren – sie erfanden die »Adolf-Hitler-Spende der deutschen Wirtschaft«. Anfangs noch freiwillig, sollte jeder Arbeitgeber ab dem 1. Juni 1933 vierteljährlich einzahlen und eine Summe in der Größenordnung von 0,5 Prozent seiner betrieblichen Lohnkosten spenden; in den folgenden Jahren entwickelte sich die Spende zu einer Zwangsabgabe. Das Geld floss in einen Privatfonds, über den der »Führer« nach Belieben verfügen konnte. Hitler brauchte keinerlei Rechenschaft über die Verwendung dieser Mittel abzulegen. Versteuern musste er das Geld selbstverständlich nicht. Bis 1945 kamen so 700 Millionen

»Interessenbündnis auf Gegenseitigkeit«: Gustav Krupp von Bohlen und Halbach (Mitte) im Gespräch mit dem Industriellen Albert Vögler (links) und dem Leiter der »Deutschen Arbeitsfront«, Robert Ley.

Adolf-Hitler-Spende der deutschen Wirtschaft

Bescheinigung Fa. F. W. Woolworth u. Co.
E №119179
Sonneberg / Thür.
Hans Sauer Platz 2

ist an der »Adolf-Hitler-Spende der deutschen Wirtschaft« beteiligt.

Berlin, im Juni 1935

Das Kuratorium

Kuratorium der Adolf Hitler Spende

Sammlungen bei dem Inhaber dieser Bescheinigung sind allen Angehörigen und Stellen der Partei, ihrer Gliederungen und angeschlossenen Verbände verboten.

Der Stellvertreter des Führers:

Nationalsoz. Deutsche Arbeiterpartei
Der Stellvertreter des Führers

»Großzügige Geste«: Die zunächst auf freiwilliger Basis erhobene »Adolf-Hitler-Spende der deutschen Wirtschaft« entwickelte sich bald zur Zwangsabgabe.

Wenn Hitler für irgend etwas Geld haben wollte – Bormann zahlte: ob es um ein Haus für einen verdienten Parteigenossen ging oder um ein Geschenk für Eva Braun.

Baldur von Schirach, »Reichsjugendführer«

Reichsmark zusammen. Der Wirtschaft tat diese Gabe an den »Führer« nicht weh, denn sie konnte die Spende von der Steuer absetzen. Damit trug indirekt der Steuerzahler die Last dieses luxuriösen Geschenks an den »Führer«. Hitler erklärte gegenüber Krupp und den Konzernchefs, dass er das Geld zur »Förderung der Kultur« und zur »Linderung unverschuldeter Not bei altgedienten Kampfgefährten« nutzen wolle.

Ein »altgedienter Kampfgefährte« profitierte sofort, weil er befördert wurde: Martin Bormann avancierte zum Verwalter dieser Gelder, fortan gehörte er zur engsten Entourage Hitlers und drehte diensteifrig den Geldhahn auf, wenn der »Führer« teure private Wünsche und Projekte realisieren wollte.

Luxus und Repräsentation

Nun konnte Hitler fast uneingeschränkt jene privaten Interessen pflegen, die ihn schon in den frühen Jahren in Wien umgetrieben hatten: die Liebe zur Kunst und das Interesse an der Architektur. Zunächst lebte Hitler seine Vorstellungen von Stil und Größe als Bauherr aus. Sein bescheidener Landsitz oberhalb Berchtesgadens, das »Haus Wachenfeld«, wurde zu einem der persönlichsten Projekte Hitlers – er baute sein privates Anwesen zu einer repräsentativen Residenz aus. Bis Mitte 1936 wurde aus dem bescheidenen Holzhaus der pompöse »Berghof«. Das neue Domizil hatte 30 Zimmer, alles war ganz nach den Vorstellungen seines Erbauers gestaltet. Die Entwürfe hatte Hitler selbst gezeichnet, sein Baumeister Roderich Fick realisierte jede seiner Ideen. Groß und vom Feinsten musste alles sein, Protz und private Marotte paarten sich zu einer teuren Projektion der Macht. Und vieles zeugte von Hitlers typischem Dilettantismus. »Das für seine Ausmaße berühmte versenkbare Fenster in der

»Teure Projektion der Macht«: Der Umbau des Berghofs am Obersalzberg war Hitlers ganz privates Steckenpferd – hier der Rohbau im Winter 1935/36.

Wohnhalle war Hitlers ganzer Stolz. Es gab den Blick auf den Untersberg, auf Berchtesgaden und auf Salzburg frei. Unterhalb dieses Fensters hatte Hitlers Eingebung die Garage für seine Wagen plaziert; bei ungünstigem Wind drang intensiver Benzingestank in die Halle. Es war ein Grundriß, der in jedem Seminar einer technischen Hochschule abgelehnt worden wäre«, mokierte sich Albert Speer Jahrzehnte später in seinen *Erinnerungen* über Hitlers Anwesen. Die Baumaßnahmen wurden aus Hitlers gut bestückter Privatschatulle bezahlt.

Der »Berghof« stand auf Hitlers privatem Grundstück, zehn Quadratkilometer des umliegenden Landes wurden für 7,2 Millionen Mark aus dem Fonds von seinem Bevollmächtigten Bormann aufgekauft. Mit viel Geld, aber auch mit brutalem Druck – bis hin zur KZ-Haft – wurde der Widerstand einiger vorheriger Besitzer gebrochen. Die Bergwelt, die den »Berghof« umgab, wurde mit zahlreichen Bauwerken zum »Führerge-

Der »Berghof« ist eine wahre Goldgrube. Nur daß Bormann nichts herausholt, sondern eine Menge hineinschmeißt.

Hitler

biet Obersalzberg« umgestaltet. Das größte Projekt war an Aufwand kaum zu überbieten. Auf dem über 1800 Meter hohen Kehlstein wurde ein »Teehaus« errichtet. Für den Bau musste jeder Stein über eine steile und kurvenreiche Strecke auf den Berg gebracht werden. So entstand eine runde Kaminhalle, die rundherum mit Panoramafenstern versehen war. Dazu kamen Küche, Arbeitszimmer und eine Sonnenterasse. Auf 1700 Metern Höhe befand sich der Zugang: Ein Schacht führte 130 Meter in den Berg, ein Aufzug aus Messing trug Gäste die gleiche Strecke in die Höhe. Das »Kehlsteinhaus« versetzte alle Besucher in Staunen, doch nach einem Jahr schenkte der »Führer« dem exklusiven Refugium kaum noch Beachtung. Sein nun äußerst selten besuchtes Teehaus hatte 30 Millionen Mark an Baukosten verschlungen. Insgesamt hatten die Baumaßnahmen am Obersalzberg 100 Millionen Mark gekostet. Das meiste – bis auf den Umbau von Hitlers privatem »Berghof« – kam aus dem Fonds der »Adolf-Hitler-Spende«, denn das »Führergebiet Obersalzberg« umfasste auch »offizielle« Anlagen, wie etwa den 14 Kilometer langen Sicherheitszaun, das komfortable Gästehaus »Platterhof« oder die Kasernen der SS-Wachmannschaften.

»Bauen, bauen, bauen«: Hitler besichtigt im Mai 1938 ein Modell der Neubaupläne für seine Heimatstadt Linz. Links der Architekt Roderich Fick, rechts Albert Speer und Martin Bormann.

Bis 1938 hatte Hitler innenpolitisch seine Macht gefestigt, hatte Gegner brutal beseitigt und dennoch die Massen für sich gewonnen. Mit dem »Anschluss« Österreichs an das Deutsche Reich begann die Herrschaftsphase, die von Erpressung und Aggression geprägt war. In der neuen »Ostmark« nahm der »heimgekehrte Führer« auch persönlich einige teure Projekte in Angriff. Er kaufte sein Geburtshaus in Braunau für 150 000 Mark, ebenso wie das Geburtshaus seines Vaters in Leonding am Stadtrand von Linz. Doch es war ein Projekt von anderer Dimension, das von nun an Unmengen von Geld verschlingen sollte. Hitler wollte Linz, die geliebte Heimatstadt, zu einer »Perle an der Donau« machen und großartig umbauen. Sein ganz persönlicher Beitrag sollte ein »Führermuseum« sein – von ihm initiiert, von seiner Liebe zur Kunst inspiriert, nach ihm benannt. Bestärkt hatte ihn ein Staatsbesuch in Italien, bei dem er in Florenz stundenlang durch die Uffizien geschlendert war – ein Museum vom Rang ebendieser Uffizien oder des Pariser Louvre schwebte ihm für Linz vor.

»Vom Geld will der Führer nicht reden. Bauen, bauen, bauen! Es wird schon bezahlt.«

Goebbels, Tagebuch, 10. September 1937

Der Historiker Hanns-Christian Löhr erklärt, was ihn antrieb: »Hinter der Idee des Großstifters steht einfach das Gefühl, kulturelle Wunderwerke schaffen zu wollen und so den Ruhm der Nachwelt zu erhalten. Das war schon im 19. Jahrhundert so bei den Museumsstiftungen in Berlin und in München durch die dortigen Könige. Und man kann davon ausgehen, dass Hitler in gleichen Kategorien gedacht hat.« Und so begann ab Mitte 1938 die Sammeltätigkeit für Hitlers geplanten Tempel der Kunst.

Das Linzer Museum sollte nicht nur einfach eine Landesgalerie sein, es sollte mitspielen in der Riege der großen europäischen Museen, also Paris (Louvre), Wien (Kunsthistorisches Museum), Dresden, Berlin, Madrid. Und insofern war es notwendig, nicht nur eine große Sammlung aufzubauen, sondern auch eine Sammlung mit sehr hochwertigen Bildern.

Hanns-Christian Löhr, Historiker

Angriff auf den Kunstmarkt

Seit Langem gefiel er sich öffentlich in der Rolle des kunstverständigen »Kulturmenschen«. Schon vor dem Aufstieg zur Macht hatte der Privatmann Hitler sich als Kunstsammler profiliert. Bereits Ende der 1920er-Jahre, als das »Haus Wachenfeld« und die Wohnung am Prinzregentenplatz ausgestattet werden mussten, hatte er begonnen, Kunst zu sammeln. Später wollte er auch das Reichskanzlerpalais in Berlin sowie den »Berghof« mit Kunst nach seinen Vorstellungen dekorieren. Ausgestattet mit dem nötigen Geld aus dem Fonds der »Adolf-Hitler-Spende«, steigerte sich sein Sammlerdrang fast zur Besessenheit. »Wenn er es sich in den Kopf gesetzt hatte, ein bestimmtes Bild zu besitzen, dann kannte er kaum noch eine Grenze für den Kaufpreis. ... Der Diktator betrat selten selber eine Kunsthandlung. Oft wählte er Werke aus den Katalogen aus und beauftragte Mittelsmänner, bestimmte Werke für ihn zu ersteigern. Da er diese Aufträge oft doppelt vergab, trieben seine Beauftragten auf den Auktionen mitunter gegenseitig die Preise hoch«, schreibt der Historiker Hanns-Christian Löhr in seiner Studie *Das Braune Haus der Kunst*. Hitler beauftragte Kunsthändler, gezielt nach Spitzweg-Gemälden Ausschau zu halten.

Seine Vorliebe galt den Malern der »Deutschen Schule« des 19. Jahrhunderts, moderne Malerei bezeichnete er als die Ausdrucksform »irrsinniger und verkommener Menschen« und als »verkrüppeltes Gekleckse«, das er als »entartet« ablehnte. Gelungene realistische Werke waren für ihn Ausweis künstlerischen und handwerklichen Könnens – dies fand er bei Malern wie Lenbach, Spitzweg und Makart, Feuerbach und Waldmüller. Die niederländische Schule interessierte ihn kaum, wohl aber die Kunst der italienischen Renaissance. Als Quintessenz bleibt, dass er bereit war, viel Geld für seine private Sammlung auszugeben. Doch zu einem – künstlerischen wie finanziellen – Großprojekt wurde seine Leidenschaft erst 1938. Mit dem »Anschluss« begann auch die Verfolgung der österreichischen Juden; manche von ihnen besaßen herausragende Kunstsammlungen, wie etwa Louis und Alphonse Rothschild. Als die beiden von der Gestapo verhaftet wurden, beschlagnahmte man die Kunst, die sie besa-

»Tempel der Kunst«: Anlässlich seines 49. Geburtstags 1938 erhält Hitler als Geschenk der deutschen Industrie drei Gemälde für das Linzer Museum.

ßen – eine vollkommen illegale Aktion. Andere jüdische Sammler übereigneten ihren Kunstbesitz den Behörden, um die sogenannte »Reichsfluchtsteuer« aufzubringen, die ihnen eine Ausreise ermöglichte. Wieder andere verkauften vor ihrer Flucht oder erzwungenen Emigration Gemälde und Kunstwerke. All dies bedeutete, dass Bewegung in den Kunstmarkt kam und viele Werke plötzlich zum Verkauf standen. Die Kunsthändler hatten alle Hände voll zu tun – und nun trat verstärkt auch Hitler als Käufer auf den Plan. Die ursprüngliche Privatsammlung, stark von Hitlers persönlichem Geschmack geprägt, lieferte nur einen kleinen Grundstock. Wenn sein ersehntes »Führermuseum« zu einem Haus von europäischen Rang werden sollte, mussten wesentliche Teile der projektierten Sammlung erst angeschafft und professionell kuratiert werden. Diese Aufgabe übernahm der Dresdner Museumsdirektor Dr. Hans Posse.

Der neue Kurator wurde im Juni 1938 zum »Berghof« befohlen, um die »Linzer Museumsangelegenheit« zu besprechen. In dieser Sammlung »sollte, so notierte Posse in sein Tagebuch, nur das ›Beste aus allen Gebieten‹ enthalten sein. Posse nahm den ›Sonderauftrag‹ an, dieses Museum aufzubauen. Hitler versicherte, ihm alle notwendigen Vollmachten zu verschaffen«, schreibt der Historiker Hanns-Christian Löhr über den Beginn des »Sonderauftrags Linz«. Zu den Vollmachten gehörte auch, dass für die Kunstwerke, die im Zuge des Österreich-»Anschlusses« beschlagnahmt oder sichergestellt worden waren, ein »Führervorbehalt« erlassen wurde, also ein Vorkaufsrecht für Hitler. Aus diesem Bestand – meist waren es Objekte, die vorher jüdischen Besitzern gehört hatten – gingen 117 hochkarätige Werke in die Sammlung ein. Dafür musste Posse marktübliche Preise bezahlen. Im »Dritten Reich« wurde in Sachen Kunst zu dieser Zeit noch legalistisch gehandelt – Gesetze sollten der Form nach eingehalten werden, auch wenn das Handeln dem Geist des Gesetzes widersprach. Die jüdischen Besitzer wurden zumeist nicht schlicht enteignet – dafür reichte der gesetzliche Rahmen nicht. Doch man konnte »Zwangsverkäufe« über eine zentrale Ankaufsstelle des Reichs anordnen. Um der Form zu genügen, musste also Geld fließen, zumeist wurden auch realistische Preise gezahlt. Dass die ursprünglichen Besitzer von diesem Geld nicht profitierten, weil sie unter Emigrationsdruck gesetzt wurden und sich gleichsam freikaufen mussten, stand auf einem anderen Blatt.

Die deutschen Eroberungen in den Kriegsjahren 1939 und 1940 brachten für Dr. Posse neue Betätigungsfelder. In Polen konfiszierte Kunstwerke wurden von ihm begutachtet, doch keines wurde für den »Sonderauftrag Linz« gekauft, da sich der andere große Kunstsammler des »Dritten Reichs«, Hermann Göring, diese Werke nicht nehmen lassen wollte – als »Beauftragter für den Vierteljahresplan« oblagen ihm die Wirtschaftsplanung und damit auch die wirtschaftliche Ausplünderung Polens. Göring war derjenige, der seiner Sammlung schamlos auch »Raub-

> Teilweise wissentlich und teilweise unwissentlich setzte der Kunsthandel Kunstwerke um, die aus Beschlagnahmung oder aus Zwangsverkäufen stammten. Die Kunsthändler hatten einen großen Anteil daran, Kunstwerke »weißzuwaschen« und an Hitler oder an andere Interessenten zu verkaufen.
>
> **Hanns-Christian Löhr, Historiker**

kunst« einverleibte. Hitler und Posse agierten vorsichtiger. Sie wollten – zumindest formal – für alles bezahlen. Denn niemand sollte dem dereinst in Linz stehenden Museum nachsagen können, dass seine Exponate zusammengestohlen worden seien. Und so erhielt Posse, der nur den Weisungen Hitlers unterstand, Budgets in Millionenhöhe. »Die Forschung geht davon aus, dass Hitler insgesamt 160 Millionen Reichsmark für Kunst aufgewendet hat. Für seine Linzer Sammlung dürfte er vielleicht so den Betrag von 106 bis 108 Millionen Reichsmark gezahlt haben«, schätzt der Berliner Historiker Hanns-Christian Löhr.

Auch in den Niederlanden und Frankreich kam nach der Besetzung durch die Wehrmacht Bewegung in die dortigen Kunstmärkte. Schon am 26. Mai 1940 – nur elf Tage nach der niederländischen Kapitulation – war Posse erstmals in Den Haag, um dort Bilder zu kaufen. Im besetzten Frankreich stieß er indes auf Konkurrenten. Andere Dienststellen vereinnahmten eifrig Kunstgegenstände vorwiegend aus jüdischem Besitz – etwa der »Einsatzstab Reichsleiter Rosenberg« oder das Göring unterstehende »Devisenschutzkommando« sowie das Reichspropagandaministerium, das nach »deutscher« Kunst suchte, die während der napoleonischen Kriege verschleppt worden war. Posse erwirkte im November 1940, dass für alle Kunstwerke, die in den besetzen Gebieten beschlagnahmt worden waren, auch ein »Führervorbehalt« galt. Damit hatte Hitler den ersten Zugriff und Posse die erste Wahl für den »Sonderauftrag Linz«. Doch neben den beschlagnahmten Objekten interessierte sich Posse auch für solche, die im Kunsthandel der Niederlande und Frankreichs zum Verkauf standen – und das war eine Menge. Seit Weihnachten 1940 überreichte Posse Hitler regelmäßig große Alben, in denen die Neuerwerbungen fotografisch katalogisiert waren und noch zu erwerbende Werke für die »Idealsammlung« vorgestellt wurden. »Hitler verfolgte alle Erwerbungen aufmerksam. Er soll jedes Bild persönlich begutachtet haben, bevor es in die Sammlung des Sonderauftrages gelangte. Er drängte dabei den Galeriedirektor Posse, möglichst viel zu kaufen. Was für das Museum in Linz nicht geeignet war, sollte in kleinere Provinzmuseen im Osten gehen«, schreibt Hanns-Christian Löhr.

Verborgene Schätze

Im Osten gab es zudem eine weitere Immobilie, in die Hitler viel Geld investierte und für die Kunstwerke angeschafft wurden. In Posen, der Hauptstadt des neu gegründeten »Warthegaus« im besetzten Polen, stand ein Schloss, das für Kaiser Wilhelm II. im Jahr 1910 fertiggestellt worden war. Vor dem Ersten Weltkrieg hatte Posen zum deutschen Kaiserreich gehört, Wilhelm hatte sein Schloss als »germanische Trutzburg« im Osten betrachtet. Dieses riesige, neoromanische Bauwerk wollte Hitler nun im Zuge der geplanten Germanisierung der Ostgebiete zu seiner »Führerresidenz« umbauen.

Es wurde ab Mitte 1940 komplett entkernt und dann nach dem Vorbild der Neuen Reichskanzlei von der Holzmann AG im pompösen NS-Stil umgebaut. Verschiedenfarbiger Marmor aus allen Gauen des Reichs verbreitete nun kalte Pracht in riesigen, leeren Räumen. Bürokratische Schwierigkeiten hatten den Baubeginn verzögert, bis schließlich Hitler per »Führerbefehl« durchgegriffen hatte. Insgesamt steuerte er zwei Millionen Mark aus seiner Privatschatulle zu dem Projekt bei, dessen Gesamtkosten anfänglich auf 6,7 Millionen Mark veranschlagt waren. Hitler sollte sein Schloss in Posen, dessen Umbau er aus der Ferne genau verfolgt hatte, nie persönlich betreten. Im Juli 1944 wurden die Baumaßnahmen eingestellt, zuletzt hatte die Kalkulation der Kosten bei 21 Millionen Mark gelegen. Kurz darauf begann eine gewaltige sowjetische Offensive, mit der sich die Ostfront bedenklich nahe an das Reich heranschob.

Hier in Posen wird sich die Herrlichkeit des starken Reiches millionenfach widerspiegeln. Auch von hier aus wird der Führer Wache halten über die Sicherheit des Reiches.

Arthur Greiser, Gauleiter, über die »Führerresidenz Posen«

»Der Führer hat mir bestätigt, daß in dem Schloß in Posen für ihn eine Führerwohnung, die jederzeit beziehbar ist, bereitstehen soll.«

Protokoll des Chefs der Reichskanzlei vom 10. Mai 1943

Die Kriegsereignisse stellten auch zunehmend die Realisierung des Lin-

»Die Herrlichkeit des starken Reiches«: Das Posener Schloss wurde ab 1940 zur »Führerresidenz« umgebaut.

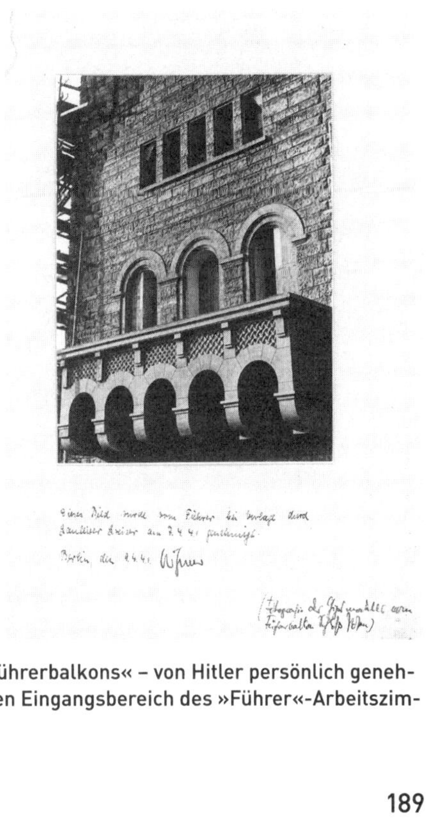

Aus der Bauakte: Foto eines Gipsmodells des »Führerbalkons« – von Hitler persönlich genehmigt (rechtes Bild). Nach dem Umbau: Blick in den Eingangsbereich des »Führer«-Arbeitszimmers (linkes Bild).

»Reichsbildberichterstatter der NSDAP«: Heinrich Hoffmann (hinten) bei seiner Hauptbeschäftigung – der Ablichtung des Diktators.

zer »Führermuseums« infrage. Seit der alliierten Landung in Italien 1943 lag Österreich in der Reichweite britischer und amerikanischer Bomber. Der überaus wertvolle Bestand des »Sonderauftrags Linz« verschwand in bombensicheren Depots. Das Volk bekam die Sammlung seines »Führers« nie zu Gesicht. Dennoch wurde das manische Sammeln nicht eingeschränkt. Hitler schickte weiterhin Mittelsmänner los, um Kunst zu erwerben. Einer, der im Auftrag Hitlers schon früh als Aufkäufer für Kunst in Aktion trat, war Heinrich Hoffmann.

Der »Hoffotograf« Hitlers war ein alter Weggefährte und nannte sich nach 1933 »Reichsbildberichterstatter der NSDAP«. Doch auch dieser pompöse Titel wird der wahren Bedeutung dieses Mannes im Umfeld Hitlers nicht ganz gerecht. Wie Hitler hatte er davon geträumt, ein Künstler zu sein, doch der Durchbruch war auch ihm nie gelungen. Dennoch teilten Hitler und Hoffmann ein intensives Interesse an der Kunst –

»Hoffmanns wirtschaftlicher Aufstieg nach 1933 glich einer kapitalistischen Bilderbuchkarriere – und basierte doch auf den neofeudalistischen Grundlagen der ›Führerherrschaft‹. Seine Karriere als Fotograf und Verleger… wäre ohne seine einzigartige Beziehung zu Hitler nicht denkbar gewesen.«

Rudolf Herz, *Hoffmann & Hitler*

und so wurde Hoffmann zum Aufkäufer und Händler von Werken, die für die Sammlung Linz interessant waren. Das hatte er gewiss auch seiner besonderen Geschäftstüchtigkeit zu verdanken, von der Hitler schon in frühen Jahren profitiert hatte. Hoffmann war seit 1920 Parteimitglied. Ab 1923 – beginnend mit dem Hitler-Putsch – dokumentierte er fotografisch die Aktivitäten der NSDAP und Hitlers, in dessen Nähe er fortan immer zu finden war. Bis 1923 hatte Hitler sich bewusst nicht fotografieren lassen, weil er die Aura des Geheimnisvollen aufrechterhalten wollte. Als 1922 eine US-Zeitung bei Hoffmann wegen eines Fotos anfragte, wollte Hitler – so erzählt es Heinrich Hoffmann in seinen Erinnerungen –, dass dafür 30 000 Dollar gezahlt werden sollten. »Er weiß, daß dieses Bild mit Erstrecht eine fotografische Rarität sein wird, die mit diesem Betrag keinesfalls überbezahlt ist«, teilte Hitlers Mentor Dietrich Eckart dem mit ihm befreundeten Hoffmann mit. Der Plan zerschlug sich, als ein Fotoreporter der Associated Press Hitler ungefragt in Nürnberg »abschoss« und dann unerkannt entwischte. Dass Hitler-Fotos lukrativ sein konnten, war nun klar – und so trafen Hitler und Hoffmann eine geschäftliche Abmachung: Hoffmann sollte der einzige Porträtist Hitlers sein und auch in dessen privatem Umfeld Fotos machen. Seine Bildagentur könne diese Hitler-Bilder exklusiv und gewinnbringend weltweit vertreiben. Das brachte Hoffmann fortan Millionen ein. Hitler wurde an den Gewinnen beteiligt: Er sollte zehn Prozent der Fotoverkaufserlöse erhalten. Hoffmanns Firma wurde nach 1933 die größte private Fotoagentur des »Dritten Reichs«, während in seinem angeschlossenen »Verlag für Zeitgeschichte« bis 1945 mehr als 30 Fotobände erschienen. Manche hatten hohe Auflagen: *Hitler in Polen* verkaufte sich 200 000 Mal. Wie all die anderen Bücher hatte es vorwiegend ein Thema: Es zeigte den »Führer« auf fast jeder Seite. Und der kassierte für das »Recht am eigenen Bild« mit. Zuvor hatte sich nie ein Politiker so geschickt und gewinnbringend medial vermarktet.

Unzählige Hitler-Bilder – von Hoffmanns Agentur geliefert – fanden sich auch in den zahllosen Publikationen des Eher Verlags. Der gab nicht nur den *Völkischen Beobachter* heraus, sondern ab 1932 auch den *Illustrierten Beobachter*, eine reich bebilderte Zeitschrift. Dazu kamen nach 1933 viele Sonderhefte über das Leben und Wirken des »Führers«, allesamt üppig illustriert. Und der gezeigte und gepriesene »Führer« kassierte kräftig mit. Nicht nur, weil dem Leser Hoffmanns Fotos auf jeder Seite begegneten, sondern auch weil Hitler alleiniger Anteilseigner des Verlags Franz Eher Nachf. GmbH war. Dessen Geschäftsführer Max Amann gebot inzwischen über einen der größten und erfolgreichsten Verlage des »Dritten Reichs« – kein Wunder, denn er verleibte sich andere Erfolgsverlage ein, so wie 1937 den berühmten Ullstein Verlag, der schon 1934 »arisiert«

»Sichere Einnahmequelle«: Ein Ehepaar erhält nach der Trauung vom Standesbeamten ein Exemplar von Hitlers Buch *Mein Kampf*.

wurde, weil die Familie Ullstein jüdischen Glaubens war. Der Eher Verlag wurde während des »Dritten Reichs« zum größten Verlagskonzern Europas, sein Umsatz kam dem der IG Farben nahe. Ein lang anhaltender Verkaufsschlager für den Eher Verlag blieb *Mein Kampf*. Die hohen Absatzzahlen waren vorwiegend dadurch zu erklären, dass ab 1936 jedes frisch vermählte Paar auf dem Standesamt eine Ausgabe des Werkes überreicht bekam – sechs Millionen Exemplare wurden so an Mann und Frau gebracht. Und die mussten bezahlt werden, und zwar vom Steuerzahler. So wurde das Buch mit 10 Millionen verkauften Exemplaren zum Bestseller – den, wie nach 1945 oft beteuert wurde, kaum jemand wirklich las. Das konnte Hitler gleichgültig sein, die Tantiemen flossen stetig, jährlich zwischen 1,5 und 2 Millionen Mark. Daran änderte sich auch nichts, als 1935 der »Nationalsozialistische Deutsche Arbeiterverein«, in dessen Besitz der Eher Verlag war, aufgelöst wurde. Das gesamte Vermögen des Vereins fiel an die NSDAP. Und der Vereinsvorsitzende und alleinige Anteilseigner am Eher Verlag, Adolf Hitler, war nun kein Verleger mehr.

Krieg als Wirtschaftsfaktor

Der Öffentlichkeit wäre ohnehin nie in den Sinn gekommen, dass Hitler je eine Rolle im Verlagswesen gespielt hatte. Dem Image des Politikers wäre die Beteiligung an einem Wirtschaftsunternehmen abträglich gewesen. Und das Bild, das er in der Öffentlichkeit abgab, war Hitler stets wichtig gewesen. Er ließ sich zu Anfang seiner Regierungszeit als Beseitiger von Not und Arbeitslosigkeit feiern. Dass dies mit riesigen Krediten finanziert wurde und die meisten Investitionen in die Rüstungsindustrie flossen, schien den meisten Zeitgenossen nicht bewusst gewesen zu sein und wird auch noch heute gern vergessen.

Als Kenner der NS-Wirtschaftspolitik erwies sich der Historiker Götz Aly in seiner Studie *Hitlers Volksstaat*. Er fasste im ZDF-Interview zusammen, wie Hitlers Konzept aussah: »Für die großen

> **Mir ist jeder Weg recht, der mir die Tore zum Herzen meines Volkes öffnet.**
>
> Hitler 1933

Die Ankurbelung des Arbeitsmarkts durch Arbeitsbeschaffungsmaßnahmen wie den Neubau des »Reichsluftfahrtministeriums« in Berlin prägte Hitlers Bild in der deutschen Öffentlichkeit.

Arbeitsbeschaffungsprogramme, für die großen Bauprogramme – da ist etwa das Reichsluftfahrtministerium gebaut worden, bald der Flughafen Tempelhof, die Reichsautobahnen und so weiter – war überhaupt kein Geld da. Also hat man das mit Krediten gemacht unter der Maßgabe, dass diese Kredite später irgendwie zurückbezahlt werden. Nach außen hin hat dieses Arbeitsbeschaffungsprogramm funktioniert. In seiner Finanzierung war es völlig spekulativ und überzogen. ... Diese Politik ist verbunden mit einer scharfen Wiederaufrüstung. ... Und es war Hitler völlig klar, dass diese Kredite nur bezahlt werden könnten von dereinst noch zu besiegenden Völkern. Das heißt, die Aufrüstung war eine gezielte Investition in die kriegerische Zukunft der Deutschen.« Mit dem Krieg, den er 1939 entfachte, wurde Hitler zum Jahrhundertverbrecher, weil Millionen Soldaten und Zivilisten starben und im Namen Deutschlands und von deutschen Tätern während des Holocaust sechs Millionen Juden ermordet wurden. Angesichts dessen scheint es fast unangemessen, daran zu erinnern, dass seine Politik auch ungeheure Sachwerte in

Europa und Deutschland vernichtete. Der Kontinent lag 1945 wirtschaftlich darnieder. Und Hitlers Volk, die Deutschen? Sie lebten in zerstörten Städten, Millionen hatten Heimat, Haus und Hof verloren. Die Produktion der Industrie war zum Stillstand gekommen, die während des Krieges bis zum Exzess gedruckte Währung war wertlos – Tauschhandel und Schwarzmarkt bestimmten das Wirtschaftssystem bis 1948, als mit der Währungsreform der erste Schritt zur wirtschaftlichen Gesundung Westdeutschlands getan wurde.

Das schwierige Erbe

Als sich Hitler Ende April 1945 im Bunker unter der Reichskanzlei erschoss, war er ein sehr vermögender Mann. In seinem privatem Testament lässt er anklingen, dass zu seinem Vermächtnis vielleicht der Untergang Deutschlands gehören könnte. Dazu passt indes nicht, dass er in seinem privaten Vermächtnis zuallererst die NSDAP bedenkt: »Was ich besitze, gehört – sofern es überhaupt von Wert ist – der Partei. Sollte diese nicht mehr existieren, dem Staat. Sollte auch der Staat vernichtet werden, ist eine weitere Entscheidung von mir nicht notwendig.« Dieses Testament wurde nie vollstreckt. Hitlers Staat – das »Dritte Reich« – wurde vernichtet. Nicht aber die staatliche Kontinuität Deutschlands. Schon bald nach Kriegsende fiel Hitlers gesamter Besitz dem Freistaat Bayern zu – so hatten es die alliierten Sieger entschieden; Grundlage war die Tatsache, dass Hitler bis zu seinem Tode seinen offiziellen Wohnsitz am Prinzregentenplatz in München hatte. Nach der Übertragung des Hitler'schen Besitzes verwaltete das Land Bayern das Gelände des »Berghofs«. Ebenfalls in den Besitz des Landes Bayern gelangten nach 1945 die Urheber- und Nutzungsrechte an *Mein Kampf* – das ist bis heute die Rechtsauffassung des Staatsministeriums für Finanzen. Es unterbindet jede Neuauflage. »Abdruckgenehmigungen für Gesamtwerke werden weder im In- noch im Ausland erteilt. Dies gilt auch für eine kommentierte Neuauflage. Gegen Verletzungen seines Urheber- und Verwertungsrechts im In- und Ausland geht der Freistaat mit allen ihm zur Verfügung ste-

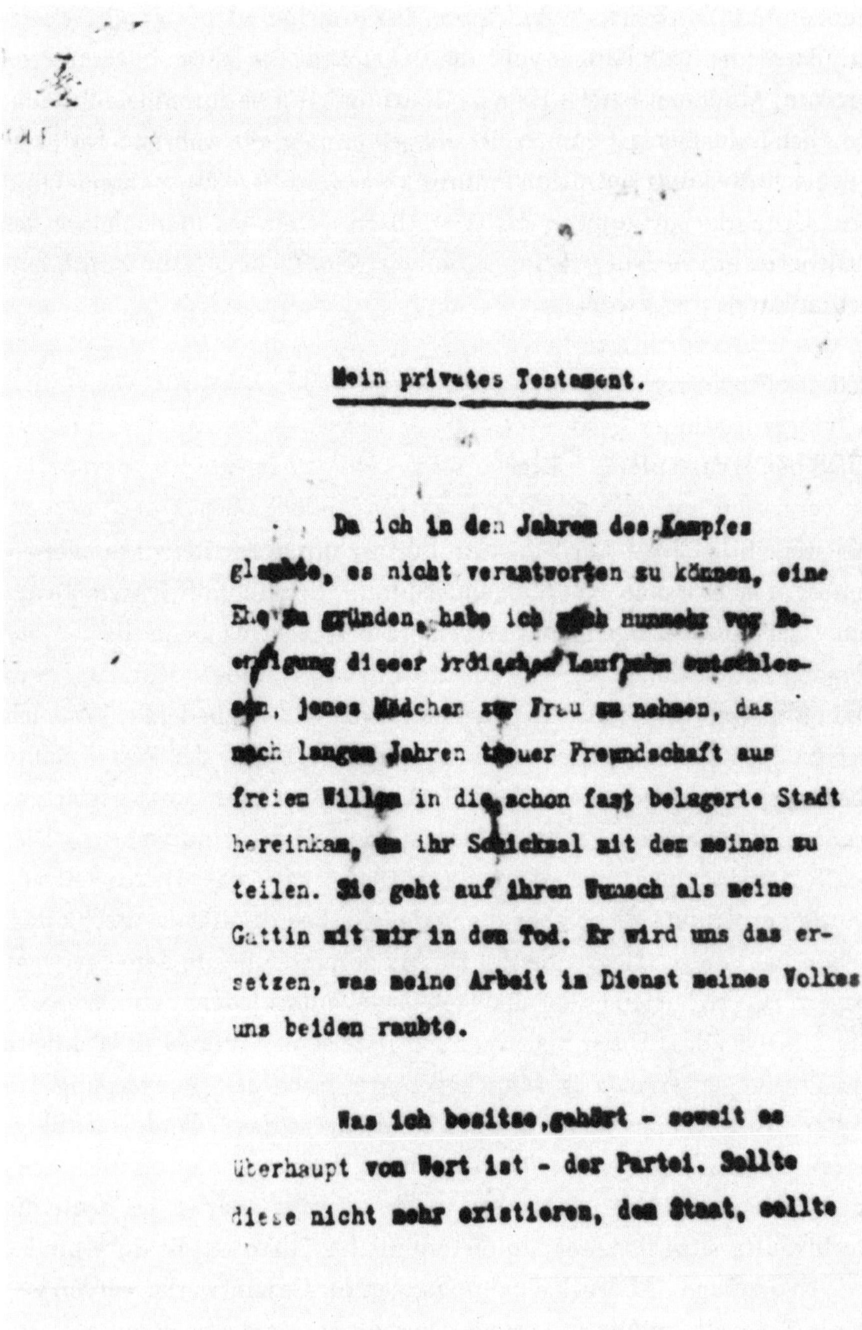

Mein privates Testament.

Da ich in den Jahren des Kampfes glaubte, es nicht verantworten zu können, eine Ehe zu gründen, habe ich mich nunmehr vor Beendigung dieser irdischen Laufbahn entschlossen, jenes Mädchen zur Frau zu nehmen, das nach langen Jahren treuer Freundschaft aus freiem Willen in die schon fast belagerte Stadt hereinkam, um ihr Schicksal mit dem meinen zu teilen. Sie geht auf ihren Wunsch als meine Gattin mit mir in den Tod. Er wird uns das ersetzen, was meine Arbeit im Dienst meines Volkes uns beiden raubte.

Was ich besitze,gehört - soweit es überhaupt von Wert ist - der Partei. Sollte diese nicht mehr existieren, dem Staat, sollte

»Was ich besitze, gehört der Partei«: Hitlers privates Testament, verfasst am 29. April 1945 im Bunker der Reichskanzlei.

henden Mitteln vor«, schreibt im Juni 2011 der Pressesprecher des Staatsministeriums für Finanzen und erklärt: »Damit soll einer weiteren Ausbreitung nationalsozialistischen Gedankenguts vorgebeugt und ein deutliches Zeichen gegen seine Inhalte gesetzt werden.« Diese Rechtslage gilt nach Auskunft des Ministeriums bis zum 31. Dezember 2015. Nach dem Urheberrechtsgesetz erlischt 70 Jahre nach dem Tod des Autors die urheberrechtliche Nutzungsbeschränkung. Trotz der gegenwärtigen Einschränkungen ist das Buch noch heute in vielen Ländern erhältlich, so in den USA und Großbritannien. Die Gewinne, die der britische Verlag seit der Neuauflage 1969 mit *Mein Kampf* erzielte, wurden an Wohltätigkeitsorganisationen gespendet. Auch in Russland und Rumänien ist das Buch heute zu kaufen. In Israel erschien 1995 eine gekürzte Ausgabe; sie ist vergriffen und wird nicht nachgedruckt. Publikationen in Schweden, Norwegen, Lettland, der Schweiz und Ungarn wurden nach Absprache mit dem bayerischen Finanzministerium verboten; in der Türkei wurde 2007 nach der Intervention des Freistaats Bayern die Veröffentlichung

»Rückgabe an die ursprünglichen Besitzer«: US-Soldaten bergen im Mai 1945 ausgelagerte Kunstschätze.

gestoppt. Der Freistaat betont, dass er mit den Rechten an *Mein Kampf* keine Einnahmen erzielt und dies auch nicht vorhat.

Ein anderer wesentlicher Sachwert aus dem Besitz Hitlers waren die unzähligen Kunstwerke, die der Diktator privat ankaufte oder die in seinem Namen für den »Sonderauftrag Linz« angeschafft worden waren. Sie wurden vor Kriegsende in einem Salzbergwerk bei Altaussee in Österreich gelagert, um sie vor Fliegerangriffen, aber auch vor dem Zugriff der Alliierten zu schützen. Doch Anfang Mai 1945 entdeckten amerikanische Truppen das riesige Depot im Berg. Die Werke wurden – wie andere Sammlungen – zu einem »Collecting Point« in München gebracht. Dort wurden sie systematisch registriert, dann sollten sie restituiert, das heißt an die ursprünglichen Besitzer zurückgegeben werden. Für Hitler waren im Rahmen des »Sonderauftrags Linz« 4353 Kunstwerke erworben worden. Bei 406 Werken war klar, dass sie während des Krieges von den Deutschen beschlagnahmt worden waren. Zwei Drittel des Bestands waren über Kunsthändler beschafft worden. Diese Werke konnte man deswegen nicht einfach pauschal als Raubkunst klassifizieren. In jedem Fall musste einzeln geprüft werden, ob sich die Händler rechtmäßig verhalten hatten und in welchen Fällen sie als Hehler agiert hatten. Der Berliner Historiker Hanns-Christian Löhr hat im Zuge seiner Forschungen ermittelt, dass etwa 37 Prozent der Werke als rechtmäßige Ankäufe registriert werden konnten. Sie gingen in Bundesbesitz über und hängen heute größtenteils in Museen, manche schmücken Regierungsgebäude und Amtsräume des Bundes, wie etwa das Bundespräsidialamt. Fast ein Drittel der Sammlung wurde an die Herkunftsländer Niederlande, Frankreich und Österreich zurückgegeben. Zehn Prozent gelten als Kriegsverlust. Für fast ein Viertel der Werke aus dem »Sonderauftrag Linz« stellte sich die Aufgabe der Restituierung. In vielen Fällen mussten die Erben der oft im Holocaust getöteten jüdischen Vorbesitzer gefunden werden. Das Bundesamt für zentrale Dienste und offene Vermögensfragen in Berlin bemüht sich noch heute aktiv, durch Provenienzforschung die Besitzverhältnisse zu klären und Rückgaben an die Erben zu ermöglichen. Das ist in den meisten Fällen gelungen. Doch noch heute gibt es ein Depot am Rande von Berlin, in dem einige Dutzend Werke aus Hitlers Sammlung lagern. Einige harren der Rückgabe, weil die Erbangelegenheiten nicht oder noch nicht restlos geklärt sind. Einige wenige sind in Bundesbesitz und werden schlicht dort gelagert, weil sich kein Museum oder keine Behörde findet, das oder die sie aufhängen würde.

Die Bilanz der Exzesse

Heute wissen wir, dass sich Hitler – wie viele andere absolute Herrscher vor ihm und viele Diktatoren nach ihm – den Staat fast zum Eigentum gemacht hatte. Jenseits seiner privaten Finanzverhältnisse sah der Staatsmann Hitler Geld auch als Machtmittel.

Wie Feudalherrscher ließ er getreuen Vasallen Geschenke zukommen – etwa in Form von Ländereien. Schon 1935 hatte er dem Feldmarschall des Ersten Weltkriegs, General von Mackensen, das Gut Brüssow in der Uckermark geschenkt. Der General war für die NSDAP in den Jahren zuvor ein wertvoller Fürsprecher gewesen – in konservativen Kreisen und bei Weltkriegsteilnehmern galt sein Wort viel. Der Dank für den Sympathisanten war ein riesiges Gut, das einst von Friedrich dem Großen gegründet worden war. Während des Krieges erhielten weitere verdiente Generale Landgüter und Gelddotationen – stets waren diese Gaben steuerfrei, mussten aber auch geheim gehalten werden. Ein Beispiel war General Guderian. Der Schlachtenlenker bekam 1943 das Gut Deipenhof bei Posen im »Warthegau« geschenkt – eigentlich hatte der General sich das Gut Schöngarten, ebenfalls in der Nähe von Posen gelegen, gewünscht. Doch das war mit 7000 Morgen fast doppelt so groß wie von Mackensens Gut Brüssow. Und dem stand offenbar als »größerem Helden« auch die größere der Latifundien zu. So musste sich Guderian mit einer bescheideneren Schenkung begnügen – Gut Deipenhof, bis zur Enteignung im Besitz polnischer Adliger, die seit Jahrhunderten den preußi-

> **Ganz im Gegensatz zur fortwährenden Propaganda, in der er als bedürfnisloser Mensch auftrat, hatte er eine Art Neureichen-Gehabe, das sich dadurch ausdrückte, dass er luxuriöse Immobilien hatte und seinen Freunden Geldgeschenke machte.**
>
> Wolfgang Zdral, Wirtschaftsjournalist

schen Königen gedient hatten, hatte einen Wert von 1,2 Millionen Mark. Hitler bedachte mit seinen Dotationen nicht nur Militärs: So erhielt der von Hitler hoch geschätzte Bildhauer Arno Breker zum 40. Geburtstag das ehemalige Rittergut Jäckelsbruch bei Wriezen geschenkt. Der Dank für seine »schöpferische Arbeit im Dienste der deutschen Kunst« umfasste neben dem Schloss mit Park auch ein neu erbautes Atelier, dazu gab es ein Werksgelände mit Gleisanschluss. Insgesamt hatte diese Dotation einen Wert von 800 000 Reichsmark. Bei derartigen Schenkungen zeigte sich Hitlers vormodernes, absolutistisches Herrschaftsprinzip: Wer treu diente, wurde reich beschenkt, der Wettkampf um die Gunst des Herrschers sollte das Handeln der Untertanen befeuern.

»Unerschöpfliche Mittel zur Verfügung zu haben, besaß für ihn einen geradezu erotischen Reiz«, schreibt Wulf Schwarzwäller in seiner Studie über Hitlers Finanzgebaren. Eine Besonderheit des »Dritten Reichs« war dennoch, dass bei fast allen Exzessen der Schein von Legalität gewahrt werden sollte. Doch wer hinter die Fassade blickt, entdeckt ein mafiös erscheinendes Geflecht, bei dem Staats- und Parteiämter untrennbar miteinander verwoben und mit Wirtschaftsunternehmen verfilzt waren.

Beim Machtantritt 1933 war Hitler bereits ein reicher Mann, der persönliche Einkünfte und Parteikasse in den 1920er-Jahren bedenkenlos miteinander verflochten hatte. Die persönlichen Einkünfte flossen reichlich durch seine enge wirtschaftliche Beziehung zum Franz Eher Verlag, die auch bestehen blieb, als er an der Macht war. Diese Machtübertragung im Januar 1933 war ein politischer Triumph – und sie zahlte sich auch finanziell aus. Besonders die »Adolf-Hitler-Spende« der deutschen Wirtschaft erscheint als eine merkwürdige nachträgliche Honorierung für geleistete Dienste und für zu erwartende Wohltaten; all das wirkt anrüchig,

> Es gab ein System von schwarzen Kassen und den Zuwendungen von größeren und kleineren Gönnern, die aber alle offiziell nicht auftauchen – damit ist es für Hitler einfach, so zu tun, als ob er völlig bedürfnislos und arm wie eine Kirchenmaus ist.
>
> **Wolfgang Zdral, Wirtschaftsjournalist**

eher einer Bananenrepublik würdig als einem modernen Industriestaat. Gleichzeitig kann man keineswegs sagen, dass sich die Industrie einen willfährigen Kanzler »hielt«. Sie hat ihn auch nicht mit ihrem Geld zum Kanzler gemacht, sondern erst nachträglich bestehende Realitäten pragmatisch zu ihrem Vorteil anerkannt; heute würde man dies »Landschaftspflege« nennen und gewiss nicht so plump betreiben. Hitler hatte das Geld der Konzernchefs nach 1933 nicht mehr nötig, als Privatmann war er wirtschaftlich unabhängig. Doch als er 1919 seine Politikerkarriere begann, hatte dies ganz anders ausgesehen. Üblich war bis dahin gewesen, dass wohlhabende Männer in die Politik gingen oder ihr Geld nutzten, um Einfluss zu nehmen. Bei Hitler war es umgekehrt: Er wollte als Agitator nicht nur seine ideologischen Vorstellungen umsetzen, für ihn war die politische Karriere auch ein Weg, um Rang und sozialen Status zu gewinnen. Das gelang ihm mit durchschlagendem Erfolg. Als er sich etabliert hatte, erlaubte ihm sein Status, ein Leben nach seinen Vorstellungen zu führen. Nun konnte er seine Interessen und Vorlieben ausleben – fast ohne jede finanzielle Einschränkung.

Himmlers Wahn, Himmlers Schuld

»**Er hatte nicht die Aura eines Massenmörders. Aber das ist wahrscheinlich gerade das, was die Massenmörder so erfolgreich macht.**«

Traudl Junge,
Hitlers Sekretärin

Meinem lieben Püppi. Kennst Du Deinen Pappi?«, steht als Widmung auf einem Foto, das den »Reichsführer SS« in Fliegermontur zeigt. Es ist eines der vielen Liebesbeweise Himmlers an seine Tochter Gudrun. Mit Heinrich Himmler verbindet man Terror und Verbrechen. Er war verantwortlich für Bespitzelung und Unterdrückung innerhalb des »Dritten Reichs«. Die Verbrechen in den Konzentrationslagern gehen auf sein Konto. Seine SS beging federführend Gräueltaten in den besetzten Ländern, vor allem hinter der Ostfront. Seine Umsiedlungsaktionen vertrieben Millionen aus ihrer Heimat. Er war einer der mächtigsten Männer im NS-Staat: »Reichsführer SS«, Chef der Deutschen Polizei, Reichskommissar für die Festigung deutschen Volkstums, gegen Kriegsende Reichsinnenminister und Befehlshaber des Ersatzheers. Ein Mann, der als Monster beschrieben wird, als irrer Megalomane oder als Geisteskranker. Manchmal auch nur als blasser Besserwisser, dem die Macht zu Kopf stieg. Ein Mann der Extreme. Heinrich Himmler hat drei Kinder in die Welt gesetzt. Alle drei leben heute noch in Deutschland.

Der Öffentlichkeit bekannt ist nur die eine Tochter: Gudrun, geboren 1929. Von ihren Eltern wurde sie liebevoll »Püppi« genannt. Obwohl der Vater kaum zu Hause war, pflegte er zu ihr ein inniges Verhältnis. Er telefonierte regelmäßig mit Gudrun, schickte ihr Briefe und Fotos mit Widmungen. Einmal nahm er sie sogar mit in die »Arbeit«, zu einem Besuch des Konzentrationslagers Dachau. Am Abend notierte sie in ihr

»Liebe Püppi«: Himmler mit Tochter Gudrun während eines Sportwettkampfs in Berlin im März 1938.

»Nazi-Prinzessin«: Gudrun Burwitz Mitte der 1990er-Jahre.

Tagebuch: »Wir haben den Kräutergarten gesehen, die Birnbäume und die Bilder, die die Häftlinge gemalt haben. Wunderbar. Danach haben wir sehr gut zu Mittag gegessen.« Interessiert nahm Gudrun Anteil an den »Heldentaten« des Vaters. Als Hitler in Österreich einmarschierte, war auch Himmler zur Stelle und sorgte mit seiner SS für die »Aufrechterhaltung der Ruhe«. Am Tag nach dem »Anschluss« Österreichs lag das Mädchen mit hohem Fieber im Bett, und die Mutter schrieb verzückt in ihr Tagebuch: »Als ich ihr sagte, daß es erst ½ 4 Uhr ist, sie soll noch mal versuchen zu schlafen, sagte sie: Gestern um die Zeit ist der Pappi eingezogen. Sie meinte in Wien. So beschäftigt sich das Kind mit ihrem Vater.« Und am 30. Januar 1940 notierte die Mutter: »Heute H. v. seiner großen Reise zurück. Er hat den letzten Treck der Wolhynien-Deutschen an der Grenze Prycemizl [Gemeint ist Przemyśl] empfangen. Püppi habe ich vorgelesen u. erklärt, was es heißt: Treck u. Heimkehr ins Vaterland. Es ist eine unerhörte Tat. Nach 1000 von Jahren wird man noch davon sprechen.«

Diese Art von Indoktrination sollte ihre Früchte tragen. Gudrun Himmler war oft einsam und litt darunter, dass ihre Mutter »fast keinen Menschen um sich haben« konnte. Ihren Vater aber vergötterte sie. Nach dem Krieg versuchte sie immer wieder, seine Taten zu rechtfertigen. Sie selbst blieb dem NS-Gedankengut verhaftet, ebenso wie ihr Ehemann, der Autor und Journalist Wulf-Dieter Burwitz. Gudrun Burwitz ist, wie es heißt, bis heute in der neonazistischen Szene aktiv. Die Tochter Heinrich Himmlers verkörperte die Seele der »Stillen Hilfe«, eines SS-Vereins, der 1951 gegründet wurde, um verfolgten oder verurteilten NS-Tätern zu helfen. 1999 wurde dem Verein die Gemeinnützigkeit aberkannt. Sie half auch bei der Bildung der »Wiking-Jugend«, einer neonazistischen Kinder- und Jugendorganisation, die sich in der Nachfolge der HJ sah und 1994 vom Bundesinnenminister verboten wurde. Es ist still geworden um die 82-jährige »Nazi-Prinzessin«. Bis vor Kurzem war sie aber noch der »Star« bei Veranstaltungen von Alt- und Jungnazis und hielt dort regelrecht Hof.

Die anderen beiden Kinder möchten, dass ihre Herkunft ein Geheimnis bleibt. So wie ihr Vater ihre Existenz möglichst geheim gehalten hatte.

»Mir der Kampf« – Himmler und die Frauen

Der schmächtige, unscheinbare Heinrich Himmler ist als Verführer kaum vorstellbar, und er tat sich auch lange sehr schwer mit Frauen. Als junger Mann war er ein »Spätzünder«. Während sein Bruder und seine Studienfreunde in München mit Mädchen ausgingen oder sich gar verlobten,

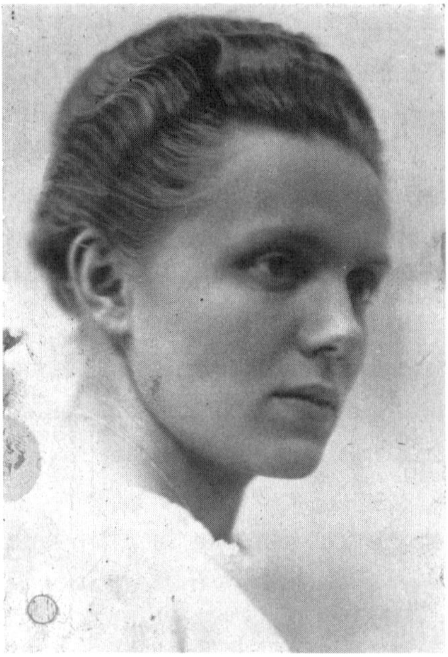

»Hohe Frau«?: Himmlers spätere Ehegattin Margarete im Jahr 1918.

»Sexueller Spätzünder«: Himmler tat sich schwer mit dem anderen Geschlecht.

kam Heinrich nicht zum Zuge. Er verdrängte das Thema Sexualität damit, dass er sich als einsamer Kämpfer und Held sah, der keine Bindungen eingehen dürfe. »Mir der Kampf«, schrieb er in sein Tagebuch und tröstete sich mit der Aussicht auf die »hohe Frau«, die weibliche Idealfigur, für die er sich aufsparen wollte.

Im Dezember 1926 lernte er in Bad Reichenhall die dort zur Kur weilende Margarete Boden kennen. Laut dem Journalisten Heinz Höhne war Himmler damals vor einem Regenguss in die Halle eines Hotels geflüchtet und hatte seinen nassen Jägerhut vor einer Dame so schwungvoll gezogen, dass diese über und über bespritzt wurde. Die große blonde Frau mit den blauen Augen entsprach auf den ersten Blick seiner Traumvorstellung. Himmler begann seine erste Beziehung – mit 27 Jahren. Allerdings hielt er die Romanze anfangs geheim – Margarete war geschieden, sieben Jahre älter, evangelisch und Preußin. Für die erzkatholischen Himmlers schien diese Kombination so gut wie inakzeptabel. Seinem Bruder Gebhard vertraute Heinrich an, er würde lieber »allein einen Saal mit 1000 Kommunisten räumen, als den Eltern die Beziehung endlich zu beichten«. Als er diesen schließlich dennoch mitteilte, dass er Marga zu heiraten gedenke, reagierte die Mutter entsprechend entsetzt.

Was das Paar verband, bleibt unklar. Himmlers Briefe an seine Braut sind leider nicht erhalten, aber aus ihren geht hervor, dass sich beide für Homöopathie, Heilkräuter und ein Leben auf der eigenen »Scholle« begeistern konnten. »Sie nannte Heinrich ihren »Dickkopp« oder auch ihren »Landsknecht mit dem harten Herzen«, der »›außen rau‹, zu ihr jedoch ›lieb und gut‹ sei«, schreibt Katrin Himmler, die Großnichte des »Reichsführers SS« in ihrem Buch über die *Brüder Himmler*. Allerdings beschwerte sich die Frischverliebte über Himmlers Pedanterie: »Schreibe nie wieder 1.) 2.) 3.) – Typischer Beamter.« Sehr leidenschaftlich scheint die Beziehung selbst in der Anfangszeit nicht gewesen zu sein. Schon nach den ersten Treffen bat Marga ihr »Liebchen«, er solle für das nächste Wiedersehen Rätselhefte mitbringen, »sonst reichen sie nachher nicht u. wir wissen nicht, was wir in T[ölz] machen sollen«. Anscheinend fürchtete sie sich ein wenig vor dem neuen Leben, das sie erwartete, und machte sich große Sorgen um die Anerkennung seiner Familie. Ohnehin war sie der Meinung, dass die Menschen »falsch und schlecht« waren – eine Einstellung, die sich mit den Jahren verstärkte. Dennoch beschwor sie ihren Heinrich im März 1928 geradezu: »Wir müssen glücklich werden.«

Für den finanziell eher Not leidenden Heinrich Himmler war Marga zumindest keine schlechte Partie. Sie war auf einem Gut in Pommern aufgewachsen, hatte im Ersten Weltkrieg als Krankenschwester gearbeitet und betrieb mit finanzieller Unterstützung ihrer Eltern eine Privatklinik in Berlin-Schöneberg. Auch politisch gab es Berührungspunkte. In ihrem Antisemitismus waren sie sich einig, obwohl ihre Äußerungen, die in Briefen oder ihrem Tagebuch überliefert sind, meist einfältiger Natur waren. »Jud bleibt Jud!«, beschwerte sie sich einmal über den Miteigentümer ihrer Klinik. Nach der Reichspogromnacht schrieb sie im November 1938: »Diese Judengeschichte, wann wird das Pack uns verlassen, damit man auch seines Lebens froh wird.« Am 7. März 1940 berichtete sie nach einer Reise nach Posen, Lodz und Warschau: »Dieses Judenpack, die Pollacken, die meisten sehen gar nicht wie Menschen aus, u. der unbeschreibliche Dreck. Es ist eine unerhörte Aufgabe, dort Ordnung zu schaffen«, und sinnierte teilnahmslos: »Dieses Polenvolk stirbt nicht so leicht an den ansteckenden Krankheiten, sind immun. Kaum verständlich.«

Am 3. Juli 1928 heirateten Heinrich und Marga – zunächst standesamtlich in Berlin-Schöneberg, anschließend kirchlich in Zepernick, einem kleinen Ort nördlich Berlins, dem Wohnort von Margas Eltern. Margas Vater und Bruder waren Trauzeugen. Von den Himmlers kam keiner. »Elf Jahre später sollte der Reichsführer SS zum Ehrenbürger des kleinen Ortes Zepernick ernannt werden«, schreibt Katrin Himmler. »Den Schriftwechsel über diese Ernennung führte pikanterweise seine Sekretärin und Geliebte Hedwig Potthast.« Heinrich und Marga Himmler bezogen ein Haus in Waldtrudering, einem Vorort im Osten Münchens, das sie sich von Margas Anteil an der Klinik gekauft hatten. Ihren Job hatte sie ohne Zögern aufgegeben. Im August 1929 wurde Tochter Gudrun geboren. Es sollte – zum Leidwesen des Ehepaares – bei dem einen Kind bleiben. Später wurde ein Pflegesohn aufgenommen: Gerhard von der Ahé. Er war der Sohn des SS-Scharführers Kurt von der Ahé, der am 19. Februar 1933 bei Kämpfen mit Kommunisten in Berlin erschossen wurde. Gerhard war ein Jahr älter als Himmlers Tochter. Dass er in die Familie kam, ist wahrscheinlich auf Himmlers Betreiben zurückzuführen. Seine Frau jedenfalls äußert sich in ihrem Tagebuch meist negativ über den Jungen. »Gerhard ist entsetzlich ungezogen: Lügt, klaut, bleibt von der Schule heimlich weg. Man weiß gar nicht, was man sagen soll«, beklagt sie sich im Januar 1938, »Gerhard ist eine Verbrechernatur.« Aber Marga hatte ohnehin selten etwas Positives über andere Menschen zu sagen. Heinrichs Bruder Gebhard bezeichnete seine Schwägerin laut Katrin Himmler als »eine kühle, harte, keinerlei Gemütlichkeit ausstrahlende, hochgradig nervöse, allzu oft lamentierende Frau«. »Immerhin, so Gebhard, sei sie eine vorbildliche Hausfrau gewesen, ›einfach, sauber und ohne große Attitude‹, die immer zu ihrem Mann gehalten habe.«

Zu Beginn der Ehe lebten die Himmlers bescheiden. Marga versuchte der Familie mit Tierzucht und Landwirtschaft ein Zusatzeinkommen zu verschaffen – mit mäßigem Erfolg. »Hühner legen noch nicht. Hund ›wirft‹ den ganzen Tag. Schwein frißt«, schrieb sie ihrem Mann verbittert, »11 Bäume ausgegangen vollkommen tot. 8 Birnen und 3 Äpfel.« Die

»Hühner legen nicht«: Marga und Heinrich Himmler in ihrem Haus in Waldtrudering bei München, Juli 1929.

»Entsetzlich ungezogen«: Familie Himmler Mitte der 1930er-Jahre nach der Aufnahme des Pflegesohns Gerhard von der Ahé (rechts), mit dem Marga Himmler überhaupt nicht zurechtkam.

meiste Zeit musste sie allein klarkommen. Heinrich Himmler war für die Partei unterwegs. Sein Eifer sollte sich auszahlen: Mit Hitlers »Machtergreifung« 1933 begann auch für Heinrich Himmler der Aufstieg. Er und Marga gaben ihr Haus in Waldtrudering auf und zogen in die »Hauptstadt der Bewegung«. Im März wurde Himmler – inzwischen »Reichsführer SS« und Reichstagsabgeordneter – Leiter der Polizeidirektion München. Ein Jahr später, nach Übernahme der preußischen Gestapo, zog die SS-Führung nach Berlin um. Heinrich Himmler bekam zunächst eine Dienstwohnung in Berlin und richtete sich eine Dienststelle des persönlichen Stabes in Gmund am Tegernsee ein. Hier, im Haus »Lindenfycht«, wohnten auch Ehefrau Marga und »Püppi«. Erst Anfang 1937 kaufte sich Himmler im noblen Berliner Viertel Dahlem eine Villa. Marga pendelte ab dann öfter zwischen Berlin und dem Tegernsee.

Auf die Position ihres Mannes war Frau Himmler sehr stolz, sie erhob für sich selbst den Anspruch, als »Reichsführerin SS« aufzutreten. Sehr zum Leidwesen von anderen NS-Frauen, bei denen dies nicht besonders gut ankam. Anlässlich des NSDAP-Parteitags 1938 hatte Frau Himmler die Ehefrauen der ranghöchsten SS-Führer eingeladen »und sie mit verbindlichen Tagesprogrammen unter ihre Fittiche genommen. Als Lina Heydrich und Frieda Wolff aus dieser Bevormundung ausscherten und sich auf eigene Faust im Gewühl der Parteigenossen vergnügten, wurden sie feldwebelmäßig zur Ordnung ermahnt«, schreibt der Publizist Jochen von Lang. Die Frau von SD-Chef Reinhard Heydrich sagte über Frau Himmler: »Als ich sie zum ersten Mal sah, war ich entgeistert. Und diese spießige, humorlose und von Platzangst besessene blonde Frau mit ihrem Gesichtszucken beherrschte ihren Mann bis mindestens 1936 und hatte allen Einfluß auf ihn. So kleinbürgerlich und geizig wie sie selbst

»Himmler zum Chef der Deutschen Polizei ernannt. Das ist gut so. Er ist klug, energisch und kompromißlos.«

Goebbels, Tagebuch, 19. Juni 1936

Ich weiß, daß es manche Leute gibt, denen es schlecht wird, wenn sie diesen schwarzen Rock sehen. Wir haben Verständnis dafür und erwarten nicht, daß wir von allzu vielen geliebt werden.

Himmler, 1936

»Reichsführerin SS«?: Margarete und Heinrich Himmler im September 1934 während der Hochzeitsfeier eines SS-Führers in Schlesien.

»Traurig-komische Stunden«: Familie Heydrich 1935 zu Besuch im Landhaus Himmlers. Lina Heydrich (vorn) verachtete Marga Himmler zutiefst.

war auch ihre Einrichtung in Dahlem.« Allerdings hatte Lina Heydrich durchaus Grund, Frau Himmlers Einfluss zu fürchten. Die Antipathie beruhte nämlich offenkundig auf Gegenseitigkeit. Heinz Höhne berichtet, Himmler habe auf Drängen seiner Frau seinem Sicherheitsdienst-Chef befohlen, sich von Lina zu trennen. Der Grund: Sie könne sich nicht unterordnen. Auf einem Gartenfest Hermann Görings ergab es sich, dass Lina Heydrich Himmlers Tischnachbarin wurde. »Es waren traurig-komische Stunden«, erzählte Lina Heydrich später. »Ich machte meine allertraurigste Miene und saß stocksteif. Da fragte Himmler: ›Sie sind ja so still?‹ Darauf ich: ›Wundert Sie das?‹ Dann tanzten wir. Himmler tanzte schlecht. Da sagte er: ›Ach, Frau Heydrich, es wird schon alles gut werden.‹ Sehen Sie, das war wieder typisch für Himmler: Theoretisch befahl er die Scheidung, und als er mich sah, hatte er keinen Mut mehr. Es wurde nie wieder von der Sache gesprochen.«

Bejahung unehelicher Kinder

Himmler selbst hatte sich längst innerlich von seiner nervösen und zänkischen Frau gelöst. Nach Aussagen seines Bruders hatten sich Heinrich und Marga schon bald nach der Heirat einander entfremdet. Eine vierwöchige Italienreise Ende 1937 schien die Eheleute einander zwar ein bisschen näherzubringen. In einer ihr typischen Mischung aus negativer Bilanz mit positiven Einsprengseln vertraute Marga ihrem Tagebuch an: »Nun ist das Jahr zu Ende. Was hat es doch für Kummer und Sorgen gebracht. Aber für Heini auch viel Anerkennung, Aufstieg, u. Ehren. Unsere herrliche Reise war ein großes Erlebnis.« Zu diesem Zeitpunkt war jedoch bereits eine attraktive junge Kölnerin in Heinrich Himmlers Leben getreten, die, wie Heinz Höhne zu berichten weiß, »einen menschlich entkrampfenden Einfluß« auf den »steifen Himmler« ausübte: Hedwig Potthast.

Die Kaufmannstochter, Jahrgang 1912, hatte nach dem Abitur und einem Aufenthalt in England die Mannheimer Handelsschule besucht und arbeitete seit Mitte der 1930er-Jahre als Sekretärin im persönlichen

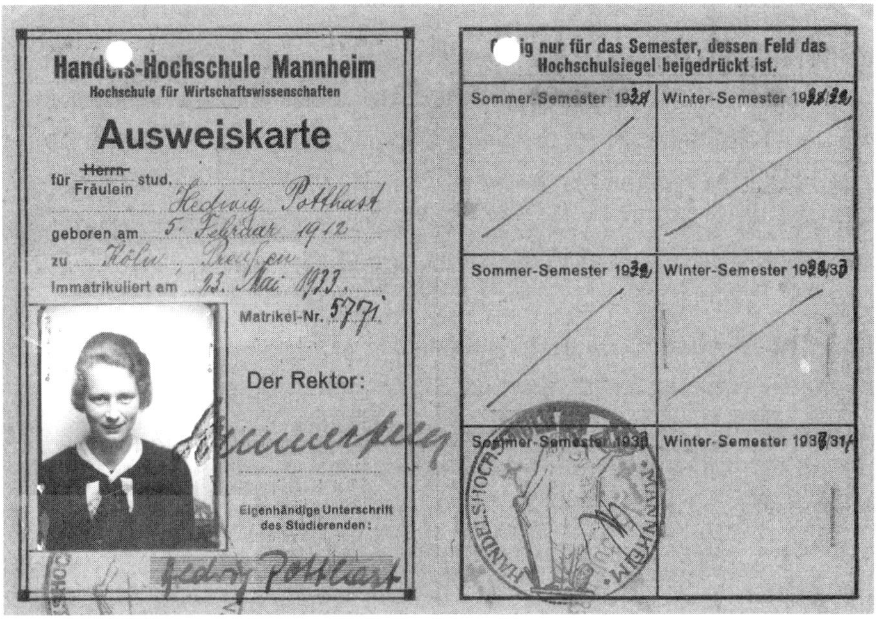
Handels-Hochschule Mannheim
Hochschule für Wirtschaftswissenschaften
Ausweiskarte
für ~~Herrn~~ Fräulein stud. Hedwig Potthast
geboren am 5. Februar 1912
zu Köln, Preußen
Immatrikuliert am 23. Mai 1933
Matrikel-Nr. 5771
Der Rektor:
Eigenhändige Unterschrift des Studierenden: Hedwig Potthast

…ig nur für das Semester, dessen Feld das Hochschulsiegel beigedrückt ist.

Sommer-Semester 193	Winter-Semester 193
Sommer-Semester 193	Winter-Semester 193
Sommer-Semester 193	Winter-Semester 193

»Entkrampfender Einfluß«: Von Himmlers Geliebter Hedwig Potthast existieren nur wenige Fotos. Hier ihr Studienausweis der Handels-Hochschule in Mannheim vom Frühjahr 1933.

Stab des »Reichsführers SS« in Berlin. Ihre Aufgabe bestand zunächst darin, über die Geschenkevergabe Himmlers an seine SS-Getreuen Buch zu führen. Darüber hinaus kümmerte sie sich um die umfangreiche Korrespondenz, die Himmlers Ahnennachweis erforderte. Hedwig war so ganz anders als die eigene Frau. Lina Heydrich erinnerte sich, dass sie »eine wunderbare Ergänzung [Himmler'scher] Unzulänglichkeiten« gewesen sei: »Erst als sie auf [Himmlers] Leben und Denken einwirkte, entwickelte er sich zu einer Weite, die wir damals … bewundert haben«, »erst da bekam er wirkliches Format«. Hedwig Potthast sei »weder kleinbürgerlich noch exzentrisch, nicht SS-mondän, sondern klug und von einer inneren Herzlichkeit geprägt«. Ihr Mann Reinhard Heydrich habe einmal über Hedwig gesagt, »daß man sich an ihr die Hände und Füße wärmen könnte«.

An ihrem 26. Geburtstag 1938 schenkte Himmler seiner hübschen jungen Sekretärin immerhin schon mal eine Schachtel Pralinen. Weihnachten 1938, so schrieb Hedwig ihrer Schwester, »hat es zwischen mir u. ihm eine Aussprache gegeben, in der wir uns gestanden, dass wir uns

> »Ich will, daß die SS-Angehörigen eine rassisch wertvolle gesunde deutsche Familie gründen. Deshalb sind an die zukünftigen Frauen erscheinungsbildlich, gesundheitlich und erbgesundheitlich die höchsten Anforderungen zu stellen.«
>
> **Verfügung Himmlers vom 18. Mai 1937**

unrettbar liebten«. Die junge Frau wohnte damals zur Untermiete in der Bismarckstraße in Berlin-Steglitz. Ob die Wohnung auch als Liebesnest diente, sei dahingestellt. Jedenfalls zerbrachen sich die beiden Turteltauben in den folgenden zwei Jahren den Kopf, »ob es einen anständigen Weg für uns gibt zusammenzukommen«, teilt Hedwig weiter mit. Eine Scheidung sei nicht infrage gekommen, denn »die Frau kann nichts dafür, daß sie ihm nicht mehr Kinder schenken konnte«. Himmler habe seiner Frau aber gesagt, dass er sich nicht damit abfinden werde, keine Kinder mehr zu haben, »und nach einer Lösung des Problems sucht«. Weiter schrieb sie ihrer Schwester, die beim Lesen des Briefes von einer Ohnmacht in die nächste gefallen sein muss: »Wir haben uns entschlossen, Kinder zu haben und so oft es geht zusammenzusein, ohne der Frau ihre angestammten Rechte zu nehmen.« Allerdings beschlossen die Ehebrecher, Marga die Affäre erst zu gestehen, »wenn unseres da ist und durch sein Da-Sein seine Lebensberechtigung selbst vertritt«. Im selben Brief vom Herbst 1941 teilte sie ihrer Schwägerin mit, dass der »Wunsch in Erfüllung« gegangen sei, Hedwig also ein Kind erwarte.

Für Heinrich Himmler war diese Affäre und der zu erwartende Nachwuchs fast schon die logische Konsequenz seines Weltbilds. Es gelang ihm – wie schon oft –, persönliche Vorlieben und Marotten innerhalb der SS zu verankern. Himmler glaubte fest an die »arische Herrenrasse« und gedachte, mit der der SS, seiner »Schutzstaffel«, einen neuen »Ritterorden« zu schaffen, um seine Vision von »germanischer Kultur« in Europa zu verbreiten. Die Auswahl der SS-Leute erfolgte

> **»Hedwig, daß Du mir das angetan hast, kann ich immer noch nicht fassen. Du hast mir das Beste aus meinem Leben genommen.«**
>
> Hedwig Potthasts Mutter, Brief an ihre Tochter

nach rassischen Kriterien: Bewerber mussten »guten Blutes« sein, mindestens 1,70 Meter groß und »vorherrschend nordischen Ursprungs«. Im Juni 1931 erklärte er auf einer SS-Führerbesprechung: »Die SS muß eine Truppe werden, die das beste Menschenmaterial, das wir noch in Deutschland haben, umfaßt, die Blutsgemeinschaft muß die SS zusammenhalten.«

Die zentrale Auseinandersetzung war für ihn die zwischen »dem Volk nordischer Rasse« und dem Bolschewismus. »Gelingt es uns noch einmal, im großen Maßstab ein Volk zu erziehen und zu züchten, ein Volk nordischer Rasse, indem aus dem heutigen Volke die Blutswerte im Auslese-Prozeß hervorgezogen werden? Gelingt es uns noch einmal, um Deutschland herum diese nordische Rasse anzusiedeln, wieder zu Bauern zu machen, und aus diesem Saatbeet heraus ein Volk von 200 Millionen zu machen? Dann gehört die Erde uns!« Um aus der SS eine »Sippengemeinschaft« zu schmieden, eine Eliteorganisation, die aus den »rassisch besten Menschen« bestand, müsse natürlich die Spreu vom Weizen getrennt werden, das heißt ein Ausleseprozess stattfinden. Dabei sollten nicht nur die SS-Bewerber überprüft werden. Mit dem »Verlobungs- und Heiratsbefehl« ließ Himmler auch die künftigen Ehefrauen von SS-Leuten nach rassischen und »erbgesundheitlichen« Kriterien untersuchen. Um heiraten zu dürfen, mussten sich alle SS-Angehörigen seit dem 1. Januar 1932 eine »Heiratsgenehmigung« einholen.

Mit voyeuristischem Interesse begutachtete er die nun eingehenden Anträge der Frauen. Er erkundigte sich nach »hervortretenden Backenknochen«, »mongolischen Lid-Falten am Auge«, forderte Beckenmessungen zur Überprüfung der Gebärfähigkeit oder empfahl eine Hormonbe-

»... Wieso eine Frau, die im Alter von 30 Jahren 1,74 m groß ist, 65 Kilo Gewicht hat, die weiterhin rosigweiße Haut hat, graue Augen, hellblondes, schlichtes Haar hat und dem vorwiegenden Rasseanteil nach als nordisch bezeichnet wird, für den Herrn Arzt einen sehr mäßigen Eindruck machen soll, ist mir unverständlich.«

Himmler

»Saatbeet für 200 Millionen«: Himmler glaubte, aus den Deutschen eine »Herrenrasse« entsprechend dem propagierten »nordischen« Idealbild züchten zu können.

»Zuwachs in der Sippengemeinschaft«: Sämtliche Eheschließungen von SS-Männern mussten vom »Reichsführer SS« persönlich genehmigt werden.

handlung bei Unfruchtbarkeit. Himmler mischte sich auch gern in die Lebensführung seiner SS-Leute ein. So befahl er etwa einem Obersturmführer, »seine Braut solle sich nicht derartig anmalen«. Dies sei in der SS nicht üblich.

Besonders erfolgreich waren Himmlers Zuchtbestrebungen nicht. Die rassische Auslese der SS-Leute und ihrer Frauen ließ sich nie konsequent durchsetzen, und die Ehegenehmigungen wurden während des Krieges bewusst lax gehandhabt. Auch der Kindersegen wollte sich nicht einstellen: 1938 vermerkte das statistische Jahrbuch der SS lediglich 1,1 Kinder pro verheiratetem SS-Mann. Aber »rassisch wertvoller« Nachwuchs musste ja nicht an die Ehe gebunden sein. Bereits 1936 hatte Himmler, wie der Historiker Peter Longerich ausführt, in einem Memorandum festgehalten, dass er »für die SS uneheliche Geburten nicht nur in Kauf nehmen, sondern – als integralen Bestandteil einer bevölkerungspolitischen Strategie – fördern« wollte. Immerhin sei man bestimmt schon bald »um jeden Menschen froh«, den man »zur Bekämpfung des Bolschewismus an die Ostgrenze schicken« könne. Er betonte aber, dass die »Bejahung der unehelichen Kinder … niemals eine Beeinträchtigung der Ehe« sein dürfe.

Dabei stellte sich Himmler bewusst gegen das seines Erachtens viel zu enge Korsett der kirchlichen Sexualmoral. Er war sogar der Ansicht, dass einem SS-Mann mehr als nur eine Frau zustand. »In Anlehnung an ›germanische Sitten‹ war Himmler davon überzeugt, dass er und seine SS-Männer das Recht zu einer Zweitehe hätten«, schreibt die Historikerin Gudrun Schwarz in ihrer Untersuchung über Ehefrauen in der »SS-Sippengemeinschaft«. »Mit Verweis auf die ›Friedel-Ehe, die jeder gutrassige freie Germane eingehen konnte‹«, legitimierte er diese Konstellation. Die Einehe, wie sie die katholische Kirche vorschrieb, bezeichnete er als »Satanswerk«: Sie führe nur dazu, dass die Frauen sich nach der Eheschließung gehen ließen, zwinge den Mann, seine außerehelichen Beziehungen zu verheimlichen, und hindere ihn im Zweifelsfall daran, mit seinem Verhältnis Kinder zu zeugen, »weil ihn die doppelte Moral der sogenannten bürgerlichen Gesellschaft und ihr drohender Boykott« davon abhalte. Die erste Frau sollte aber besondere Rechte haben, erklärte Himmler seinem Masseur und Vertrauten Felix Kersten: »Sie führt die Bezeichnung ›Domina‹, die das auch amtlich zum Ausdruck bringt.«

»Vergiss mich nicht. Deine X«

Natürlich war es kein Zufall, dass sich Himmler ausgerechnet in den Jahren 1936/37, als Hedwig Potthast in sein Leben trat, so intensive Gedanken über Sexualmoral und unehelichen Nachwuchs Gedanken machte. Lange äußerte er seine Thesen nur intern, weil er fürchtete, auf Unverständnis zu stoßen. Erst im Herbst 1939, nach dem deutschen Überfall auf Polen, gab er seine Zurückhaltung auf. Er hatte mit Schrecken festgestellt, dass seine »artreinen« arischen SS-Männer nun in den Kampf zogen und auch ums Leben kamen, ohne für eine ausreichende Menge an Nachwuchs gesorgt zu haben. Er beschloss deshalb, seine Leute unverblümt zur Zeugung von Kindern außerhalb der Ehe aufzufordern.

In seinem »Kindererlass« an die gesamte SS und Polizei verlautbarte Himmler am 28. Oktober 1939: »Jeder Krieg ist ein Aderlaß des besten Blutes. Mancher Sieg der Waffen war für ein Volk zugleich eine vernichtende Niederlage seiner Lebenskraft und seines Blutes. Hierbei ist der leider notwendige Tod der besten Männer, so betrauernswert er ist, noch nicht das Schlimmste. Viel schlimmer ist das Fehlen der während des Krieges von den Lebenden und der nach dem Krieg von den Toten nicht gezeugten Kinder. Die alte Weisheit, daß nur der ruhig sterben kann, der Söhne und Kinder hat, muß in diesem Krieg gerade für die Schutzstaffel wieder zur Wahrheit werden. Ruhig kann sterben, der weiß, daß seine Sippe, daß all das, was seine Ahnen und er selbst gewollt und erstrebt haben, in den Kindern seine Fortsetzung findet.« Um das Aussterben der vermeintlichen Elite zu verhindern, riet Himmler seinen Leuten, die gesellschaftlichen Normen zu sprengen. »Über die Grenzen vielleicht sonst notwendiger bürgerlicher Gesetze und Gewohnheiten hinaus wird es auch außerhalb der Ehe für deutsche Frauen und Mädel guten Blutes eine hohe Aufgabe sein können, nicht aus Leichtsinn, sondern in tiefstem sittlichem Ernst Mütter der Kinder ins Feld ziehender Soldaten zu werden, von denen das Schicksal allein weiß, ob sie heimkehren oder für Deutschland fallen.« Um die Zukunft der Kinder müssten die vom Tode bedrohten SS-Männer sich keine Sorgen machen, denn die SS werde »für alle ehelichen und unehelichen Kinder guten Blutes, deren Väter im Kriege gefallen sind« die Vormundschaft übernehmen und sich wenn nötig auch um die Mütter kümmern.

Die Aufregung über den »Zeugungserlaß«, wie er in der Wehrmacht genannt wurde, war gewaltig. Er wurde so aufgefasst, als ob SS-Männer dazu aufgefordert würden, sich an die Frauen von Wehrmachtsoldaten heranzumachen, die in den Krieg gezogen waren. Himmler sah sich gezwungen, zu dementieren und seine Ideen in einem weiteren Erlass ausführlich zu erklären. Angehörigen von SS und Polizei wurde darüber hinaus ausdrücklich verboten, mit Ehefrauen von Frontsoldaten Geschlechtsverkehr zu haben. Verstöße, drohte Himmler, würden gerichtlich verfolgt.

Himmler wollte natürlich auch persönlich zum Erhalt der SS-Sippe beitragen. Allerdings hielt er seine Affäre mit »Häschen«, wie er Hedwig Potthast nannte, wohlweislich geheim. Nur die Mitarbeiter aus dem Stab des »Reichsführers SS«, Hitler selbst und Bormann wussten von der Geliebten. Und irgendwann auch die Ehefrau, die die neue Situation mit Bitterkeit ertrug. Anfang Februar 1941 schrieb sie in ihr Tagebuch: »Jedes junge Mädchen giert nach einem Mann. Wenn die wüssten, wie bitter das Leben ist. Ob ich meine Tochter vor dem Schlimmsten bewahren kann!?« Am 29. Dezember sinnierte sie: »Das Jahr geht langsam zu Ende, es hat viel Trauriges gebracht. Doch soll man nicht alles schreiben, es sieht dann zu traurig aus. Und man ändert es ja auch nicht. Wir armen Frauen.«

Wenige Monate später hatte sie sicher ihre eigene Lage vor Augen, als sie erfuhr, dass eine Frau B. sich scheiden lassen wollte, und ihrem Tagebuch anvertraute: »Ihr Mann soll von einer anderen Frau Kinder kriegen. Das fällt den Männern immer erst ein, wenn sie reich u. angesehen sind. Sonst müssen die älteren Frauen sie ernähren helfen, oder mit ihnen aushalten. Was für Zeiten.«

1942 brachte Hedwig Potthast in der Klinik Hohenlychen, einem Sanatorium für NS-Prominente, still und heimlich ihren Sohn zur Welt. Ihr Arzt war der Klinikleiter und Jugendfreund von Heinrich Himmler, Professor Dr. Karl Gebhardt. Nach dem Krieg wurde Gebhardt in den

»Trotz dem Glück der Ehe habe ich doch viel, was die Ehe betrifft, entbehren müssen. Denn H. ist fast nie da, u. kennt nur Arbeit.«

Margarete Himmler, Tagebuch, 3. Juli 1938

»Den Tod geben und den Tod nehmen«: Während des Feldzugs in Polen 1939 wurden erstmals Einheiten der Waffen-SS eingesetzt.

»Aderlass des besten Blutes«: Soldaten der Waffen-SS in Polen. Die fanatisierte Truppe hatte hohe Verlustzahlen zu beklagen.

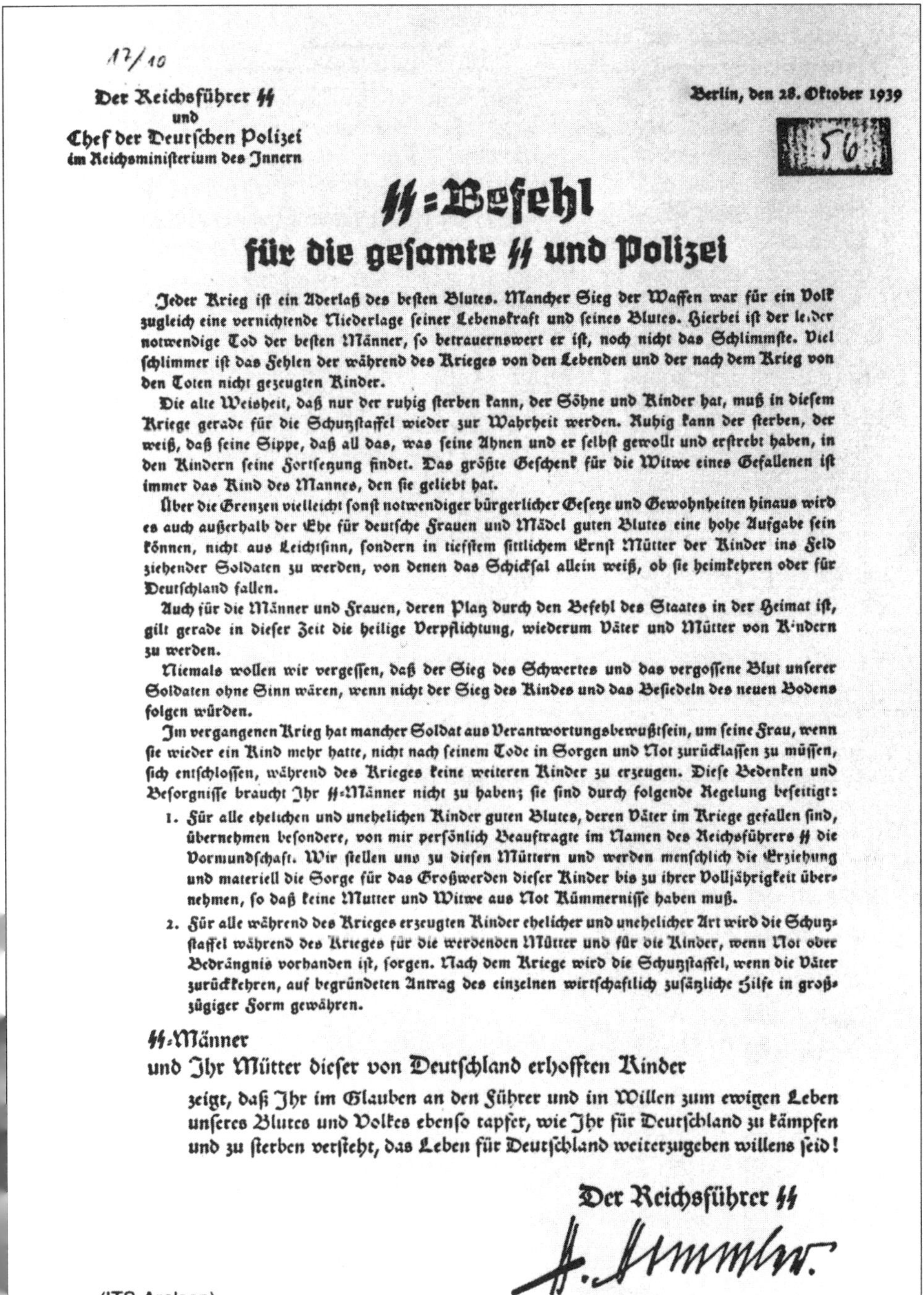

17/10

Der Reichsführer SS
und
Chef der Deutschen Polizei
im Reichsministerium des Innern

Berlin, den 28. Oktober 1939

56

SS-Befehl
für die gesamte SS und Polizei

Jeder Krieg ist ein Aderlaß des besten Blutes. Mancher Sieg der Waffen war für ein Volk zugleich eine vernichtende Niederlage seiner Lebenskraft und seines Blutes. Hierbei ist der leider notwendige Tod der besten Männer, so betrauernswert er ist, noch nicht das Schlimmste. Viel schlimmer ist das Fehlen der während des Krieges von den Lebenden und der nach dem Krieg von den Toten nicht gezeugten Kinder.

Die alte Weisheit, daß nur der ruhig sterben kann, der Söhne und Kinder hat, muß in diesem Kriege gerade für die Schutzstaffel wieder zur Wahrheit werden. Ruhig kann der sterben, der weiß, daß seine Sippe, daß all das, was seine Ahnen und er selbst gewollt und erstrebt haben, in den Kindern seine Fortsetzung findet. Das größte Geschenk für die Witwe eines Gefallenen ist immer das Kind des Mannes, den sie geliebt hat.

Über die Grenzen vielleicht sonst notwendiger bürgerlicher Gesetze und Gewohnheiten hinaus wird es auch außerhalb der Ehe für deutsche Frauen und Mädel guten Blutes eine hohe Aufgabe sein können, nicht aus Leichtsinn, sondern in tiefstem sittlichem Ernst Mütter der Kinder ins Feld ziehender Soldaten zu werden, von denen das Schicksal allein weiß, ob sie heimkehren oder für Deutschland fallen.

Auch für die Männer und Frauen, deren Platz durch den Befehl des Staates in der Heimat ist, gilt gerade in dieser Zeit die heilige Verpflichtung, wiederum Väter und Mütter von Kindern zu werden.

Niemals wollen wir vergessen, daß der Sieg des Schwertes und das vergossene Blut unserer Soldaten ohne Sinn wären, wenn nicht der Sieg des Kindes und das Besiedeln des neuen Bodens folgen würden.

Im vergangenen Krieg hat mancher Soldat aus Verantwortungsbewußtsein, um seine Frau, wenn sie wieder ein Kind mehr hatte, nicht nach seinem Tode in Sorgen und Not zurücklassen zu müssen, sich entschlossen, während des Krieges keine weiteren Kinder zu erzeugen. Diese Bedenken und Besorgnisse braucht Ihr SS-Männer nicht zu haben; sie sind durch folgende Regelung beseitigt:

1. Für alle ehelichen und unehelichen Kinder guten Blutes, deren Väter im Kriege gefallen sind, übernehmen besondere, von mir persönlich Beauftragte im Namen des Reichsführers SS die Vormundschaft. Wir stellen uns zu diesen Müttern und werden menschlich die Erziehung und materiell die Sorge für das Großwerden dieser Kinder bis zu ihrer Volljährigkeit übernehmen, so daß keine Mutter und Witwe aus Not Kümmernisse haben muß.
2. Für alle während des Krieges erzeugten Kinder ehelicher und unehelicher Art wird die Schutzstaffel während des Krieges für die werdenden Mütter und für die Kinder, wenn Not oder Bedrängnis vorhanden ist, sorgen. Nach dem Kriege wird die Schutzstaffel, wenn die Väter zurückkehren, auf begründeten Antrag des einzelnen wirtschaftlich zusätzliche Hilfe in großzügiger Form gewähren.

SS-Männer
und Ihr Mütter dieser von Deutschland erhofften Kinder

zeigt, daß Ihr im Glauben an den Führer und im Willen zum ewigen Leben unseres Blutes und Volkes ebenso tapfer, wie Ihr für Deutschland zu kämpfen und zu sterben versteht, das Leben für Deutschland weiterzugeben willens seid!

Der Reichsführer SS

H. Himmler

(ITS Arolsen)

»Über die Grenzen vielleicht sonst notwendiger bürgerlicher Gesetze und Gewohnheiten hinaus«: Himmlers »Zeugungsbefehl« für die SS und Polizei von Ende Oktober 1939.

»Helge war so schüchtern ... Nanette rettete dann einigermaßen die Situation, indem sie sich freundlich lächelnd im Arm halten ließ.«

Hedwig Potthast, Brief an Himmler, 30. Dezember 1944

Nürnberger Prozessen wegen seiner Menschenversuche an KZ-Häftlingen in seiner Klinik sowie in dem nahe gelegenen KZ Ravensbrück und im Vernichtungslager Auschwitz zum Tode verurteilt und hingerichtet. Das Kind erhielt den altnordischen Namen Helge, was in der Liste »arteigener Namen« des Reichssicherheitshauptamts so viel bedeutete wie »der Gesunde, Artreine und daher Glückliche«. Laut dem Autor Peter-Ferdinand Koch, der Hedwig Potthast 1987 – damals war sie 75 Jahre alt – interviewte, konnte das Kind allerdings »nur mit Hilfe ärztlicher Kunst am Leben erhalten werden«. Auch Katrin Himmler schreibt: »Er litt an Neurodermitis und war sein Leben lang kränkelnd. Zudem war er schüchtern gegenüber Besuchern, und Hedwig war das peinlich.«

So schrieb sie am 30. Dezember 1944 an Himmler: »Am Dienstag war ich bei Frau Bormann mit Helge. Er war mustergültig artig, wich aber nicht von meinem Rockzipfel.« Bormanns hielten den Jungen anscheinend eher für verzogen. »Onkel Heinrich ist anscheinend sehr zufrieden mit der Art und Weise, wie Helge alle beherrscht«, schrieb Bormann am 18. Februar 1945 an seine Frau. »Er betrachtet das als sicheres Zeichen für einen zukünftigen Führer. Ich schließe mich allerdings eher Deiner Meinung an!« Im Sommer 1944 folgte ein Mädchen mit dem Namen Nanette Dorothea.

Auch wenn der Vater der unehelichen Kinder der »Reichsführer SS« war und damit eines der höchsten Ämter im »Dritten Reich« bekleidete: Für bürgerliche Verhältnisse galt die Beziehung als »Schande«, und Hed-

»Heinrich sagte mir gestern, daß er Bilder aufgehängt und im Haus gearbeitet und den ganzen Tag mit den Kindern gespielt habe. Er nahm auch keine Telefonanrufe entgegen, sondern widmete sich einmal ganz gemütlich seiner Familie!«

Bormann, Brief an seine Frau, 4. Oktober 1944

Der später als Kriegsverbrecher zum Tode verurteilte Mediziner Karl Gebhardt (Bildmitte, mit Brille) betreute im SS-Sanatorium Hohenlychen Himmlers Geliebte Hedwig Potthast.

wig Potthast fürchtete von Anfang an, von den Eltern zurückgewiesen zu werden. »Daß ich ihnen diesen Kummer, denn zweifellos wird es zunächst einer sein, antun muß, ist mir unsagbar schmerzlich«, schrieb sie ihrer Schwester und bot an, ihren Namen zu ändern, damit die Eltern sie bei »den Leuten« als verheiratet ausgeben könnten. Tatsächlich reagierten die Eltern schockiert. »Ich befürchte, Hedwig, dass es nie zu einer Versöhnung [mit den Eltern] kommen kann«, schrieb Hedwigs Schwägerin Hilde Potthast. »Sie würden jederzeit alles verzeihen, wenn Du Dich von ihm trennen würdest oder wenn er sich für Dich freimachte. Dein Zusammenleben mit ihm ist das Härteste an der ganzen Sache. ... Die Eltern leiden ganz schrecklich darunter.« Auch Hedwigs Schwester, deren Antwort Katrin Himmler zitiert, reagierte entsetzt. Sie schrieb, dass es »ihr schwerfalle, Hedwigs Entschluß zu billigen, ein Leben zu führen, ›das völlig entgegengesetzt ist einer bürgerlichen Ordnung‹. Aber vielleicht, so versuchte sie sich selbst zu trösten, würden ja ›die Leute, die um Euch herum sind‹, von ehrenhaften ›Idealen beseelt‹ sein. ›Allerdings fürchte ich auch, daß Ihr beide nicht ganz mit beiden Füßen in der Wirklichkeit steht – nicht nur jetzt, sondern überhaupt. Und das macht mir Sorge für Dich.‹«

Himmler brachte seine Zweitfamilie zunächst in einem früheren Jagdhaus in Brückenthin an der Mecklenburger Seenplatte unter. Den Ausbau besorgten Häftlingskolonnen aus dem benachbarten KZ Ravensbrück. Hier fand Hedwig Potthast Menschen mit ähnlich gelagerten »Idealen«. Sie pflegte gesellschaftlichen Kontakt zum Chef des SS-Wirtschafts-Verwaltungshauptamts, Oswald Pohl, der in der Nähe ein Anwesen hatte. Es traf sich gut, dass Pohl neben Frau und Kindern ebenfalls eine Zweitfrau hatte: seine Sekretärin Rosemarie Fauler. Auch Frau Fauler bekam ein Kind von ihm. Später kaufte Himmler in Berchtesgaden das »Haus Schneewinkellehen«. Angeblich lieh ihm Bormann das Geld – Heinz Höhne spricht von 80 000 Reichsmark – aus der Parteikasse. Peter-Ferdinand Koch bestreitet dies allerdings: Seiner Meinung nach verfügte Himmler über genügend eigene Mittel. In Berchtesgaden freundete sich Hedwig mit Gerda Bormann an. Die Frau des Hitler-Sekretärs war in ihrer »völkischen« Haltung unter den NS-Frauen zweifellos eine Ausnahmeerscheinung. Heinrich Himmler muss in ihr eine Seelenverwandte gesehen haben. Sie bekam elf Kin-

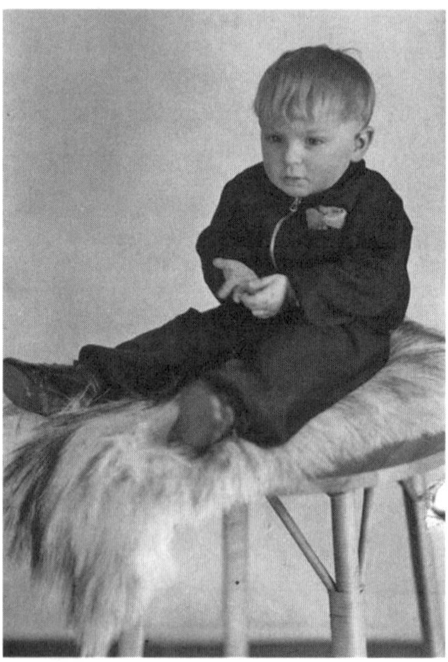

Der von Himmler lang ersehnte Sohn: Helge im Alter von etwa zwei Jahren.

der, von denen neun überlebten, und wusste nicht nur von den wechselnden Geliebten ihres Mannes, sie unterstützte ihn sogar darin. »Du musst nur darauf achten, dass Manja in einem Jahr ein Kind bekommt und ich erst im nächsten, so hättest du immer eine bewegliche Frau an deiner Seite ... dann leben wir alle mit den Kindern im Haus zusammen«, schrieb sie ihm. Gerda Bormann setzte sich für die Abschaffung der Monogamie und die Einführung der »Volksnotehe« ein, ein Konzept, das jedem Mann per Gesetz mehrere Frauen zugestand. Darüber hinaus wollte sie das Wort »Ehebruch« aus dem deutschen Sprachschatz bannen.

Hedwig Potthast hielt zu ihrem »Teuren«, wie sie Himmler in ihren Briefen nannte, obwohl sie oft recht einsam war. Ihre Schreiben beendete sie immer mit den Worten »Vergiss mich nicht. Deine X.« Das »X« war wie eine Hagal-Rune gezeichnet, das heißt mit einem weiteren senkrechten Strich in der Mitte wie ein Stern. Sie wurde wie andere germanische und heidnische Zeichen und Symbole gern von der SS verwendet. Dieses Zeichen kombinierte Lebens- und Todesrune und galt als »Welt- und Lebenskreuz, das alle Geschehnisse im Werden, Sein und Vergehen erfaßt«. Darüber hinaus glaubte man, die Rune schütze das Heim vor Bedrohungen. Möglicherweise unterschrieb Hedwig Potthast aus Gründen der Geheimhaltung nicht mit ihrem Namen. Himmler besuchte seine Lebensgefährtin, sooft ihm das möglich war, häufig werden sie sich bei seinem übervollen Dienstkalender aber nicht gesehen haben. Die Zeit, die er mit ihr verbrachte, scheint tatsächlich eine entspannende Wirkung auf ihn gehabt zu haben. Gerda Bormann bedankte sich am 5. April 1943 bei Hedwig für Fotos von Helge und schrieb: »Sein Vater ist so stolz und glücklich mit ihm, von ihm habe ich noch nie so unbefangene Bilder gesehen wie die mit seinem Sohn zusammen.« Auch der Journalist Peter-Ferdinand Koch findet: »Für den Herrn der Polizei und Konzentrationslager war sie aber weit mehr als einfach nur die Mutter seiner unehelichen Kinder: die einzige Vertraute, mit der er – wenn die Sorgen besonders drückten – über alles und zu jeder Stunde hatte reden können.« Ein politischer Gesprächspartner war die Geliebte eher nicht. Ihre Briefe sind an Belanglosigkeit fast nicht zu überbieten. Auch der »Reichsführer SS« scheint ihr gegenüber vorwiegend Süßholz geraspelt zu haben. Himmlers Briefe an seine Geliebte gelten als nicht zugänglich, sind also in Privatbesitz. Auf einer Auktion wurden jedoch unlängst Briefe versteigert, die Heinrich Himmler zugeschrieben werden. Darin heißt es am 21. Januar 1942: »Mein liebes Häslein! Morgen ist ja Wölfchen bei dir und soll dir dieses Kärtchen mit unendlich viel lieben Gedanken u. Grüßen mitbringen. Du liebes, süßes, geliebtes Häslein, Dein X.« Und am 20. Juni 1944: »Du hast mir Dein liebes, geliebtes Herz geschenkt u. Dich selber ganz und gar und unsere zwei süßen Lütten. Ich habe nur einen Wunsch, mögest Du trotz allem Schweren so glücklich sein, wie Du mich gemacht hast und täglich machst!«

Himmlers Aufstieg zur Macht

Muss man Heinrich Himmler als verschrobenen Gernegroß mit skurrilen Weltanschauungen ansehen? Oder gar als Idealisten und Romantiker? Die sexuellen Gelüste, voyeuristischen Neigungen und daraus resultierenden gesellschaftspolitischen Vorstellungen Himmlers dürfen nicht über die Tatsache hinwegtäuschen, dass er einer der gefährlichsten und mächtigsten Politiker im »Dritten Reich« war. Zusammen mit Hermann Göring, Joseph Goebbels und Martin Bormann gehörte er zum engsten Führungskreis des NS-Regimes. Was befähigte ihn dazu? Wie konnte ein Mann wie Himmler, blass und durchschnittlich, pedantisch und versponnen, zu solch einer Machtfülle gelangen? Auf der Suche nach dem Geheimnis dieser erstaunlichen Karriere trifft man auf einen Mann, der von Ehrgeiz getrieben war, gleichzeitig aber ein sehr gutes Gespür dafür hatte, wer ihm nutzen und wer ihm gefährlich werden konnte. Laut dem Historiker Peter Longerich ließ sich Himmler nie von seinen Träumereien davontragen, »sondern war in der Lage, ideologische Höhenflüge effektiv mit Machtpolitik zu verbinden und die politischen Machtkämpfe der NSDAP für sich zu nutzen, wie er überhaupt einem extremen Utilitarismus anhing. Was ihm nützte, war statthaft.« Die Tatsache, dass er sich von einer weltanschaulichen Konsequenz leiten ließ, machte ihn zu einem gefährlichen Überzeugungstäter. Für seine Karriere und für seine Weltanschauung ging er über Leichen.

»Brennend auf Aktionen«: Himmler (Bildmitte, mit Fahne) am 9. November 1923 als Kämpfer des Wehrverbands »Reichsflagge« während des Hitler-Putsches in München.

Aus heutiger Sicht ist es schwer nachzuvollziehen, wie ein Mann aus gebildetem und bürgerlichem Elternhaus so selbstverständlich zum Gewalttäter werden konnte. Vieles, wenn auch nicht alles, erklärt sich aus seinem Werdegang. Heinrich Himmler wuchs im Ersten Weltkrieg auf und träumte – wie so viele junge Männer damals – davon, in den Kampf zu ziehen. 1918 meldete er sich, erst siebzehn Jahre alt, freiwillig zur bayerischen Armee. Zu seinem Leidwesen war der Krieg zu Ende, ehe er an der Front eingesetzt werden konnte. »Für den verhinderten Helden Heinrich bedeutete die fehlende Frontbewährung nicht nur eine große Enttäuschung, sondern vermutlich erschien sie ihm zeitlebens als Makel«, mutmaßt Katrin Himmler. »Die Sehnsucht nach heldenhafter Bewährung, die romantisch-mythischen Vorstellungen vom Soldatenleben konnten so ungebrochen in ihm weiterblühen.«

Nach der militärischen Niederlage geriet die bis dahin geltende Staatsordnung aus dem Gefüge. Im Herbst 1918 brach die Revolution aus und erfasste ganz Deutschland. Das Kaiserreich fiel in Trümmer, Wilhelm II. dankte ab und floh ins Exil. Auch der bayerische König Ludwig III. wurde gestürzt – sehr zum Leidwesen der Familie Himmler. Heinrichs Vater pflegte gute Beziehungen zum bayerischen Hof, einer der Wittelsbacherprinzen war Pate und Namensgeber von Heinrich. Diese Verbindung, von der man sich Vorteile versprach, war nun wertlos. In allen größeren Städten bildeten sich Räteregierungen, Deutschland wurde über Nacht Republik, während sich in den Straßen von Berlin und München linke Gruppierungen verschiedener Couleur, Regierungstruppen und Freikorpssoldaten Gefechte lieferten. In dieser bürgerkriegsartigen Gemengelage galten Heinrich Himmlers Sympathien den Rechten. Als im April 1919 in Bayern die Räterepublik ausgerufen wurde, schloss sich Heinrich den bayerischen Freikorps an. Diese marschierten im Mai zusammen mit Einheiten der Reichswehr auf München zu. Es kam zu blutigen Kämpfen und Grausamkeiten auf beiden Seiten. Insgesamt forderten die Kampfhandlungen bis zur Niederschlagung der Räterepublik am 3. Mai 1919 mehr als 600 Tote, gut die Hälfte waren Zivilisten. Ob Heinrich persönlich an den Kämpfen beteiligt war, wie seine Großnichte glaubt, ist umstritten. Doch die Ereignisse in München sind ein Spiegelbild des Zeitgeistes, in dem Heinrich groß wurde. Der Krieg hatte zur Verrohung der Gesellschaft beigetragen. Dass politische Konflikte auch im eigenen Land mit Waffen und Gewalt ausgetragen wurden, war damals selbstverständlich.

Heinrich Himmler, inzwischen Student an der Technischen Hochschule in München, trat einer der Reserveeinheiten der Reichswehr bei, die nach der Niederschlagung der Revolution in München gebildet worden waren, beteiligte sich an Alarm- und Schießübungen und brannte auf »Aktionen«. Die erste bewaffnete Auseinandersetzung, an der er erwiesenermaßen teilnahm, war der Hitler-Putsch 1923. Himmler trug als Mitglied des von Ernst Röhm geführten Wehrverbands »Reichsflagge« dieselbe am Tag des Putsches. Es kam zu blutigen Auseinandersetzungen zwischen Radikalen, Reichswehr und Polizei. Himmler kam ungeschoren davon. »Das gewaltsame Vorgehen gegen politische Gegner, ihre ›Ausschaltung‹«, war aber laut Peter Longerich für Himmler seit diesen Tagen geläufig und kein »moralisches Problem«.

»Sprungbrett Bayern«: Himmler im März 1933 als Münchner Polizeichef mit seinem einstigen Gönner und späteren Widersacher, dem SA-Chef Ernst Röhm (hinten links).

Nach dem missglückten Umsturz ging Himmler auf Arbeitssuche. 1924 wurde er Sekretär von Gregor Strasser, einem der Führer der nationalsozialistischen Bewegung, der nach dem Verbot der NSDAP deren Ersatzorganisation betreute. An Strassers Seite machte Himmler Parteikarriere. Nach Wiederzulassung von Hitlers Partei 1925 wurde er Gaugeschäftsführer, 1926 stellvertretender Gauleiter sowie stellvertretender Reichspropagandaleiter und 1927 zunächst stellvertretender, zwei Jahre später alleiniger »Reichsführer SS«. Die »Schutzstaffel« war zu diesem Zeitpunkt nur einige hundert Mann stark und fungierte als Untergliederung der SA lediglich als Leibwache für Hitler und als Saalschutz für prominente Parteiredner. Ihr Aufstieg zum allumfassenden Staat im Staate, zur Inkarnation von Terror und Gewalt, sollte das künftige Ziel Heinrich Himmlers werden.

Gelegenheit, die Schlagkraft seiner SS unter Beweis zu stellen, bekam er 1932. Nach dem Wahlerfolg der NSDAP reagierten übermütige NS-Haudegen in Königsberg mit Bombenanschlägen und drangsalier-

»Es war ja gerade der Willkürcharakter der KZ-Haft, der ihre abschreckende Wirkung begründete, und auf diesem Schrecken basierte nicht zuletzt Himmlers Macht.«

Peter Longerich,
Himmler-Biograf

ten gezielt Gegner des Nationalsozialismus. Der Terror wurde in den darauffolgenden Tagen auf ganz Ostpreußen und Schlesien ausgeweitet. Verschiedene kommunistische und sozialdemokratische Politiker wurden ermordet, andere schwer verwundet. »Es gibt einen recht eindeutigen Hinweis darauf, dass es Himmler war, der die Königsberger Terrorkampagne maßgeblich befahl«, schreibt Peter Longerich. Der Historiker fand ein Schreiben eines SS-Mannes, der angibt, er habe »im Jahre 1932 als Führer der Standarte Ostpreußen den Befehl des RFSS, die Kommunistenhäuptlinge umzulegen, durchgeführt«.

Nachdem die Nazis 1933 schließlich die Macht erlangt hatten, sicherten sie sich ihre Herrschaft mit Repression und Brutalität. In Heinrich Himmler fanden sie einen geschickten und ehrgeizigen Vollstrecker. Sein erstes Sprungbrett wurde Bayern. Als die Nationalsozialisten die Länder nach der »Machtergreifung« gleichschalteten, wurde Himmler Polizeichef in München. In der Folge gelang es ihm geschickt, die Politische Polizei mit der SS zu verzahnen. Polizisten erhielten SS-Ränge, SS-Leute fanden sich als Polizisten wieder. Er richtete umgehend ein Konzentrationslager in Dachau ein, Vorbild aller nachfolgenden KZs. Hier hatte allein die SS das Sagen. Himmler ließ Menschen ohne Angaben von Gründen, ohne Richter, ohne Prozess und für unbestimmte Zeit in »Schutzhaft« nehmen. Der totalitäre Staat ebnete Himmler den Weg.

Diesen Dreiklang – Politische Polizei, KZ und SS – dehnte Himmler innerhalb weniger Monate auf sämtliche Länder aus und brachte sie somit unter seine Kontrolle. Dabei erwies er sich als geschickter Taktierer und Organisator. Die SS hatte sich inzwischen zu einem Gegengewicht der Sturmabteilung (SA) entwickelt. Für seinen Freund und Gönner, den »guten Hauptmann Röhm«, hatte Himmler beim Hitler-Putsch noch die Reichskriegsflagge getragen. Doch ihm war nicht entgangen, dass der SA-Führer den NS-Größen schon lange ein Dorn im Auge war. Die nationalsozialistische Parteiarmee hatte Mitte 1934 etwa 4,5 Millionen Mitglieder. Damit bildete sie einen gefährlichen Machtfaktor und stand in Konkur-

»Härte und Rücksichtslosigkeit«: Der »Reichsführer SS« besichtigt das Konzentrationslager Dachau, Mai 1936.

renz zur Wehrmacht. Dies wollte Hitler nicht dulden und beschloss, die SA auszuschalten. Am 30. Juni 1934 wurden Röhm und andere hohe SA-Führer verhaftet. Überdies auch Gregor Strasser, ein weiterer früherer Mentor Heinrich Himmlers. Bis zu 200 Personen wurden hingerichtet – von Heinrich Himmlers Totenkopfmännern.

Die Ausschaltung der SA bedeutete einen ungeheuren Machtzuwachs für Heinrich Himmler. Die SS hatte gemäß ihrem Wahlspruch »Deine Ehre heißt Treue« ihren Gehorsam gegenüber Hitler bewiesen. Jetzt wurde sie zur eigenständigen Organisation, Himmlers SS-Imperium nahm Gestalt an. Er baute in den folgenden Jahren die SS-Verbände aus und schuf sich damit eine unabhängige Streitmacht. Zielstrebig machte er sich nun daran, ein reichsweites, geschlossenes und auf Dauer angelegtes Terrornetz aufzuspannen. Er brachte das gesamte System der Konzentrationslager unter seine Kontrolle, vereinheitlichte die Gestapo und entwickelte Konzepte zur Bekämpfung politischer Gegner. Der Begriff »Gegner« wurde dabei weit gefasst – zu ihnen zählten neben Kommunisten auch Juden, Freimaurer und Priester. Gerne betonte Himmler, dass mit »Härte und Rücksichtslosigkeit« vorzugehen sei. Die wesentlichen Instrumente diktatorischer Macht konzentrierten sich in Himmlers Händen. Willkür, Gewalt und Einschüchterung der Volksgenossen fielen in seinen Kompetenzbereich. 1936 war dieser Prozess vorläufig abgeschlossen. Der »Reichsführer SS« wurde in Personalunion Chef aller deutschen Polizisten.

Weltanschauung und Kult

Obwohl die SS schnell wuchs – 1933 waren es bereits 50 000 Mitglieder –, war sie anfangs noch ein bunt zusammengewürfelter Haufen von Männern unterschiedlicher Herkunft und Interessen. Himmlers Ziel bestand nun darin, aus seiner SS eine verschworene Eliteeinheit mit einer eigenen Weltanschauung zu formen. Mystische Zeremonien und Symbole sollten Sinn und Zusammenhalt stiften. Der »Reichsführer SS« begriff seine Schutzstaffel vor allem als antichristlichen Orden zur Wiederherstellung der »reinen germanischen Kultur«. Denn das Christentum mit seinen jüdischen Wurzeln und moralischen Vorstellungen empfand er – wie die meisten völkisch Denkenden – als zunehmend »undeutsch«. Schon als Student hatte er sich für die germanische Mythologie begeistert, und er stand damit nicht allein da. Nach der Niederlage im Ersten Weltkrieg waren viele Menschen auf der Suche nach weltanschaulichem Halt und fanden ihn in der Vergangenheit. Die Externsteine im Teutoburger Wald galten völkischen Laienforschern als germanisches Heiligtum und Beweis für eine prähistorische germanische Hochkultur. Auch Himmler ließ sich von der Idee begeistern und beauftragte als SS-Führer Archäologen, nach Belegen für eine Kultstätte der »Ahnen« zu graben.

» Es liegt in der Sendung der SS, dem deutschen Volk im nächsten halben Jahrhundert die außerchristlichen arteigenen weltanschaulichen Grundlagen für die Lebensführung und Lebensgestaltung zu geben.«

Himmler, Plan zur Erschließung des germanischen Erbes, 1937

Krampfhaft bemüht, christliche Traditionen aus dem deutschen Alltag zu bannen, versuchte Himmler, das Weihnachtsfest zum Fest der Wintersonnenwende, zum »Julfest«, umzugestalten. 1935 verschenkte er erstmals »Julleuchter«, vier Jahre später waren es schon 52 000. Zeremonien wie Eheschließung und Taufe wurden nach germanischem Ritus gefeiert. Die Sommersonnenwenden erhielten einen festen Platz im nationalsozialistischen Festtagskalender und wurden mit Vorliebe an »magischen« Orten wie den Externsteinen gefeiert.

Der Totenkopfring, mit Runen »als Heilszeichen der Vergangenheit« verziert und von Eichenlaub, »den Blättern des alten deutschen Baumes«, bekränzt, wurde als hohe Auszeichnung für SS-Angehörige eingeführt. Als Ordensburg, ideologisches Zentrum und Versammlungsort sollte den hohen SS-Kadern die Wewelsburg bei Paderborn dienen. Himmler ließ sie ab 1934 für seine Zwecke umbauen. Das im Marmorboden des »Obergruppenführersaals« eingelassene Ornament in der Gestalt eines zwölfspeichigen Sonnenrads war wahrscheinlich eine Anlehnung an germanische Sonnenmystik.

Im Zuge seiner Rückbesinnung auf deutsche Ahnen fand Heinrich Himmler in der germanischen Vorgeschichte Feind- und Vorbilder. Karl der Große, der Franke, der die Sachsen im 8. Jahrhundert unterworfen und ihnen den christlichen Glauben aufgezwungen hatte, war für ihn eine Hassfigur: Für Himmler war dies die Vergewaltigung der germanischen Volksseele. Die Zerstörung des Heiligtums Irminsul war für ihn ein ebenso großes Verbrechen wie die Massenhinrichtung von Verden. Heinrich I. dagegen verehrte Himmler. Zum 1000. Todestag des deutschen Königs feierte er 1936 im Quedlinburger Dom mit der Spitze des schwarzen Ordens bei flackerndem Kerzenschein eine skurrile Weihestunde mit Eichenkränzen, Ehrenwachen und salbungsvollen Reden. Folgt man der Aussage seines finnischen Masseurs Felix Kersten, so sah sich Himmler gleichsam als Wiedergeburt dieses mittelalterlichen Herrschers. Der erste König aus dem Herrscherhaus der Ottonen spielte für den SS-Chef aus »historischen Gründen« eine Schlüsselrolle. Mit seinen Ostsiedlungen und seinem vermeintlichen Widerstand gegen die Reichskirche habe er den Weg gewiesen für die »germanische Wiedergeburt«, die nun, tausend Jahre später, endlich stattfinde. Ein Jahr später ließ er die Gebeine Heinrichs I., die in der Nähe des Quedlinburger Doms gefunden worden

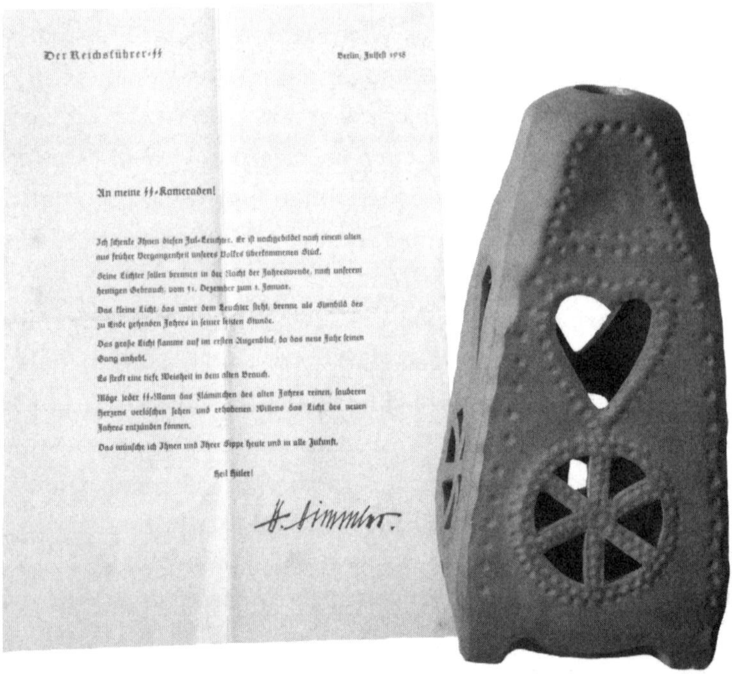

»Arteigene Grundlagen«: Sogenannte »Julleuchter« sollten nach dem Willen Himmlers den traditionellen christlichen Weihnachtsschmuck in Deutschland ersetzen.

»Makabre Symbolik«: Der von Himmler zum Erkennungszeichen der SS gemachte Totenkopf sollte die »Treue zum Führer« verdeutlichen – bis in den Tod.

»Magische Orte«: Die Sonnenwenden im Juni und Dezember jedes Jahres wurden nach angeblich »altgermanischem« Vorbild begangen. Himmler im Sommer 1937 auf einer Sonnenwendfeier der SS.

Der Ring ist Zeichen unserer Treue zum Führer, unseres unwandelbaren Gehorsams gegen unsere Vorgesetzten und unserer unerschütterlichen Zusammengehörigkeit und Kameradschaft. Der Totenkopf ist die Mahnung, jederzeit bereit zu sein, das Leben unseres Ichs einzusetzen für das Leben der Gesamtheit. Die Runen dem Totenkopf gegenüber sind Heilszeichen unserer Vergangenheit, mit der wir durch die Weltanschauung des Nationalsozialismus erneut verbunden sind.

Himmler über den Totenkopfring der SS

waren, weihevoll zu Grabe tragen. Nach dem Krieg stellte sich allerdings heraus, dass die Überreste keineswegs die echten Königsknochen waren – servile Archäologen hatten dem SS-Chef eine ganz besondere Freude machen wollen.

Dabei legte Himmler großen Wert darauf, seine ideologischen Ansichten wissenschaftlich zu untermauern. Schon 1935 hatte er den Ver-

»Auf der Spur des Urariers«: SS-Forscher suchten in Tibet nach Beweisen für Himmlers Rassentheorien. Expeditionsteilnehmer mit der Familie eines Ministers.

ein »Ahnenerbe e.V.« gegründet, der »Raum, Geist, Tat und Erbe des nordrassischen Indogermanentums« erforschen sollte – als »lebendige Waffenschmiede« gegen jene Mächte, die das Germanentum bedrohten. »Ahnenerbe« entwickelte sich zum Sammelbecken für allerlei obskure Pseudowissenschaften. Besonderes Steckenpferd waren die zahllosen Expeditionen, die Himmler auf Reisen schickte. Der SS-Chef sandte Forscher nach Tibet, um Spuren des »Urariers« zu bergen, ließ im Schwarzwald Felsenformationen daraufhin untersuchen, ob es sich bei ihnen nicht um gigantische prähistorische Befestigungsanlagen handele, oder dirigierte Kundschafter in alte Burgruinen, um nach dem »Heiligen Gral« zu fahnden. Sobald es um seine Weltanschauung ging, war er sich für keinen Aktionismus zu schade. Als Reichsmarschall Hermann Göring ihm steckte, er habe bemerkt, »dass an früheren Hinrichtungsplätzen heute noch die Raben im besonderen Maße kreisen oder sich dort niederlassen«, befahl der »Reichsführer SS« dem »Ahnenerbe«, solche Stätten künftig zu erforschen. Es gab jedoch noch ein weiteres obskures Unterfangen, das Himmler jahrlang verfolgte, aber streng geheim hielt: sein Hexenprojekt.

Geheime Reichskommando-Sache

Polen, März 1945. Unaufhaltsam rückte die Rote Armee gen Westen vor. Zu Beginn der Winteroffensive, im Januar, hatten die sowjetischen Soldaten Warschau besetzt und waren bis zur Oder vorgedrungen. Im Februar hatten sie Posen eingenommen. Jetzt bereiteten sie sich auf den Kampf um Berlin vor. In diesen Tagen machte ein Bibliothekar aus Posen im Schloss Slawa eine unheimliche Entdeckung. Er wusste, dass das Reichssicherheitshauptamt in den letzten Kriegsmonaten einen Teil seines Archivs und Tausende von Büchern in das konfiszierte Barockschloss der Grafen Haugwitz verlagert hatte, um diese vor den Bomben der Alliierten zu schützen. Slawa, von den Deutschen Schlesiersee genannt, lag in Niederschlesien, etwa vier Stunden östlich von Berlin. Hier fand der Bibliothekar 140 000 Bücher und Akten, die sich mit Strafverfolgung ab

»Ideologisches Zentrum« Die Wewelsburg bei Paderborn sollte der spirituelle Mittelpunkt des SS-»Ordens« werden.

»Schwarze Sonne«: Der sogenannte »Obergruppenführersaal« im Nordturm der Wewelsburg mit dem im Boden eingelassenen zwölfspeichigen Sonnenrad.

»Skurrile Weihestunde«: Die SS-Führung bei der Gedenkfeier zum 1000. Todestag von Heinrich I. in Quedlinburg am 2. Juli 1936.

dem 13. Jahrhundert befassten, insbesondere mit Hexenprozessen. Beim Blättern fielen ihm jede Menge »angekreuzte Stellen« auf, »wo die verschiedenen Foltermethoden beschrieben sind«. Auf Tausenden von Karteikarten waren akribisch die Namen vermeintlicher Hexen vermerkt, die Methoden der Folter, mit denen sie verhört wurden, die erpressten Geständnisse, die Art der Hinrichtungen. Auf den Akten prangte der Vermerk: »H-Sonderauftrag des RFSS«, des »Reichsführers SS« Heinrich Himmler. Wollte der Chef der SS von den Foltermethoden des Mittelalters lernen, um sie in den Konzentrationslagern anwenden zu können, wie der Bibliothekar zunächst vermutete? Die Wahrheit erweist sich als vielschichtiger.

Himmlers Interesse an der Geschichte der Hexenprozesse hing wie so vieles mit seiner Faszination für das Germanentum zusammen. Er sah in den angeklagten Hexen weise germanische Frauen, die von der katholischen Kirche mit der Absicht verfolgt wurden, die germanische Volkskultur zu vernichten. In diesem Glauben lag Himmler auf der gleichen Linie wie der NS-Ideologe Alfred Rosenberg. Entrüstet konstatierte Himmler, die Hexenverfolgungen hätten »das deutsche Volk Hunderttausende von Müttern und Frauen gekostet«. Dabei sah er die Kirche im Bunde mit dem Judentum, das seiner Weltanschauung nach ohnehin in jede Verschwörung gegen das deutsche Volk verwickelt war. Zumal Juden von Hexenprozessen weitgehend verschont geblieben waren.

Als Himmlers Theorien Kirchenvertretern zu Ohren kamen, hagelte es Proteste. Der Streit eskalierte, als der Reichsnährstand den »germanischen Bauernkalender« 1935 herausgab. In dem Kalender wurde gezielt auf die Nennung kirchlicher Feste und der Namenstage von Heiligen verzichtet. Stattdessen stand unter dem Stichwort »Karfreitag«, einem

> »In den Hexenprozessen sehen wir Kämpfer des neuen Deutschlands den Ausdruck des Vernichtungswillens gegen hochwertiges Rassengut, vor allem gegen die deutsche Frau und Mutter.«
>
> **Aus: *Durchbruch, Kampfblatt für Deutschen Glauben, Rasse und Volkstum,* 16. September 1937**

»Vernichtung hochwertigen Rasseguts«?: Hexenverbrennung in Derneburg (Harz) im Oktober 1555. Holzschnitt aus dem 16. Jahrhundert.

der höchsten kirchlichen Feiertage, an dem des Todes Jesu Christi gedacht wird: »Gedenken an die 4500 von Karl dem Schlächter ermordeten Sachsen und an die neun Millionen anderen ermordeten, totgefolterten und verbrannten Rechtskämpfer, Glaubenshelden, Ketzer und Hagdisen (Hexen)«.

Hier wurden also die Hexen in die Reihe der Kämpfer und Märtyrer um das Germanentum aufgenommen. Nun gingen die Kirchenvertreter endgültig auf die Barrikaden und brandmarkten diese Art von Behauptungen als »historischen Unsinn« und »antichristlichen Fanatismus«. Himmler konterte auf dem Reichserntedankfest in Goslar 1935 und äußerte sich erstmals öffentlich zum Thema Hexen: »Wir können in vielen Fällen nur ahnen, daß hier unser aller ewi-

»Man kann die Opfer nicht zählen, die in diesen Jahrzehnten nach namenlosen Qualen und Folterungen ›zur höheren Ehre Gottes‹ auf Scheiterhaufen geschleppt und verbrannt wurden.«

Aus dem Schulungsmaterial für SS-Führeranwärter, 1942/43

ger Feind, der Jude, in irgendeinem Mantel oder durch irgendeine seiner Organisationen seine blutige Hand im Spiel hatte. … Wir sehen, wie die Scheiterhaufen aufloderten, auf denen nach ungezählten Zehntausenden die zermarterten und zerfetzten Leiber unserer Mütter und Mädchen unseres Volkes im Hexenprozeß zu Asche brannten.«

Der Anlass war bewusst gewählt: Das Fest diente dazu, auf der Grundlage der Blut-und-Boden-Ideologie die Bedeutung der Bauernschaft für das Reich hervorzuheben und die Landbevölkerung an das Regime zu binden. Der »Reichsbauerntag«, wie er ebenfalls genannt wurde, gehörte zu den größten Massenveranstaltungen des Nationalsozialismus. Er war dem germanischen Gott Wotan gewidmet. Bei der Kontroverse mit der Kirche fiel Himmler allerdings schmählich auf, dass ihm Beweise für seine Hexenverfolgungstheorien fehlten. Eine wissenschaftlich fundierte Erforschung des Themas musste her.

Doch Hitler war nur bedingt bereit, Himmlers Germanentümelei zu tolerieren. Schon in *Mein Kampf* hatte er gegen »religiöse Reformatoren« gewettert und Karl den Großen – den Himmler den »Sachsenschlächter« nannte – öffentlich als Reichseiniger gefeiert. Goebbels gegenüber beschwerte sich Hitler 1935, dieser »kultische Unfug« von Leuten wie Rosenberg, Darré und Himmler müsse aufhören. Im September 1938 sprach er sich bei der »Kulturtagung« des Reichsparteitags in Nürnberg deutlich gegen einen völkischen Mystizismus aus: »Denn der Nationalsozialismus ist eben keine kultische Bewegung, sondern eine aus ausschließlich rassischen Erkenntnissen erwachsene völkisch-politische Lehre. … Wir haben daher auch keine Kulträume, sondern ausschließlich Volkshallen, auch

»Welcher Unsinn! Jetzt sind wir endlich so weit, in eine Zeit zu kommen, die alle Mystik hinter sich gelassen hat, und nun fängt der wieder von vorne an. Da könnten wir auch gleich bei der Kirche bleiben. Die hat wenigstens Tradition. Der Gedanke, daß ich einmal zum SS-Heiligen gemacht werde! Stellen Sie sich vor! Ich würde mich im Grabe umdrehen!«

Hitler über Himmler

»Die Arbeiten des H-Sonderauftrages des Reichsführers-SS sind auf folgende Probleme gerichtet: Erforschung der rassen- und bevölkerungsgeschichtlichen Wirkung der Hexenprozesse, die wirtschaftsgeschichtlichen Folgewirkungen der Hexenprozesse, die Wertung der Frau in den Hexenprozessen und schließlich ein Überblick über das bisherige Schrifttum zu den Hexenprozessen.«

Dr. Rudolf Levin, SS-Führer und Mitarbeiter im H-Sonderauftrag

keine Kultplätze, sondern Versammlungs- und Aufmarschplätze. ... Das Einschleichen mystisch veranlagter okkulter Jenseitsforscher darf daher in der Bewegung nicht geduldet werden. ... An der Spitze unseres Programms steht nicht das geheimnisvolle Ahnen, sondern das klare Erkennen und damit das offene Bekenntnis.«

Trotzdem hatte Himmler schon 1935 den Startschuss für seinen »Hexensonderauftrag« gegeben – freilich heimlich. Angesiedelt wurde er innerhalb des Sicherheitsdienstes (SD). Die erste Dienststelle der SS-Forscher wurde in der Deutschen Bibliothek in Leipzig eingerichtet, ein Jahr später zog sie in ein konfisziertes Logenhaus in Berlin-Wilmersdorf. Dreizehn hauptamtliche Hexenforscher schwärmten aus und durchkämmten über 260 Archive und Bibliotheken nach Fällen von Hexenverfolgung und Hexenverbrennung. Ihr Weg führte sie durch ganz Deutschland, in Einzelfällen sogar bis Indien und Mexiko. Jeder Fall, der ihnen unterkam, wurde erfasst und nach Regionen geordnet. Der ganze Auftrag unterlag strikter Geheimhaltung. Deshalb gingen die Forscher streng konspirativ vor, gaben sich als Studenten, Heimat- oder Ahnenforscher aus, korrespondierten mit Tarnadressen und legten in den Instituten gefälschte Ausweise vor. Ihr Auftrag: Sie sollten auf der einen Seite die Reste einer altgermanischen Volkskultur finden, die – so vermutete Himmler – mit den Hexen ausgerottet werden sollte. Andererseits sollten sie die Strategien der »Feinde des deutschen Volkes« ergründen. An erster Stelle machte er die katholische Kirche für die Hexenverfolgung verantwortlich. Die Forscher sollten Himmler Material für antikirchliche Propaganda liefern. Alfred Rosenberg hatte einmal behauptet, die

Hexenverfolgung habe neun Millionen Opfer gekostet. Diese Zahl galt es zu beweisen.

Neun Jahre lang ließ Himmler forschen. Jeder Fall, auf den man stieß, wurde dokumentiert und erhielt eine eigene Karteikarte im DIN-A4-Format. Insgesamt legten die Forscher 33 846 Erhebungsbögen an, die in Akten alphabetisch nach Orten sortiert wurden. Die große Menge ist damit zu erklären, dass Himmler wohl die Arbeitserfolge seiner Forscher am Zuwachs der »Hexenblätter« maß. Doch die SS-Forscher kamen nicht wesentlich über das Stadium der Materialsammlung hinaus. Veröffentlicht wurde nichts. Dabei waren einst mehrere Publikationen zum Hexenthema geplant: eine wissenschaftliche Buchreihe, historische Romane, Bildbände und sogar Filme. Für Himmlers Thesen ließen sich keine Belege finden – im Gegenteil: Das Ergebnis war für Himmler frustrierend. Es kam heraus, dass nicht Kirchenleute oder gar Juden, Bolschewisten oder Freimaurer unschuldige Frauen als Hexen denunziert hatten. Die Verdächtigungen kamen in der Regel aus dem Volk – von Dorfbewohnern oder missgünstigen Nachbarn, die offene Rechnungen zu begleichen hatten. Mit diesen Denunzianten wollten sich die Hexenforscher aber nicht auseinandersetzen, weil sie damit das Ideal der Volksgemeinschaft ins Wanken gebracht hätten. Einen Erfolg konnte Himmler allerdings für sich persönlich verbuchen. Schon ein Vetter Himmlers, SS-Untersturmführer Wilhelm August Patin, hatte immer gern erzählt, dass eine Urahnin Himmlers als Hexe verbrannt worden sei. Sie habe Pasaquay geheißen. Beweise aber fehlten. 1939 fanden Himmlers Forscher in der Ahnenreihe des »Reichsführers SS« für das Jahr 1684 nun eine Margareth Himbler aus Markelsheim, die am 4. April 1629 als Hexe verbrannt wurde. Heydrich persönlich teilte dem SS-Chef 1939 die frohe Botschaft mit. Wie Himmler sie aufnahm, ist nicht bekannt. Bis heute ist unklar, ob die Dame tatsächlich eine Vorfahrin Himmlers war.

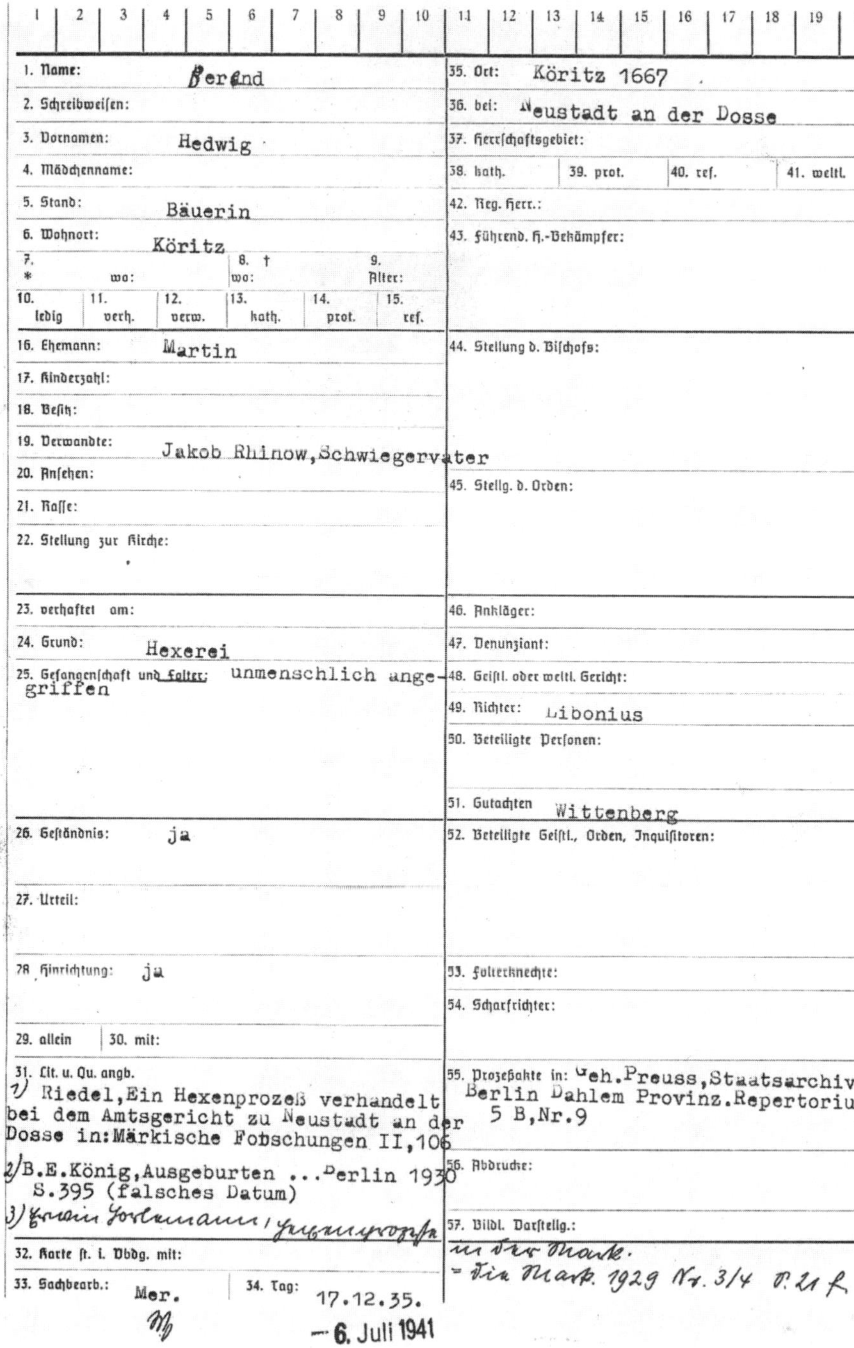

1 | 2 | 3 | 4 | 5 | 6 | 7 | 8 | 9 | 10 | 11 | 12 | 13 | 14 | 15 | 16 | 17 | 18 | 19 | 2

1. Name: Berend
2. Schreibweisen:
3. Vornamen: Hedwig
4. Mädchenname:
5. Stand: Bäuerin
6. Wohnort: Köritz
7. * wo: | 8. † wo: | 9. Alter:
10. ledig | 11. verh. | 12. verw. | 13. kath. | 14. prot. | 15. ref.
16. Ehemann: Martin
17. Kinderzahl:
18. Besitz:
19. Verwandte: Jakob Rhinow, Schwiegervater
20. Ansehen:
21. Rasse:
22. Stellung zur Kirche:
23. verhaftet am:
24. Grund: Hexerei
25. Gefangenschaft und Folter: unmenschlich angegriffen
26. Geständnis: ja
27. Urteil:
28. Hinrichtung: ja
29. allein | 30. mit:
31. Lit. u. Qu. angb.
1) Riedel, Ein Hexenprozeß verhandelt bei dem Amtsgericht zu Neustadt an der Dosse in: Märkische Forschungen II, 106
2) B.E. König, Ausgeburten ... Berlin 1930 S. 395 (falsches Datum)
3) [illegible], Hexenprozesse in der Mark.
32. Karte st. i. Vbdg. mit:
33. Sachbearb.: Mer. | 34. Tag: 17.12.35.

35. Ort: Köritz 1667
36. bei: Neustadt an der Dosse
37. Herrschaftsgebiet:
38. kath. | 39. prot. | 40. ref. | 41. weltl.
42. Reg. Herr.:
43. führend. H.-Bekämpfer:
44. Stellung d. Bischofs:
45. Stellg. d. Orden:
46. Ankläger:
47. Denunziant:
48. Geistl. oder weltl. Gericht:
49. Richter: Libonius
50. Beteiligte Personen:
51. Gutachten Wittenberg
52. Beteiligte Geistl., Orden, Inquisitoren:
53. Folterknechte:
54. Scharfrichter:
55. Prozeßakte in: Geh. Preuss. Staatsarchiv Berlin Dahlem Provinz. Repertorium 5 B, Nr. 9
56. Abdrucke:
57. Bildl. Darstellg.:
= Die Mark. 1929 Nr. 3/4 S. 21 f.

– 6. Juli 1941

»Unmenschlich angegriffen«: Auf standardisierten Erhebungsbögen vermerkten die Mitarbeiter des »Hexensonderauftrags« zehntausende Fälle von Hexenverfolgung.

Drahtzieher des Holocaust

Man könnte über obskure Forschungsaufträge wie Himmlers »Hexensonderauftrag« lächeln, wenn seine Obsession mit dem Germanentum nicht andernorts solch mörderische Konsequenzen gehabt hätte. Jahrzehntelang haben Historiker in aller Welt nach einem Befehl Hitlers für den Holocaust gesucht. Ein entsprechendes Dokument wurde nie gefunden. Auch die Frage, wann und an wen er ergangen sein könnte, ist unklar. Doch war es überhaupt Hitler, der den Befehl erteilte? Der Historiker Peter Longerich sieht einen ganz anderen am Werk: Heinrich Himmler. Und er glaubt, dass der Judenmord für Himmler gar nicht Zweck, sondern nur Mittel zum Zweck war, um seine eigene Macht im »Dritten Reich« auszubauen. Und die wollte er nutzen, um eine neue Herrschaftsordnung unter Führung der SS zu errichten.

Die Idee einer deutschen Siedlung im Osten beschäftigte Himmler bereits seit dem 1920er-Jahren, der »Artamanenbund«, zu dem er seit 1927 Kontakt hielt, bestärkte ihn darin. In seiner Utopie sah der »Reichsführer SS« eine schöne arische Welt vor sich, ein »großgermanisches Imperium«. Ihm schwebte ein Ring von »hundert Millionen germanischen Bauern« vor, die um das bestehende Deutschland herum angesiedelt werden sollten, um »dann den Weg zu einer von uns schon einmal innegehaltenen Weltherrschaft wieder zu beschreiten«. Himmler war allerdings davon ausgegangen, dass es Generationen dauern würde, sie zu erschaffen. Zwar rechnete er schon viel früher mit kriegerischen Auseinandersetzungen, bei der es um Weltanschauungen ging. »Denn für Himmlers ideologische Vorstellungswelt scheint die Idee fundamental gewesen zu sein, dass es eine höhergestellte, nordische oder germanische Rasse gebe, die sich, als führendes Volk der ›weißen Rasse‹ und damit auch stellvertretend für die gesamte Menschheit, in einem Jahrtausende währenden Kampf mit rassisch minderwertigen Gegnern befinde«, schreibt Peter Longerich.

»Diese Konfliktsituation laufe auf eine finale Auseinandersetzung zwischen den rassisch Höherstehenden beziehungsweise den ›Germanen‹ und ihren minderrassigen Gegnern hinaus, drastisch ausgedrückt: auf einen ›Kampf zwischen Menschen und Untermenschen‹.« Dass Hitler die

Welt schon ab September 1939 mit Krieg überziehen würde, kam für Himmler etwas überraschend. Doch er nutzte den Krieg geschickt, um seine Ideologie in die Tat umzusetzen und seine Machtbasis auszubauen.

> **»Das großgermanische Reich sollte nicht einfach ein um Annexionsgebiete vergrößertes Großdeutsches Reich sein, sondern ein qualitativ neues, supranationales und totalitär regiertes Herrschaftsgebilde, das konsequent auf einer rassischen Hierarchie aufgebaut war.«**
>
> Peter Longerich,
> NS-Forscher

Beim Überfall auf Polen war Himmlers SS zunächst damit beauftragt, für die polizeiliche Sicherung der besetzten Gebiete zu sorgen, dabei hatte Hitler »größte Härte« verlangt. Mit äußerster Brutalität gingen Himmlers Einsatzgruppen nun daran, das »führende Polentum« zu liquidieren. Zehntausende katholischer und jüdischer Polen wurden bis Ende 1939 von Himmlers Leuten ermordet. Gleichzeitig witterte Himmler die Chance, die SS-Siedlungspolitik auf die eroberten Gebiete auszudehnen. Er jubilierte, als der »Führer« ihn im Oktober 1939 zum »Reichskommissar für die Festigung deutschen Volkstums« ernannte. Nun glaubte er die Machtfülle zu haben, um die »völkische Neuordnung« Europas voranzutreiben. In Polen wollte er damit beginnen. Sein Plan sah vor, Völker wie Spielfiguren über die Landkarte zu schieben. Um die neu besetzten Gebiete germanisieren zu können, mussten »gutrassige« Menschen dort angesiedelt werden. Dafür sollten Juden und missliebige Polen vertrieben werden. Die Zahlen, mit denen Himmler jonglierte, waren gigantisch. Er plante, »aus dem Altreich bzw. aus den neu besetzten Ostgebieten … zunächst bis Februar 1940 rund 1 000 000 Juden und Polen zu evakuieren«, wie Longerich schreibt. Tatsächlich wurden bis Anfang 1941 mehr als 300 000 Polen und Juden aus den eingliederten Ostgebieten in das Generalgouvernement abgeschoben. Bald geriet das Programm jedoch ins Stocken oder sorgte für Chaos. Zumal für die neu anzusiedelnden »gutrassigen« Volksdeutschen aus Bessarabien, der Bukowina, der Dobrudscha oder auch für Südtiroler nicht genügend Höfe zur Verfügung standen. Hunderttausende von ihnen saßen in Umsiedlerlagern fest.

Der Krieg gegen die Sowjetunion gab dem gigantischen Umsiedlungsprogramm Himmlers jedoch eine neue Dimension. Dieser Feldzug war von Anfang an als weltanschaulicher und rassistischer Vernichtungskrieg geplant. »Die Vision einer gewaltsamen kolonialen Landnahme im Osten, die er für die SS als Zukunftsaufgabe skizziert hatte, schien plötzlich in greifbare Nähe zu rücken«, schreibt Peter Longerich.

Himmler wollte mit seiner SS eine Schlüsselrolle spielen. Von Anfang an waren für ihn »die Massenmorde an den Juden Bestandteil einer sehr viel breiter angelegten völkischen Neuordnungspolitik«, wie Longerich betont. Sein eigentliches Ziel war letztlich, »seiner SS die zentrale Rolle bei der Errichtung des nationalsozialistischen Lebensraum-Imperiums und sich selbst eine historisch einmalige Position zu sichern«. Vom 11. bis zum 15. Juni 1941 berief er die höchste SS-Führung auf die Wewelsburg ein, um sie persönlich auf ein Vernichtungswerk einzustimmen. Bei diesem Treffen nannte Himmler die Zahl von 30 Millionen Menschen, um welche die Bevölkerung der Sowjetunion »dezimiert« werden müsse, um Platz für bis zu 30 Millionen deutsche Wehrbauern zu machen. In seinem Auftrag erarbeiteten SS-Leute den Generalplan Ost, ein gigantisches Vertreibungs-, Umsiedlungs- und Ausrottungsprogramm. Am 15. Juli 1941 legte Himmler eine Planskizze vor.

Tags darauf erlitt er jedoch eine bittere Niederlage. Hitler übertrug am 16. Juli 1941 dem neu ernannten Reichsminister für die besetzten Ostgebiete, Alfred Rosenberg, die politische Verwaltung der eroberten Gebiete. Himmler sollte die Gebiete lediglich polizeilich sichern, nicht gestalten. Die »Festigung deutschen Volkstums«, für die er seit dem Polenfeldzug zuständig war, sollte nicht für die besetzten sowjetischen Gebiete gelten. Beharrlich handelte Himmler aber auch weiterhin so, als ob die ethnische »Neuordnung« des Ostens seine Aufgabe sei. Dabei ging es nicht nur um Siedlungsmaßnahmen, sondern auch um die »Ausschaltung des schädigenden Einflusses von ... volksfremden Bevölkerungsteilen«. Noch war die Entscheidung über den Holocaust nicht gefallen, noch schwirrten Pläne für die Massenevakuierung von Juden nach Madagaskar durch die Köpfe in Himmlers Reichssicherheitshauptamt. Da aber die Umsiedlungsaktionen in Polen weitgehend gescheitert waren, wollte Himmler jetzt radikaler vorgehen. Er beschloss, ganze Regionen »judenfrei« zu machen: »durch Massenexekutionen sowie durch Ghettoisierung derer, die noch als Zwangsarbeiter auszupressen waren«, wie Longerich schreibt.

»Völkische Neuordnung Europas«: Heinrich Himmler besucht im September 1939 eroberte Gebiete in Polen.

»Äußerste Brutalität«: Angehörige einer SS-Einsatzgruppe erschießen am 20. Oktober 1939 in der polnischen Stadt Kórnik Geiseln.

»H. ruft oft an. Er ist gesund. Der Krieg geht herrlich vorwärts. Alles verdanken wir dem Führer. Und die Menschen sind oft zu klein.«

Margarete Himmler, Tagebuch, 26. Oktober 1941

Der Mord an den Juden sollte das Mittel sein, um Hitler mehr Kompetenzen im Osten abzuringen. Er konnte sich sicher sein, damit Hitlers Wohlwollen zu ernten. Im Sommer 1941 hatte Hitler die Verfolgung der Juden radikalisiert, am 18. August wurde der Judenstern eingeführt. Als die deutsche Wehrmacht im Juni 1941 die Sowjetunion überfiel, begannen gleich hinter der Front die Massaker der SS.

Unermüdlich und eigenmächtig reiste Himmler in den folgenden Wochen zu den SS-Mordkommandos nach Osteuropa. Er kam mit dem Flugzeug, in Sonderzügen oder mit dem Auto, um seine Leute anzufeuern. Himmler-Biograf Peter Longerich hat Himmlers Reiseroute anhand seines Dienstkalenders rekonstruiert und mit den Berichten der Einsatzgruppen verglichen. Das Ergebnis ist erschreckend. Wo Himmler reiste, zog er eine Blutspur hinter sich her. Fast überall, wo der »Reichsführer SS« Station machte, schnellten anschließend die Opferzahlen dramatisch in die Höhe. Darüber hinaus traf die systematische Verfolgung auf einmal nicht nur Juden und Partisanen, sondern auch gezielt Frauen und Kinder. So führte eine Reise nach Riga am 31. Juli 1941 dazu, dass die Massenmorde an Juden in Litauen und Lettland ausgeweitet wurden. »Das Einsatzkommando 3 ging, wie der ausführliche Bericht des Kommandoführers Karl Jäger zeigt, ab dem 5. August dazu über, mit Unterstützung litauischer Hilfskräfte unterschiedslos Männer, Frauen und Kinder zu erschießen«, so Longerich. Anschließend flog Himmler nach Baranowicze weiter und gab den SS-Kavalleristen Richtlinien: »Ausdrücklicher Befehl des RFSS. Sämtliche Juden müssen erschossen werden. Judenweiber in die Sümpfe treiben.« Als er sich über unzureichende Säuberungen im Bereich des »Höheren SS- und Polizeiführers Rußland-Süd« beschwerte, schoss auch hier die Mordrate nach oben. So wurden etwa Ende August in Kamenez-Podolsk binnen drei Tagen 23 600 Menschen ermordet, es kam zu Massakern in Berditschew und Shitomir. Ende September wurden 33 771 Kiewer Juden in Babi Jar hingerichtet. Am Ende des Jahres wurden Vorbereitungen für den Bau von Massenvernichtungslagern getroffen.

Heinrich Himmler war keineswegs ein Schreibtischtäter: Er hielt sich, so oft er konnte, an der Front und bei seinen Truppen auf. Und er wusste genau, was er anrichtete. Am 15. August 1941 stand in Minsk der Programmpunkt »Exekution« von »Partisanen und Juden« auf dem Reiseablauf. Himmler beobachtete die Massenerschießung, offenbar mit den kalten Augen eines Technokraten: »Nach der ersten Salve kam Himmler direkt zu mir her und schaute selbst in die Grube«, berichtete nach dem Krieg ein Leutnant der Schutzpolizei. »Dabei beobachtete er, daß noch einer lebte. Er sagte zu mir: ›Leutnant, schießen Sie auf den!‹« Gesagt, getan. »Himmler blieb dabei neben mir stehen … Das Ganze war für Himmler und sein Gefolge praktisch ein Schauspiel.« Das offenbar so »spannend« zu sein schien, dass ein Kameramann aus Himmlers Gefolge die Szene filmte. Am 19. November hieß es in Himmlers Dienstkalender: »Abendessen im Zug. Wochenschau u. Film von Minsk.«

Peter Longerich kommt zu dem Schluss, dass Himmler, nachdem er in der Besatzungspolitik zurückstecken musste, »alles nur Mögliche unternommen hatte, um die Massenexekutionen von Juden in der Sowjetunion … zu einem flächendeckenden Genozid zu erweitern: Die entscheidende Initiative, zum systematischen Mord an der jüdischen Zivilbevölkerung überzugehen, war in allen Einsatzgebieten seiner Einheiten jeweils von ihm selbst ausgegangen.« Mehrfach bekundete er seinen Entschluss in der Öffentlichkeit. So sagte er am 24. Mai 1944 in Sonthofen vor Generälen der Wehrmacht: »Ich habe mich nicht für berechtigt gehalten – das betrifft nämlich die jüdischen Frauen und Kinder –, in den Kindern die Rächer groß werden zu lassen, die dann unsere Väter und unsere Enkel umbringen. Das hätte ich für feige gehalten. Folglich wurde die Frage kompromißlos gelöst.« Laut Longerich ist damit bewiesen, dass Himmler »die Entscheidung zur Ermordung von Frauen und Kindern tatsächlich in eigener Verantwortung getroffen hat«. Wohl wissend, dass Hitler, der fortlaufend Berichte von den Morden erhielt, sein Handeln gutheißen würde. Der »Führer« selbst erinnerte wiederholt an seine Rede vom 30. Januar 1939, in der er »die Vernichtung der jüdischen Rasse in Europa« prophezeit hatte, und sagte einmal zu Himmler: »Es ist gut, wenn uns der Schrecken vorangeht, daß wir das Judentum ausrotten.« Im Sep-

Auf seiner Reise in die eroberten Ostgebiete suchte Himmler auch nach von ihm als »rassisch wertvoll« eingeschätzten Kindern, die anschließend nach Deutschland verschleppt wurden.

»Es ist gut, wenn uns der Schrecken vorangeht, daß wir das Judentum ausrotten«: Himmler und Reinhard Heydrich (2. von rechts) während eines Frontbesuchs in Estland, September 1941.

»Unterschiedslos erschießen«: Nahe der lettischen Stadt Libau werden im Dezember 1941 durch Angehörige der Einatzgruppe A tausende Juden ermordet, darunter zahlreiche Frauen.

Graf Folke Bernadotte gehörte zu jenen Mittelsmännern, über die Himmler Verhandlungen mit den Westmächten anknüpfen wollte.

tember 1941 erklärte Hitler, dass der »Reichskommissar für die Festigung deutschen Volkstums« auch für die besetzten Ostgebiete zuständig sei. Himmlers Rechnung war aufgegangen.

Ab Anfang 1942 arbeiteten Hitler, Himmler und Heydrich an der »Endlösung der Judenfrage« für ganz Europa. Der erste Anstoß zur Verwendung von Gas als Mordmittel dürfte von Himmler ausgegangen sein. Der »Reichsführer SS« überzog Europa schließlich mit einem Netz von über zwanzig Konzentrations- und Vernichtungslagern mit mehr als 1200 Neben- und Außenlagern. Doch es blieb ein Pyrrhussieg. Während die Mordmaschinerie in Auschwitz perfektioniert wurde, blieben die militärischen Erfolge aus. Die deutschen Armeen waren seit der Niederlage von Stalingrad auf dem Rückzug. Himmlers Siedlungspolitik, die auf die systematische Ermordung der Juden folgen sollte, scheiterte vollständig. Sie hatte lediglich zur Folge, dass Millionen Menschen aus ihrer Heimat vertrieben und entwurzelt wurden.

Mit der Wende des Krieges schwand zwar Himmlers Aussicht auf ein großgermanisches Imperium, nicht aber seine Macht. Er profilierte sich als derjenige, der mit Terror die innere Sicherheit im Reich und in den besetzten Gebieten garantieren konnte. Himmler, seit 1943 auch Reichsinnenminister, kontrollierte nicht nur alle inneren Organe des Terror- und Polizeiapparats, er verfügte mit der stetig größer werdenden Waffen-SS mittlerweile auch über veritable militärische Macht. Himmler galt als unangefochtener zweiter Mann des Regimes.

»Je mehr das Dritte Reich seinem Untergang entgegenging, desto mächtiger wurde der Reichsführer-SS.«

Peter Longerich,
Himmler-Biograf

Schon früh schien er allerdings die Aussichtslosigkeit des Krieges erkannt zu haben. Seit 1943 streckte er mehrfach Verhandlungsfühler zu den Westmächten aus, die alle auf ein Ziel hinausliefen: Verständigung mit dem Westen, weiterkämpfen im Osten. Er entsandte Emissäre, traf sich mit Vertretern neutraler Länder wie dem schwedischen Grafen Bernadotte oder sandte gar eine direkte Botschaft an Churchill. Doch der Westen dachte überhaupt nicht daran, mit Hitlers Paladin zu verhandeln. Churchill notierte nach Erhalt des Himmler-Funkspruchs im Juli 1944 nur knapp: »Erhalten und zerstört.« Himmler hoffte bis zum Schluss auf Gespräche mit dem Westen über einen Separatfrieden – ein Beweis für seine Wirklichkeitsferne. Die Alliierten hatten ihn auf der Liste der wichtigsten Kriegsverbrecher gleich hinter Hitler platziert.

Himmlers Ende

Das Hexenprojekt verfolgte Heinrich Himmler fast bis zum Schluss. Als die Bomben auf Berlin fielen, wurde die inzwischen umfangreiche Bibliothek des H-Sonderauftrags samt Akten nach Schlesiersee ausgelagert. Wegen des Krieges musste das Forschungsprojekt schließlich im Februar 1944 eingestellt werden. Laut Geheimdienstchef Walter Schellenberg aber blieben die mittelalterlichen Hexenprozesse Himmlers »Steckenpferd«, das er im Kreis seiner SS-Führer oder seines Stabes gerne ausführte: »Lebhaft schilderte er die neuerlichen ›Forschungsergebnisse‹ und bedauerte das ›gute … deutsche Blut … Tausender von Hexen‹, das ›in abergläubischer Weise vergossen worden‹ sei.« Für Wissenschaftler heute ist Himmlers geheimes Hexenarchiv nur von geringem Wert.

Am 25. September 1944 übernahm Himmler die militärische Leitung des »Volkssturms«. Als die alliierten Truppen immer näher rückten, machte ihn Hitler zum Befehlshaber zweier Heeresgruppen, erst am Oberrhein, dann an der Weichsel.

Endlich war Heinrich Himmler nicht nur Soldat, sondern auch Feldherr. Die Vollendung seines Traums endete kläglich. Seine Fronten brachen genauso zusammen wie die der anderen Befehlshaber. Himmler

»Nun ist H. im Osten. Wenn die Lage ernst wird, muß er helfen. Wie herrlich, daß er zu großen Aufgaben berufen ist u. sie meistern kann. Auf ihn blickt ganz Deutschland.«

Margarete Himmler, Tagebuch, 2. Februar 1945

wurde seines Kommandos wieder enthoben und zog sich in die Klinik Hohenlychen zurück. Gemeinsam mit »Häschen« und seinen Kindern verbrachte er dort Tage tiefer Depression. Alles war in Auflösung begriffen. Am 20. April 1945 besuchte Himmler ein letztes Mal Adolf Hitler in seinem Bunker unter der Reichskanzlei. Anschließend setzte er sich nach Norddeutschland ab. Am 20. Mai 1945 stand Himmler vor der Entscheidung, sich zu stellen oder zu fliehen. Er entschied sich für die Flucht. Die Option, »kämpfend unterzugehen«, wie er es von seinen SS-Leuten verlangte, galt für den SS-Chef anscheinend nicht. Für viele seiner Jünger brach eine Welt zusammen.

Himmler rasierte sich seinen Schnurrbart ab, legte eine Augenklappe an und die Unform eines Feldwebels der Geheimen Feldpolizei. Mit den

»Die Lage ist ernst«: Wenige Monate vor dem Ende des »Dritten Reichs« wurde Himmler von Hitler die militärische Führung des Volkssturms übertragen.

»Und nun mit der Neige des alten Jahres noch einmal meine innigsten Wünsche und Grüße. Wenn ich mir auch immer wieder einrede, daß das neue Jahr schwer – vielleicht lastend sein wird – bin ich fast neugierig gespannt, was es bringen wird. Dir wünsche ich vor allem anderen die Kraft für die Aufgabe, die Führer und Vaterland Dir übertragen werden. – Daneben ist dann alles klein – sind wir – bin ich arm. Bleib gesund und vergiß mich nicht, Deine X.«

Hedwig Potthast, Brief an Himmler, 30. Dezember 1944

Papieren eines gewissen »Heinrich Hitzinger« machte er sich mit zwei Adjutanten auf die Flucht. Weit kam er nicht. Eine sowjetische Patrouille setzte die drei Männer fest, übergab sie jedoch wenig später an die Briten. Die Sowjets hatten ihren Fang nicht erkannt. Am 23. Mai lüftete Himmler sein Inkognito, ließ sich zum leitenden Offizier des Gefangenencamps von Barnstedt südlich Lüneburg bringen, nahm seine Augenklappe ab und sagte mit leiser Stimme: »Heinrich Himmler.« Himmler musste sich komplett ausziehen und eine Leibesvisitation über sich ergehen lassen. Als der Militärarzt schließlich seinen Mund untersuchen wollte, biss der Gefangene auf die Zyankalikapsel, die er laut Aussage seiner Ehefrau seit dem ersten Kriegstag immer bei sich trug. Die Briten verscharrten den Leichnam in der Lüneburger Heide. Wo genau seine Gebeine liegen, ist bis heute unbekannt. Das Grab des Mannes, der maßgeblich für den Holocaust verantwortlich war, sollte kein Wallfahrtsort für Neonazis werden.

Mit seinen beiden Frauen hatte Himmler bis kurz vor seinem Tod brieflich und telefonisch Kontakt. Beide hielten standhaft zu ihm. Hinweise auf Zweifel an ihrer Beziehung zu einem Massenmörder lassen sich nirgendwo finden. Marga Himmler und ihre Tochter Gudrun wurden am 13. Mai 1945 in Südtirol von amerikanischen Truppen verhaftet. Die nächsten Monate verbrachten sie in einem britischen Internierungslager in Italien. Im September 1946 wurde Frau Himmler nach Nürnberg gebracht, um im Zusammenhang mit den Kriegsverbrecherprozessen auszusagen. Gegenüber dem verhörenden US-Offizier, Colonel John H. Amen, beharrte sie darauf, nicht gewusst zu haben, was in den Konzent-

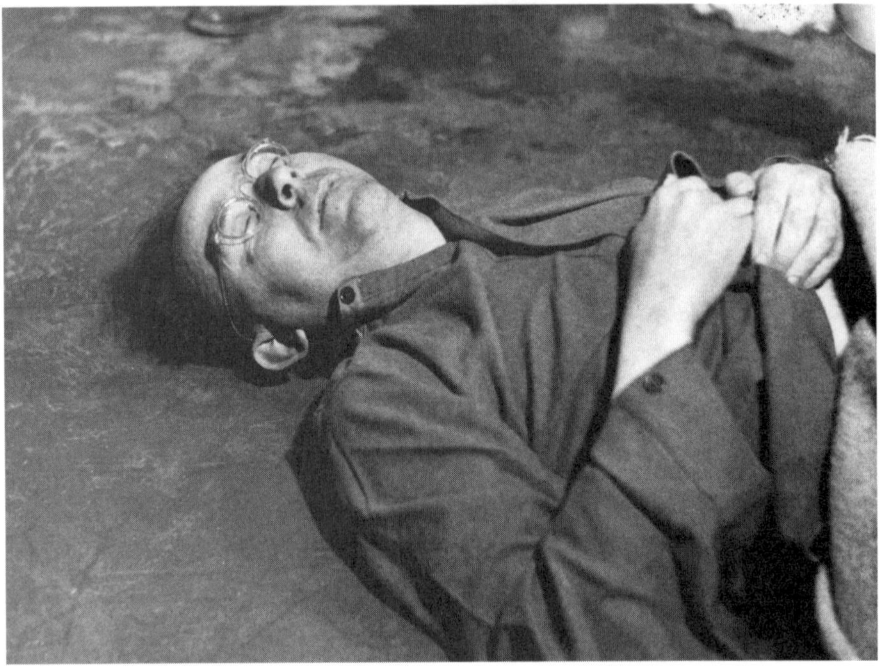

»Unrühmliches Ende«: Heinrich Himmler nach seinem Selbstmord in britischer Gefangenschaft am 23. Mai 1945.

»Keine Zweifel«: Margarete Himmler und Tochter Gudrun nach der Verhaftung durch US-Truppen in Bozen, 15. Mai 1945.

rationslagern vor sich ging, und bezweifelte, dass ihr Mann sie befehligt habe. Marga Himmler starb 1967.

Hedwig Potthast soll bis Kriegsende zunächst am Tiroler Achensee gelebt haben. Als sie von Himmlers Selbstmord am 23. Mai 1945 erfuhr, tauchte sie im bayerischen Rosenheim unter, wo sie wenige Wochen später von den Amerikanern gefangen genommen wurde. Sie wurde eine Woche lang verhört und dann freigelassen. Kurze Zeit später habe sich Hedwig Potthast nach Informationen von Katrin Himmler bei Hilde Himmler, der Ehefrau von Himmlers Bruder Gebhard, in Gmund blicken lassen: »›Häschen‹, so erzählen Gebhards Älteste und ihr Mann, sei ihnen damals sehr wunderlich vorgekommen, sie habe immer nur von ›König Heinrich‹ gesprochen – womit sie den Vater ihrer zwei Kinder meinte.«

Hedwig Potthast zog später nach Baden-Württemberg und fand dort eine Stelle. Ende der 1950er-Jahre heiratete sie und nahm den Namen ihres Mannes an. Die Ehe scheint gehalten zu haben, zumindest waren sie noch verheiratet, als der Ehemann Mitte der 1980er-Jahre starb. Hedwig überlebte ihn um rund zehn Jahre. Ihr Sohn Helge, der laut Aussagen von Journalist Koch immer kränkelnd war, verbrachte lange Zeit mit seiner Mutter. Tochter Nanette ergriff einen angesehenen Beruf. Beide Kinder nahmen den Namen ihres Stiefvaters an und leben heute im Norden Deutschlands. Die Vergangenheit wurde laut Helge Potthast in der Familie nicht nur nie thematisiert. Sie soll für immer ein Geheimnis bleiben: »Wir haben beschlossen, dass das Wissen um unsere Herkunft mit uns ins Grab gehen soll, um die nachfolgende Generation nicht damit zu belasten«, schrieb er dem ZDF in einem Brief und bat darum, das Schweigen zu respektieren. Für die Kinder von NS-Prominenten und Kriegsverbrechern ist es schwer, mit dem Erbe umzugehen. Einige, wie Niklas Frank oder Martin Bormann jr., sind in die Öffentlichkeit gegangen. Andere haben sich zurückgezogen. Sich gar nicht mit der Vergangenheit auseinanderzusetzen, wie die Kinder Heinrich Himmlers, ist eine Form des Selbstschutzes. Es ist ihnen zu wünschen, dass es sich für sie als der richtige Weg erweist. Erinnerungen werden die beiden nicht an ihren leiblichen Vater haben: Helge war drei, Nanette ein Jahr alt, als Heinrich Himmler sich das Leben nahm.

Hitlers Frauen

> **Hitler hatte vor, in der Weltgeschichte eine eminent wichtige Rolle zu spielen. Mit Frauen, Familie, Kindern gab er sich nicht ab. Er hatte nur Kombattanten, Kämpfer, Mitkämpfer.**
>
> Elke Fröhlich, Historikerin

Sie war gerade erst siebzehn, als sie Hitler zum ersten Mal begegnete. An einem Abend im Oktober 1929 war es, im »Photohaus Hoffmann« in München, wo Eva Braun ihre Lehre als Fotolaborantin absolvierte und hinter der Ladentheke die Kunden bediente. Dieser Kunde schien etwas Besonderes zu sein. Heinrich Hoffmann, Besitzer des Fotoateliers in der Amalienstraße, stellte ihn seiner jungen Schutzbefohlenen als »Herrn Wolf« vor. Eva Braun war nach Feierabend im Geschäft geblieben, um noch einige Papiere zu ordnen, als ihr Chef mit einem »Herrn von gewissem Alter mit einem komischen Bart und einem hellen englischen Mantel, einem großen Filzhut in der Hand« den Laden betrat. Den beiden Herren muss sich ein reizender Anblick geboten haben: Eva Braun stand auf einer Leiter und präsentierte auf diese Weise ungewollt ihre hübschen Beine, die ihr Rock – sie hatte ihn an diesem Tag gerade erst gekürzt – freigab. Nachdem das »brave kleine Fräulein Braun«, wie sie Heinrich Hoffmann vorstellte, die Leiter hinabgestiegen war, bat sie der Chef, aus einer nahe gelegenen Gastwirtschaft »Bier und Leberkäse« zu besorgen. Beim gemeinsamen Mahl machte »der alte Herr« ihr Komplimente; sie unterhielten sich über Musik und »ein Stück im Staatstheater«, wie sich Eva Braun später erinnert haben will. Anschließend soll er ihr angeboten haben, sie in seinem Mercedes nach Hause zu bringen – was die junge Frau jedoch dankend ablehnte. Erst als Eva Braun das Fotoatelier verlassen wollte, machte sie ihr Chef darauf aufmerksam, um welchen Gast es sich tatsächlich gehandelt hatte: »Es ist der Hitler, unser Adolf Hitler.«

»Kurzer Rock, hübsche Beine«: Betörte Eva Braun Hitler mit ihren weiblichen Reizen? Die 18-Jährige als Angestellte bei »Photo-Hoffmann«, 1930.

Ob sich die erste Begegnung von Eva Braun und Hitler tatsächlich so abgespielt hat, wie beschrieben, ist ungewiss. Die Schilderung stammt angeblich von Eva Braun selbst; 1968 findet sie sich zum ersten Mal in der Biografie des türkisch-amerikanischen Journalisten Nerin Emrullah Gun. Wie er an diese Informationen gekommen ist, hat der Autor jedoch nicht preisgegeben. Was auch immer sich beim ersten Treffen der beiden zugetragen haben mag – die Folgen sind hinlänglich bekannt: Eva Braun wurde Hitlers Geliebte, kurz vor ihrem gemeinsamen Selbstmord im »Führerbunker« sogar seine Ehefrau.

So viel wir heute über die Geschichte Eva Brauns auch wissen, im sogenannten »Dritten Reich«, waren nur die allerwenigsten über die Existenz der jungen Frau an Hitlers Seite informiert. »Hitlers Braut ist Deutschland«, betonte die NS-Propaganda stets. »Es muß ein Junggeselle sein! Dann kriegen wir auch die Weiber«, erklärte schon der »völkische« Dichter Dietrich Eckart, den Hitler 1919 in München kennen lernte. Eckart entwickelte damals die Vision einer Partei gegen Juden und Bolschewisten, deren künftiger Führer ledig sein sollte. In der Münchner Öffentlichkeit gab sich Hitler folglich stets als unbeweibt aus.

> **Ich darf keine Frau lieben, bis ich nicht mein Werk vollendet habe.**
>
> Hitler, Februar 1932

Er fürchtete, durch die Beziehung zu einer Frau die Unterstützung jener Damen zu verlieren, welche sich für ihn als Politiker und Mann interessierten. Als Junggeselle glaubte er eine größere Anziehungskraft auf Frauen auszuüben als ein verheirateter Mann. Auch später hielt er an dieser Meinung fest. »Daß ich keine Frau genommen habe, hat meinen Einfluß auf den weiblichen Bevölkerungsteil ständig vermehrt. Ich hätte mir einen Popularitätsverlust bei der deutschen Frau nicht leisten können, denn sie ist doch bei den Wahlen von ausschlaggebender Bedeutung«, soll Hitler im Beisein seiner Sekretärin Christa Schroeder erklärt haben. Auch seinen Rüstungsminister Albert Speer belehrte er: »Viele Frauen hängen an mir, weil ich unverheiratet bin. Das war besonders wichtig in der Kampfzeit. Es ist so wie bei dem Filmschauspieler: Wenn er heiratet, verliert er für die ihn anhimmelnden Frauen ein gewisses Etwas, er ist nicht mehr so sehr ihr Idol.« Wie recht Hitler damit hatte, zeigte sich nicht zuletzt bei den Wahlen. Im »roten Berlin« wählten beispielsweise im Oktober 1930 über 200 000 Frauen gegenüber knapp 192 000 Männern nationalsozialistisch. Auch wenn sich Hitler gern mit attraktiven Frauen umgab, in Damengesellschaft überaus charmant und liebenswert sein konnte – nach heutiger Kenntnis ist er mit keiner Frau, nicht einmal mit Eva Braun, eine engere Bindung eingegangen. Stattdessen entwarfen Hitler und die NS-Propaganda das Bild des Unverheirateten, der sich für »Volk und Vaterland« aufopferte und kein Privatleben kannte. »Ich bin mit der Politik dermaßen verheiratet, daß ich nicht daran denken kann, mich auch noch zu verloben«, ließ er öffentlich verlauten. Nicht zuletzt weil Hitlers Liebesleben zu den bestgehüteten Geheimnissen des »Dritten Reichs« gehörte, ist darüber in den letzten sechs Jahrzehnten ebenso viel geforscht wie spekuliert worden. Dabei wurden ihm mal sexuelle Ausschweifungen unterstellt, mal totale Enthaltsamkeit. Auch die Frage, ob Hitler »ein richtiger Mann« gewesen sei oder unter einer körperlichen Missbildung gelitten habe, wurde nicht nur von Boulevardblättern erschöpfend behandelt, sondern auch von seriösen Historikern kontrovers diskutiert.

> **Nicht nur die Boulevardpresse, auch namhafte Historiker haben sich brennend für das Liebesleben Hitlers interessiert, und zwar jahrzehntelang, bis zum heutigen Tag. Mir scheint, dass das Ganze ein hilfloser Versuch ist, in der Sexualität Hitlers seinen Charakter zu erklären und sein Wesen, das eigentlich unerklärlich ist.**
>
> Anna Maria Sigmund, Historikerin

Die These, dass Hitler zwar gern Umgang mit schönen Frauen gepflegt habe, in Wirklichkeit aber homosexuell gewesen sei, ist ebenfalls erschöpfend erörtert worden. Wie aber lässt sich das große Interesse an Hitlers Privatleben erklären – mehr als 65 Jahre nach seinem Tod? »Das Privatleben Hitler ist wahrscheinlich deshalb so faszinierend, weil es einen großen Kontrast bildet zur historischen Figur«, meint der belgische Journalist Jean-Paul Mulders. »Jeder kennt Hitler vor dem Hintergrund seiner Politik und seiner unmenschlichen Verbrechen. Er scheint das Fleisch gewordene Böse gewesen zu sein, ein Monster. Aber wenn man sich mit seinem Privatleben beschäftigt, stellt man fest, dass Hitler ein Mensch aus Fleisch und Blut war, der natürlich auch Beziehungen zu Frauen unterhielt. Dieser Kontrast ist faszinierend, das ist für Journalisten wie Historiker nach wie vor spannend.«

Bereits in Linz, wo Hitler und seine Familie seit Herbst 1900 lebten, will der damalige Schüler »die Bekanntschaft hübscher junger Mädchen gesucht« haben – so jedenfalls stellte es Hitler später gern selbst dar. Glaubt man Zeugenberichten aus dieser Zeit, so verhielt sich der junge Adolf Hitler dem weiblichen Geschlecht gegenüber jedoch ausgesprochen scheu und befangen. Im Frühjahr 1906 verliebte sich der Pubertierende in ein »hübsches blondes Mädchen« aus Linz, das ihm als weibliches Schönheitsideal und nicht zuletzt deshalb unerreichbar erschien. Stefanie Isak, wie die Angebetete hieß, war zwei Jahre älter, Tochter eines hohen Regierungsbeamten und hatte reihen-

> **Während gerade für das jugendliche Schwärmen ein steter Wechsel typisch ist, gab es für Adolf während dieser Jahre kein anderes weibliches Wesen als Stefanie. Er sah gar nicht, daß neben ihr noch andere Mädchen existierten. Stefanie verkörperte für ihn das Weibliche schlechthin.**
>
> August Kubizek, *Adolf Hitler, mein Jugendfreund*

»Dann kriegen wir auch die Weiber«: Immer wieder verfielen Frauen dem Nimbus des ehelosen »Führers«, hier während der Besetzung des Sudetengebiets im Oktober 1938.

»Ich darf keine Frau lieben«: Angehörige des »Bunds Deutscher Mädel« (BDM) huldigen dem »Führer« vor dem Berghof, Sommer 1939.

In seiner Jugend in Linz schwärmte Adolf Hitler mehrere Jahre lang für die schöne Stefanie Isak.

weise Verehrer, junge Offiziere zumeist. Den blassen, damals sechzehnjährigen Hitler, der die blonde Schönheit bei ihren abendlichen Spaziergängen durch Linz heimlich beobachtete, bemerkte sie gar nicht.

Hitler schmiedete Pläne, Stefanie zu entführen – oder seinem Leben durch einen Sprung in die Donau ein Ende zu setzen. Schließlich fasste der Jüngling den Entschluss, nach Wien zu gehen und ein berühmter Künstler zu werden, um seiner Angebeteten zu imponieren. Stefanie Isak war freilich völlig ahnungslos, als sie im Herbst 1907 einen rätselhaften Liebesbrief erhielt.

In Georg Stefan Trollers Fernsehfilm »Ein junger Mann aus dem Innviertel« aus dem Jahr 1975 schilderte sie die merkwürdige Begebenheit im Interview: »Ich erhielt einstens einen Brief, worin mir einer mitteilte, er gehe jetzt auf die Kunstakademie, aber ich solle auf ihn warten, er werde wiederkommen und mich heiraten. Was sonst noch darin stand, weiß ich nicht mehr, auch nicht, ob und wie der Brief unterschrieben war. Ich wusste damals absolut nicht, wem ich denselben zuschreiben sollte.« Erst viele Jahre später erfuhr Stefanie, dass der unbekannte Briefeschreiber von damals Adolf Hitler gewesen war.

»In einem ... Briefe schrieb mir die Dame, sie könne nicht begreifen, warum denn Hitler, wenn er schon so sehr für sie geschwärmt haben sollte, ihr seine Zuneigung in gar keiner Weise zu verstehen gab; ›an allzu großer Schüchternheit wird der damalige Hitler auch kaum gelitten haben‹.«

Franz Jetzinger, *Hitlers Jugend*

Die spärlichen Augenzeugenberichte aus Hitlers Zeit in Wien lassen das Bild eines Sonderlings erstehen, der Kontakte zum weiblichen Geschlecht eher mied. Zwischen seinem 18. und 24. Lebensjahr scheint Hitler keinerlei Berührungen mit Frauen gehabt zu haben – höchstens in seinen Tagträumen. August Kubizek, mit dem Hitler in Wien eine Zeit lang das Zimmer teilte, glaubte den Grund für die sexuelle Enthaltsamkeit seines Mitbewohners zu kennen: Angst vor Syphilis. So sei Hitler bei einem gemeinsamen Ausflug in den »Pfuhl der Laster« entsetzt vor den Dirnen zurückgewichen und habe sich für ein Verbot der Prostitution ausgesprochen.

> **»Ich glaube mit Gewißheit sagen zu können, es fehlte Adolf sowohl in Linz wie auch in Wien die tatsächliche Begegnung mit einem Mädchen, das bereit war, sich ihm ganz zu schenken.«**
>
> August Kubizek, *Adolf Hitler, mein Jugendfreund*

Diese Schilderungen und weitere, die sich in Kubizeks 1953 erschienenem Buch *Adolf Hitler, mein Jugendfreund* anekdotenhaft aneinanderreihen, haben später dazu geführt, Hitler eine latente Homosexualität zu unterstellen. Vor allem Kubizeks Erzählung, Hitler sei einmal in seinem Beisein von einem »gut gekleideten, sehr bürgerlich aussehenden Mann« angesprochen und zum Abendessen in ein Hotel einladen worden, nährten solcherlei Gerüchte. Als Beweise sind diese Berichte jedoch völlig untauglich. Hitler habe sich immer wieder mit »Ekel und Abscheu« über Homosexualität geäußert als eine »widernatürliche Erscheinung«, die »mit allen Mitteln bekämpft« werden müsse, so Kubizek.

Auch in München, wohin Hitler im Mai 1913 übersiedelte, galt der Österreicher als Einzelgänger, der nähere Bekanntschaften ablehnte und kaum Freundschaften schloss. Im August 1914 meldete Hitler sich freiwillig zum 6. Rekruten-Ersatzbataillon des 2. Bayerischen Infanterieregiments 16, Beiname »List«, um als Soldat für Deutschland an der Front zu kämpfen. Beim österreichischen Militär war er wenige Monate zuvor noch als »waffenuntauglich« beurteilt und zurückgestellt worden. Schon im Oktober 1914 war Hitler als »deutscher Soldat« an der Yser im Einsatz und nahm an der Schlacht bei Ypern teil. Im März 1915 wurde der Regimentsstab nach Fromelles verlegt, wo ein anderthalbjähriger Stellungskrieg be-

Adolf Hitler (rechts) mit zwei Regimentskameraden und dem Hund »Foxl« in Frankreich, Sommer 1916.

gann. Hitler, der als Meldegänger und Ordonnanz tätig war, hatte im Ruhequartier des Regimentsstabs sogar hin und wieder Zeit zum Zeichnen. In Fournes, einem kleinen Ort in der Region Nord-Pas-de-Calais, soll er 1916 einer jungen Französin begegnet sein, die die Begegnung später folgendermaßen schilderte: »Eines Tages … holte ich zusammen mit anderen Frauen das Heu ein, als wir einen deutschen Soldaten auf der anderen Straßenseite sahen. Er hatte so eine Art Block dabei und schien zu malen. Alle fanden ihn interessant und waren neugierig zu sehen, was

Im nordfranzösischen Fournes zeichnete Hitler 1915 das »Ruhequartier« seiner Einheit. Nahm hier auch die Liebesbeziehung mit Charlotte Lobjoie ihren Anfang?

er da malte. Man bat mich, mich ihm zu nähern. Unter den spöttischen Augen des Soldaten, der uns beaufsichtigte, näherte ich mich dem Maler. ... Er schaute mich überhaupt nicht an, so vertieft war er in den Anblick der Natur. Sein Schweigen erlaubte es mir, einen Blick auf seine Zeichnung zu werfen. Es war die Landschaft, die vor ihm lag. ... Da er nichts sagte, sprach ich ihn auf deutsch an, das hatte ich gelernt, und sagte ihm, dass sein Bild sehr schön sei. Es kam keine Antwort. Er drehte sich langsam zu mir um. Er hatte einen merkwürdigen Blick. Ganz intensiv schaute er mich an, musterte mich von oben bis unten. Es war, als zöge er mich mit den Augen aus. Dann gab er dem Wachmann ein Zeichen und redete kurz mit ihm. Der andere gab ein Zeichen zurück und verschwand. Ich stand da und verstand, dass ich dort stehenbleiben durfte. ... Sehr schnell empfand ich so etwas wie Freundschaft für ihn. Er zog mich sehr stark an.« Charlotte Lobjoie, so hieß die junge Frau, war die Tochter des in Seboncourt in der Picardie ansässigen Metzgers Alfred Lobjoie. In das über einhundert Kilometer entfernte Dörfchen Fournes war die damals Achtzehnjährige gekommen, weil ihr Vater sie vor den Deutschen »in Sicherheit bringen wollte«: Charlotte hatte sich in Seboncourt beim Tändeln mit deutschen Soldaten erwischen lassen. Der strenge Schlächter fürchtete um den guten Ruf seiner Tochter und brachte sie kurzerhand bei Verwandten unter, wo Charlotte weitgehend sich selbst überlassen blieb. Wie viele andere Frauen arbeitete Charlotte in den umliegenden Dörfern für die Deutschen, wusch die Wäsche der Soldaten oder bestellte die Felder. Glaubt man ihren Erinnerungen, so entwickelte sich aus der zufälligen Begegnung in Fournes bald ein Liebesverhältnis: »[Er] war ein sehr eifersüchtiger Liebhaber.

»Er zog mich sehr stark an«: Charlotte Lobjoie soll anderthalb Jahre lang die Geliebte Hitlers gewesen sein.

»Charlotte Lobjoie, seine Geliebte, malte er mit weit geöffneter Bluse, die einen Teil der nackten Brüste freigab. Besitzerstolz ist aus dieser Darstellung mehr als nur zu ahnen. Eindrucksvolle, große, schelmisch herausfordernde Augen beherrschen das breitflächige Gesicht der vollbusig-üppigen Geliebten, deren braunes Haar ein mit hellen, stilisierten Blumen versehenes Kopftuch bedeckt. Der Blick und der volle, sinnliche Mund lassen die Hitler-Darstellung des Mädchens von 1916 als eine Art ›Pin-up-Girl‹ erscheinen.«

Werner Maser, *Adolf Hitler – Vater eines Sohnes*

Ich durfte mit keinen Männern sprechen. ... Ich wurde nicht gerade geachtet, und manchmal nannten mich meine Landsleute ›Flittchen‹.« Die Liaison zwischen Hitler und Charlotte, die damalige Freunde als »besonders hübsch«, »sehr weiblich und anziehend« beschrieben, soll bis weit ins Jahr 1917 gedauert haben: »Von 1916 bis 1917 fing er an, mich zu malen. Seltene Momente, jedoch sehr anstrengend. Ich hatte nie die richtige Pose, entweder ich bewegte mich, oder ich lächelte nicht wie immer, oder mein Arm lag falsch; am Ende ging er einfach«, berichtete die Französin.

Tatsächlich existiert ein Gemälde, das eine junge Bäuerin mit geblümtem Kopftuch und tief aufgeknöpfter weißer Bluse zeigt. Das Gesicht auf dem Gemälde weist eine frappierende Ähnlichkeit mit einem Jugendfoto von Charlotte Lobjoie auf. Links oben trägt das Bild die Signatur »Adolf Hitler« sowie die Jahreszahl 1916. Im Verlauf unserer Recherchen gelang es uns, das Gemälde bei einer Industriellenfamilie im belgischen Izegem aufzuspüren, die seit den 1960er-Jahren im Besitz des Bildes ist. Zu unserer großen Überraschung entdeckten wir im Licht unserer Kameralampen unten rechts ein in grünlich-gräulicher Farbe gemaltes Hakenkreuz, das einige Rätsel aufgibt: Sollte das Bild tatsächlich aus Hitlers Hand stammen und die Datierung 1916 korrekt sein – wie kommt dann das Hakenkreuz dorthin? Erst 1920 übernahm die NSDAP das Hakenkreuz als offizielles Zeichen. Möglich ist freilich, dass das Hakenkreuz erst später von einer anderen Hand auf das Bild gemalt wurde – vielleicht in der völlig abwegigen Absicht, es damit »noch echter zu machen«. Oder aber es handelt sich bei dem Gemälde schlichtweg um eine Fälschung, etwa von Konrad Kujau, der nachweislich etliche Aquarelle »im Stile Hitlers« fälschte. Auskunft darüber könnte nur ein Kunstsachverständiger geben, der das Bild stilistisch, aber auch mittels spezieller strahlendiagnostischer Untersuchungsmethoden auf seine Echtheit hin überprüft. Doch lehnt die Familie, in deren Besitz sich das Gemälde befindet, dies leider ab.

»Pin-up-Girl anno 1916«: Dieses angebliche Hitler-Gemälde soll Charlotte Lobjoie darstellen.

Im Juni 1917, berichtete Charlotte Lobjoie, soll es eine folgenreiche Nacht in Montigny gegeben haben: »Eines Tages im Juni 1917 feierte er mit Kameraden irgendeinen Anlass. Er kam zu mir herein, sehr erregt, er hatte wohl getrunken, was ihm nicht guttat. Mit diesem Tag fingen meine Enttäuschungen an. Als ich ihm Monate später ankündigte, daß ich schwanger sei, schrie er mir irgendetwas auf deutsch ins Gesicht, was bestimmt nichts Gutes bedeutete.« Angeblich sahen sich Hitler und Charlotte nie wieder. Am 25. März 1918 wurde die damals Neunzehnjährige in Seboncourt von einem Jungen entbunden. Er wurde Jean-Marie getauft. Kurz darauf überließ die junge Mutter das Kind ihren Eltern, um nach Paris zu gehen. Vier Jahre später heiratete Charlotte den Lithografen Clément Loret, dessen Namen Jean-Marie fortan tragen durfte, ohne ihn jemals gekannt zu haben. Der Junge blieb bei seinen Großeltern in Seboncourt, bis diese starben. Mit acht Jahren nahm ihn das gut situierte Ehepaar Frizon aus Saint-Quentin auf und adoptierte ihn 1934. Erst 1948, als Charlotte schwer erkrankte und den Tod erwartete, soll sie ihrem Sohn Jean-Marie offenbart haben, dass sein Vater Adolf Hitler hieß. In den darauffolgenden Jahren versuchte Loret vergeblich, die Puzzleteile der verworrenen Geschichte zusammenzutragen und den Spuren seiner Herkunft nachzugehen. Am 2. Februar 1976 schrieb er dem deutschen Historiker Werner Maser: »Ich möchte Ihnen von einem Umstand Kenntnis geben, der Ihnen vielleicht unwahrscheinlich vorkommen wird. Mein Vater war wirklich Adolf Hitler.«

»Auf der Suche nach Charlotte«?: Nach dem Ende des Frankreichfeldzugs im Juni 1940 besucht Hitler die Schauplätze seiner Kampfeinsätze aus dem Ersten Weltkrieg.

Umgehend nahm der Historiker mit dem vermeintlichen Hitler-Sohn Kontakt auf, um mit ihm gemeinsam Beweise für die schier unglaubliche Geschichte zu sammeln. Tatsächlich stimmen die Orts- und Zeitangaben, die Charlotte Lobjoie in ihrer Geschichte gemacht hat, weitgehend mit den Einträgen im Kriegstagebuch von Hitlers Regiment überein, das heute im Bayerischen Hauptstaatsarchiv, Abteilung IV, Kriegsarchiv, aufbewahrt wird. Im Mai und Juni 1940 hat Hitler einige dieser Orte wieder aufgesucht und soll – laut eidesstattlicher Erklärung seines Kammerdieners Heinz Linge – SS-Chef Heinrich Himmler den Befehl gegeben haben, seine einstige Geliebte und deren Sohn in Nordfrankreich zu suchen. Im Herbst 1940 wurde Jean-Marie Loret angeblich zu einem Verhör in das Pariser Hotel Lutetia bestellt, dem damaligen Sitz der deutschen militärischen Abwehr. Loret beschrieb später, er sei »sehr zuvorkommend« behandelt worden. Nachdem man ihn zu seiner Herkunft befragt hatte, seien einige Fotos von ihm gemacht worden, anschließend habe man ihn wieder entlassen. Dokumente, die diese Aussage belegen könnten, gibt es nicht. Dennoch war sich Maser 1977 sicher, den Coup seines Lebens zu landen: In einer Pressekonferenz, die der Historiker in seinem Wohnhaus in Speyer einberief, präsentierte er stolz den »Sohn Hitlers«. Die drängenden Fragen der Journalisten, die aus aller Welt in die pfälzische Provinz gereist waren, schmetterte Maser indes ab: »No further questions were permitted« (»Keine weiteren Fragen erlaubt«), kommentierte süffisant der amerikanische Nachrichtensender NBC in seinem Fernsehbeitrag. Doch die Beweislage blieb dünn; Zeitzeugenaussagen, grafologische sowie anthropologische Gutachten, die Maser vorlegte, konnten die Fachwelt nicht überzeugen.

Auch erklärte Alice Lobjoie, Charlottes Schwester, der deutsche Soldat, mit dem ihre Schwester im Ersten Weltkrieg eine Affäre gehabt habe, sei nicht Adolf Hitler gewesen. Maser, der »Hitlers Sohn« wie einen Schatz hütete und ihm jeglichen Kontakt zur Presse untersagte, überwarf sich schließlich mit Loret. Dieser starb 1985 im Alter von 67 Jahren, ohne dass er das Rätsel um seinen leiblichen Vater lösen konnte.

In den folgenden Jahren geriet die Geschichte um Hitlers vermeintlichen Sohn in Vergessenheit. Erst 2007 bemühte sich der belgische Journalist Jean-Paul Mulders erneut um eine Beweisaufnahme, die er in seinem Buch *Auf der Suche nach Hitlers Sohn* vorlegte: Durch DNA-Analyse hoffte der Belgier, den »Fall Loret« endgültig aufzuklären. »In den siebziger und achtziger Jahren gab es diese Untersuchungsmethode noch nicht. Man hatte mit Loret alles Mögliche angestellt: seine Ohren mit denen Hitlers verglichen, Schriftproben gemacht und seine Blutgruppe bestimmt. Aber jetzt konnten wir mit den DNA-Proben den endgültigen Beweis liefern.«

»Ihre Schwester, so gab Tante Alice [Lobjoie] zu Protokoll, sei zwar eine Zeitlang mit einem deutschen ›Unterleutnant‹ liiert gewesen, nicht aber mit Hitler; sie selbst habe den Mann wiederholt gesehen – mit Hitler habe er keine Ähnlichkeit gehabt. Und dann brach jahrelang aufgestauter Haß gegen den Neffen durch: ›Jean ist ein Spinner, die Hitler-Geschichte haben ihm nur die Deutschen aufgeschwatzt.‹«

***Der Spiegel*, 7. November 1977**

»Nachgewiesene Übereinstimmungen und Ähnlichkeiten«: Der Historiker Werner Maser glaubte, mit der Geschichte des angeblichen Hitler-Sohns Loret einen echten »Scoop« zu landen.

»Jean ist ein Spinner«: Jean-Marie Loret im Jahr 1977. Heute gilt die These seiner Verwandtschaft mit Hitler als weitgehend widerlegt.

Eine über 30 Jahre alte Briefmarke, der vermutlich Speichel von Jean-Marie Loret anhaftet, sollte dazu im Labor mit DNA-Material der männlichen Nachkommen Hitlers verglichen werden. »Grundsätzlich ist es heute möglich, auch über viele Generationen zu schauen, ob Nachkommen zur gleichen mütterlichen oder zur gleichen väterlichen Linie gehören. In diesem Fall wäre es die gleiche väterliche Linie und hier werden Untersuchungen speziell auf dem Y-Chromosom durchgeführt. Ein Mann hat ein Y-Chromosom, das immer vom Vater auf alle seine Söhne vererbt wird. An den Y-chromosomalen Besonderheiten kann man feststellen, ob diese Männer miteinander verwandt sind«, erklärt Dr. Katja Anslinger, Leiterin der Forensischen Molekularbiologie am Institut für Rechtsmedizin in München. Doch die in Österreich und den USA lebenden Verwandten Hitlers waren nicht bereit, Mulders freiwillig Speichelproben für eine DNA-Anlayse abzugeben. »Nur ein entfernter Verwandter von Hitler aus dem österreichischen Waldviertel zuckte mit den Achseln und meinte: ›Wenn's weiter nichts ist.‹ Dann fuhr er sich mit einem Wattestäbchen im Mund herum und gab uns das Ding einfach zurück«, erzählt Mulders. Um weitere Speichelproben zu erhalten, blieb dem Journalisten nichts anderes übrig, als heimlich Zigarettenkippen aufzusammeln und benutzte Servietten aufzuklauben.

Die Anwälte sagten uns, dass es in Europa keine eindeutigen Gesetze gab, die es verbieten, eine Serviette von der Straße aufzuheben und analysieren zu lassen. Daher sind wir das Risiko eingegangen.

Jean-Paul Mulders,
Journalist

»Solche Asservate sind durchaus in der Lage, zuverlässige DNA zu liefern«, meint Katja Anslinger. Die Ergebnisse der Labor-Untersuchungen sind eindeutig: »Loret ist auf keinen Fall der Sohn Hitlers«, resümiert Mulders. »Seine DNA unterscheidet sich so sehr von der DNA der Hitler-Verwandten wie meine eigene.« Ist damit also das Geheimnis um Hitlers Sohn aufgeklärt? Letzte Zweifel bleiben: »Niemand weiß, ob die DNA auf der Briefmarke tatsächlich von Loret stammt«, meint Dr. Katja Anslinger. »Es könnte auch ein anderer die Briefmarke angeleckt haben.« Doch Mulders ist überzeugt: »Wir haben nicht nur einen Brief von Loret im Labor untersuchen lassen, sondern fünf. Und alle hatten die gleiche DNA. Damit liegt die Wahrscheinlichkeit, dass die DNA von einem anderen

»Mütterliche Gefühle«: Elsa Bruckmann, hier gemeinsam mit ihrem Ehemann Hugo, gehörte zu den frühesten Förderern Hitlers.

stammt, bei höchstens einem Prozent.« Doch nur wenn die Nachkommen Lorets heute eine Speichelprobe abgäben, könnte das Rätsel ein für alle Mal gelöst werden. Bislang ist jedoch keines seiner Kinder dazu bereit.

Nach dem Krieg kehrte Hitler nach München zurück. Aus der Reichswehr war er 1920 entlassen worden, damit galt er als berufslos. Doch war der inzwischen Dreißigjährige im September 1919 der »Deutschen Arbeiterpartei« beigetreten, die 1920 in »Nationalsozialistische Deutsche Arbeiterpartei« umbenannt wurde. Schon bald entwickelte sich Hitler zum Motor der rechtsextremen Gruppierung, trat als Redner in Biersälen auf und erwies sich als erfolgreicher Propagandist. Bei etlichen Frauen kam der »Bierkeller-Agitator« gut an und erhielt von seinen Verehrerinnen mitunter sogar finanzielle Unterstützung. Zu den meist reiferen Damen, die Hitler bewunderten und seine Nähe suchten, gehörte auch Elsa Bruckmann, die Frau des bekannten Münchener Verlegers Hugo Bruckmann. Das Ehepaar residierte im ehemaligen Prinz-Georg-Palais am Karolinenplatz 5 und unterhielt einen der wichtigsten Salons in München, in dem einst auch Friedrich Nietzsche und Rainer Maria Rilke zu Gast waren. Die Bruckmanns hatten keine Kinder; Elsas mütterliche Gefühle konzentrierten sich auf ihren Neffen Norbert von Hellingrath, der jedoch 1915 an der Westfront gefallen war. Das entstandene Vakuum wusste Hitler für sich zu nutzen: Die Verlegersgattin, die 1920 bereits 55 Jahre zählte, brachte dem ehemaligen Männerheim-Bewohner bessere Manieren bei und stattete ihn mit Kleidern und anderen Dingen aus: »Lieber Herr Hitler«, schrieb Elsa Bruckmann am 2. Juni 1925, »ich habe beiliegende Armbanduhr übrig. Wollen Sie sie nicht benützen, bis Ihre Uhren wieder instand gesetzt sind? Bei Ihren vielen wichtigen Abmachungen hier u. auswärts ist es doch angenehmer: Sie haben eine! Wollen Sie morgen oder Donnerstag kommen, um das eventuell für Sie Verwendbare anzuschauen an Möbeln etc.« Die Bruckmann'schen Möbel dienten bald zur Einrichtung von Hitlers Parteibüro in der Münchner Schellingstraße. Auch als Hitler 1929 eine großzügige Neun-Zimmer-Wohnung am Prinzregentenplatz anmieten wollte, war ihm das Verlegerehepaar behilflich: »Herr Hugo Bruckmann, Karolinenplatz 5, erschien heute (13. September 1929) als bevollmächtigter Vertreter des Herrn Adolf Hitler u. ersuchte um dessen Vormer-

Hitler hatte das Glück, dass einige Frauen aus guten gesellschaftlichen Kreisen sich ihm an den Hals schmissen und ihm fanatisch anhingen. Das ging gar nicht von Hitler aus. Er ist ja nicht auf die Frauen zugegangen, sondern die kamen angerannt und boten ihre Hilfe an. Das hieß: Beziehungen knüpfen, Verbindungen machen und Geld.

Elke Fröhlich, Historikerin

> Bei Frau Bruckmann ist es mir passiert, daß eine Dame der Münchner Gesellschaft nie mehr mit mir zusammen eingeladen wurde, nachdem die Frau des Hauses einmal einen Blick aufgefangen hatte, mit dem beim Abschied im Salon Bruckmann diese Frau mir begegnet ist, während ich mich noch einmal grüßend zu ihr hin verbeugt hatte. Sie war sehr schön, und ich werde ihr interessant gewesen sein, weiter nichts!
>
> **Hitler, 1942**

kung für eine Familienwohnung u. um Genehmigung der Mietverträge für die hochwertige Wohnung am Prinzregentenplatz 16/II mit einer Jahresmiete von 4176 RM«, heißt es in der Anlage seines Mietvertrags.

Zu Elsa Bruckmanns Konkurrentinnen um die Gunst Hitlers gehörte zweifelsohne Helene Bechstein, die Frau des Klavierfabrikanten Edwin Bechstein. Die Bechstein'sche Villa befand sich in Berlin, doch hielt sich das vermögende Ehepaar häufig in München auf, wo es stets in seiner Privatsuite im Hotel Bayerischer Hof abstieg. Sowohl in München als auch in ihrer Villa in der Berliner Johannisstraße 6 gaben die Bechsteins Empfänge, bei denen Hitler als »exotischer Gast« auftrat. Dem anfangs in Gesellschaft noch unbeholfenen Hitler war die stets reichlich mit Schmuck behängte Fabrikantengattin sichtlich zugetan und wurde über die Jahre hinweg zu einer seiner treuesten Verehrerinnen. Von Anfang an ließ sie ihrem »Schützling« neben mütterlichen Ratschlägen auch materielle Unterstützung zukommen. Als Hitler und die NSDAP im Dezember 1920 den Kauf des Blattes *Völkischer Beobachter* betrieben, um es zu ihrem Parteiorgan zu machen, finanzierten die Bechsteins kräftig mit. »Ein besonders

> Persönlich habe ich Hitler in der Weise unterstützt, daß ich ihm Kunstgegenstände übergab, mit dem Bemerken, er könne damit machen, was er wolle. Es handelt sich um solche von höherem Wert.
>
> **Helene Bechstein, Zeugenaussage vor der Bayerischen Politischen Polizei, Mai 1924**

»Wollen Sie das eventuell für Sie Verwendbare anschauen an Möbeln?«: Die Reichsgeschäftsstelle der NSDAP in der Münchner Schellingstraße wurde mithilfe von Elsa Bruckmann eingerichtet.

wichtiger Geldgeber ist auch der Pianoforte-Fabrikant Bechstein – Berlin«, heißt es in der *Volkszeitung* vom 6. Oktober 1927. »Die Eheleute Bechstein sind mit Hitler freundschaftlich verbunden. Sooft Hitler in Berlin war, speiste er bei Bechsteins, wobei ihn die Frau als ihren Adoptivsohn ausgab. Ihr Mann gab Hitler jeweils Geld, wenn er mit seinem *Völkischen Beobachter* in Schwierigkeiten war.« Tatsächlich hat Helene Bechstein mehrere Versuche unternommen, Hitler mit ihrer Tochter Charlotte zu verkuppeln und ihn damit, wenn auch nicht zum Sohn, so doch zumindest zum Schwiegersohn zu machen. Auch wenn Hitler diesem Ansinnen wenig Sympathie entgegenbrachte, so konnte er sich in finanziellen Dingen doch stets an die Bechsteins wenden.

Als Hitler im Sommer 1923 Geld für seinen Putsch gegen die Regierung benötigte, überließ ihm Helene zwar kein Bargeld, wohl aber kostbaren Schmuck und andere Luxusgegenstände, die Hitler als Sicherheit für einen Schuldschein hinterlegen konnte. Auch nach dem misslungenen »Marsch auf die Feldherrnhalle« und Hitlers Verurteilung zu fünf Jahren Festungshaft in Landsberg hielten die Bechsteins an ihrem »Schützling« fest. Laut Besucherliste des Gefängnisses Landsberg besuchten die Ehe-

»Treue bis zum letzten Atemzug «: Helene Bechstein (vorn, hier im Jahr 1930 während der Bayreuther Festspiele) hielt auch während seiner Festungshaft in Landsberg an Hitler fest.

»Die Partei war zerschlagen«: Hitler nach seiner Entlassung aus dem Gefängnis kurz vor Weihnachten 1924 – noch nicht mit eigenem Mercedes.

leute Hitler in der Zeit von Mai bis August 1924 mehrfach, häufig stellte sich Helene Bechstein allein ein. In dieser Zeit verhalf das Ehepaar Hitler, der während seiner Haft die Anschaffung eines neuen Wagens betrieb, zu einer 20 000 Mark teuren Limousine. Dank der Fürsprache der Bechsteins hatte die Firma Mercedes dem damals als »völlig mittellos« geltenden Hitler die Luxuskarosse überlassen, nachdem der bekannte Pianofabrikant der Bank gegenüber als Bürge zur Begleichung der Schuld aufgetreten war. Nach seiner Entlassung aus Landsberg sorgten die Bechsteins mit einer weiteren Bankbürgschaft in Höhe von 45 000 Reichsmark dafür, dass Hitler seine politische Karriere weiterverfolgen konnte.

Als ich nach 13 Monaten der Gefangenschaft aus dem Gefängnis zurückkehrte, als die Partei zerschlagen war, da waren es im wesentlichen Parteigenossinnen, die die Bewegung gehalten haben.

Hitler, 1935

Auch Elsa Bruckmann gehörte in Landsberg zu Hitlers Besucherinnen, auch darin wetteiferten die Damen um Hitler. Stolz durfte sich die Verlegersgattin auf die Fahnen schreiben, Hitler als Erste in der Festung aufgesucht zu haben. Über ihre »erste Fahrt zum Führer, erlebt: Mai 1924« verfasste sie gleich einen sechs Seiten langen Bericht. »Im Mai 1924 war es – da fuhr ich zum Führer, fuhr in die Festung nach Landsberg, den ich so oft und oft gehört, dessen Reden mir einen Glauben gegeben, mir eine neue deutsche Welt aufgebaut hatten«, heißt es darin. »Drei Stunden war ich die armseligen fünfzig Kilometer gefahren. Zwei Stunden hatte ich jetzt im öden Gang zu warten! Die zwölf Minuten, die mir gewährt worden waren, den Führer zu grüßen, wollte ich bittend verlängern ... Und nun trat mir, in der bayerischen kurzen Wichs und gelbem Leinenjöpperl – Adolf Hitler entgegen ... Er führte mich in einen kleinen, etwas düsteren Raum, in dem wir an einem viereckigen Tisch uns gegenübersaßen, die Kriminaler dazwischen. ... Und die heilige Versicherung legte ich in seine Hände, daß tiefe Treue ihn erwarte, wenn seine Haft zu Ende ging – Treue bis zum letzten Atemzug.«

Ich muß gestehen, daß ich sofort einen sehr großen und tiefen Eindruck von dem Mann hatte als Persönlichkeit. Das Auge war vor allen Dingen ungeheuer anziehend, ganz blau, und ein großes, ausdrucksvolles Auge.

Winifred Wagner

»Echte deutsche Volksseele«: Siegfried und Winifred Wagner Ende der 1920er-Jahre.

Hitlers Besucherliste während seiner Haftzeit in Landsberg liest sich wie das »Who's who« der feinen Münchner Gesellschaft. Beinahe täglich erhielt der Insasse Pakete mit Delikatessen und Luxusgegenständen von seinen meist weiblichen Spendern. Auch Winifred Wagner, Schwiegertochter des von Hitler verehrten Komponisten Richard Wagner, gehörte zu dem Kreis der freigiebigen Gönnerinnen.

Bei einem Empfang der Bechsteins war Hitler der »hohen Dame« vorgestellt worden. Am 1. Oktober 1923 wurde der Polit-Agitator in das »Haus Wahnfried« nach Bayreuth eingeladen. Voller Ehrfurcht betrat Hitler das »Allerheiligste«: »Er geht auf Zehenspitzen umher und bleibt wie gebannt vor den einzelnen Andenken stehen, als besichtige er die Reliquien einer Kathedrale«, beschrieb Friedelind Wagner den Besuch später voller Ironie. Dass Hitler im »kurzen Wichs«, also in kurzer Lederhose, im Haus des Komponisten erschien, konnte Winifred offenbar nicht schrecken. Nach seinem Besuch schwärmte sie von seinen Augen und bezeichnete ihn als »Retter Deutschlands«. Auch Siegfried Wagner, ihr Ehemann, schien für den Parteiführer Feuer gefangen zu haben: »Gottlob gibt es noch deutsche Männer«, schrieb er kurz darauf an einen Bekannten. »Hitler ist ein prachtvoller Mensch, die echte deutsche Volksseele. Er muß es fertigbringen.« Die Freundschaft zu den Wagners war für Hitler von besonderer Bedeutung – nicht nur, weil er Richard Wagner verehrte. Fortan umgab den Parteiführer ein Hauch von Geistesadel, den Hitler propagandistisch stets hervorzuheben wusste. Als die Wagners am 9. November 1923 zufällig in München weilten und Zeuge des gescheiterten Staatsstreichs Hitlers wurden, tat dies ihrer Verehrung für den Parteiführer keinen Abbruch: »Ich gebe unumwunden zu, daß auch wir (die

Wagners) unter dem Banne dieser Persönlichkeit stehen, daß auch wir in den Tagen des Glücks zu ihm standen, nun auch in den Tagen der Not ihm die Treue halten«, bekannte Winifred Wagner in einem offenen Brief, der am 14. November 1923 in der *Oberfränkischen Zeitung* erschien. Tatsächlich sorgte sich Winifred geradezu rührend darum, Hitlers Haftzeit in Landsberg so angenehm wie möglich zu gestalten. Neben Esspaketen und warmherzigen Briefen schickte sie ihm Papier und Stifte für sein Buchprojekt, das als *Mein Kampf* bekannt werden sollte. Als 1924 nach zehnjähriger Pause zum ersten Mal wieder die Bayreuther Festspiele stattfanden, saß Hitler noch in Festungshaft. Doch schon ein Jahr später war er »Ehrengast« in Bayreuth. Gerade einmal neun Monate von fünf Jahren Festungshaft hatte Hitler absitzen müssen. Nach seiner Entlassung aus Landsberg wurde das Verhältnis zu den Wagner-Erben intensiver. »Wolf«, wie Hitler genannt wurde, machte auf den langen Fahrten zwischen München und Berlin haufig Station im »Haus Wahnfried«, spielte mit den Kindern der Wagners und erzählte ihnen Gutenachtgeschichten. Als 1930 Siegfried starb, brodelte die Gerüchteküche: Würde Hitler um Winifred Wagners Hand anhalten? Würde er der »neue Herr« im »Haus Wahnfried« werden? Von Hitler ist der Ausspruch überliefert, wenn er jemals heiraten sollte, sei »die Frau Wagner die geeignete Kandidatin«. Doch lag es wohl eher an Hitler, dass die Hochzeitsglocken stumm blieben. »Mei Mudder mecht scho, aber der Onkel Wolf mecht halt net«, gibt Friedelind Wagner, Winifreds Tochter, die Auskunft wieder, die sie damals als Schulmädchen für jeden, der es hören wollte, in schönstem Fränkisch parat hatte.

Das war eine rein menschliche, persönliche und vertrauliche Bindung zwischen uns, die auf der Grundlage der Verehrung und Liebe zu Richard Wagner beruhte.

Winifred Wagner

Ich bin imstande, den Hitler, den ich kenne, vollkommen zu trennen von dem, was man heutzutage ihm alles zur Last legt.

Winifred Wagner

Darüber hinaus hatte Siegfried Wagner seine Frau testamentarisch zur Nachfolgerin der Bayreuther Festspiele bestimmt – allerdings nur, wenn sie nicht wieder heiratete. So blieb Hitlers und Winifreds Freundschaft wohl rein platonisch. »Ich habe nicht mit Hitler geschlafen«, sagte sie nach

»Größte innere Teilnahme und Zustimmung«: Am 9. November 1923 erlebten Winifred und Siegfried Wagner mit, wie Hitlers Putschversuch vor der Münchner Feldherrnhalle scheiterte.

»Mei Mudder mecht scho«: Winifred Wagner und Hitler während eines Ausflugs in der Umgebung von Bayreuth, 1930.

dem Krieg bestimmt, als man sie zu ihrer Beziehung zu Hitler befragte.

»Ein rassiges Weib. So sollten sie alle sein. Und fanatisch auf unserer Seite.«

Goebbels, Tagebuch, 8. Mai 1926

Mit Hitlers Machtübernahme im Jahr 1933 verwandelte sich das stets auf wackeligen Bilanzen ruhende Familienunternehmen »Wagner« in einen vom Staat großzügig subventionierten Betrieb. Das Propagandaministerium gab 364 000 Reichsmark für die Bayreuther Festspiele aus. Hinzu kamen 50 000 Reichsmark, die Hitler aus seiner Privatschatulle für jede Neuinszenierung spendete. »Ich habe endlich festen Boden unter den Füßen«, hielt die Festspielleiterin Winifred Wagner nach der Saison 1934 erleichtert fest. »Winifred Wagner hat von Hitler profitiert«, meint die Historikerin Elke Fröhlich, die die Schwiegertochter Richard Wagners in den 1970er-Jahren selbst traf. »Es war also kein einseitiges Verhältnis wie bei den anderen Gönnerinnen Hitlers, sondern eher ein gegenseitiges Geben und Nehmen.«

Abends nach den Aufführungen saßen Winifred und »Wolf« in vertrautem Gespräch vor dem Kamin des Hauses beisammen. Bis 1940 blieb das so; in den darauffolgenden Jahren war der Diktator vom Kriegsgeschehen so sehr in Anspruch genommen, dass er mit »der hohen Frau« nur noch Telefonate führen und Telegramme austauschen konnte. Im Juli 1940 sahen sich Winifred und Hitler zum letzten Mal. Überraschend traf der Kriegsherr nach Beendigung des Frankreichfeldzugs mit seinem Sonderzug in Bayreuth ein, um einer Vorstellung der »Gotterdammerung« beizuwohnen. Winifred Wagner hielt ihrem »Wolf« zeit ihres Lebens die Treue. »Wenn der Hitler heute hier zur Tür reinkäme«, sagte sie 1975 in einem Interview mit dem Regisseur Hans Jürgen Syberberg, »ich wäre genauso fröhlich und glücklich, ihn hier zu sehen und zu haben, wie immer.«

Ohne die Unterstützung seitens seiner einflussreichen Verehrerinnen wäre Hitler wohl kaum über einen begrenzten Bekanntheitsgrad im Dunstkreis bayerischer Bierkeller hinausgekommen. Hitlers ältliche Gönnerinnen taten nahezu alles, um dem Objekt ihrer Begierde nahe zu sein; dabei überboten sie sich in ihren Gunstbezeugungen auf geradezu groteske Weise. Zum Eklat kam es, als der Parteiführer gleich von drei Damen mit einer Reitpeitsche bedacht wurde. Die erste Peitsche schenkte ihm Helene Bechstein, doch auch Elsa Bruckmann ließ Hitler eine Rute zukommen – mit silbernem Knauf und Initialen. Die dritte, aus schwarzem Nilpferdleder gefertigt, erhielt Hitler schließlich von Elisabeth Büchner, Wirtin der Pension Moritz am Obersalzberg. Jede der Damen glaubte freilich, Hitler ein unverwechselbares Geschenk gemacht zu haben.

Doch auch wenn Hitlers mütterliche Verehrerinnen noch so sehr um seine Gunst buhlten, privat bevorzugte der Parteiführer eindeutig jüngere Frauen. »Es gibt nichts Schöneres, als sich ein junges Ding zu erziehen«, ließ er seinen engsten Kreis einmal wissen. »Ein Mädchen mit achtzehn, zwanzig Jahren, das biegsam ist wie Wachs.« Maria Reiter war sogar erst sechzehn, als Hitler in ihr Leben trat. Im Juli oder August 1926 begegneten er und die junge Textilverkäuferin, die im Modewarenladen ihrer Mutter in Berchtesgaden arbeitete, sich zum ersten Mal. Das Geschäft befand sich im Erdgeschoss des Hotels Deutsches Haus, in dem Hitler damals gern abstieg. »Richard [ihr Bruder] erzählte meiner Schwester und mir, dass hier in Berchtesgaden der Hitler sein sollte, der in Landsberg eingesperrt war«, berichtete Maria Reiter nach dem Krieg in einem Interview mit dem Journalisten Günter Peis. »Während mein Bruder uns von diesem Herrn Hitler erzählte, entdeckte er plötzlich, wie dieser Mann im gleichen Augenblick draußen an unserem Geschäft vorüberging. Es stellte sich heraus, daß Hitler gerade über unserem Geschäft wohnte.« Nur wenige Tage später traf Maria Hitler im Berchtesgadener Kurpark, in dem sie mit ihrer Schwester Anni die Mittagspause verbrachte. Für Maria, von ihrer Familie »Mimi« genannt, war der »Herr … mit seinen zwei schwarzen Fliegen, die auf seiner Oberlippe unter der Nase klebten«, zunächst wenig einnehmend. Seine Einladung zu einem gemeinsamen Spaziergang quittierte die hübsche Sechzehnjährige, indem sie fortrannte. Zwei Tage später versuchte Hitler erneut sein Glück, schließlich willigte Mimi ein, mit dem zwanzig Jahre älteren Herrn eine Autofahrt zum Starnberger See zu unternehmen.

Hitler schaute mich immer wieder erschrocken an. Er hielt inne und küßte mich dann wieder auf die Stirn, auf den Mund, auf den Hals. Ich spürte, wie er seine Fäuste ballte. Ich sah, wie er mit sich rang. »Kind«, sagte er, »ich könnte dich jetzt zerdrücken, jetzt, in diesem Augenblick.« Ich wehrte mich nicht mehr.

Maria Reiter, 1959

Selbstverständlich imponierte ihr der prominente Parteiführer, der in Berchtesgaden mit Chauffeur und Mercedes unterwegs war. Auf der Fahrt habe Hitler seinen Arm um sie gelegt und ihre Hände ergriffen. »Jetzt habe ich deine Hände, jetzt habe ich dich, jetzt werde ich dich behalten«, erinnerte sich Maria. Der Autotour folgten weitere Stelldicheins, darunter auch ein seelenvoller Besuch am Grab von Marias Mutter. »Ich bin noch nicht so weit«, soll Hitler dem Mädchen dort wie in einem »Bündnis voller Not« anvertraut haben. »Aber horch, mein Holdes, ich möchte dich bitten, daß wir ab heute ›du‹ zueinander sagen.« Beim anschließenden Waldspaziergang kam es zum ersten Kuss: »Er küsste mich zum ersten Mal wild, stürmisch, ungebändigt. Er riß mich an sich und sagte: ›Mimilein, Liebes – holdes Mädel, jetzt kann ich einfach nicht mehr anders.‹ Er umschlang meinen Hals. Er küsste mich. Er wusste nicht, was er tun sollte. Er sagte: ›Mimilein, aber ich hab dich einfach viel zu gern. Was ich für dich empfinde, ist einfach alles, Mimi! Küß' mich‹, bat er. Ich wollte aufhören zu leben. So glücklich war ich.« Dann erklärte ihr Hitler, dass es sein Ideal sei, sie zur Frau zu haben, mit ihr eine Familie zu gründen und »blonde Kinder« zu zeugen. Aber momentan sei nicht Zeit, daran zu denken, sein »Auftrag« sei zu bedeutend. So verabschiedete sich der Parteiführer auch umgehend, um wieder nach München zu seiner »Arbeit« zu eilen. In der Folgezeit sahen sich Mimi und Hitler nur noch selten. Doch erhielt »Mimi« liebevolle Zeilen ihres Freundes: »Du weißt nicht, was Du mir geworden bist... Ich hätte so gerne Dein holdes Gesichtchen vor mir gehabt, um Dir mündlich das zu sagen, was Dir Dein treuester Freund nun nur schreiben kann. ... Ja,

»Ich kann nicht anders«: Maria »Mimi« Reiter aus Berchtesgaden wurde 1926 Hitlers Geliebte.

»Du ahnst nicht, wie glücklich mich ein Briefchen macht, aus dem Deine liebe Stimme zu mir spricht. Denn die höre ich dann immer im stillen. Und dann faßt mich auch die Sehnsucht nach Dir stets von neuem. Denkst auch Du noch öfter an mich? Weißt Du, Mizerl, wenn ich oft Ärger und Sorgen habe, dann wollte ich so gern bei Dir sein und in Deine lieben Augen schauen können und das andere vergessen. Ja, Kind, Du weißt wirklich nicht, was Du mir bist und wie lieb ich Dich habe. Aber lies die Bücher, und Du wirst mich dann verstehen können.«

Hitler, 22. Dezember 1926

Kind, Du weißt wirklich nicht, was Du mir bist und wie lieb ich Dich habe«, schmachtet ein Brief Hitlers vom 22. Dezember 1926. Da Weihnachten bevorstand, dachte das junge Mädchen über ein ganz besonderes Geschenk nach, mit dem es seinen »Liebsten« überraschen wollte. »Nur mit einem Geschenk war ich Tag und Nacht beschäftigt: Ich nähte und stickte für Wolf [Hitler] zwei Sofakissen. Eines war in runder Form, das andere in rechteckiger Form gehalten. Das runde bestickte ich mit den Farben und dem Abzeichen seiner Partei. ... Diese Kissen hatte er ewig bei sich«, heißt es im Interview mit Maria Reiter. Am 23. Dezember 1926 beging Mimi ihren 17. Geburtstag. Überraschend erschien Hitler gegen Abend in Berchtesgaden und schenkte dem jungen Mädchen eine goldene Armbanduhr. Am nächsten Tag feierten sie gemeinsam Weihnachten, Mimi überreichte stolz die zwei Sofakissen, an denen sie wochenlang gearbeitet hatte. Doch auch Hitler hatte ein Geschenk für sie: die soeben erschienenen beiden Bände *Mein Kampf*, Exemplar Nummer 111, in rotes Saffianleder gebunden und mit einer persönlichen Widmung versehen.

Wenig später kehrte Hitler nach München zurück; das Paar sah sich erst im März 1927 wieder, als Maria mit dem Eiskunstlaufverein Berchtesgaden eine Fahrt in die bayerische Hauptstadt unternahm. Hitler führte Mimi zum Essen aus und überraschte sie mit Theaterkarten. All das geschah völlig ungeniert – auch in Berchtesgaden promenierten Hitler und Mimi Arm in Arm durch die Stadt, was in damaliger Zeit einer Verlobung gleichkam. Erst im Juli 1927 zogen an Mimis »rosarotem Himmel« dunkle Wolken auf: Im Juli hielt sich Hitler wieder einmal in Berchtesgaden auf, doch meldete er sich diesmal nicht bei seiner »Verlobten«. »Ich saß allein in der Wohnung. Die Zimmertür zum Gang stand weit offen. Und ich starrte länger als eine Stunde auf den Vorplatz hinaus. Schließlich fing ich an zu weinen, ich war verzweifelt. Für mich begann langsam eine Welt zusammenzustürzen. Ich hatte keine Anhaltspunkte; nichts Bestimmtes, womit ich diese Situation erklären könnte. Ich sah mich mit einem Mal verlassen. Alle möglichen Bilder tauchten vor meinen Augen auf, ... andere Frauengesichter, und ich sah Hitler, wie er ihnen freundlich zulächelte. Mir liefen die Tränen über die Wangen. Ich wollte plötzlich nicht mehr leben«, erinnerte sich Maria Reiter später. Mit einer Wäscheleine wollte sich das junge Mädchen an einer Türklinke erhängen, doch konnte Mimi im letzten Moment von ihrem Schwager gerettet werden. Nach einigen Tagen erfuhr Mimi, warum Hitler sich nicht hatte blicken lassen: In der Münchener Parteizentrale waren anonyme Briefe eingegangen, die den »Führer« bezichtigten, sich in Berchtesgaden »mit minderjährigen Mädchen« zu vergnügen. Da Hitler befürchtete, die Beziehung zu Mimi könnte seine politische Karriere zerstören, zog er sich unverzüglich von seiner Freundin zurück. Bereits zwei Jahre zuvor hatte Hitler die Meldung seiner angeblichen Verlobung in einem Zeitungsartikel heftig dementiert. »Die Nachricht ist von Anfang bis zum Ende purste Dichtung. Ich bin mit der Politik dermaßen verheiratet, daß ich nicht daran denken kann, mich auch noch zu ›verloben‹.« Zwar korrespondierten Hitler und Mimi in den folgenden Monaten noch, doch allmählich schlief ihre Beziehung ein. Im Mai 1930 heiratete Maria Reiter Alfred Wolderich, mit dem sie in Seefeld am Tegernsee ein Hotel eröffnete. Zu ihrem 21. Geburtstag bedachte sie ihr früherer Freund mit einer Grußkarte und einem verspäteten Hochzeitsgeschenk. »Allen Segen für Deine Ehe! Wolf«, schrieb Hitler. Doch die Verbindung mit Wolderich verlief nicht glücklich. Glaubt man den Erinnerungen von Maria Reiter, so brach sie eines Morgens im Sommer 1931 nach einer heftigen ehelichen Auseinandersetzung kurz entschlossen nach München auf, um Hitler wiederzusehen. In der darauffolgenden Nacht, die sie mit Hitler allein in der weitläufigen Wohnung am Prinzregentenplatz verbracht haben will, wurde Mimi nach eigenem Bekunden Hitlers Geliebte.

Doch ein dauerhaftes »heimliches Verhältnis« lehnte die junge Frau ab. Nach ihrer Scheidung von Wolderich traf sie Hitler angeblich erst 1934 wieder. Die Liaison flammte, so Mimi, erneut auf, noch einmal habe Hitler sie gebeten, als seine Geliebte bei ihm zu bleiben. Als Mimi ablehnte, weil sie »heiraten und Kinder haben« wollte »wie andere Frauen auch«, bekam Hitler einen Wutanfall und schrie: »Daß ihr Frauen immer nur ans Kinderkriegen denkt!« Damit schien der endgültige Bruch gekommen. Maria heiratete noch einmal, 1935, den SS-Hauptsturmführer Georg Kubisch. Hitler traf sie laut ihren Aussagen nur noch einmal flüchtig im Jahr 1938, nach dem »Anschluss« Österreichs. In den Folgejahren bedachte der »Führer« seine vormalig »heimliche Geliebte« immer wieder mit Grußkarten und Geschenken, darunter Bücher, Fotos und ein Kronleuchter.

Eine ganz besondere Beziehung bestand zu Magda Goebbels, der Frau des späteren Propagandaministers Joseph Goebbels. 1930 war Magda – damals noch geschiedene Frau Quandt – über den »Nordischen Ring« in Berührung mit Hitlers Partei gekommen. Der exklusive Klub trug maßgeblich dazu bei, das braune Gedankengut in den besseren Kreisen der Hauptstadt salonfähig zu machen. Wenig später trat die Ex-Millionärsgattin, die mit ihrem Sohn am Berliner Reichskanzlerplatz eine feudale Wohnung besaß, der NSDAP-Ortsgruppe Berlin-Westend bei. Doch wusste man dort wenig mit der vornehm gekleideten Dame der feinen Berliner Gesellschaft anzufangen. Magda Quandt war freilich nicht gewillt, sich so schnell abwimmeln zu lassen. Nach dem überraschenden Erfolg der NSDAP bei der Reichstagswahl im September 1930 war sie davon überzeugt, dass dieser Partei die Zukunft Deutschlands gehören würde. »Magda war sehr ehrgeizig und besaß einen großen Machtinstinkt«, bestätigt die Historikerin Elke Fröhlich. »Sie hat alles darangesetzt, ein Entree zur Machtzentrale der Partei zu erhalten.« Schon wenig später wurde Magda Quandt bei Gauleiter Joseph Goebbels, Hitlers Statthalter in Berlin, vorstellig, um ihm ihre Mitarbeit anzutragen. »Sie war diejenige, die die Gelegenheit suchte und alles präparierte und vorbereitete, um Joseph Goebbels kennenzulernen. Jemand vom Typus Magda Quandt suchte sich immer hochrangige Männer. Sie hätte sich nie mit irgendwelchen durchschnittlichen Menschen abgegeben«, urteilt Elke Fröhlich, die sich als Herausgeberin der Goebbels-Tagebücher auch intensiv mit Magda befasst hat. Schon nach dem dritten Treffen wurden die geschiedene Millionärsgattin und der Berliner Gauleiter ein Liebespaar. »Abends kommt Magda Quandt. Und bleibt sehr lange. Und blüht auf in einer berückenden, blonden Süßigkeit. Wie bist du meine Königin?«, notierte Goebbels am 15. Februar 1931. Bereits drei Monate später gaben sich Magda und

»Nie mit durchschnittlichen Menschen abgegeben«: Magda Goebbels.

»Durchaus bereit, sich an Hitler heranzumachen«: Hitlers Entourage bei einem Picknick im Sommer 1931. Magda Quandt (mit heller Kappe) sitzt rechts hinter dem Parteichef.

> **Ein gewisser geistiger Gleichklang war das, was Hitler an Magda schätzte und weswegen sie dann, auf Betreiben von Hitler, um sie ihm zu erhalten, mit Goebbels verheiratet wurde.**
>
> Wilfried von Oven, persönlicher Referent von Goebbels

Joseph ein feierliches Eheversprechen. Im darauffolgenden August, bei einem kleinen Empfang in Magdas Wohnung, stellte Joseph Goebbels seine heimliche Verlobte Hitler vor: »Darum die ganze Bagage zu Magda. Hitler ist selig. Schöne Frauen, das ist sein Gusto. Ich musiziere, weil ich die alten Witze nicht mehr anhören kann. Magda vergibt sich etwas dem Chef gegenüber. Ich leide sehr darunter. Sie ist nicht ganz Dame. Die ganze Nacht kein Auge zugetan. Ich muß da etwas ändern. Sie ist, fürchte ich, nicht sicher in der Treue. Das wäre furchtbar. Dem Chef gönne ich etwas Herz und Anmut. Er ist so arm daran.«

Offensichtlich fand Hitler großen Gefallen an der »schönen Frau Quandt«, die äußerlich so gar nicht zu dem kleinen, eher proletenhaft wirkenden Goebbels zu passen schien. Mit ihrem wohlgestalteten Äußeren und ihrem blonden Haar verkörperte sie nicht nur das in braunen Kreisen propagierte Bild der »germanischen« Frau und Mutter, sondern sie wusste Hitler vor allem durch ihren festen Glauben an den »Führer« und seine Lehre zu begeistern. »Sie war durchaus bereit, sich an Hitler heranzumachen«, meint Elke Fröhlich. »Das quittiert Goebbels mit den Bemerkungen ›sie vergibt sich‹, ›sie ist nicht mehr ganz Dame‹. Und er schämt sich auch ein bisschen für Magda, die sich da gar nicht geniert, den Chef anzumachen. Sie nimmt ja immer die Dinge in die Hand. Wenn sie einen Mann will, dann lässt sie ihn das auch spüren oder wissen. Und Hitler lässt sich das ja auch ganz gern gefallen.«

Zu Goebbels' Entsetzen machte Hitler Magda hinter seinem Rücken Avancen. »Anruf bei Magda. Chef hat bei ihr angeklingelt. Sich zum Essen eingeladen. Schlawiner!«, vertraute er am 4. September voller Empörung seinem Tagebuch an. »Magda hätte wahrscheinlich sogar lieber Hitler gehabt als Goebbels«, so Elke Fröhlich. »Aber Hitler hatte offensichtlich kein Interesse daran, eine Frau an sich zu binden oder gar zu heiraten. Das war wohl gänzlich ausgeschlossen.« Schließlich bedrängte

Goebbels seine Verlobte, Hitler darüber aufzuklären, wie es um sie stand, und hielt in seinem Tagebuch fest: »Er war erschlagen. Er liebt sie. Aber hält mir die Treue. Und Magda auch. ... Hitler resigniert. Er ist doch sehr einsam. Hat bei Frauen kein Glück.« Die in der Literatur hin und wieder kolportierte These, Hitler habe die Ehe zwischen Magda und Joseph Goebbels gestiftet, da er selbst Magda zwar nicht heiraten, sie aber in seiner Nähe haben wollte, hält Elke Fröhlich für falsch: »Magda und Joseph haben einander das Eheversprechen gegeben, bevor Hitler überhaupt ins Spiel kam. Als sie dann Hitler gestanden, dass sie ein Liebespaar waren, drängte er sicher auf Heirat. Das tat er ja eigentlich immer – und er gab auch immer gleich den Befehl, fleißig Kinder zu zeugen.«

Magda verriet mir einmal, daß sie Goebbels nur geheiratet habe, weil sie dadurch in der Nähe von Hitler sein konnte. Denn nur ihn liebte sie wirklich.

Leni Riefenstahl

Ein Befehl, dem Magda und Joseph Goebbels in den kommenden Jahren getreu Folge leisteten: Von 1932 bis 1940 schenkte Magda »ihrem Füh-

»Meine Königin«: Die Hochzeit von Joseph Goebbels und Magda Quandt am 19. Dezember 1931. Hitler (hinten rechts) fungierte als Trauzeuge.

»Goldener Käfig«: In Hitlers Wohnung im zweiten Stock dieses Hauses am Prinzregentenplatz in München lebte Geli Raubal von 1929 bis 1931.

rer« sechs Kinder. Nach ihrer Heirat mit Goebbels nahm sie in Hitlers Entourage zunächst eine besondere Stellung ein. »Es gab keine zweite Frau, die so sehr das Ohr von Hitler und auch die Zuneigung von Hitler hatte«, stellt Elke Fröhlich fest. »Sie hatte die Position der ersten Dame innerhalb dieser NS-Riege, eben durch ihre Nähe zu Hitler. Geli Raubal, die Nichte von Adolf Hitler, die ja immer in der Nähe Hitlers war und mit ihm viele Reisen unternommen hatte, war ja kurz zuvor gestorben. Und da ist sozusagen ein Vakuum entstanden, das Magda Goebbels sehr gut füllen konnte.«

Geli Raubal, eigentlich Angela Raubal, hatte am 18. September 1931 in Hitlers Wohnung am Prinzregentenplatz Selbstmord begangen. Die jüngste Tochter seiner Halbschwester Angela hatte 1929 als »Untermieterin« Quartier in seiner Neun-Zimmer-Bleibe genommen. Die damals 21-jährige, lebenslustige Geli war zwei Jahre zuvor nach München gekommen, um dort Gesang zu studieren. Schon damals wurde viel über das

Verhältnis zwischen Onkel und Nichte spekuliert. In einer Mischung aus väterlicher Zuneigung und schulbubenhafter Verliebtheit umsorgte Hitler das hübsche junge Mädchen, nahm sie mit zu Veranstaltungen, kaufte ihr extravagante Kleider und andere Luxusartikel, führte sie in teure Restaurants aus oder in die Oper. Dabei lebte Geli wie im goldenen Käfig. Eifersüchtig überwachte der Onkel jeden ihrer Schritte – und vor allem ihren Umgang mit anderen Männern. Geli, die reichlich Verehrer besaß, probierte gern ihre Verführungskünste am anderen Geschlecht aus. Neben Hitlers ehemaligem Chauffeur Emil Maurice, mit dem sie sich heimlich verlobte, gab es Zeitgenossen zufolge noch einen Maler, einen Operntenor sowie einen Violinisten. Dabei versuchte Hitler stets, die Kontrolle über das Liebesleben seiner Nichte zu behalten: »Über eines müssen wir uns klarwerden. Onkel Adolf verlangt, dass wir zwei Jahre warten«, schrieb Geli an Emil Maurice im Dezember 1927. »Bedenke, Emil, zwei volle Jahre, in denen wir uns nur hie und da küssen dürfen und immer unter der Obhut von O. A. [Onkel Adolf]. ... Onkel A. sagt aber, unsere Liebe muß vollkommen geheim bleiben. ... Wir werden uns ja oft sehen und auch oft allein, hat mir Onkel A. versprochen. Er ist ja goldig.«

»Onkel Adolf ist jetzt furchtbar nett. Ich möchte ihm gern eine große Freude machen, weiß aber nicht, womit.«

Geli Raubal,
Weihnachten 1927

Sie war eine Prinzessin, nach der sich die Leute auf der Straße umdrehten. Wie alle war auch ich wahnsinnig verliebt in sie.

Emil Maurice,
Chauffeur Hitlers

Gelis Zukunft liegt mir so sehr am Herzen, das wissen Sie, sie ist das Kostbarste und Liebste, das ich habe, ich sehe meine Aufgabe darin, sie zu beschützen, ich nehme für mich das Recht in Anspruch, auf sie aufzupassen und die Bekannten für sie auszusuchen. Was Geli für Einschränkungen hält, ist weise Überlegung. Ich möchte nicht, daß sie in die Fänge eines Abenteurers gerät.

Hitler gegenüber seinem Fotografen Heinrich Hoffmann, 1929

»Zwei Jahre warten«: Die Verbindung von Geli mit Hitlers Chauffeur Emil Maurice wurde vom NSDAP-Chef vehement abgelehnt.

»Unter der Obhut von Onkel Adolf«: Geli Raubal und Adolf Hitler im Sommer 1931 auf dem Obersalzberg.

Dennoch soll »Onkel Adolf« wie ein Wahnsinniger getobt haben, als Emil Maurice vor seinen Augen Geli herzhaft auf die Wange küsste. »Ich fürchtete, er würde mich über den Haufen schießen«, erinnerte sich der Fahrer später. Auch als Geli mit einem Linzer Kunstmaler poussierte, soll Hitler interveniert haben. Christa Schroeder, Hitlers Privatsekretärin, erinnerte sich später an einen Brief des Linzer Liebhabers, in dem unter anderem zu lesen stand: »Er will ganz einfach, daß Du eines Tages keinem anderen gehören sollst als ihm. ... Dein Onkel ist eine Gewaltnatur.« Aussagen wie diese haben in der Vergangenheit dazu geführt, Hitler und seiner Nichte ein sexuelles Verhältnis zu unterstellen. Otto Strasser, Nationalsozialist und später Hitlers Gegner, gab nach dem Krieg sogar zu Protokoll, Hitler habe Geli zu perversen Sexspielen genötigt.

Doch darf man dem Historiker Anton Joachimsthaler getrost folgen, der in seinem Buch *Hitlers Liste* meint: »Es würde den Rahmen dieser Untersuchungen sprengen, um auf all die Irrtümer und Behauptungen Otto Strassers und all der anderen einzugehen, die aus Geli Raubal ein sexbesessenes Wesen machen wollten...« Im Jahr 1931 musste Hitler seine Nichte Geli immer öfter sich selbst überlassen, während er deutschlandweit Wahlkampf betrieb. Seit dem Wahlerfolg im Jahr 1930 befand sich die NSDAP im politischen Höhenflug und versuchte durch gezielte Propaganda, Wähler in allen gesellschaftlichen Schichten zu gewinnen. In Hitlers Abwesenheit verliebte sich die junge Frau ernsthaft in einen 16 Jahre älteren Musiker, wie ihre Mutter Angela nach dem Krieg zu Protokoll gab. Angeblich beabsichtigte Geli, ihren Liebhaber zu heiraten, was »Onkel Adolf« jedoch strikt ablehnte. Am 18. September 1931 weilte Hitlers Nichte zu Besuch bei ihrer Mutter auf dem Obersalzberg, als Hitler sie nach München zurückbeorderte. Über die Gründe kann nur spekuliert werden. Bei der Befragung auf einem Münchener Kriminalkommissariat gab Hitler an, dass Geli wünschte, nach Wien zu gehen, um dort »weitere [Gesangs-]Studien zu machen. Er habe sich einverstanden erklärt, unter der Voraussetzung, daß ihre in Berchtesgaden befindliche Mutter mit nach Wien ginge, und als sie das nicht wollte, habe er sich gegen den Wiener Plan ausgesprochen. Sie sei darüber wohl ungehalten gewesen, habe sich aber nicht besonders aufgeregt gezeigt.« Ob Hitler Geli deshalb nach München zurückrief, ist nicht klar. Als Geli jedoch am späten

Geli Raubal war eine der wenigen Personen, die ihm – auch öffentlich – widersprechen durfte. Er hat ihre Gesellschaft zur Entspannung sicherlich sehr genossen. Anzeichen einer großen Liebe gibt es keine.

Anna Maria Sigmund, Historikerin

Vormittag des 18. September 1931 am Prinzregentenplatz eintraf, fuhr Hitler zur Parteizentrale ins »Braune Haus«, um seine bevorstehende Wahlkampftour in Norddeutschland vorzubereiten. Gegen 14.30 Uhr kehrte er in seine Wohnung zurück, wo Geli bereits ungeduldig auf ihn wartete. Als er jedoch gleich zu seiner Reise aufbrach, war Geli sichtlich verärgert. »Dann hätte er mich ja gleich am Obersalzberg lassen können!«, soll sie laut Hitlers Köchin Anni Winter gesagt haben. Heinrich Hoffmann, der Hitler auf seiner Reise begleitete, erinnerte sich später an den Abschied im Treppenhaus: »Auf Wiedersehen, Onkel Adolf! Auf Wiedersehen, Herr Hoffmann!«, rief Geli den beiden nach. »Einen Augenblick schien er [Hitler] unschlüssig, dann ging er wieder zurück. Ich wartete an der Haustür auf ihn. Niemand hat jemals erfahren, was sich zwischen Hitler und Geli in dieser kurzen Zeit ereignet hatte.« Als Hitler und seine Begleiter gegen 14.45 Uhr vom Prinzregentenplatz wegfuhren, wirkte Geli »aufgeregt und auch depressiv«. Köchin Anni Winter gab später zu Protokoll: »Am 18.9.'31 sah ich, wie Raubal stark aufgeregt in das Zimmer Hitlers ging und dann wieder in ihr Zimmer zurückeilte. Dies kam mir etwas wunderbar vor. Ich nehme nun an, daß sie sich damals die Pistole aus dem Zimmer Hitlers geholt hat.« Maria Reichert, die Wirtschafterin Hitlers, die sich ebenfalls in der Wohnung aufhielt, hörte gegen 15 Uhr, »wie die Tür der Raubal zugeschlossen wurde. … Kurze Zeit darauf vernahm ich aus dem Zimmer der Raubal ei-

»In dem Zimmer von Raubal konnte kein Brief und auch kein sonstiges Schriftstück mit irgendeiner Angabe über ihre Selbstmordabsicht gefunden werden. Nur ein angefangener Brief an eine Wiener Freundin, in dem so gar nichts von Lebensüberdruß enthalten war, lag auf dem Tische.«

Bericht der Polizeidirektion München über den Tod Geli Raubals

München, 21. September.

Eine rätselhafte Affäre.

Selbstmord der Nichte Hitlers.

Der Polizeibericht meldete am Samstag den Selbstmord eines jungen Mädchens in einer Wohnung am Prinzregentenplatz. Später wurde noch mitgeteilt: In einer Wohnung am Prinzregentenplatz hat sich eine 23jährige Musikstudierende, eine Nichte Hitlers, erschossen. Das Mädchen hatte schon seit zwei Jahren ein möbliertes Zimmer in einer Wohnung auf der gleichen Etage inne, auf der sich Hitlers Wohnung befand. Was die Studentin in den Tod getrieben hat, ist noch unbekannt.

Es handelt sich um Angela Raubal, die Tochter der Stiefschwester Hitlers.

Zu der rätselhaften Affäre wird uns von informierter Seite gemeldet:

Am Freitag, 18. September, kam es zwischen Herrn Hitler und seiner Nichte wieder einmal zu einer heftigen Auseinandersetzung. Was war die Ursache? Die lebenslustige 23jährige Musikstudierende Geli wollte nach Wien reisen, sie wollte sich verloben. Hitler war entschieden dagegen. Darüber gab es unter den beiden immer neuen Streit. Nach einem heftigen Auftritt verließ Hitler seine Wohnung, Prinzregentenplatz 16/II.

Am Samstag, 19. September, wurde bekannt, daß Fräulein Geli in der Wohnung, mit der Schußwaffe Hitlers in der Hand, erschossen aufgefunden wurde. Das Nasenbein der Toten ist zertrümmert, die Leiche trug auch noch andere schwere Verletzungen. Aus einem Brief an eine in Wien wohnende Freundin geht hervor, daß Fräulein Geli die feste Absicht hatte, nach Wien zu gehen. Zur Absendung des Briefes kam es nicht mehr.

Die Mutter des Fräuleins, eine Stiefschwester des Herrn Hitler, wohnt in Berchtesgaden; sie wurde nach München gerufen.

Herren aus dem Braunen Hause haben dann beraten, was als Ursache des Selbstmordes veröffentlicht werden soll. Man einigte sich darauf, den Tod Gelis mit unbefriedigten künstlerischen Leistungen zu begründen. Dabei wurde auch die Frage erörtert, wer, wenn irgend etwas passiere, der eventuelle Vertreter Hitlers sein solle. Es wurde Gregor Straßer genannt, der nun

»Eine rätselhafte Affäre«: Sofort nach dem Bekanntwerden der Todesnachricht spekulierten die Zeitungen über die Hintergründe des Falls.

»Jetzt bin ich ganz frei«: Nach ihrem Tod betrieb Hitler einen wahren Totenkult um seine Nichte.

»Amtswegig enterdigt«: Die sterblichen Überreste von Geli Raubal wurden mehrfach umgebettet. Das Grab im Jahr 1950.

nen kleinen Krach, als ob etwas umgestoßen worden wäre. Ich schenkte dem keine besondere Bedeutung«, sagte sie gegenüber der Polizei aus. Erst am nächsten Morgen entdeckte man Geli Raubals Leiche. Sie lag mit dem Gesicht nach unten auf dem Boden vor ihrem Sofa, auf dem sich eine Pistole vom Typ Walther 6,35 mm befand. Die junge Frau war an einem Schuss in die Lunge gestorben. »Es handelte sich um einen Nahschuß, der im Ausschnitt des Kleides unmittelbar auf der Haut angesetzt und oberhalb des jedenfalls nicht getroffenen Herzens eingedrungen war«, heißt es im Polizeibericht. Die Nachricht von Gelis Tod erreichte Hitler unterwegs. Sofort gab er seinem Chauffeur Anweisung, »so schnell wie möglich nach München zu fahren«. Kurz nach 14.30 Uhr erreichte Hitler den Münchner Prinzregentenplatz. Gelis Leiche war soeben weggebracht worden.

Da die Pistole, die am Tatort gefunden worden war, Hitler gehörte, musste auch er sich einem Verhör der Polizei unterziehen. Schon wenige Tage nach Gelis Tod kursierten die wildesten Gerüchte und Spekulationen: Von Inzest und Eifersucht als möglichen Tatmotiven war die Rede, aber auch von Mord. »Das Nasenbein der Toten ist zertrümmert, die Leiche trug auch andere schwere Verletzungen«, schrieb am 21. September 1931 die *Münchner Post* und kolportierte, es sei zwischen Hitler und Geli zu einem »heftigen Auftritt« gekommen. Ist es tatsächlich möglich, dass Geli Raubal ermordet wurde? Das ZDF hat den damaligen Polizeibericht dem Experten Thomas Althaus von der Kommission für Todesermittlungen der Polizei München vorgelegt mit der Bitte, die Angaben darin noch einmal zu prüfen und zu bewerten. »Fremdverschulden kann eindeutig ausgeschlossen werden«, meint Thomas Althaus. Das Nasenbein sei nicht zertrümmert, die Nase nur infolge der Gesichtslage der Leiche platt gerückt worden. »Der Verlauf der Kugel durch den Körper sowie die ›Standmarke‹, die die Pistole auf der Haut im Bereich des Dekolletés hinterlassen hat, sprechen eindeutig für Selbstmord.«

Jetzt bin ich ganz frei, innerlich und äußerlich. Vielleicht hat es so sein sollen. Jetzt gehöre ich nur noch dem deutschen Volk und meiner Aufgabe. Die arme Geli! Sie hat sich dafür opfern müssen.

Hitler nach dem Tod Geli Raubals

Der Tod seiner Nichte ging Hitler zweifelsohne nahe, doch bereitete ihm viel größere Sorgen, dass seine politischen Gegner aus dem Fall Kapital schlagen könnten. Nicht zuletzt aus diesem Grund gab die Familie Gelis damals der Theorie den Vorzug, es habe sich nicht um Selbstmord, sondern um einen Unfall gehandelt. Dafür spricht, dass am Tatort kein Abschiedsbrief gefunden wurde, sondern nur ein angefangenes Schreiben Gelis an eine Wiener Freundin auf ihrem Tisch lag, »in dem so gar nichts von Lebensüberdruß enthalten war«, wie es im Bericht der Polizeidirektion München heißt. Otto Wagener, damals SA-Gruppenführer und später Hitlers Wirtschaftsberater, berichtete, Hitler habe die Pistole seiner Nichte stets zur Aufbewahrung gegeben, wenn er sich längere Zeit nicht in München aufhielt. Geli habe die Waffe dann meist auf ihren Nachttisch oder Schreibtisch gelegt. Es bestünde also durchaus die Möglichkeit, dass Geli nur nachprüfen wollte, ob die Walther geladen war, und sich daraufhin der Schuss löste. Der Experte der Polizei, Thomas Althaus, widerspricht jedoch: »Bei einer Pistole der Marke Walther kann sich ein Schuss erst nach Entsichern der Waffe lösen. Ein Unfall scheidet also aus.«

Hitler und sein Propagandaleiter Goebbels verstanden es, den Tod Geli Raubals für Propagandazwecke zu nutzen.

Er habe nunmehr keine »Bindungen zur Welt«, ließ Hitler verlauten, und gehöre »nur noch dem deutschen Volk«. Das Trugbild des »uneigennützigen Führers«, der aus Rücksicht auf seine politische »Mission« und die »nationalsozialistische Bewegung« auf jedes private Glück verzichtete, ließ sich vor dem Hintergrund von Gelis Tod umso wirkungsvoller gestalten. Dabei stilisierte Hitler Geli zur »einzigen Liebe seines Lebens«: »Er hat sie sehr geliebt«, hielt Goebbels am 27. Oktober 1931 in seinem Tagebuch fest. »Sie war sein ›guter Kamerad‹. Die Tränen stehen ihm in den Augen. ... Dieser Mann, auf der Höhe des Erfolges, ohne jedes persönliche Glück nur dem Glück seiner Freunde verpflichtet. Guter Hitler!« Gelis Zimmer in der Münchner Wohnung am Prinzregentenplatz wurde abgeschlossen, niemand außer Hitler durfte den Raum betreten. Mit Bildern und Büsten seiner Nichte betrieb Hitler einen wahren Totenkult. Sosehr Hitler auch bemüht war, seine Trauer um Geli zur Schau zu tragen, so wenig lag ihm offenbar daran, seiner »geliebten« Nichte ein ordentliches Grab zu verschaffen. Der Leichnam der jungen Frau war auf Wunsch ihrer Mutter in einem Zinksarg nach Wien gebracht worden, wo er am 23. September 1931 um 15 Uhr in einer Notgruft auf dem Zentralfriedhof beigesetzt wurde. Hitler nahm an der Bestattung Gelis nicht teil, ihm war seine politische Karriere wichtiger. Am Tag des Begräbnisses befand er sich auf dem Weg nach Hamburg, wo er am 24. September vor tausenden Anhängern eine fanatische Rede hielt. Erst zwei Tage später besuchte Hitler das Notgrab Gelis in Wien. Jahrelang blieb der Zinksarg vorschriftswidrig in der »linken Arkade Nr. 9« auf dem Wiener Zentralfriedhof stehen, Gelis Mutter kam für die Kosten auf, bis sie die Zahlungen 1938 einstellte. Niemand kümmerte sich mehr um Gelis sterbliche Überreste, die schließlich im März 1946 »amtswegig enterdigt« und in einem Reihengrab mit der Nummer 73 bestattet wurden. In den 1960er-Jahren wurde das Grab eingeebnet und in eine Grünfläche umgewandelt.

Anfang 1932, wenige Monate nach Gelis Tod und rund anderthalb Jahre nach ihrer ersten Begegnung im »Photohaus Hoffmann«, wurde Eva Braun laut Aussage von Hitlers Köchin Anni Winter dessen Geliebte. Für seine neue Freundin hatte Hitler in diesen Monaten jedoch nur wenig Zeit. Fieberhaft arbeiteten er und seine Parteifreunde daran, die Ernennung Hitlers zum Reichskanzler zu realisieren und damit die Macht über Deutschland zu erringen. Hitlers politische Ziele hatten in der Beziehung zu Eva Braun stets Vorrang. Er verlangte ein anspruchsloses, pflegeleichtes Verhältnis. »Für die Liebe halte ich mir in München ein Mädchen«, erklärte er seinem Adjutanten Fritz Wiedemann. Das »Tschapperl« Eva betrachtete Hitler keinesfalls als gleichberechtigte Partnerin. »Sehr intelligente Menschen sollen sich eine primitive und dumme Frau nehmen«, ließ er seinen Architekten und Rüstungsminister Albert Speer wissen. »Sehen Sie, wenn ich nun noch eine Frau hätte, die mir in meine Arbeit hineinredet! In meiner freien Zeit will ich meine Ruhe haben.« Zweifellos litt Eva Braun unter dieser Einstellung. Das Warten auf Hitler wurde zum bestimmenden Lebensgefühl für die junge Frau. Irgendwann im Lauf des Jahres 1932 verwandelte sich ihre strapazierte Geduld in pure Verzweiflung. Vermutlich in der Nacht vom 10. auf den 11. August unternahm Eva Braun einen Selbstmordversuch mit dem Revolver ihres Vaters. »Reichsjugendführer« Baldur von Schirach berichtete später, Hitler habe am Vormittag des 11. August auf dem Obersalzberg einen Abschiedsbrief von Eva erhalten. Daraufhin sei er umgehend nach München gefahren, obwohl eine wichtige Reise nach Berlin vorgesehen war. Zweifelsohne war Hitler besorgt, erneut in einen Selbstmordskandal verwickelt zu werden, nachdem die Todesumstände seiner Nichte Geli Raubal weniger als ein Jahr zuvor für reichlich Gesprächsstoff gesorgt hatten. Als Hitler in München eintraf, unterrichtete ihn der Arzt Wilhelm Plate jedoch, dass es Eva Braun gut gehe und die Verletzungen harmlos seien.

»Für die Liebe ein Mädchen«: Eva Braun Anfang der 1930er-Jahre.

Ich werde mich wohl in Zukunft mehr um sie kümmern müssen. Und sei es, um zu verhüten, daß sie noch einmal eine solche Dummheit macht.

Hitler, kurz nach Allerheiligen 1932

Die junge Frau hatte sich einen Streifschuss am Hals beigebracht – offenbar, um Hitlers Aufmerksamkeit aus sich zu lenken. Andere Schilderungen, darunter von Evas Schwester Ilse Braun, datieren den Selbstmordversuch auf die Nacht vom 1. auf den 2. November 1932.

Ilse habe Eva zufällig »allein in ihrer kalten, ungeheizten Wohnung blutüberströmt auf dem Bett im elterlichen Schlafzimmer liegend« aufgefunden. Trotz ihrer schweren Verletzung sei Eva Braun bei Bewusstsein gewesen und habe selbst den Arzt rufen können. Die Kugel nahe der Halsschlagader konnte in einer Klinik entfernt werden. Wie Ilse Braun berichtete, befand sich Hitler zu diesem Zeitpunkt in Berlin und sei umgehend mit dem Wagen nach München zurückgekehrt, um Eva im Krankenhaus zu besuchen. Nachdem er zunächst Zweifel an der Ernsthaftigkeit des Selbstmordversuchs gehabt habe, sei er sehr besorgt gewesen, als man ihm erklärte, Eva habe »auf ihr Herz gezielt«. Von jetzt an müsse er sich um das »arme Kind« kümmern, beteuerte er. Wie und wann sich auch immer der Suizidversuch Evas abgespielt hat – das Resultat mag für die junge Frau befriedigend gewesen sein. Aus dem bis zu diesem Zeitpunkt unverbindlichen Liebesverhältnis zwischen Hitler und Eva wurde eine feste Beziehung – schon allein, weil es sich Hitler, der sich kurz vor Erreichung seiner politischen Ziele sah, nicht leisten konnte, erneut ins Gerede zu kommen.

Als Hitler wenig später, am 30. Januar 1933, zum Reichskanzler ernannt wurde, war dies für Eva Braun jedoch kein Jubeltag. Welche Rolle würde sie als heimliche Freundin des »Führers« künftig einnehmen? Wie viel Zeit würde Hitler jetzt noch für sie haben? Während Hitler in Berlin Einzug hielt, blieb Eva zu Hause in München – ein kleiner Vorgeschmack auf das, was kommen sollte. Gemeinsame Auftritte in der Öffentlichkeit konnte es für Hitler, der sich als »selbstloser Retter Deutschlands« gerierte, nicht geben. Evas Sorge, sie könnte Hitler nach seiner Ernennung zum Reichskanzler nur noch selten sehen, erwies sich jedoch als unbegründet. Sowohl aus den Tagebüchern Joseph Goebbels' als auch aus Evas eigenem Journal, von dem allerdings nur noch 22 Seiten existieren, geht hervor, dass sich Eva und Hitler durchaus häufig trafen. Allein im Februar 1933 verbrachte Hitler die Hälfte des Monats in München und hielt sich auch sonst, so oft es ging, in der bayerischen Hauptstadt auf. Aus den wenigen Notizen Eva Brauns, die der Nachwelt erhalten geblieben sind, lassen sich Rückschlüsse auf die Beziehung zwischen Hitler und seiner Geliebten ziehen. Am 11. und 18. Februar 1935 hielt Eva jeweils ein Treffen mit Hitler fest, bei denen er andeutete, ihr ein »Häuschen« schenken zu wollen, damit sie nicht mehr das »Ladenmädchen« bei Hoffmann »machen« müsse.

Am 2. März vertraute Eva Braun ihrem Tagebuch an, dass sie »ein paar wundervoll schöne Stunden« mit Hitler in seiner Wohnung am Prinzregentenplatz verbracht hatte. Doch schon am nächsten Tag wurde das kurze Glück getrübt, als Hitler plötzlich und »ohne Abschied« mit dem Zug nach Berlin abfuhr. Vergeblich hatte seine Gespielin am Nachmittag »auf glühenden Kohlen gesessen« und auf eine Nachricht gewartet. Dass der »Führer« am 7. März den Besuch des britischen Außenministers erwartete, bei dem viel auf dem Spiel stand, scheint Eva Braun nicht in ihre Betrachtungen mit einbezogen zu haben. Immerhin bemerkte sie, dass es »ja selbstverständlich« sei, dass er »jetzt kein großes Interesse« an ihr habe, nachdem sich »politisch so viel« tue. Das Weltgeschehen wurde danach bemessen, was der Geliebte an Zeit für sie aufbrachte. Am 11. März 1935 notierte Eva Braun in ihr Tagebuch: »Ich bin verzweifelt.

»Gestern ist er ganz unvermutet gekommen, und es war ein entzückender Abend. Das Schönste aber war, daß er sich mit dem Gedanken trägt, mich aus dem Geschäft zu nehmen und, ich will mich aber lieber noch nicht so freuen, mir ein Häuschen zu schenken. Ich darf einfach nicht daran denken, so wunderschön wäre das. Ich müßte nicht mehr unseren ›ehrenwerten Kunden‹ die Tür öffnen und Ladenmädchen machen. Lieber Gott gib, daß es wirklich wahr ist und in absehbarer Zeit Wirklichkeit wird.«

Eva Braun, Tagebuch, 18. Februar 1935

… Er braucht mich nur zu ganz bestimmten Zwecken.« Hitler verbrachte eine ganze Woche in Bayern, ohne sich mit seiner Freundin zu treffen. Die Notiz belegt – neben der Tatsache, dass Eva und Hitler intimen Kontakt miteinander hatten –, dass Hitler sie am ausgestreckten Arm verhungern ließ. Das ewige Hin und Her zermürbte die junge Frau: »Warum quält er mich und macht nicht gleich ein Ende?«, klagte sie. Erneut plante Eva Braun einen Selbstmord. »Ich habe mich für 35 Stück entschlossen. Es sollte diesmal wirklich eine todsichere Angelegenheit werden.« Gemeint waren Phanodorm-Schlaftabletten. In der Nacht vom 28. auf den 29. Mai schluckte sie eine Überdosis des Schlafmittels, doch überlebte sie, weil erneut ihre Schwester Ilse rechtzeitig zu Stelle war.

Auch Eifersucht mag bei dem wiederholten Selbstmordversuch Evas eine Rolle gespielt haben. »Wie mir Frau Hoffmann liebevoll und ebenso taktlos mitteilte, hat er jetzt einen Ersatz für mich. Er heißt Walküre und sieht auch so aus, die Beine mit eingeschlossen. Aber diese Dimensionen hat er ja gerne«, vertraute Eva im Mai 1935 ihrem Tagebuch an.

Gemeint war die britische Adlige Unity Valkyrie Mitford, die Hitler seit Monaten umschwirrte. Die große, blonde und üppige Zwanzigjährige war dem Diktator wochenlang nachgestiegen. »Sie entdeckte, dass Hitler zum Mittagessen oft in ein kleines Restaurant ging«, erzählte uns ihre Schwester Diana Mosley im Interview. »Es nannte sich Osteria Bavaria.« Dorthin ging sie jeden Tag, in der Hoffnung, Hitler zu treffen. Irgendwann bemerkte er sie schließlich und schickte jemanden aus seinem Gefolge rüber an ihren Tisch, um sie zu einem Kaffee einzuladen. Von diesem Moment an wurden sie Freunde.«

Das Mädchen aus der englischen Oberschicht war über ihre Schwester Diana, die der englische Faschistenführer Oswald Mosley 1932 zu seiner Geliebten gemacht hatte, mit dem braunen Gedankengut in Berührung gekommen. Im August 1933 besuchten Diana und Unity erstmals den Reichsparteitag der NSDAP in Nürnberg. Die Massenveranstaltung mit hunderttausenden Teilnehmern versetzte die beiden Schwestern in einen geradezu rauschhaften Zustand. Gegenüber einem Reporter des *Evening Standard* schwärmte

»Liebe scheint momentan aus seinem Programm gestrichen.«

Eva Braun, Tagebuch, 29. April 1935

Unity Mitford: »Als ich Adolf Hitler zum ersten Mal sah, wußte ich sofort, daß ich mit keinem anderen lieber als mit ihm zusammensein wollte.« Im Oktober 1934 reiste die Britin zu einem »Sprachstudium« nach München, doch das eigentliche Ziel ihrer Wünsche war Hitler. Dabei verließ sich Unity vor allem auf ihr gutes Aussehen: »Sie war das, was man als ›auffallend‹ bezeichnen kann«, erinnerte sich ihre Schwester Diana. »Sie war sehr groß und sehr, sehr schön.« Auch Hitler blieben die äußerlichen Reize der Engländerin nicht verborgen. Schon bald gehörte sie zum »inneren Zirkel«, beteiligte sich an politischen Gesprächen und begleitete Hitler sogar auf Reisen. »Unity Mitfahrt« lautete der Spitzname, den ihr Hitlers Adjutanten verpassten, weil sie sich Hitler ständig aufdrängte. Da Unity als Engländerin der Eintritt in die NSDAP verwehrt blieb, schenkte ihr der »Führer« ein besonderes Parteiabzeichen, das auf der Rückseite mit seinem Namenszug versehen war.

»Hitler war das einzige Ziel ihres Lebens … Sie ließ sich nicht abbringen, auch dort nicht, wo andere Hemmungen empfunden hätten.«

David Pryce-Jones,
Biograf von Unity Mitford

»Heute eine interessante Tischgesellschaft bei Frau Wagner. Anwesend waren wieder die zu jeder Zeit und überall auftauchende Lady Mitford und ihre Schwester, Frau Mosley. Es wurde eingehend über die Möglichkeiten des Faschismus in England gesprochen. Frau Mosley gab ein sehr optimistisches Bild. Betonte, daß der Antisemitismus in England ständig zunähme. Noch interessanter waren die Ausführungen von Lady Mitford, bekanntlich eine Nichte von Churchill. Diese zeigte sich als ausgezeichnete Kennerin des englischen Rüstungsstandes. Das war Musik für die Ohren von F. [Hitler] Sollten ihre Angaben stimmen, dann stimmten die Unterlagen des deutschen Militärattachés nicht. Sie sagte klipp und klar, daß England einen Krieg nicht führen könne. Für ganz London seien im Augenblick nur acht Flak-Batterien vorhanden. Die Armee habe nur veraltete Waffen und Panzerfahrzeuge nur für zwei Divisionen. So ging es laufend weiter…«

Notiz von Gerhard Engel, Heeresadjutant bei Hitler, 28. Juli 1939

»Wundervoll schöne Stunden«: Eva Braun und Hitler während eines gemeinsamen Osterausflugs nach Garmisch-Partenkirchen 1935.

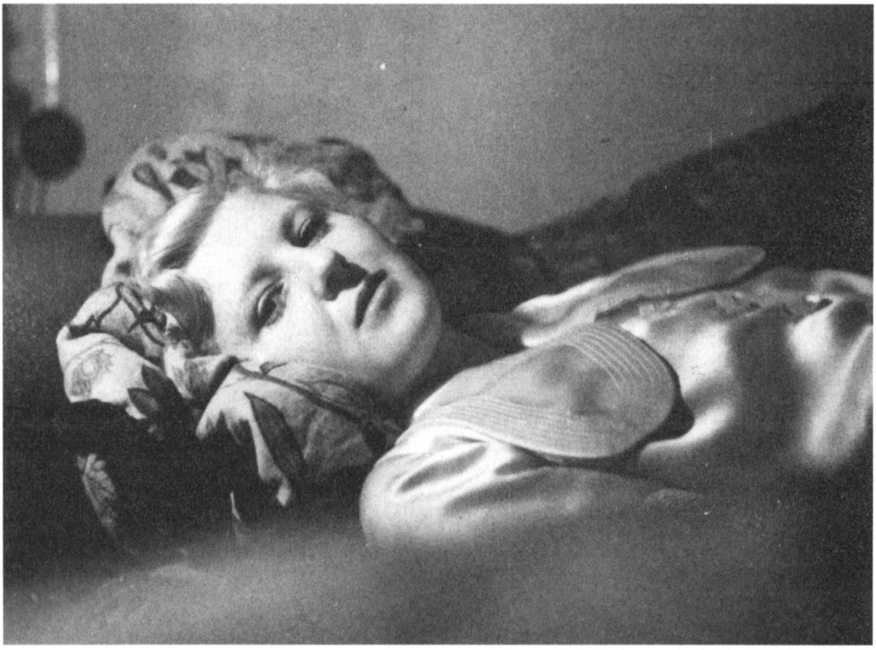

»Ich bin verzweifelt«: Ende Mai 1935 unternahm die oftmals sehr einsame Eva Braun einen Selbstmordversuch.

»Mit keinem anderen lieber als mit ihm zusammen sein«: Hitler und Unity Mitford im Englischen Garten in München, 1937.

»Mein Leben zählt nichts mehr«: Unity Mitford trifft Anfang 1940 nach ihrem Selbstmordversuch wieder in Großbritannien ein.

Sie war nicht in Hitler verliebt. Ihre Bewunderung und Zuneigung waren grenzenlos, aber sie war nicht verliebt.

Diana Mosley, Schwester von Unity Mitford

»Die Feststellungen über die Tätigkeit der Unity Mitford ergaben keinerlei Anhaltspunkte, die den Verdacht der Spionage oder unerlaubter politischer Umtriebe rechtfertigen würden. Mitford soll tatsächlich begeisterte Nationalsozialistin sein.«

Bericht der Bayerischen Politischen Polizei, 1. August 1935

Dass die beiden eine sexuelle Beziehung hatten, bestritt ihre Schwester Diana jedoch im Interview: »Sie waren sehr enge Freunde. Aber ich denke, zwischen Hitler und Unity ging es niemals um Liebe oder womöglich Heirat.«

Eva Braun mag das anders beurteilt haben. Doch auch andere Mitglieder des »inneren Kreises« um Hitler misstrauten der englischen »Lady«. Viele hielten Unity Mitford für eine Spionin und rieten Hitler ab, in ihrer Gegenwart über Politik zu sprechen. Die bayerische politische Polizei überprüfte sogar die Hintergründe der Engländerin, fand aber »keinerlei Anhaltspunkte, die den Verdacht der Spionage oder unerlaubter politischer Umtriebe rechtfertigen würden«. Ob Hitler den Polizeibericht jemals gesehen hat, ist ungeklärt. Es kann jedoch als gesichert gelten, dass Hitler versuchte, über Unity Mitford in England gezielt Informationen zu streuen. Schließlich besaß sein »Fan« zahlreiche Kontakte zu einflussreichen Persönlichkeiten der britischen Gesellschaft, darunter auch Winston Churchill. »Hitler dachte, Unity Mitford sei extrem wichtig, weil ihr Vater ein Lord war und er über diesen Weg Informationen erhalten oder in England für sich und die Parteien Sympathien gewinnen könnte«, erklärt der britische Historiker David Pryce-Jones. »Hitler scheint den Einfluss von Unity vollkommen falsch eingeschätzt zu haben.«

Im Juni 1939 bezog Unity Mitford eine eigene Wohnung in der Münchner Agnesstraße und war fest entschlossen, die deutsche Staatsbürgerschaft anzunehmen. »Die Wohnung gehörte Juden«, sagt David Pryce-Jones. »Unity besichtigte die Wohnung, als die Leute noch drin waren. Sie weinten, weil sie ihre Wohnung räumen sollten. Aber Unity Mitford interessierte sich nur dafür, wohin all die Möbel kommen sollten, die ihr Hitler zum Einzug schenkte.« Wiederholt äußerte die Engländerin, dass sie sich sicher sei, ihr Mutterland würde niemals gegen Deutschland in den Krieg ziehen. Umso mehr war Unity geschockt, als England zwei Tage nach dem deutschen Überfall auf Polen Hitler den Krieg erklärte. Noch am Nachmittag des 3. September 1939 händigte Unity in München dem Gauleiter Adolf Wagner ein großes Kuvert aus. Wie er später feststellte, befanden sich darin ein Abschiedsbrief Mitfords, ein silbern gerahmtes Foto Hitlers, das ihr der »Führer« einst geschenkt hatte, und ihr persönliches Parteiabzeichen.

Gegen 16.50 Uhr beobachtete ein Zeuge, wie Unity Mitford in der Königinstraße 15 mit einer Pistole »in Höhe des Magens ... gegen den Kopf zielte und zweimal abfeuerte«. Die häufig in der Literatur zu lesende Version, Unity Mitford habe sich im Englischen Garten auf einer Parkbank sitzend erschossen, kann durch den Polizeibericht, der sich im Bayerischen Hauptstaatsarchiv befindet, korrigiert werden. Schwer verletzt wurde die Freundin Hitlers in eine Klinik gebracht, eine Kugel steckte im Gehirn und verursachte Lähmungen. Doch wagten es die Ärzte nicht, das Projektil zu entfernen. Hitler besuchte Unity im Krankenhaus und war entsetzt, die schöne Engländerin apathisch und halb gelähmt vorzufinden. In Heinrich Hoffmanns Memoiren findet sich die Anekdote, dass die fanatische Nationalsozialistin noch im Krankenhaus liegend einen weiteren Selbstmordversuch unternommen habe, indem sie vor Hitlers Augen ihr Parteiabzeichen verschluckte. »Hoffmann, ich beginne mich zu fürchten«, sollen Hitlers Worte gewesen sein. Als sich Unitys Zustand langsam stabilisierte, wurde sie auf eigenen Wunsch nach England gebracht. Sie starb am 28. Mai 1948 im Alter von 33 Jahren an den Folgen des Suizidversuchs.

»Ich bin hin- und hergerissen zwischen meiner Loyalität Ihnen gegenüber, mein Führer, und meiner Pflicht als Engländerin ... unsere beiden Völker haben sich in einen Abgrund gestürzt ... eines wird das andere mit sich reißen ... mein Leben zählt nichts mehr ...«

Unity Mitford,
3. September 1939

Eva Brauns zweiter Selbstmordversuch im Jahr 1935 schlug in ihrer Beziehung zu Hitler ein neues Kapitel auf. Am 9. August bezog Eva Braun, die bis dahin im Haus ihrer Eltern gelebt hatte, mit ihrer jüngsten Schwes-

»Als Sekretärin getarnt«: Ab 1935 durfte Eva Braun an den Nürnberger NSDAP-Parteitagen teilnehmen. Hier ein Foto aus dem Jahr 1938 (Eva Braun 4. von links).

»Neues Kapitel aufgeschlagen«: der Diktator und seine Lebensgefährtin während einer Feierlichkeit im Jahr 1938.

ter Gretl eine Drei-Zimmer-Wohnung unweit von Hitlers Quartier am Prinzregentenplatz. Die Miete für die neue Bleibe seiner Geliebten zahlte Hitler – über seinen Vertrauten Heinrich Hoffmann. Die finanzielle Unterstützung, die er Eva Braun damit zukommen ließ, hatte für die Dreiundzwanzigjährige große Bedeutung. Überdies durfte die heimliche Geliebte endlich mit Hitler öffentliche Veranstaltungen besuchen. Im September 1935 nahm Eva Braun erstmals am Reichsparteitag in Nürnberg teil und wurde, als Sekretärin »getarnt«, auf die Ehrentribüne platziert – neben Hitlers Halbschwester Angela Raubal, Magda Goebbels und anderen Gattinnen führender Nationalsozialisten. Aber die »Damenriege« der Nazi-Prominenz war von der Anwesenheit dieses »jungen, launischen und unzufrieden dreinschauenden Mädels« auf der Ehrentribüne wenig begeistert und beschwerte sich bei Hitler. Doch Hitler ließ sich nichts vorschreiben, schon gar nicht von Frauen. Seiner Halbschwester verbot er den Aufenthalt auf dem Obersalzberg, und auch Magda Goebbels verlor vorübergehend seine Gunst. »Sie hatte über Eva getratscht, und das gefiel Hitler gar nicht«, erklärt die Historikerin Elke Fröhlich. »Da war Hitler sehr empfindlich. Man kann sich gut vorstellen, wie die elegante Magda Goebbels über so ein junges Ding wie Eva Braun redete.« Hitlers Reaktion auf die Kritik an Eva Braun machte die Position seiner Geliebten im »inneren Zirkel« nahezu unantastbar. Die, denen ihre Stellung in Hitlers Entourage etwas bedeutete, verkniffen sich künftig jede noch so vage Äußerung. »Die Situation war natürlich auch von Rivalitäten gekennzeichnet«, meint die Historikerin Heike Görtemaker. »Es galt

Ich hab's eigentlich erst gehört, kurz bevor wir nach Berchtesgaden fuhren. Da bin ich dann darauf vorbereitet worden: »Sie werden jetzt am Berghof Fräulein Braun kennenlernen, das ist die Lebensgefährtin des Führers.« Ich war überrascht: ein natürliches junges Ding, sehr munter, auch etwas bayerisch in ihrer Art zu sprechen, ein hübsches Mädchen, aber eigentlich auch nicht das, was man sich unter der Frau des obersten Führers vorstellt.

Traudl Junge, Sekretärin Hitlers

»Gefühl der Wertschätzung«: Eva Braun auf dem Balkon ihres Münchner Hauses (linkes Bild). Blick in ihr Zimmer im Berghof auf dem Obersalzberg (rechtes Bild).

immer, die Gunst von Hitler zu erlangen. Und oftmals erlangte man auch die Gunst Hitlers, indem man sich mit Eva Braun gut verstand. Das war eine ganz wichtige Komponente, die auch im Lauf der Jahre immer wichtiger wurde.« Evas Gefühl der Wertschätzung wurde noch gesteigert, als Hitler ihr 1936 ein kleines Einfamilienhaus in München-Bogenhausen erwarb. Das Häuschen wirkte bieder, doch die Innenausstattung war durchaus exklusiv: Gobelins und kostbare Teppiche, erlesene Möbel und teures Silber. Für Eva war das Haus ein Statussymbol, tatsächlich war es eher ein Trostpflaster. Denn immer seltener kam Hitler nun nach München, während die Reichskanzlei in Berlin für seine Geliebte verschlossen blieb.

Der »Berghof« auf dem Obersalzberg wurde zu Evas zweitem Refugium, doch nur wenige wussten, wer die junge Frau war, die hier ein und aus ging. Zwischen 1936 und 1945 soll Eva Braun mehr als zwei Drittel ihrer Zeit auf dem »Berghof« verbracht haben. Es war ihr eigenes kleines Reich. »Für uns war sie die eigentliche Hausherrin des ›Berghofs‹, nicht Hitler«, bestätigte das ehemalige Zimmermädchen Anni Plaim.

Es war ein wenig Balsam für Evas Seele, die darunter litt, dass ihr der Status einer Ehefrau verwehrt blieb. Der Alltag auf dem »Berghof« war strikt geregelt und monoton, solange der »Führer« dort weilte: Spaziergänge, Autopartien, Empfänge, Besprechungen und abends drei bis vier

Stunden Filme schauen. Hin und wieder gestattete es Hitler Eva, Jazzplatten aufzulegen. »Hübsch, was du da spielst«, soll er einmal gesagt haben. Sie erwiderte: »Das hat dein Freund Goebbels gerade verboten.« Entgegen der üblichen Meinung war Eva Braun alles andere als die naive, unwissende Geliebte des »Führers«, die vom politischen Geschehen ausgeschlossen blieb. In der zweiten Hälfte der 1930er-Jahre geriet der Obersalzberg immer mehr zum Zentrum der Reichspolitik. Hier empfing Hitler ausländische Staatsoberhäupter, hierher wurden Botschafter zum Rapport bestellt und Generäle zur Befehlsausgabe beordert. Bei solchen Gelegenheiten trat Eva meist hinter die Kulissen, doch bezeugen Filme und Fotografien, dass sie bei einigen wichtigen Besprechungen anwesend war. Eva selbst verfilmte von 1938 bis 1944 viereinhalb Stunden Material, acht Filmrollen, die heute in den National Archives in Washington aufbewahrt werden. Leider fehlt bei den Aufnahmen der Ton, sodass über den Inhalt der Gespräche, die Eva gefilmt hat, bis heute nur spekuliert werden kann. Vonseiten des ZDF wurden jedoch professionelle Lippenleser gebeten, einige Szenen zu entschlüsseln. So filmte Eva beispielsweise Ende August 1939 einen sichtlich angespannten Hitler auf dem »Berghof«. Der Diktator hatte kurz zuvor, am 23. August, einen Nichtangriffspakt mit der Sowjetunion geschlossen und glaubte damit freie Hand für den Überfall auf Polen zu haben. Eva hielt mit der Kamera fest, als Hitler offenbar eine schlechte Nachricht erhielt und erregt mit seinen Mitarbeitern darüber sprach. Die Lippenleser glauben, wenigstens einen Teil dieser stummen Filmsequenzen enträtseln zu können: »Du weißt ja sicher von dem Telegramm, ich würde es am liebsten vernichten. Hast du die Herren zusammengerufen?«, fragt Hitler in einer Szene. »Dieses Telegramm hat Folgen für uns und wird auf jeden Fall zu einer Katastrophe führen.« Die von den Lippenlesern »verstandenen« Sätze passen zum historischen Hintergrund: Nach Bekanntwerden des Hitler-Stalin-Pakts hatte die britische Regierung ihre Garantie der polnischen Unabhängigkeit noch einmal demonstrativ bekräftigt. Als Hitler davon erfuhr, schwankte er in seiner

Ich hatte keinen Respekt vor der – nie! In meinen Augen war sie gar nichts. Die Eva Braun, die war aus meiner Sicht ein Mädchen wie jede andere auch.

Karl Wilhelm Krause, Leibdiener Hitlers

»Nicht die unwissende Geliebte«: Eva Braun filmt auf der Terrasse des Berghofs Hitler und seine Gäste, Frühjahr 1939.

Entscheidung, Polen anzugreifen. Seine Hoffnung, die westlichen Staaten würden nur protestieren, aber nicht kämpfen, wenn die Wehrmacht Polen überfiel, schien mit einem Mal verflüchtigt. Die Szene beweist, dass Eva unmittelbare Zeugin bedeutender politischer Geschehnisse wurde und längst nicht so uninformiert war, wie allgemein angenommen. Sie filmte – und hörte also zu, als der Zweite Weltkrieg politisch vorbereitet wurde. Als Hitler am 1. September 1939 in der Berliner Krolloper den Angriff auf das Nachbarland zum Akt der Selbstverteidigung verbrämte, war Eva Braun anwesend. Inzwischen hatte die Geliebte eine eigene Wohnung in der Reichskanzlei erhalten. Doch blieb sie nach außen hin unsichtbar, offiziell war sie nach wie vor »Hitlers Sekretärin«. Auch in der eher privaten Atmosphäre des »Berghofs« verzichteten Hitler und Eva im Beisein von anderen auf Liebesbezeigungen. Die stete Wahrung von Distanz und Hitlers Bemühen um Unnahbarkeit führten zu Spekulationen über ihre

Beziehung. Waren Eva Braun und Hitler wirklich jemals ein Liebespaar gewesen, oder hatte es sich nur um eine Art »Scheinverhältnis« gehandelt?

»Berghof«-Angestellte und engste Mitarbeiter, darunter Julius Schaub, persönlicher Adjutant Hitlers, sagten nach dem Krieg aus, es sei ein »ganz normales Verhältnis zwischen Mann und Frau« gewesen. Margarete Mitlstrasser, die Frau des »Berghof«-Verwalters und Evas engste Vertraute auf dem Obersalzberg, berichtete: »Ich weiß das genau, dass die ein Paar waren, denn wenn er zu ihr kam, und sie hat die Regel gehabt, hat sie vom Doktor was gekriegt, um die Regel zu vertreiben. Und das hab meistens ich vom Arzt geholt, ich selbst hab das geholt – also war doch klar, dass da was war.« In der Kriegszeit freilich mag sich Hitlers Bereitschaft zu intimen Kontakten verringert haben. Hitlers Leibarzt Theodor Morell gab nach dem Krieg zu Protokoll, er habe das nachlassende sexuelle Verlangen Hitlers mithilfe von Testosteron-Spritzen zu stimulieren versucht.

»Nach meinen Beobachtungen waren die sexuellen Beziehungen zwischen Hitler und Eva Braun zeitweilig besonders aktiv. Wer der aktivere von beiden war, weiß ich allerdings nicht. Eva Braun wirkte sehr sexy, um den heute üblichen Begriff zu verwenden, doch Hitler war es auch.«

Heinz Linge,
Kammerdiener Hitlers

Sobald Hitler nicht mehr auf dem »Berghof« weilte, veränderte sich die Atmosphäre komplett. Oft lud Eva Braun Freundinnen ein oder erhielt Besuch ihrer Schwestern. »Das war eine ganz andere Eva«, erinnerte sich Rochus Misch später, Telefonist und Funker auf dem Obersalzberg. »Lustig, fröhlich, frei, hat gleich Party gemacht, das ganze Hauspersonal mit eingeladen und nach Möglichkeit mit Tanz. Das war die andere Eva, da war sie ausgelassen. Aber dann, wenn der Chef da war, zog sie

Wir gingen zusammen spazieren, und da sagte ich zur ihr fast provokativ: »Fräulein Braun, Sie sind die beneidetste Frau in Deutschland«, weil sie nun bei Adolf Hitler war. Und da sagte sie: »Ach, ich bin doch nur eine Gefangene in einem goldenen Käfig.«

Walter Frentz, Kameramann Hitlers

Hitler und Eva Braun 1943 auf dem Berghof mit der Tochter einer Vertrauten. Eigene Kinder mit seiner Geliebten lehnte Hitler ab.

sich zurück.« Doch seit Beginn des Feldzugs gegen die Sowjetunion im Juni 1941 verbrachte Hitler zunehmend weniger Zeit auf dem »Berghof«. Monatelang hielt er sich in seinem Hauptquartier »Wolfsschanze« auf. Seine Geliebte sah er in der Folge immer seltener. Auf dem Obersalzberg blieb Eva Braun vom Kriegsgeschehen weitgehend isoliert. Noch im Frühjahr 1942 zeigten sich in München und Berchtesgaden wenige Anzeichen des Krieges, während Städte wie Lübeck, Rostock, Köln, Essen, Bremen und andere bereits den Flä-

»Das war eine ganz andere Eva«: Eva Braun (2. von links) während einer Faschingsparty im Jahr 1939.

chenbombardements der alliierten Bomberverbände ausgesetzt waren. Die »Hauptstadt der Bewegung« hingegen hatte noch keine größeren Luftangriffe erlebt; auf dem »Berghof« wurde weiterhin eine Scheinidylle gewahrt. Dennoch ahnte Eva Braun wohl, dass sie in einer Art »Blase« lebte – fernab jeglicher Realität. »Meinen Sie, dass es noch gut ausgeht?«, soll sie immer wieder gefragt haben. Wie viel die Geliebte des »Führers« von den furchtbaren Verbrechen hinter der Front, dem millionenfachen Mord an Juden und Andersdenkenden gewusst hat, bleibt bis heute Spekulation. Die Ausgrenzung und Deportation der jüdischen Bevölkerung dürften ihr jedoch nicht verborgen geblieben sein, auch wenn sie seit 1936 viel Zeit auf dem »Berghof« verbrachte.

Nach der Katastrophe von Stalingrad im Winter 1942/43, bei der die 6. Armee eingeschlossen worden war und rund 100 000 Soldaten in sowjetische Kriegsgefangenschaft gerieten, half jedoch kein Leugnen mehr. Selbst die »Berghof«-Bewohner erkannten die Zeichen des bevorstehenden Untergangs. Inzwischen war auch München bombardiert worden, und Hitlers Privatwohnung am Prinzregentenplatz hatte Schaden genommen. Die Landung der Alliierten im Juni 1944 machte auch die letzten Hoffnungen auf ein siegreiches Ende des Krieges zunichte. »Der Nimbus des unbesiegbaren ›Führers‹ war erschüttert«, schreibt Heike Görtemaker in ihrer Biografie über Eva Braun. Die inzwischen 32-Jährige befand sich auf einem Badeausflug am Königssee, als sie am 20. Juli 1944 die Nachricht vom Attentat auf Hitler erreichte. Mehr als zwölf Jahre war Eva Braun nun die »Geliebte des größten Mannes Deutschlands und der Erde«, wie sie 1935 in ihr Tagebuch geschrieben hatte. Als sie erfuhr, dass Hitler nur knapp einem Sprengstoffanschlag entkommen war, erlitt sie einen Nervenzusammenbruch. Vielleicht wurde ihr in diesem Moment zum ersten Mal bewusst, in welch schwacher Position sie sich befand, wenn ihr Geliebter stürbe. Alle Mahnungen Hitlers, was im Falle seines Todes zu tun sei, hatte Eva Braun bis zu diesem Zeitpunkt weit von sich gewiesen und erklärt, »ihr bliebe in einem solchen Falle nur eins übrig, nämlich selbst den Tod zu suchen«. Zum ersten Mal mag Eva Braun die Tragweite ihrer Worte erkannt haben. »Geliebter, ich bin außer mir«, schrieb sie noch am 20. Juli an Hitler. »Ich sterbe vor Angst, ich fühle mich dem Wahnsinn nahe. ... Du weißt, daß ich nur lebe für Deine Liebe, Deine Eva.« Auch Hitler reagierte mit einem Gefühlsausbruch, wenn auch ganz anderer Art: Er wies seine Privatsekretärin an, Eva die von der Bombe zerfetzte Uniform auf den Obersalzberg zu schicken – gleichsam als Zeichen des Triumphs über den Tod. Eva sei beim Anblick der zerrissenen Hosen Hitlers beinahe in Ohnmacht gefallen, berichteten Augenzeugen. Doch die zunächst euphorisierende Wirkung des missglückten Attentats hielt nicht lange an: Mitte Oktober erkrankte Hitler an einer schweren Gelbsucht, die ihn erstmals zur Bettruhe zwang. Etwa zeitgleich setzte Eva Braun in München ihr Testament auf. »Meinst Du, ich lasse ihn allein sterben?«, sagte sie ihrer Freundin Henriette von Schirach. »Ich bleibe bei ihm bis zum letzten Augenblick, ich habe mir das genau überlegt. Niemand kann mich davon zurückhalten.«

Im Januar 1945 reiste Eva Braun in die inzwischen belagerte Reichshauptstadt Berlin. Zu diesem Zeitpunkt muss ihr Entschluss, mit Hitler zu sterben, längst festgestanden haben. »Auch sie wolle Berlin nicht verlassen, vor allem in der jetzigen kritischen Stunde nicht«, schrieb Goebbels am 1. Februar 1945 in sein Tagebuch. »Der Führer findet für sie Worte höchster Anerkennung und Bewunderung. Das verdient sie ja wohl auch.«

Selbstzerstörerische Torheit oder letzter Liebesbeweis? Die lang ersehnte Anerkennung Hitlers war der ewigen Geliebten offenbar den eigenen Tod wert. Das Ende im »Führerbunker« geriet zu einem melodramatischen Abgesang im Stil einer Wagner-Oper, mit Heirat, Testament, Selbstmord und Verbrennung. Dass sich Hitler kurz vor ihrem gemeinsamen Suizid entschied, Eva zu heiraten, gibt bis heute Rätsel auf. In seinem persönlichen Testament hieß es: »Da ich in den letzten Jahren des Kampfes glaubte, es nicht verantworten zu können, eine Ehe zu gründen, habe ich mich nunmehr vor Beendigung dieser irdischen Laufbahn entschlossen, jenes Mädchen zur Frau zu nehmen, das nach langen Jahren treuer Freundschaft aus freiem Willen in die schon fast belagerte Stadt hereinkam, um ihr Schicksal mit dem meinen zu teilen. Sie geht auf meinen Wunsch als meine Gattin mit mir in den Tod. Er wird uns das ersetzen, was meine Arbeit im Dienste meines Volkes uns beiden raubte. … Ich selbst und

> **Ich sterbe, so wie ich gelebt habe. Schwer fällt es mir nicht.**
>
> Eva Braun,
> Brief vom 22. April 1945

meine Gattin wählen, um der Schande … der Kapitulation zu entgehen, den Tod.« In der Nacht vom 28. auf den 29. April 1945 fand die Eheschließung von Eva Braun und Adolf Hitler im Bunker unter der Reichskanzlei statt. Auf diesen Moment hatte Eva Braun dreizehn Jahre gewartet, nach wenigen Minuten war alles vorbei. »Eva Hitler, geborene Braun«, heißt es auf der Hochzeitsurkunde, die sie beinahe mit ihrem Mädchennamen unterschrieben hätte, so unwirklich kam ihr wohl selbst die Sache vor. Am 30. April 1945 gegen 15.30 Uhr vergiftete sich Eva Braun mit Zyankali. Zur gleichen Zeit biss auch Hitler auf eine Giftkapsel und schoss sich in die rechte Schläfe. »Ich denke mir, sie hat sich vorgestellt, dass sie dann in die Geschichte eingehen wird als heroische Geliebte, die Frau des Führers. Ich glaube, das war ihre Vorstellung, die ihr Kraft gegeben hat«, meinte Hitlers Privatsekretärin Traudl Junge im Interview. Doch das Urteil über Eva Braun fällt heute weniger heroisch aus, als es sich die Frau an Hitlers Seite gewünscht hatte: »Eva Braun ist eine Enttäuschung der Geschichte«, schreibt der Historiker Hugh Trevor-Roper. Und seine Kollegin Heike Görtemaker kommt zu dem Schluss: »Durch ihr Leben und Sterben mit Hitler ist Eva Braun für immer mit dem menschenverachtenden Regime des Nationalsozialismus verbunden, das, getragen von einem radikalen Antisemitismus, den ›größten Niedergang der Zivilisationswerte‹ … herbeiführte.«

»Ich glaube, ich bringe den Frauen kein Glück«, soll Hitler resümiert haben, nachdem – wieder einmal – eine seiner Verehrerinnen versucht hatte, sich das Leben zu nehmen. Die Bilanz der »Frauen um Hitler« fällt in der Tat düster aus: Mimi Reiter, Geli Raubal, Unity Mitford, Eva Braun – sie alle begingen Selbstmord oder versuchten es zumindest. Auch

> Es war für sie die letzte Konsequenz. Sie hat praktisch das getan, worauf sie ihr ganzes Leben lang hingezielt hat. Sie hat also darauf hingezielt, diesen Mann um jeden Preis zu heiraten. Und da keine Möglichkeit mehr war im Leben, tat sie es im Sterben. Es schien die einzig mögliche Konsequenz aus dieser Liebesgeschichte einer Siebzehnjährigen.
>
> **Gertraud Weisker, Cousine Eva Brauns**

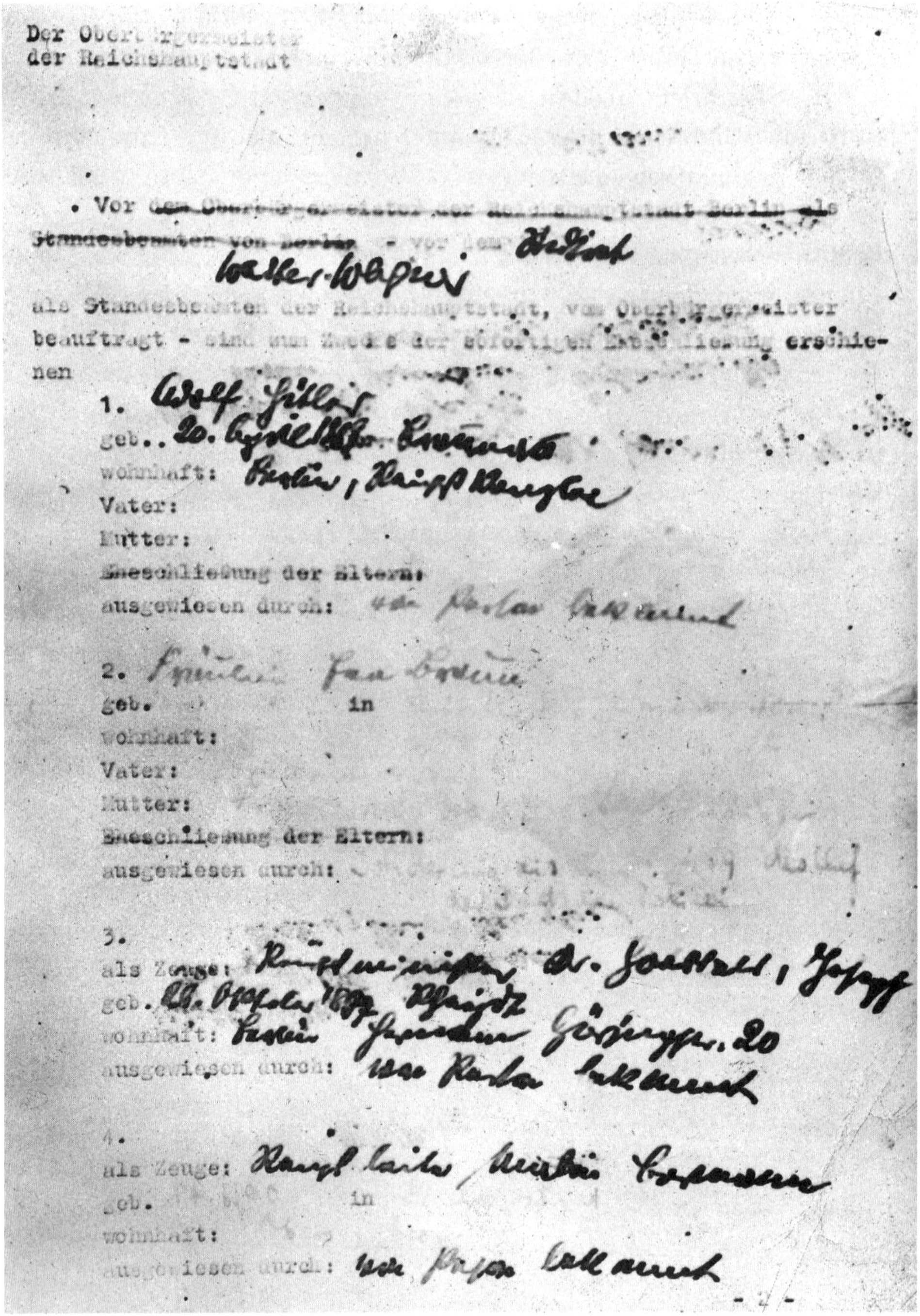

Der Oberbürgermeister
der Reichshauptstadt

Vor ~~dem Oberbürgermeister der Reichshauptstadt Berlin als Standesbeamten von Berlin~~ - vor dem Stadtrat Walter Wagner
als Standesbeamten der Reichshauptstadt, vom Oberbürgermeister beauftragt - sind zum Zwecke der sofortigen Eheschließung erschienen

1. Adolf Hitler
geb. 20. April 1889 Braunau
wohnhaft: Berlin, Reichskanzlei
Vater:
Mutter:
Eheschließung der Eltern:
ausgewiesen durch: von Person bekannt

2. Fräulein Eva Braun
geb. in
wohnhaft:
Vater:
Mutter:
Eheschließung der Eltern:
ausgewiesen durch:

3.
als Zeuge: Reichsminister Dr. Goebbels, Joseph
geb. 29. Oktober 1897 Rheydt
wohnhaft: Berlin Hermann Göringstr. 20
ausgewiesen durch: von Person bekannt

4.
als Zeuge: Reichsleiter Martin Bormann
geb. in
wohnhaft:
ausgewiesen durch: von Person bekannt

- 2 -

»Nach langen Jahren treuer Freundschaft«: Die Heiratsurkunde von Eva Braun und Adolf Hitler vom 29. April 1945.

Magda Goebbels setzte ihrem Leben selbst ein Ende. Am 1. Mai 1945 tötete sie sich mit ihrem Mann Joseph Goebbels im Bunker unter der Berliner Reichskanzlei, nachdem sie gemeinsam ihre sechs Kinder vergiftet hatten. »Unsere herrliche Idee geht zugrunde, und mit ihr alles, was ich Schönes und Bewundernswertes in meinem Leben gekannt habe. Die Welt, die nach dem Führer und dem Nationalsozialismus kommt, ist nicht mehr wert, darin zu leben, und deshalb habe ich auch die Kinder mitgenommen, denn sie sind zu schade für das nach uns kommende Leben, und ein gnädiger Gott wird mich verstehen, wenn ich ihnen selbst die Erlösung geben werde. ... Wir haben nur noch ein Ziel: Treue bis in den Tod dem Führer«, schrieb Magda Goebbels in ihrem Abschiedsbrief. Der Selbstmord dieser Frau macht das ganze Ausmaß des Wahns deutlich, dem Hitlers Anhängerinnen verfallen waren.

ALBERT SPEER
SPANDAU
ALBERT SPEER
ALBERT SPEER
SPANDAU
ALBERT SPEER
SPANDAU

Speers Täuschung

> **Albert Speer war ein notorischer Lügner: kühl, berechenbar, aber auch mit einer großen Aura. Er konnte Menschen für sich gewinnen. ... Dass er spät seine verschollen geglaubte Sammlung heimlich zu Geld machte, passt ins Bild.**
>
> Jonathan Petropoulos, Speer- und Kunstexperte

Im Frühjahr 1981 parkte ein elegant gekleideter Herr von Mitte siebzig seinen NSU Ro 80 – ein Geschenk »alter Freunde« aus längst verdrängten Tagen – in einem Kölner Parkhaus. Unauffällig betrat er die nahe gelegene Kunstgalerie Lempertz am Neumarkt, wie so oft in letzter Zeit. Bei dem traditionsreichen Auktionshaus hatte er ein gutes Dutzend Bilder versteigern lassen – anonym. Denn weder er noch die Spezialisten für »alte Kunst« zeigten großes Interesse, die Herkunft der Gemälde publik zu machen. Den Gegenwert ließ sich der »große Unbekannte« in bar auszahlen, insgesamt rund eine Million D-Mark. Weder Ehefrau und Familie noch die ansonsten bestens über diesen Mann informierte Öffentlichkeit ahnten etwas von den hohen Verkaufserlösen und deren vornehmlichem Verwendungszweck: eine heiße Liebesaffäre. Sowohl die späte »amour fou« des verurteilten Nazi-Verbrechers als auch die seit Kriegsende als verschollen geltende Bildersammlung blieben seine bestens gehüteten Geheimnisse. Entgegen seinem sonstigen Drang legte er in diesem Fall keinerlei Wert auf Publizität: Albert Speer, Hitlers Architekt und Rüstungsminister. Für ihn war es höchste Zeit, noch einmal Kasse zu machen mit den Bildern, die über drei Jahrzehnte lang im Dunkeln schlummerten – und wohl auch aus Notverkäufen ihrer jüdischen Besitzer auf der Flucht vor den Nazi-Schergen ab Mitte der 1930er-Jahre stammten. Nur wenige Monate später, am 1. September 1981, verstarb der mysteriöse Verkäufer in London: in den Armen seiner Geliebten.

Albert Speer nahm etliche dunkle Geheimnisse mit ins Grab und brachte somit seine lebenslange Verschleierungstaktik bis zum letzten Atemzug erfolgreich zu Ende – zunächst jedenfalls. Einer der letzten Mittäter der Nazi-Führungsriege war in den Nürnberger Kriegsverbrecherprozessen mit dem Leben davongekommen, hatte zwanzig Jahre im Gefängnis der Alliierten in Spandau bei Berlin überlebt und wurde nach seiner Freilassung 1966 zum Medienstar einer Republik, die in dem Mann mit dem Auftreten eines Gentlemans eine Art von »gutem Nazi« sah. Er bekannte sich zwar gebetsmühlenartig zu seiner Verantwortung als Mitglied des Regimes, aber eine persönliche Schuld in Form von Wissen über die schrecklichen Geschehnisse – vor allem die systematische Judenvernichtung – stritt er ebenso systematisch ab. Und so war es ihm tatsächlich gelungen, der Öffentlichkeit ein Bild von sich zu präsentieren, das ihm nach seiner Haftentlassung eine zweite Karriere in der Bundesrepublik ermöglichte und ihn mit einem rehabilitierten, ja beinahe tadellosen Ruf im Alter von 76 Jahren entschlafen ließ. Den wahren Speer, den Meister der Täuschung, der Lüge und des Betrugs, lernte die Welt erst nach dessen Tod kennen. Das positive Bild des Albert Speer hatte lange Bestand – und wurde dann Stück für Stück angekratzt. Die letzten Risse fügte ihm die Entlarvung seiner wertvollen Bildersammlung zu, deren Werdegang das ZDF nunmehr nachzuweisen imstande ist.

Mit der Manipulation seiner eigenen Geschichte – vor allem durch die Veröffentlichung seiner autobiografischen *Erinnerungen* im Jahre 1969, als er den Kronzeugen in eigener Sache gab und damit die Deutungshoheit über die Bewertung seiner Rolle als (Mit-)Täter im »Dritten Reich« gewann – wurde Albert Speer ein wohlhabender Mann. Und das unerwartete Spielgeld durch die wiedererlangten, lange versteckten Bilder kurz vor seinem Tod nahm der sechsfache Vater dankbar auf, um eine späte Liebesgeschichte auszuleben. Diese zwei letzten Geheimnisse waren bezeichnend für ein Leben mit zwei wesentlichen Triebfedern: Geld und Geltung.

> **Für Albert Speer war es sehr wichtig, im Rampenlicht zu stehen. Mit der erhöhten Geltung floss auch das Geld.**
>
> Dan van der Vat, Speer-Biograf

Albert Speer war der Shootingstar in Adolf Hitlers Schreckensregime, sein Aufstieg kometenhaft. Im Zweiten Weltkrieg wurde er zu einem der mächtigsten NS-Führer – und stand somit im Zentrum der schrecklichen Gräueltaten. Nach der Machtübernahme der Nationalsozialisten 1933 war der 1905 in Mannheim geborene Architekt rasch zum erfolgreichen Chefdekorateur für Masseninszenierungen geworden. Der verkappte Baumeister Hitler mit den Ambitionen eines »Architekten der Weltherrschaft« fand in dem erst 28-jährigen Ehrgeizling einen willigen Helfer zur Verwirklichung seiner größenwahnsinnigen Projekte. Speer gab der braunen Ideologie die steinerne Form, und der als Baumeister verhinderte Mentor war von der Arbeit seines Ziehsohns begeistert. Hätte Hitler einen Freund gehabt, schrieb Speer Jahrzehnte später, so wäre er es gewesen. Speer und Hitler waren wie ein Liebespaar, verbunden durch die Leidenschaft für das Bauen. Speer war in diesem Paar die Frau, die auszutragen hatte, womit Hitler sie befruchtete. »Nach Ideen des Führers«, stand auf Speers Entwürfen.

Speer bewunderte Hitler. Warum? Weil Hitler ihn bewunderte. Und diese Wechselseitigkeit symbolisiert die narzißhafte Komponente seines Wesens.

Pater Athanasius,
Speer-Vertrauter

»Welthauptstadt Germania«: Das Modell der 150 000 Zuschauer fassenden »Großen Halle« aus Speers Plänen zum Umbau Berlins.

Mit dem gigantischen Reichsparteitagsgelände in Nürnberg schuf Speer 1936 die Bühne für Hitlers alljährliches Schauspiel zur Mobilisierung der Nazi-Bewegung. Albert Speer bewies sein Talent als Organisator, Stratege und Pragmatiker – und empfahl sich für höhere Aufgaben. 1937 machte der »Führer« seinen »Freund« Speer zum »Generalbauinspektor für die Reichshauptstadt« (GBI) und betraute ihn mit dem Umbau Berlins, der »wichtigsten Bauaufgabe im neuen Reich«. Die neue Welthauptstadt »Germania« sollte alle bis dahin errichteten Bauwerke weltweit übertreffen und selbst die ägyptischen Pyramiden klein wirken lassen. Mit der 1938 im Rekordtempo fertiggestellten Reichskanzlei – dem repräsentativen Prunkstück des »Führers« – bewies Speer abermals seine Fähigkeiten als effizienter Manager. Nun stand er auf dem Olymp der Macht – und wurde alsbald zu einem Handlanger des Todes.

Seinen Erfolg feierte der Stararchitekt des »Dritten Reichs« auf dem Rücken zehntausender Juden. Um das städteplanerische Megawerk als steinernes Symbol der Herrschaft eines weltumspannenden NS-Imperiums in die Tat umsetzen zu können, musste Platz geschaffen werden. Ganze Stadtviertel fielen der Abrissbirne zum Opfer. Wohnraum für die Berliner wurde knapp, und so mussten zahlreiche Judenfamilien weichen. Die Reichshauptstadt wurde so systematisch »entjudet«. Himmlers SS half bei der Durchführung der »Umsiedlungen«, in Speers Behörde wurde penibel Buch über die neuen Aufenthaltsorte der Juden geführt – später Grundlage für die Deportationen von mindestens 50 000 Menschen in den sicheren Tod. Speer verbündete sich mit der SS auch zur Beschaffung der enormen Mengen Baumaterial, die für »Germania« benötigt wurden. Seine Behörde finanzierte den Bau von Konzentrationslagern – oft in der Nähe von Steinbrüchen – mit und erhielt im Gegenzug die so dringend benötigten Materialien. Zehntausende Häftlinge starben aufgrund der mörderischen Bedingungen. Albert Speer bewies Machtinstinkt und Rücksichtslosigkeit; ihm schien jedes Mittel recht, um seine Ziele zu erreichen.

Im Februar 1942 schlug die Stunde Albert Speers zur Erringung einer einzigartigen Machtfülle: Er wurde überraschend »Rüstungsminister«. Nach den verlustreichen Rückschlägen in der Sowjetunion und angesichts eines bevorstehenden langen Abnutzungskriegs bewies der Architekt auf

»Leidenschaft für das Bauen«: Speer war bereit, sich Hitlers Vorstellungen von Architektur bedingungslos zu unterwerfen.

einem fremden Feld Kunstfertigkeit. Der geniale Organisator steigerte in Zeiten hoher Verluste gar die Produktionszahlen und wurde sukzessive Herrscher über die gesamte Rüstung, den Transport und Verkehr sowie das Bauwesen. Er dirigierte den millionenfachen Einsatz ausländischer Zwangsarbeiter sowie die Plünderung der besetzten Gebiete. Und ganz nebenbei entledigte sich der skrupellose Machtmensch unliebsamer Kon-

»Genialer Organisator«: Unter Speers Ägide gelang ein regelrechtes »Rüstungswunder«. Besuch von Hitler und Speer in einem Panzerwerk, April 1943.

»Einsatz geringster Mittel zur Erzielung des größten Erfolges«: Speer in einem Betrieb in Oberösterreich, in dem KZ-Häftlinge Zwangsarbeit verrichten mussten.

kurrenten wie etwa Hermann Göring, die seine Position gefährden konnten. Bis zum Sommer 1944 war Speer zu einem der mächtigsten Helfer Hitlers aufgestiegen. Selbst als die Last des Krieges für das deutsche Volk unerträglich wurde, schaffte er ein »Rüstungswunder« – freilich nur durch den rücksichtslosen Einsatz von Zwangsarbeitern und KZ-Häftlingen. Sie waren für ihn lediglich Verfügungsmasse zur Stärkung der deutschen Kriegswirtschaft. Auch wenn Speer das später immerzu leugnen sollte: Er schickte mit seinen Befehlen letztendlich zehntausende Menschen in den sicheren Tod.

> **Wenn die Ankläger in Nürnberg schon das über Speer gewusst hätten, was uns heute an Informationen zur Verfügung steht, wäre er sicher gehängt worden.**
>
> Dan van der Vat, Speer-Biograf

Die Sammelwut der Nazi-Größen

Macht zeigte sich nicht nur durch die Position, sondern auch durch Reichtum. Die Nazi-Elite hatte bereits seit Mitte der 1930er-Jahre enorme Vermögen angehäuft – durch Steuererleichterungen und -gutschriften, Sonderkredite für den Erwerb von Grund und Häusern sowie zahlreiche Schenkungen. Nach einem Jahrzehnt der Herrschaft waren viele Paladine bereits so korrumpiert, dass sie noch mitten im Krieg ihren luxuriösen Lebensstil pflegten. In seinen Memoiren suggerierte Albert Speer, er sei die rühmliche Ausnahme gewesen, denn »für repräsentative Verpflichtungen benötigten sie [die anderen] allesamt große Häuser, Jagdsitze, Güter und Schlösser, reichliche Dienerschaft, eine opulente Tafel, einen erlesenen Keller«. Doch auf Hitlers Architekten und späteren Rüstungsminister traf dies gleichermaßen zu. Bis zum Kriegsende entbrannte unter den führenden Köpfen des NS-Regimes ein wahrer Wettkampf um Kulturgüter, vornehmlich Bilder. In den zehn Jahren bis zum Kriegsende 1945 fand der größte systematische Kunstraub der Geschichte statt. Bedienten sich Hitler, Göring, Speer und Konsorten mithilfe willfähriger Kunsthändler vor 1939 vor allem bei Notverkäufen verfolgter Juden, so plünderten sie ab Kriegsbeginn durch brutale und ungesetzliche Beschlagnahmungen Kunstwerke in gigantischem Stil in den besetzten Nachbarländern, vor allem in Polen, Holland, Österreich und Frankreich. Speer war im Auftrag Hitlers für die Umsetzung zahlreicher Maßnahmen des kulturellen Programms zuständig, einschließlich illegaler »Konfiszierungen«. Sukzessive landeten viele Kunstgegenstände von Wert bei den Führungsköpfen des Regimes.

Meist ist von der Sammelwut Adolf Hitlers für sein geplantes »Führer-Museum« in seiner Heimatstadt Linz sowie von den Kunstraubzügen seines dekadenten Reichsmarschalls Hermann Göring die Rede, doch der Name Albert Speer wird in diesem Zusammenhang selten erwähnt. Dabei verfügte er bereits ab 1937 als Generalbauinspektor für den Umbau Berlins über gewaltige finanzielle Mittel, um Gemälde zu kaufen. Als Mäzen förderte er die Karriere zahlreicher Künstler, die dem Regime genehm waren – wie beispielsweise die Bildhauer Arno Breker und Josef Thorak, denen er Aufträge im Gesamtwert von über 27 Millionen (!) Reichsmark zuschanzte. »Allein Speers Behörde kaufte tausende Bilder, und auch er persönlich nutzte spätestens während der Pariser Besatzungszeit ab

»Wahrer Wettkampf um Kulturgüter«: Göring und Hitler begutachten ein Gemälde.

Mitte 1940 seine exponierte Stellung, um im großen Stil einzukaufen«, erklärt der Historiker Jonathan Petropoulos.

Albert Speer überwachte darüber hinaus zahlreiche Bunker, in denen Kunstobjekte zum Schutz vor alliierten Bombenangriffen verstaut wurden – reichlich Gelegenheit also für das Organisationstalent, auch seine Privatsammlung aufzustocken. In seinen *Erinnerungen* fielen ihm zum Thema »Kunstraub« und »Sammelwahn« nur die Beutezüge der anderen ein, doch seine eigenen Aktivitäten verschwieg er dezent. Demnach sandte Hitler »seine Kunsthändler in die besetzten Gebiete, um dort den Bildermarkt absuchen zu lassen, und entfesselte auf diese Weise bald einen Bilderkrieg zwischen seinen Händlern und denen Görings, der schärfere Formen anzunehmen begann, bis Hitler schließlich seinen Marschall zurechtwies und damit die Rangordnung auch gegenüber den Kunsthändlern ein für alle Mal wiederherstellte«. Nur Speers eigene Käufe bei ebenjenen (Nazi-)Kunsthändlern wie Karl Haberstock und Hans Lange waren ihm nicht erwähnenswert – aus gutem Grund: Denn der Rüstungsminister hatte rechtzeitig vor Kriegsende seine wertvolle Bildersammlung versteckt. Dokumente existierten kaum, und den Siegermächten verheimlichte er seine kostbare Leidenschaft.

Speer gilt in der öffentlichen Wahrnehmung bis heute nicht als Kunsträuber. Doch durch seine herausragende Stellung im Hitler-Regime und der gewaltigen finanziellen Ausstattung besaß er auch alle Möglichkeiten, sich persönlich zu bereichern. Er war clever und diskret genug, seinen Sammelwahn geheim zu halten.

Jonathan Petropoulos,
Speer- und Kunstexperte

Nach seiner Gefangennahme und der Verurteilung vor dem Nürnberger Tribunal zu 20 Jahren Haft wegen Kriegsverbrechen und Verbrechen gegen die Menschlichkeit bekam Hitlers selbst ernannter »Freund« Besuch im Alliiertengefängnis Spandau. Am 9. April 1948 verhörte Bernard B. Taper von der US-amerikanischen Militärbehörde für Deutschland mit Sitz in Karlsruhe Albert Speer. Taper hatte den Auftrag seiner Dienststelle für die Wiederbeschaffung von Kunstgegenständen, den Kriegsverbrecher mit der Häftlingsnummer 5 nach seinen Vermögensgegenständen zu befragen, speziell nach dem Erwerb und Besitz von Bildern. Denn inzwischen, drei Jahre nach Kriegsende,

»Bis zum bitteren Ende«: Speer als Mitglied der letzten »Reichsregierung« mit Dönitz und Jodl nach der Gefangennahme in Flensburg, 23. Mai 1945.

»Ich hätte wissen können, wenn ich hätte wissen wollen«: Speer während seiner Aussage vor dem Internationalen Militärtribunal in Nürnberg, Juni 1946.

»Bewahrende Einsamkeit«: Das Alliierte Kriegsverbrechergefängnis in Berlin-Spandau, in dem Speer nach der Verurteilung seine Strafe verbüßte.

Fotos der Spandauer Häftlinge kamen nur selten in die Öffentlichkeit. Speer im Garten des Gefängnisses.

»Viel im Verborgenen«: Bernard Taper befragte Speer über den Verbleib von dessen Bildersammlung. Foto aus dem Jahr 2005.

war bereits bekannt, dass sich die Nazi-Größen mit Vorliebe in den besetzten Gebieten und bei jüdischen Eigentümern bedient hatten. Der amerikanische Ermittler hatte seine Hausaufgaben gemacht: Er konfrontierte Speer mit dem privaten Erwerb von Bildern – wahrscheinlich aus jüdischem Besitz –, die er in Berlin durch das dubiose Auktionshaus Hans Lange ersteigert hatte.

Speer bestätigte sogar, er »habe häufig Dinge bei Auktionen der Firma Lange gekauft«. Hans Lange war schon längst zu einem der bedeutendsten Kunsthändler des Nazi-Reichs und dessen Führungsriege aufgestiegen – als Nachfolger des jüdischen Auktionators Paul Graupe, der vor seiner Flucht 1937 seinem stramm nationalsozialistischen Mitarbeiter Lange das Geschäft vermachte – vermachen musste. Bald wurde Hans Lange Hitlers Chefeinkäufer in den besetzten Gebieten, vor allem in Frankreich nach 1940. Schwer vorstellbar, dass Speer Langes Aktivitäten und die Herkunft der Bilder aus jüdischen Zwangsverkäufen verborgen blieben. Speer verschleierte die Existenz und den wahren Um-

»Ich hatte eine kleine Sammlung romantischer Gemälde mit deutscher Kunst aus dem 19. Jahrhundert. Ein Teil dieser Gemälde ging nach Zell am See. Die gesamte Sammlung hatte 1937 einen Wert von etwa sechzig- bis siebzigtausend Reichsmark (RM). Nach 1937 habe ich keine Gemälde mehr erworben, weil die Preise dann enorm angestiegen sind.«

Auszug aus dem Verhörprotokoll vom 9. April 1948 im Alliiertengefängnis Spandau

fang seiner Bildersammlung. Seine Aussage, nach 1937 habe er keine Gemälde mehr erworben, weil die Preise dann enorm gestiegen seien, war eine glatte Lüge.

Ferner behauptete er, bei Karl Haberstock nur Bilder »für die Gebäude« gekauft zu haben, niemals für sich persönlich. Der Berliner Galerist war – neben Lange – einer der bedeutendsten Kunsthändler für das braune Establishment. Und im Allgemeinen war er nicht gerade wählerisch bei der Antwort auf die Frage, woher die Bilder kamen. Tatsächlich hatte Speer Bilder nach 1937 erworben, und zwar nicht nur für das Ministerium, sondern auch für den Eigenbedarf, wie aus den Einkaufs- und Verkaufslisten des Augsburger Haberstock-Archivs hervorgeht. Heute lassen sich die Gemälde identifizieren, die Speer für die eigene Sammlung erworben hat – und somit seine Täuschung.

Rund siebzig Jahre lang bewahrten zwei Bilder exemplarisch Albert Speers Geheimnis. Im Juni 1938 kaufte der damalige Generalbauinspektor Berlins auf seinen Namen »Professor Albert Speer, Chrlottenbg.« für 5600 Reichsmark das Gemälde »Italienische Landschaft« von Jakob Philipp Hackert, besser bekannt als »Landschaft mit Motiven des Englischen Gartens von Caserta«, mit der Ansicht von Neapel im Hintergrund. Haberstock wiederum hatte das Gemälde vier Monate zuvor bei der Galerie Paffrath in Düsseldorf erworben. Es handelte sich um ein besonders eindrucksvolles frühromantisches Werk des 1737 in Prenzlau (Uckermark, Brandenburg) geborenen und 1807 in Florenz verstorbenen Künstlers, der das 96 x 134 cm große Bild »Öl auf Leinwand« 1795 mit dem Namen »Filippo Hackert« signierte. Der Deutschrömer galt bereits zu Lebzeiten als einer der berühmtesten Landschaftsmaler Roms und erhielt neben anderen auch Aufträge von König Ferdinand IV. von Neapel.

Im März 1939 ging laut Verkaufsliste die »Böcklin zugeschr. »Röm. Landschaft« für 8500 Reichsmark in das Eigentum von »Prof. Albert Speer, Charlbg.« über. Dabei handelte es sich um das 1851 entstandene romantische Gemälde »Landschaft aus den Pontinischen Sümpfen« des Schweizers Arnold Böcklin (1827–1901), eine unvollendete Ölskizze von 73 x 98 cm. Das Bild hatte Böcklin unter dem Eindruck seiner Düsseldorfer Zeit als Student von Johann Wilhelm Schirmer gemalt und zeigte

Jakob Philipp Hackerts 1795 entstandene »Landschaft mit Motiven des Englischen Gartens von Caserta« war eines der Bilder aus Speers Sammlung, die nach dem Krieg als verschollen galten.

Auch das unvollendet gebliebene Gemälde »Landschaft aus den Pontinischen Sümpfen« von Arnold Böcklin hatte Speer Mitte der 1930er-Jahre erworben.

Parallelen zum Werk des Lehrers. Beide Gemälde sollten erst viele Jahrzehnte später wieder auftauchen – durch einen kuriosen Zufall.

In dieser Zeitspanne um 1937/38 herum waren auf dem Kunstmarkt viele Bilder zu haben, die aus Notverkäufen jüdischer Verfolgter und Vertriebener auf dem Weg ins sichere Ausland stammten und häufig unter Wert durch Galerien und Auktionshäuser aufgekauft wurden. Albert Speer kaufte bei Haberstock bis Mai 1940 insgesamt sechs Bilder für den Eigenbedarf – und hüllte sich hinsichtlich dieses wichtigen Details nach dem Krieg gegenüber seinem amerikanischen Fragensteller in Schweigen. Dennoch gab Speer im weiteren Verlauf des Verhörs in Spandau im April 1948 einen dezenten Hinweis auf den Verbleib des Hackert- und des Böcklin-Gemäldes sowie der insgesamt gut 30 Bilder, die er auf eigene Rechnung kaufte und die jahrzehntelang verschollen bleiben sollten. Denn in den letzten Monaten des Zusammenbruchs des »Tausendjährigen Reichs« sorgte der Rüstungsminister dafür, dass nicht all seine Besitztümer in die Hände der Alliierten fielen – wenn er denn überleben würde.

»Der größere Teil meiner Sammlung ging nach Hamburg. Ich weiß nicht, wo sie gelagert wurden, aber Professor Hettlage sollte das wissen«, beichtete er seinem amerikanischen Verhöroffizier Bernard Taper, wohl hoffend, dass sich diese diffuse Spur dann verlieren würde. Und genau das tat sie, denn die alten Seilschaften und unausgesprochenen Schweigegelübde aus Speers Ministerium überdauerten den verlorenen Krieg. SS-Hauptsturmführer Karl Maria Hettlage war ehemals Büroleiter in Albert Speers Behörde als Generalbauinspektor für die Reichshauptstadt, dann Finanzchef in Speers Rüstungsministerium sowie dessen Vertreter und wurde später in der Bundesrepublik Staatssekretär im Finanzministerium. Speers Kalkül ging auf. Hitlers Günstling und Rüstungsminister wusste im Frühjahr 1945 längst, dass das Ende nahte – und dass er für den sicheren Verbleib seiner mittlerweile kapitalen Sammlung, bestehend aus gut drei

Ein erfahrener Verhörspezialist muß sich immer bewußt sein, dass er nicht das wahre Gesicht seines Gegenübers zu sehen bekommt – egal, wie glaubwürdig oder wertvoll dessen Antworten sein mögen. Verständlicherweise liegt immer noch vieles im Verborgenen.

Bernard B. Taper,
Speers Verhöroffizier

Professor Karl Maria Hettlage (Foto aus den 1960er-Jahren) half, die Spuren der Speer'schen Bilder zu verwischen.

Robert Frank versteckte die Bildersammlung Albert Speers vor den alliierten Siegermächten.

Dutzend Werken von Jakob Philipp Hackert, Arnold Böcklin und anderen, sorgen musste. Und so war er gewiss erleichtert, seine Bilder in den Händen eines zuverlässigen Freundes zu wissen, bei dem keine Querverbindungen zu ihm nachzuweisen waren und der sie für ihn verwahren würde, bis die turbulenten Zeiten sich wieder völlig beruhigt hatten. Albert Speer konnte sicher sein, dass seine Sammlung gut versteckt war.

Die Odyssee der versteckten Bilder

Ein Freund hatte sich der Bilder angenommen. Dr. Robert Frank und seine französische Frau Marguerite bewohnten seit der »Machtergreifung« Hitlers im Jahr 1933 das Gut Sigrön bei Bad Wilsnack, auf halber Strecke zwischen Berlin und Hamburg. Der 1879 geborene ehemalige Generaldirektor der Preußischen Elektrizitäts-AG Berlin und Mitbegründer der Braunkohlen-Industrie-AG »Zukunft« in Weisweiler bei Düren war wohl durch die Hochzeit mit der Elsässerin aus Straßburg im Jahr 1932 bei den Nazis in

Ungnade gefallen, bekam »politische Schwierigkeiten« und verlor seine Positionen in der Industrie. Doch der Freund der Familie Speer beauftragte den 28-jährigen Jungarchitekten Albert 1933 mit dem Umbau seines Gutes im Brandenburgischen – und stand fortan gleichsam unter dessen Schutz. Dr. Robert Frank war ein Mann von Speers Vertrauen. Und somit wurde er zum Treuhänder von Speers geheimer Bildersammlung.

Mitte April 1945 – drei Wochen vor der Kapitulation – war in Berlin das nahende Ende zu spüren. Reisen in die Reichshauptstadt hinein und aus der Stadt hinaus bedeuteten ein hohes Risiko. Doch Albert Speer nahm es auf sich, denn er hatte noch wichtige Geschäfte zu erledigen. Am 22. April 1945 fuhr der Rüstungsminister nach Gut Sigrön, um seinem dort weilenden Stellvertreter Karl Maria Hettlage wichtige Informationen persönlich mitzuteilen, da die Telefonleitung unterbrochen war. Speers Mission war nach eigener Aussage gegenüber seiner Biografin Gitta Sereny getrieben von der Furcht, dass »Sigrön voraussichtlich in der russischen Zone liegen würde – natürlich albern, weil er [Hettlage] das sicher schon längst selbst herausgefunden hatte«. Also mussten die Bilder von dort verschwinden und in Sicherheit gebracht werden. Hettlage beaufsichtigte die Verladung der Bilder durch die »Organisation Todt«, die Speer unterstellt war, und erfuhr wohl bei dieser Gelegenheit, dass Speer seinem Freund Frank die Bilder »geschenkt« habe. Der Begriff »Schenkung« sollte später noch für höchst unterschiedliche Interpretationen sorgen.

Albert Speer sah in Sigrön seine Bildersammlung zum letzten Mal für die nächsten 35 Jahre. Während er sich am nächsten Tag auf einer wahrhaften Odyssee in das schwer umkämpfte Berlin zurückwagte, um Hitler zum letzten Mal in der Reichskanzlei zu besuchen und sich von seinem Gönner für immer zu verabschieden, brachte ein Lkw die knapp drei Dutzend Gemälde in die entgegengesetzte Richtung nach Hamburg, in die mutmaßlich britische Zone. Dort konnte sich Speer einen gnädigeren Umgang mit seinen anonymen Vermögenswerten erhoffen. Das Motiv für den kurzen Abstecher seiner Bilder nach Gut Sigrön war Albert Speer in seinen *Erinnerungen* nur eine möglichst belanglose, aber irreführende Bemerkung wert: »Ohne Sinn und Zweck entschloß ich mich, für eine Nacht jenen Gutshof bei Wilsnack aufzusuchen, in dem ich mit meiner Familie viele Wochenenden verbracht hatte.«

»Ohne Sinn und Zweck« also. Albert Speer verschleierte geschickt den wahren Grund seiner gewagten Reise nach Sigrön. Unterdessen schaffte die Bildersammlung unbeschadet und unentdeckt den Weg nach Hamburg. Speers Büroleiter Karl Maria Hettlage wusste ein erstklassiges Versteck für die »Kapitallebensversicherung« seines einstigen Chefs: den Tresorraum der Commerzbank, deren Vorstandsmitglied er seit 1938 war. Und damit auch später die britische Besatzungsmacht keinen Verdacht schöpfte, wurden die Bilder unter dem Namen »Robert Frank« eingelagert – Speers Freund und De-facto-Treuhänder. Sie sollten in den nächsten Jahre dort unbemerkt lagern und die Wirren der Nachkriegszeit im besetzten Deutschland schadlos überstehen. Niemand interessierte sich für die Verwahrstücke eines Unbekannten in einem dunklen Schließfach einer Hamburger Großbank in Rathausnähe. Die Zeit war ein verlässlicher Komplize. Erst Anfang August 1948 wurden die Bilder aus der Versenkung geholt – nach über drei Jahren im Untergrund. Zu diesem Datum waren die »unter dem Namen von Herrn Generaldirektor Robert Frank verwahrten Stücke ... neu verpackt und an dem gleichen Tage ausgeliefert worden«, wie Hettlage fünf Jahre später, am 15. Februar 1953, in einem Brief an Speers Anwalt Werner Schütz erklärte.

Dr. Robert Frank wohnte inzwischen mit seiner Frau Marguerite in Eschweiler bei Aachen und wurde alsbald vom Bundesminister für Wirtschaft an die Spitze eines Gutachterausschusses zur Regelung der Streitigkeiten zwischen Ruhrbergbau und Elektrizitätsversorgung berufen. Er war ein gefragter Mann in der Energiewirtschaft. Wie die Bilder hatten auch die Franks die Nachkriegswirren unbeschadet überstanden und verwahrten die rund drei Dutzend Kunstwerke in großen Holzkisten in ihrem Keller. Sie waren nun im Besitz einer wertvollen Bildersammlung, deren Eigentümer im Spandauer Alliiertengefängnis seine zwanzigjährige Haftstrafe absaß und sich um das Schicksal seiner versteckten Wertgegenstände eigentlich nicht sorgen musste. Speers kostbares Geheimnis war in besten Händen – scheinbar.

Meine Bilder, deine Bilder oder: Der Diebstahl

Doch etliche Jahre nach dem Abtransport aus der Commerzbank entbrannte ein heftiger Streit um die Bildersammlung zwischen dem internierten Speer und seinem alten »Freund« Robert Frank. Denn es zeigte sich, dass Begriffe wie »Schenkung«, »Überlassung« und »Verwahrung« durchaus variabel interpretiert werden, sobald enorme Vermögenswerte im Raum stehen – eine Zerreißprobe für so manche Freundschaft. Zum Jahresende 1951 befand sich Albert Speers Familie zunehmend unter finanziellem Druck. Ehefrau Margarete und die sechs Kinder im Alter zwischen neun und siebzehn Jahren waren auf jede Unterstützung angewiesen und hielten sich nur dank der Sponsorensuche durch alte Weggefährten, allen voran des engsten Speer-Vertrauten Rudolf Wolters, über Wasser.

Wolters war während Albert Speers Inhaftierung eine Art Lebensversicherung für dessen Familie. Der Architekt und engste Mitarbeiter des ehemaligen Berliner Generalbauinspektors und Rüstungsministers hatte aus Loyalität zu seinem alten Freund aus gemeinsamen Studientagen zur Tarnung ein sogenanntes »Schulgeldkonto« angelegt, auf das ehemalige Günstlinge Speers und weitere Gönner zum Unterhalt für dessen Familie regelmäßig einzahlten. Über 150 000 D-Mark kamen so im Laufe zweier Jahrzehnte zusammen. Darüber hinaus hatte Wolters die Geschäfte für Albert Speer außerhalb dessen Gefängniszelle geführt, inklusive der Abschriften seiner herausgeschmuggelten Tagebücher und Briefe.

Speers Ehefrau Margarete mit zwei ihrer vier Söhne, 1950er-Jahre.

Doch trotz der Hilfe des alten Netzwerks wurden die Mittel der Speers immer knapper. Und so erinnerte Albert Speer sich – und bald auch den befreundeten Ro-

»Eine Art Lebensversicherung«: Der Speer-Vertraute Rudolf Wolters (rechts) gemeinsam mit seinem Dienstherrn während eines Besuchs in Lissabon, 1942.

Während Speers Haftzeit nach dem Zweiten Weltkrieg führte Wolters dessen Geschäfte.

bert Frank – an seine Bildersammlung und deren Rückgabe. Doch der Treuhänder und dessen Frau saßen in Eschweiler auf den Kostbarkeiten und dachten überhaupt nicht daran, sie wieder herauszurücken. Während Robert Frank beruflich längere Zeit in Mexiko weilte, behauptete seine französische Frau Marguerite beharrlich, Albert Speer habe ihrem Mann die Bilder geschenkt. Und somit habe er keinerlei Anspruch mehr darauf.

Es war der Auftakt zu einem mehrjährigen Disput um verschleppte Kriegsbeute aus möglicherweise jüdischem Besitz. Eine atemberaubende Kriminalgeschichte, die von Raffgier, Missgunst, Täuschung, Verrat, Verheimlichung und Betrug erzählt.

Marguerite Frank hatte sich wohl in den Kopf gesetzt, nicht nur die Hackert- und Böcklin-Gemälde, sondern auch alle übrigen zu behalten. Sie zeigte sich zu keinem Kompromiss bereit – im Gegenteil: Sie schien sich sehr wohl darüber bewusst zu sein, dass Albert Speer wohl kaum in einem Rechtsstreit die Bilder reklamieren würde. Denn sowohl die Gerichte als auch die interessierte Öffentlichkeit hätten eine ungeklärte bis dubiose Herkunft der Bilder sicher geahndet, und auch die Besatzungsmächte hätten die Herausgabe der verheimlichten Vermögenswerte fordern können. Mindestens bis zu seiner Entlassung aus dem Gefängnis hatte er keine echte Verteidigungsmöglichkeit. Und somit ging Franks Spekulation auf. Albert Speer verwahrte sich zwar in einer Notiz an seinen Intimus und Handlungsbevollmächtigten Rudolf Wolters Anfang 1952 dagegen, Frank die Bilder geschenkt zu haben – doch ihm waren die Hände gebunden.

Im Auftrag des Bundeswirtschaftsministeriums beriet Frank inzwischen seit 1951 die Regierung von Mexiko in Sachen verstärkter industrieller Entwicklung und Intensivierung der Handelsbeziehungen mit der Bundesrepublik Deutschland. Immer wieder reiste Robert Frank innerhalb der nächsten fünf Jahre für längere Zeit nach Mittelamerika, von wo aus er sich umgehend schriftlich zurückmeldete. Nun bekam der Disput eine neue Dimension, denn zu dem bemerkenswerten Missverständnis um Schenkung und Nicht-Schenkung der gut 30 Gemälde gesellte sich auch noch ein vermeintlich tragischer Umstand, wie Frank im April 1954 aus Mexiko einem inzwischen eingeschalteten Freund Speers schrieb:

»Ist es vielleicht besser, die Sache ruhen zu lassen und bei meiner Rückkehr damit anzufangen?... Es ist jedenfalls bei einem so gerissenen Mann wie Robert eine verlorene Sache, ohne meine Einschaltung klagend gegen ihn vorzugehen. Wenn Hettlage mit ihm gütlich machen will, so ist das was anderes. Aber Hettlage wird mehr und mehr die Nase voll haben von diesem Kram.«

Notiz Speers an Wolters, 21. Juli 1952

»Frau Speer verkennt vollkommen die Situation und hat nicht den geringsten Grund, verstimmt zu sein. ... Die Bilder, die mit unseren eigenen zusammen durch die O.T. [Organisation Todt] nach Hamburg gebracht werden sollten, sind zu 2/3, und zwar die wertvollsten, gestohlen. Für den Rest mußte ich eine eidesstattliche Erklärung abgeben, daß sie unser Eigentum sind. ... Wir haben mit diesen Sachen große Schwierigkeiten gehabt, weil ein Teil aus jüdischem Besitz ist. ... Ich bedauere unendlich, daß Herr Speer in seiner schrecklichen Situation damit befaßt worden ist. Wir haben für die Familie Speer in der uneigennützigsten Weise gesorgt, ohne unsererseits auch nur die geringsten Vorteile von ihm in Anspruch genommen zu haben. Sie werden von mir hören, wenn ich zurück sein werde, welche Opfer wir gebracht haben. Sie werden dann die Verstimmung von Frau Speer ebenso unverständlich finden wie wir.«

Robert Frank, Brief aus Mexiko an Heinz Freiberger, 14. April 1954

»Die Bilder, die mit unseren eigenen zusammen durch die O. T. [Organisation Todt] nach Hamburg gebracht werden sollten, sind zu 2/3, und zwar die wertvollsten, gestohlen.«

Welche Tragödie, dass der wertvollste Teil der Bilder beim Verstecken angeblich gestohlen wurde – und es laut Frank somit niemals nach Hamburg geschafft hatte. Ein Musterbeispiel der Irreführung, wie auch Albert Speer später klar werden sollte. Das Fernduell der beiden (inzwischen ehemaligen) Freunde – der eine im Regierungsauftrag in Mexiko, der andere im Spandauer Gefängnis – um die geheim gehaltene Bildersammlung nahm inzwischen bizarre Züge an. Es wirkte wie ein Zweikampf zweier Betrüger, wem denn letztlich der Titel des Erfolgreicheren im Verschleiern, Irreführen, Täuschen gebühre. Noch zeigte sich die Strategie der Franks als wirkungsvoll, denn sie hatten zwei entscheidende Vorteile: Zum einen waren sie physisch im Besitz der Bilder und zum anderen in Freiheit. Zudem musste Albert Speer juristisch stillhalten.

Er schluckte diese bittere Pille – zunächst. Exakt 18 Monate nach Franks Post aus Mexiko schien ein Wendepunkt einzutreten, ohne dass Speer und seine Verbündeten noch einmal aktiv geworden wären. Ende Oktober 1955 lieferte eine Spedition drei Kisten bei Margarete Speer in Heidelberg ab. Der Inhalt: acht Gemälde, Rohgewicht 126 Kilogramm. Absender: Marguerite Frank. Es war ein Teil der geschenkten, überlassenen, gestohlenen Gemälde aus dem Keller der Franks in Eschweiler. Sie mussten annehmen, dass Albert Speer schon bald vorzeitig entlassen würde und sie dann entlarvte. Denn drei Wochen zuvor kursierte in den deutschen Medien eine Meldung, dass seine Freilassung dank einer Entscheidung der sowjetischen Regierung unmittelbar bevorstand. Zwar sollte diese für Hitlers einstigen Rüstungsminister dann doch noch elf Jahre auf sich warten lassen. Doch die Presseente reichte aus, um die Franks in Panik zu versetzen und umgehend zum Handeln zu bewegen.

»Speer war nicht vollkommen ehrlich. Außerdem passte er sein Verhalten ständig den Umständen an, wie es Kriminelle häufig tun. Albert Speer balancierte auf einem dünnen Seil – und schaffte es zeitlebens, nicht herunterzufallen.

Dan van der Vat,
Speer-Biograf

Allerdings war Robert Frank gewieft genug, sich noch ein Polster zu verschaffen. Denn er und seine Frau hatten nur den kleineren Teil der von ihnen zurückgehaltenen Bildersammlung zu den Speers nach Heidelberg geschickt – für alle Fälle. Der größere, wertvollere, angeblich gestohlene Rest schlummerte auf Jahrzehnte hinaus in Mexiko, wohin es Robert Frank noch bis ins Jahr 1956 beruflich zog, häufig begleitet von seiner Frau. Das Duell um die vor den Alliierten versteckten Bilder schien entschieden. Die Franks kauften sich sozusagen frei, und Albert Speer hielt von nun an still, vielleicht mit dem Kalkül, besser den Spatz in der Hand als die Taube auf dem Dach zu besitzen. Und auch als Robert Frank 1961 starb, änderte sich nichts an der Situation der Bildersammlung: Seine Witwe überwies weiterhin Jahr für Jahr Aufbewahrungsgebühren für deponierte Wertgegenstände in einer Lagerhalle in Mexiko-Stadt. Jakob Philipp Hackerts »Landschaft mit Motiven des Englischen Gartens von Caserta«, die »Landschaft aus den Pontinischen Sümpfen« von Arnold Böcklin sowie die übrigen rund 30 verschwiegenen Zeugen von Albert Speers Geheimnis verstaubten allmählich – unerkannt, unvermisst, veruntreut. Marguerite Frank hüllte sich zeitlebens in Schweigen. Und ebenso Albert Speer. Er stand bald vor einer neuen Herausforderung: Hitlers Helfer musste sich neu positionieren.

Der »gute Nazi« wird zum Medienstar

Als sich am 1. Oktober 1966 für den Häftling Nummer 5 nach zwanzig Jahren endlich wieder die Pforten zur Welt außerhalb des Alliiertengefängnisses von Spandau öffneten, hatte der verurteilte Kriegsverbrecher die Zukunft bereits strategisch geplant. Seine organisatorischen Fähigkeiten hatten ihn einst als Rüstungsminister zu einem brutal effizienten Manager des Krieges gemacht. Jetzt strebte Albert Speer einer dritten Karriere entgegen – nach der als Stararchitekt und Minister: Schriftsteller, Kronzeuge, Medienstar. Seine gesamte Energie galt von nun an der Wiederherstellung seines Rufs. Und Speer unternahm nichts, was dieses Vorhaben hätte gefährden können. Somit stellte er auch keinerlei Nachforschungen zum Verbleib seiner versteckten Bilder an – aus Angst vor öffentlichem Aufsehen.

Schon die Entlassung zur mitternächtlichen Stunde vermittelte einen Eindruck von seinem künftigen Stellenwert als öffentliche Person. Hunderte Sympathisanten mit Begrüßungsbannern salutierten seiner Wagenkolonne auf dem Weg in die Freiheit, Heerscharen von Kamerateams und Journalisten aus aller Welt lechzten nach einem Blick auf Hitlers Liebling; sie hingen bei der kurzen Pressekonferenz an seinen Lippen und saugten jedes seiner unbeholfen wirkenden Worte ein. Albert Speer musste spüren, dass die Welt sehnsüchtig auf ihn gewartet hatte – als Anekdotenlieferant und letzte Instanz aus dem Zentrum einer Lichtjahre zurückliegend wirkenden, mörderischen Diktatur. Sein properes Erscheinungsbild, seine Wirkung als Gentleman und sein Auftreten als Gegenentwurf zu anderen verbohrten, einfach gestrickten Nazi-Granden katapultierten ihn sofort in eine Position, die es ihm leicht machte, sich gleichsam als der »gute Nazi« zu präsentieren. Niemals wurde er müde, seine allgemeine Verantwortung für die Schreckenstaten der Hitler-Regierung zu betonen und somit öffentlich die von ihm erwartete Rolle des Geläuterten zu spielen. Aber ein Eingestehen seiner persönlichen Schuld in Sachen Mitwisser- und Mittäterschaft: Fehlanzeige.

»Letzte Instanz aus dem Zentrum der Diktatur«: Albert Speer und seine Ehefrau auf dem Weg zu einer Pressekonferenz nach der Entlassung aus dem Spandauer Gefängnis, 1. Oktober 1966.

Die Verteidigungslinie, die ihm schon 1946 im Nürnberger Prozess gegen die Hauptkriegsverbrecher den Hals gerettet hatte, behielt er nun in Freiheit mit eiserner Disziplin bei. Damals hatte er – als einziger von 24 Angeklagten – seine generelle Schuld als Mitglied des Schreckensregimes eingestanden, sich mit einem beeindruckenden Auftreten vor Gericht als Geläuterter präsentiert, bedrohliche Fakten verschwiegen und gefällige hervorgehoben sowie alte Weggefährten erheblich belastet. Das brachte ihm zwar deren Feindschaft ein, aber auch die Gunst der alliierten Richter. Speer gelang es tatsächlich, seine Täterschaft und sein Wissen um den Massenmord an den Juden erfolgreich zu vertuschen. Er stellte sich gar als Retter dar, der in den letzten Kriegsmonaten Schlimmeres verhindert habe und dem zum Hinterlassen verbrannter Erde bereiten wahnsinnigen »Führer« in den Arm gefallen sei. Statt wie einige Mitangeklagte durch den Strang hingerichtet zu werden, sicherte ihm seine Strategie immerhin das Überleben. Nun, nach seiner Freilassung, spannte er die Medien geschickt für sein gebetsmühlenartig wiederholtes Mantra »mea culpa« ein. Er verschanzte sich hinter einem penetranten »ich hätte wissen können, wenn ich hätte wissen wollen« und schaffte es damit, Kritik an seiner Person, seiner Rolle und seiner Schuld im Keim zu ersticken.

Während der gleichzeitig entlassene Baldur von Schirach, der ehemalige »Reichsjugendführer«, sich von Redakteuren des *Stern* abschotten ließ und per Exklusivvertrag seine Lebensgeschichte einmalig verschleuderte, ging Hitlers Rüstungsminister nach einem generalstabsmäßigen Plan vor. Bereits zwei Jahre vor Ende seiner Haft hatte das Genie der Anpassung die Weichen für die Zeit nach dem Tag der Entlassung gestellt. Mit dem Verleger Wolf Jobst Siedler, damals Chef des Ullstein Verlags, einigte er sich auf eine baldige Veröffentlichung seiner *Erinnerungen*, die 1969 alle Verkaufsrekorde brechen sollten. Speer war schlau und visionär genug zu wissen, dass seine Memoiren für ihn ein gigantisches Potenzial besaßen: Deutungshoheit über seine eigene Geschichte mit dem Effekt der Rehabilitierung, soziale Anerkennung sowie nicht zuletzt finanzielles Wohlergehen. Und dazu würde er noch nicht einmal das Wiedererlangen seiner Bildersammlung benötigen.

Die deutsche Medienlandschaft bereitete dem »Gentleman-Nazi« die Plattform, die er für seine Vision benötigte. Hatte Mithäftling von Schirach sich für die Einmalzahlung seiner Exklusiv-Zeitzeugenrente entschieden, so bevorzugte Albert Speer die dosierte Ratenzahlung. Sechs Wochen ließ er sich Zeit, bis er erstmals öffentlich zum schon gespannt wartenden Volke sprach. Im *Spiegel*. Exklusiv. Für ein Honorar von 50 000 D-Mark. Dieses Interview machte ihn nicht nur bis auf Weiteres finanziell unabhängig, sondern

> **Albert Speer hat für unsere deutsche Gesellschaft – und das steht für seine hohe Akzeptanz nach seiner Entlassung – eine Entlastungsfunktion gehabt, weil er nicht nur der Mitspieler war, sondern der »gute Nazi«.**
>
> Pater Athanasius, Speer-Vertrauter

»Kronzeuge und Medienstar«: Auch der *Spiegel* bot dem mitteilungsfreudigen Ex-Minister bald eine Plattform zur Verbreitung seines Geschichtsbilds.

> **Seine Strategie von Nürnberg hat Albert Speer beibehalten, weil es die einzige Möglichkeit war zu überleben, um sich nicht den Galgen, den Tod einzuhandeln.**
>
> Pater Athanasius,
> Speer-Vertrauter

legte auch den Grundstein für Speers dauernd wiederholte Version vom zwar unwissenden, aber nichtsdestotrotz verantwortlichen Vertrauten Hitlers. Diese bewährte Verteidigungsstrategie behielt er bis zu seinem Tod bei: von Interview zu Interview, beinahe gleichlautend, wie automatisiert. Nach den Richtern in Nürnberg 1946 folgte ihm nun auch die öffentliche Meinung. Im *Spiegel*-Interview vom 7. November 1966 nutzte er gleich die Gelegenheit, mit einem geplanten Attentat auf Hitler durch Giftgas im Februar 1945 zu kokettieren, das sich dann – leider, leider – nicht umsetzten ließ. Das klang gut – und hatte wohl schon vor Gericht beeindruckt. Er, der Günstling und Quasi-Sohnersatz Hitlers, wandte sich gegen seinen Ziehvater, bereit zum Äußersten, um den irre gewordenen Diktator von der mutwilligen Vernichtung seines eigenen Volkes abzuhalten, das Kriegsleiden zu beenden und zu schonen, was noch zu verschonen ging. Nur: Zeugen und Beweise für Speers Attentatspläne fanden sich keine.

> »... die Antworten waren wohl wesentlich zweckbestimmt. Deine zum Ausdruck gebrachte heutige Meinung zum damaligen Geschehen entspricht im ganzen durchaus dem, was die Presse hören will und in den vergangenen zwanzig Jahren an Schulen und Universitäten gelehrt worden ist. ... Deine heutige persönliche Meinung über das Dritte Reich mag den einen oder anderen durchaus interessieren. Sie kann das Bild der Geschichte aber auch erheblich verwischen. Deine für später angekündigten Erinnerungen müssten daher den heutigen Standpunkt wohl außer acht lassen. So schwer ein solches Sichzurückversetzen auch sein mag (das beweisen die meisten bisher erschienenen Memoiren), wird gerade von Dir – ich denke, mit Recht – diese Fähigkeit erwartet und für möglich gehalten.«
>
> **Rudolf Wolters, Brief an Speer, 30. November 1966**

Albert Speer distanzierte sich fortan von seinem Gönner Hitler und der gesamten Nazi-Führungsriege. Er musste sich von »denen« lossagen, um in der öffentlichen Wahrnehmung als Geläuterter auferstehen zu können. Genau damit aber verärgerte er viele Weggefährten, die ihm die Wandlung nicht abnahmen und ihn als opportunistischen Wendehals am Rande der Heuchelei kennenlernten, allen voran sein Intimus Rudolf Wolters, seit Studientagen Speers engster Vertrauter und bester Freund. Ebenjener stramme Nationalsozialist Wolters rügte Speer mit großer Verbitterung, dass er der Dämonisierung Hitlers und somit auch »des Teufels Architekten« Nahrung gebe. Seine briefliche Reaktion auf Speers *Spiegel*-Interview schloss mit der Hoffnung, dass Speers Memoiren ein richtigeres und breiteres Bild von der Vergangenheit zeichnen würden. Vergebens, wie sich zeigen sollte.

Die Chronik einer Fälschung

Wolters' Zweifel an Speers ideologischer Standhaftigkeit hielten ihn nicht davon ab, seinem alten Chef abermals den Rücken freizuhalten. Zur Steuerung seines öffentlichen Rufs entwickelte Albert Speer nach seiner Entlassung aus der Haft nämlich nicht nur eine Strategie, sondern überdies auch kriminelle Energie. Er positionierte sich nicht nur als reuiger Sünder vor aller Welt, sondern unterstützte sogar die Fälschung von Dokumenten – der sogenannten »Chronik«, einer Aufzeichnung seiner Aktivitäten als Generalbauinspektor von Berlin – durch seinen Intimus Rudolf Wolters. Speer wollte seine Version des »Unwissenden« nicht gefährden. Er verschleierte bewusst, dass die Zwangsumsiedlungen von Juden auf seinen Befehl hin umgesetzt wurden und oft in Deportationen mündeten, obwohl er bei der »Entjudung« Berlins eine Schlüsselrolle gespielt hatte, die gigantischen Umbaumaßnahmen für die Welthauptstadt »Germania« in die Tat umzusetzen. Um den entstehenden akuten Wohnraummangel durch den Abriss ganzer Stadtviertel und Straßenzüge zu beseitigen, ließ Speer ab 1939 tausende Berliner Juden aus ihren Wohnungen vertreiben, die dann von »arischen Abrissmietern« bezogen wurden. Wie die Wis-

»Große Achse«: Die monumentalen Germania-Planungen Speers für Berlin (linkes Bild) hatten ab 1939 den Umbau und Abriss ganzer Straßenzüge zur Folge.

senschaftlerin Susanne Willems später zudem nachwies, stellten Speers Mitarbeiter mit der Gestapo die Transportlisten zusammen, anhand derer zwischen Oktober 1941 und März 1943 etwa 50 000 Juden nach Osten deportiert wurden. Für die meisten endete die unfreiwillige Reise tödlich.

Bereits 1964 hatte Speers engster Mitarbeiter Rudolf Wolters aus der zwischen 1941 bis 1944 von ihm geführten »Chronik der Speer-Dienststellen« einige Passagen, speziell die Räumung der »Judenwohnungen« für Speers »Neugestaltungspläne« Berlins, streichen lassen, die ein äußerst

> Erst viel später kam heraus, dass Speer verantwortlich war für den Rauswurf von 75 000 Juden aus ihren Berliner Wohnungen, um Platz zu schaffen für die große Ost-West-Achse der neuen Reichshauptstadt »Germania«. Für mich war das die erste Station der Strecke, die in Auschwitz endete und für viele Juden den Tod bedeutete.
>
> **Dan van der Vat, Speer-Biograf**

Nachdem der Generalbauinspektor die Umsiedlungsangelegenheiten abgegeben hatte, berichtete Vizepräsident C l a h e s abschliessend über die Arbeiten der Hauptabteilung Umsiedlung für die Zeit vom 1. Februar 1939 bis zum 15. November 1942.
In diesem Bericht heisst es u.a.: Aufgabe der Umsiedlungsabteilung war es, sämtliche im Gebiet der Reichshauptstadt vorhandenen Judenwohnungen zu erfassen, sie zu räumen und den Mietern zuzuweisen, die durch Maßnahmen der Neugestaltung ihre Wohnungen verloren hatten. Insgesamt wurden erfasst 23.765 jüdische Wohnungen. Der Kreis der zu Betreuenden wurde auf Vorschlag des Generalbauinspektors durch Führerbefehl erweitert auf kriegsversehrte Soldaten, Ritterkreuzträger und mit dem EK I ausgezeichnete Mannschaften und Unteroffiziere. Von den erfassten Judenwohnungen wurden 9000 Wohnungen vergeben. Die Zahl der umgesiedelten Personen betrug 75 000. 2600 Wohnungen wurden dabei völlig neu instandgesetzt. Für die Unterbringung etwaiger Bombengeschädigter wurden 3700 teilmöblierte Wohnungen bereitgestellt.

Baudirektor H e l m c k e meldete, daß sämtliche Operationsbunker für die Städtischen Krankenanstalten der Reichshauptstadt übergeben wurden.

Am 26. Oktober bergichtete Oberst K o l l , der Chef für das Instandsetzungswesen beim neuen General für Motorisierung, über das Nebeneinander der verschiedenen Dienststellen, die sich mit Angelegenheiten der Kraftfahrzeugindustrie befassten. Anschliessend trugen General L e e b und Oberst L ö h r über die Vereinfachung des Heereswaffenamtes vor. General T h o m a s kam mit Generalleutnant B a r k h a u - s e n , Generalmajor T h ö n i s s e n und den Oberstleutnanten v. N i c o l a i und W a g n e r zum Minister, um über den Abzug von Arbeitskräften aus französischen Rüstungsbetrieben vorzutragen.

»Eine vertrackte Angelegenheit«: Für seinen ehemaligen Dienstherrn strich Rudolf Wolters in den 1960er-Jahren kompromittierende Passagen aus der »Chronik der Speer-Dienststellen«.

»Lieber Albert, das ist natürlich eine vertrackte Angelegenheit, die Sache mit den ›Verwehungen‹, die Du ›zurechtrücken‹ willst. ... Allerdings habe ich mich aber auch gezwungen gesehen, einige ganz wenige Stellen herauszunehmen, die zeitgeschichtlich leider nicht unbedingt unwichtig sind. Zum Beispiel die Stelle: ›In der Zeit vom 18. Oktober bis 2. November (1941) wurden in Berlin rund 4500 Juden evakuiert. Dadurch wurden weitere 1000 Wohnungen für Bombengeschädigte frei und vom Generalbauinspektor zur Verfügung gestellt... Diese sich einige Male wiederholenden Notizen gipfeln dann 1942 in einem abschließenden Bericht Deines Mitarbeiters Cl., aus dem zu entnehmen ist, daß die Zahl der umgesiedelten ›Personen‹ 75 000 betrug und insgesamt ›23 765 jüdische Wohnungen erfasst‹ wurden. Das ist natürlich eine Leistung! ... Man könnte das von mir vorgeschlagene Korrekturverfahren den Archivmännern gegenüber damit begründen, daß es erheblich billiger und einfacher wäre, die paar Stellen oder Seiten auszuwechseln, als etwa 800 Seiten zu fotokopieren. Oder aber sag' ihnen einfach: ›Der Kerl rückt das Original nicht raus.‹ Ich würde meine Gründe mit Vergnügen angeben. Im übrigen kannst Du beruhigt sein; ich habe verfügt, daß das Original der Öffentlichkeit zugänglich gemacht wird, sobald keinem mehr ein Schaden daraus erwachsen kann. ... Und nun entscheide Du, großer Rüstmeister!«

Rudolf Wolters, Brief an Speer, 10. Januar 1970

schlechtes Licht auf Speer warfen. Und nun hatte dieser leichtfertigerweise den Stein ins Rollen gebracht, indem er ein »frisiertes« Exemplar an das Bundesarchiv in Koblenz sandte. Die beiden Kumpane schienen sich einig zu sein: Die Beweise mussten unterschlagen werden. Es war der Startschuss für ein echtes Gaunerstück.

Zunächst einmal musste Adjutant Wolters seinen ehemaligen Chef ins Bild setzen, dass die Überlassung der »Original-Chronik« an das Bundesarchiv durchaus heikel sei, denn er habe sich damals »gezwungen gesehen, einige ganz wenige Stellen herauszunehmen, die zeitgeschichtlich leider nicht unbedingt unwichtig« seien. Zum Beispiel, dass »die Zahl der umgesiedelten »Personen« 75 000 betrug und insgesamt 23 765 jüdische Wohnungen erfasst« wurden. »Das ist natürlich eine Leistung!«, schrieb Wolters Anfang 1970 an Speer. Eine Leistung, die Speers systematische Vertreibung der Berliner Juden beweist – der erste Schritt auf deren langem Weg in die Konzentrationslager. Rudolf Wolters, der getreue Diener, hatte offenbar seinen Vorgesetzten Speer zwei Jahre vor dessen Haftentlassung schützen wollen.

Speer entschied sich für eine Geschichtsfälschung zu seinen Gunsten. Auf einer Urlaubspostkarte aus dem Südtiroler Grödnertal ordnete er das Komplott an: »Ich schlage vor: Die entsprechenden Seiten existieren nicht mehr.« Und Wolters entgegnete umgehend, er habe die ganze Zeit über gesucht, »wo das Chronikoriginal geblieben sein könnte. Um es gleich zu sagen: es ist spurlos verschwunden, es ist weg, es ist nicht mehr da, es existiert einfach nicht mehr.« Wie praktisch. Drei Wochen später teilte Speer dem Bundesarchiv mit Bedauern die Unauffindbarkeit der Original-Chronik mit: »Es tut mir leid, in dieser Angelegenheit nicht erfolgreicher gewesen zu sein; jedenfalls ist es für zukünftige Historiker wertvoll genug, das, was erhalten wurde und sich im Bundesarchiv befindet, zur Verfügung zu haben. ...« Albert Speer forderte die Kontrolle seiner eigenen Geschichte – und erlangte sie. In seinen Zeilen schwang eine große Erleichterung mit.

Speers selektive *Erinnerungen*

Zur Zeit der Vertuschungsaffäre katapultierte sich Albert Speer Ende 1969 mit seinen Memoiren in den Schriftstellerolymp. Seine vielsagenden – und Wesentliches verschweigenden – *Erinnerungen* schossen sofort an die Spitze der Bestsellerlisten und erreichten bald die Millionenmarke. National und international erlangten Speers Memoiren eine enorme Reichweite. Hitlers Ehrgeizling machte noch einmal Karriere. Selten hat wohl eine Nation mit all ihren Schuldkomplexen so sehr eine Veröffentlichung ersehnt. Die deutsche Gesellschaft lechzte förmlich nach Innenansichten aus dem Machtzentrum des »Dritten Reichs«. Dass Albert Speer kein

»Speers Helfer«: Der Journalist und Buchautor Joachim Fest brachte die Aufzeichnungen des ehemaligen Hitler-Vertrauten in die richtige Form.

Speers Buch *Erinnerungen* war bald ganz oben in den Bestsellerlisten zu finden.

neutraler Beobachter, aus der Vogelperspektive beschreibender Experte war, sondern tief verstrickt in die Gräueltaten, schienen selbst professionelle Rezensenten bei der Lektüre häufig zu vergessen: Im Rückblick überraschend kritiklos, übernahm man die Sichtweise des verurteilten Kriegsverbrechers vom Hitler-Regime und seiner eigenen Rolle. Allerdings bediente sich Speer zweier anerkannter Persönlichkeiten der Verlags- und Medienbranche und ihres hervorragenden Leumunds, speziell in konservativen Kreisen: Verleger Wolf Jobst Siedler und Journalist Joachim Fest. Der NDR-Redakteur und Moderator des Magazins »Panorama«, ein brillanter Autor, brachte Speers Aufzeichnungen und Gedanken in die rechte Form und erzeugte die gewünschte Wirkung. In puncto Selbstdarstellung schien Speer in Fest einen Gleichgesinnten gefunden zu haben. Und mit Siedler verband ihn der Geschäftssinn. Ein unschlagbares Trio, von dem jeder auf seine Weise profitierte – am meisten aber wohl Albert Speer. So zahlte das Flaggschiff des Springer-Konzerns, die *Welt*, für die Rechte eines Vorabdrucks seiner Memoiren als Serie über 600 000 D-Mark. Kein schlechtes Geschäft für einen Mann, der noch drei Jahre zuvor im teuersten Sicherheitstrakt der Welt gefangen war.

Siedler und Fest avancierten zu Speers Helfern bei der millionenfachen und weltweiten Verbreitung seines öffentlichkeitswirksamen »mea culpa«. Der einstige Kriegsminister schaffte es tatsächlich, obwohl der entscheidende Mann in Waffen- und Rüstungsfragen, sich als unwissend hinsichtlich Themen wie Zwangsarbeit, Konzentrationslager, Judenvertreibung und -vernichtung zu präsentieren. Für zahlreiche Deutsche müssen der stilvolle, aufrechte, überzeugend wirkende »Herr Minister« und sein Bekenntnis zur Verantwortung entlastend gewirkt haben. Speer spielte seine Rolle mit großer Überzeugung und machte sich die Perspektive vieler zunutze, die dachten: »Wenn der engste Vertraute Hitlers von den schrecklichen Geschehnissen schon nichts wusste, wie hätte ich dann davon ahnen können.« In der Verweigerung einer Anerkennung von persönlicher Schuld waren sich Speer und große Teile der deutschen Gesellschaft offenbar einig.

Er sagte mir: »Ich habe es nicht gewusst!« Und gleichzeitig hat er offen gesagt: »Wenn ich es gewusst hätte, hätte ich nicht handeln können, also habe ich es verdrängt, um handeln zu können.« Es ist diese Ambivalenz, dass er im Bekenntnis zugleich das Bekenntnis zurückgenommen hat. Er wird niemandem gesagt haben, dass er alles gewusst hat, sondern wird immer Gründe gehabt haben, dass er nicht alles gewusst hat.

Pater Athanasius, Speer-Vertrauter

> **In einem anderen Leben wäre er vermutlich ein Mann für PR und Öffentlichkeitsarbeit gewesen. Er war ein hervorragender Selbstdarsteller und hatte somit alle Voraussetzungen für einen erfolgreichen Marketingmanager.**
>
> Dan van der Vat, Speer-Biograf

Albert Speer erinnerte sich äußerst selektiv. Auf über 600 Seiten galoppierte er mit der interessierten Leserschar weitläufig und mit großer Ausdauer durch Themengebiete, wenn diese für ihn unverfänglich waren. Entpuppten sich hingegen Wegstrecken als bedrohliche Gefahr für seinen Mythos vom »guten Nazi«, so offenbarte er für den Leser nicht zu identifizierende Erinnerungslücken. In kaum einem kritischen Punkt, der ihn in Nürnberg an den Galgen gebracht hätte, sagte Albert Speer die Wahrheit. Er rang nicht nur mit ihr, wie Gitta Sereny in ihrer Speer-Biografie titelte, sondern beugte, verfälschte und verheimlichte sie, wenn durch sie Gefahr drohte. Dass Albert Speer sich also nicht genötigt sah, die ganze Welt an seinem gut gehüteten Geheimnis einer versteckten, wertvollen Gemäldesammlung teilhaben zu lassen, kann daher nicht überraschen. Albert Speer überließ nichts dem Zufall. Jahre später begründete er seine unterlassenen Nachforschungen zum Verbleib der Bilder in einem Schreiben an seinen Anwalt mit der Angst um seinen Ruf: »Auch fürchtete ich eine öffentliche Resonanz, wenn ich versuchen würde, eine wertvolle Gemäldesammlung in meinen Besitz zurückzuführen. Diese Befürchtung gilt auch noch heute, aber unterdessen ist meine Stellung in der Öffentlichkeit gefestigter.«

Die Reaktionen auf Speers Standardwerk über sich und seinesgleichen waren überwältigend. Weltweit. Einladung um Einladung für den Starautoren folgte, er reiste von Interview zu Interview, stand nahezu jedem immer und überall Rede und Antwort und folgte der Maxime »Vertiefung durch Verbreitung«. Speers »Ghostwriter« Joachim Fest ließ ihn sogar in einem viel beachteten Fernsehinterview 77 Minuten lang die Kernaussagen seines – oder besser: ihres – Buches vor der Kamera wiederholen. Speer präsentierte sich als junger, ehrgeiziger, verführter Architekt, der dem angehenden Herrscher der Welt verfiel und es nicht schaffte, sich aus dessen unheilvoller Umarmung zu lösen: gleichsam als Faust, der seinen Mephisto gefunden hatte. Selbst Journalisten aus England wirkten seltsam mild und zahm bei ihren Befragungen der Symbolfigur des einstigen Feindes. Albert Speers Autosuggestion wirkte – auch auf Englisch. In der Öffentlichkeit kam er praktisch ungeschoren davon. Nur im Privaten meldete sich immer wieder sein schlechtes Gewissen.

Rudolf Wolters' Befürchtungen bewahrheiteten sich: Für ihn – und die meisten anderen aus der alten Riege – zeichneten Albert Speers Memoiren kein richtigeres und breiteres Bild von der Vergangenheit, wie er noch nach dem *Spiegel*-Interview gehofft hatte. Dass Speer seinen treuesten Wegbegleiter, ohne den die *Erinnerungen* nicht möglich gewesen wären, mit keiner Silbe erwähnte und ihn später gar statt in Coesfeld in Coburg lokalisierte, mag Wolters noch als Schutz seiner Person und Verstrickungen gewertet haben. Doch als sich Speer im Juni 1971 in einem *Playboy*-Interview, das in Auszügen vorab in der deutschen Illustrierten *Quick* erschien, von den alten Zeiten vollkommen lossagte und sich als reuiger Geläuterter der Weltöffentlichkeit präsentierte, teilte Rudolf Wolters seinem – schon nicht mehr ganz so guten – Freund am 24. Mai 1971 schriftlich mit, was er von dessen Wandlung hielt: »Was ist nur in Dich gefahren, daß Du nach den Schuldbekenntnissen Deiner *Erinnerungen* nicht aufhörst, Dich immer wieder und immer radikaler als Verbrecher hinzustellen, für den zwanzig Jahre Gefängnis ›zu wenig‹ waren. … Es ist für mich eine ausgesprochene Belastung, Deine beiden Seiten, den schuldigen Verbrecher (im Volksmund ›Bundesbüßer vom Dienst‹) und den anderen Albert Speer mit seinem Spaß an gelungenen Tricks, mit seiner ehrlich zugegebenen Freude an Geld und Geltung, zu verarbeiten.«

Tief getroffen, hatte Wolters Speer mehr durchschaut, als dieser wahrhaben mochte. Kurz nach Wolters' Rüge und Stilllegung ihrer Freundschaft kam Speers fragiles Glaubwürdigkeitsgebilde bedrohlich ins Wanken. Und das in einem besonders gravierenden Punkt: dem Massenmord an den Juden. Speer hatte immer heftigst bestritten, davon Kenntnis besessen zu haben. Doch im Oktober 1971 erregte der ame-

Wolters war über Jahrzehnte hinweg äußerst loyal zu Speer, aber am Ende angewidert und hasserfüllt.

Dan van der Vat,
Speer-Biograf

»Was ist nur in Dich gefahren, daß Du nach den Schuldbekenntnissen Deiner Erinnerungen nicht aufhörst, Dich immer wieder und immer radikaler als Verbrecher hinzustellen, für den zwanzig Jahre Gefängnis ›zu wenig‹ waren. Wenn Du wirklich davon überzeugt bist, ›daß es in einem Menschenalter für Sünden dieses riesigen Ausmaßes [nicht] irgendeine Sühne geben kann‹, dann bleibt zumindest unverständlich, warum zwischen Deinen Schuldbekenntnissen und Deinem tatsächlichen jetzigen Leben eine ausgesprochene Diskrepanz besteht (von der Playboy- oder Quick-Leser natürlich nichts wissen!). Ich selbst kenne Dich jedenfalls als einen heiteren Gesellen, der eine schöne Reise nach der anderen macht, seine alte Kumpanei besucht und strahlend von seinen literarischen und finanziellen Erfolgen erzählt. ... Im übrigen haust Du erneut Deine alten Freunde bzw. Mitverbrecher in die Pfanne. ... Göring, Goebbels und Bormann sind tot und haben keine Pranke mehr, zurückzuschlagen. Was sollen Deine Freunde dazu sagen, wenn Du schreibst: ›Meine moralische Verseuchung war vollkommen‹?... Es ist für mich eine ausgesprochene Belastung, Deine beiden Seiten, den schuldigen Verbrecher (im Volksmund ›Bundesbüßer vom Dienst‹) und den anderen Albert Speer mit seinem Spaß an gelungenen Tricks, mit seiner ehrlich zugegebenen Freude an Geld und Geltung, zu verarbeiten. Du kennst mich gut genug, um zu wissen, daß mir das Image, das Du Dir aus Gründen der Selbsterhaltung aufgebaut hast, in jeder Hinsicht gegen den Strich geht. Aber ich glaube, daß Du es eines Tages nicht mehr nötig haben wirst, immer wieder vor aller Welt Deine Schuld zu bekennen, um Dich dadurch letzten Endes in Deiner Untadeligkeit bestätigt zu sehen. Darf ich Dir vorschlagen, daß wir uns erst nach Beendigung dieser Phase wiedersehen, das heißt erst, wenn Du nicht mehr ausschließlich an Deiner Rehabilitation interessiert bist.«

Rudolf Wolters, Brief an Albert Speer, 24. Mai 1971

rikanische Historiker Erich Goldhagen Aufsehen mit der sensationellen Behauptung, Albert Speer sei bei der Rede Heinrich Himmlers, des Hauptverantwortlichen für den Holocaust, vor den Gauleitern in Posen am 6. Oktober 1943 über das Genozid-Programm und die Auslöschung

»Dieses Volk von der Erde verschwinden lassen«: War Albert Speer schon vor der Rede von SS-Chef Himmler (rechts) auf der Tagung der Reichs- und Gauleiter im Oktober 1943 abgereist?

der Juden dabei gewesen, gar persönlich vom Reichsführer-SS angesprochen worden. Himmlers »Posener Rede« bot die ultimative Bestätigung für die Judenvernichtung, nach der sich kein Anwesender mehr herauswinden konnte, vom Holocaust nichts gewusst zu haben. Goldhagen warf Speer also vor, von der Ausrottung der Juden – entgegen seiner ständigen Beteuerungen – gewusst zu haben. Nun schien Speer erstmalig in einer zentralen Frage zur eigenen Geschichte als Lügner entlarvt worden zu sein.

Er kannte alle Top-Leute des Regimes. Selbst wenn er nicht bei Himmlers Rede zur Judenvernichtung in Posen im Saal saß – obwohl alle Indizien für seine Anwesenheit sprechen: Er *muss* davon gewusst haben.

Dan van der Vat,
Speer-Biograf

Seine Strategie, sein gesamter Rehabilitationsplan war im Begriff zu scheitern. In seiner tiefen Verzweiflung reagierte Hitlers Helfer panisch, denn nun

»Ich bitte Sie, das, was ich Ihnen in diesem Kreise sage, wirklich nur zu hören und nie darüber zu sprechen. Es trat an uns die Frage heran: Wie ist es mit den Frauen und Kindern? – Ich habe mich entschlossen, auch hier eine klare Lösung zu finden. Ich hielt mich nämlich nicht für berechtigt, die Männer auszurotten, sprich also umzubringen oder umbringen zu lassen – und die Rächer in Gestalt der Kinder für unsere Söhne und Enkel groß werden zu lassen. Es musste der schwere Entschluss gefasst werden, dieses Volk von der Erde verschwinden zu lassen.«

Himmler, Rede bei der Gauleitertagung in Posen, 6. Oktober 1943

lag es an ihm, seine Nicht-Anwesenheit bei Himmlers Hetzrede am Nachmittag des 6. Oktober 1943 zu beweisen. Und dies war umso schwerer, als Speer selbst am Vormittag vor den Gauleitern in Posen eine Rede in seiner Funktion als Rüstungsminister gehalten hatte. Er behauptete nun fortwährend, nach seiner und vor Himmlers Rede abgereist zu sein. Von einem loyalen einstigen Weggefährten beschaffte er sogar eine eidesstattliche Versicherung, die von seiner rechtzeitigen Abreise zeugen sollte. Die Überzeugungsarbeit beim Erinnerungsvermögen von Walter Rohland – einst enger Vertrauter im Rüstungsministerium – in Sachen Eid gibt einen tiefen Einblick in seine grundsätzliche Täuschungsbereitschaft, wie auch bei seiner geheimen Bildersammlung. Um sicherzugehen, dass sich sein Getreuer auch richtig erinnerte, schickte er diesem gleich einen Entwurf mit, der in einem anschließenden Briefwechsel von Speer so lange redigiert wurde, bis er ins Konzept passte. Praktischerweise musste Rohland nur noch Speers Vorlage unterschreiben. In seinem Brief an Rohland am 8. Mai 1973 unterstrich Speer sein Anliegen mit den Worten: »Um Ihnen die Mühe zu ersparen, … schicke ich Ihnen kurzerhand ei-

Tatsächlich hatte er keine andere Wahl. Als er sich einmal für eine Version entschieden hatte, musste er sie unter allen Umständen beibehalten. Offensichtlich bereitete ihm das zunehmend Probleme, aber darauf verwendete er all seine Energie und kam damit – bis auf sehr wenige Ausnahmen – durch.

Dan van der Vat, Speer-Biograf

nen Entwurf für eine eidesstattliche Versicherung. Natürlich will ich Sie damit nicht beeinflussen, aber ich glaube, alles ist ohnehin klar.« Letztendlich bezeugte Walter Rohland tatsächlich, dass er gemeinsam mit Speer die Tagung bereits *vor* Himmlers Rede zur Vernichtung der europäischen Juden verlassen hatte. Ein Paradestück des großen Manipulators Albert Speer.

Sehnsucht nach Einsamkeit und Seelenheil

Die Gefahr, die von der »Posen-Affäre« ausging, setzte Albert Speer mental gehörig zu. Das ständige Leugnen, die dauernden Rechtfertigungen, die permanente Angst vor Entlarvung kosteten ihn ungeheure Energie. Der Spagat zwischen Außendarstellung und Selbstwahrnehmung, gepaart mit dem Verlangen nach Sühne und Seelenheil, dürfte ihn in die Exerzitien getrieben haben. Denn ab 1971 bis zu seinem Tod zog er sich regelmäßig zu den Benediktinermönchen ins Kloster Maria Laach, im nördlichen Rheinland-Pfalz gelegen, zurück. Die Ruhe, Abgeschiedenheit und Einsamkeit erinnerten ihn an seine Haftzeit in Spandau, nach der er sich im tiefsten Inneren zurücksehnte, wie sein Seelsorger und Vertrauter Pater Athanasius Wolff glaubt: »Schon in Spandau, und auch danach, hatte Speer für sich die Glaubenskraft der Religionen entdeckt und suchte die Nähe zu einem evangelischen Pfarrer, einem jüdischen Rabbi und nun zu einem katholischen Pater. Albert Speer hatte wohl das Gefühl, dass kein

> In seiner eigenen Biografie schreibt er, er hätte den Traum, dass er nach Spandau zurückkommt und der Gefängnisdirektor ihn an der Tür empfängt und sagt: »Schön, dass du wieder nach Hause kommst.« Und es war ganz sicherlich so, wenn er hier in Maria Laach war, hat er ein Stückchen bewahrender Einsamkeit erfahren, und hat das freilich dann zum Teil auch gelebt im Alleinsein.
>
> **Pater Athanasius, Speer-Vertrauter**

> Ich habe die Begegnung mit ihm geschätzt, aber ich hätte darauf verzichten können. Es ist auch ein Moment der Begleitung gewesen, und es gehört mit zum Seelsorglichen, dass man Menschen begleitet auch dort, wo man sie nicht voll versteht und wo man einfach einen Raum abgibt durch sein eigenes Dasein, dass sie weiterleben können.
>
> **Pater Athanasius, Speer-Vertrauter**

Erdling seiner belasteten Seele Linderung verschaffen könne, sondern nur eine ›höhere Macht‹.«

Auf seine Frau wirkte Speers regelmäßiger Rückzug ins religiöse Exil befremdlich, Pater Athanasius' gelegentliche Gegenbesuche in Heidelberg betrachtete die Familie mit Argwohn. Der Benediktinermönch sollte zehn Jahre lang als Speers religiöser, philosophischer und ethisch-moralischer Vertrauter – bisweilen auch als seelischer Mülleimer – dienen sowie als Sparringspartner, der dem schuldbeladenen Kriegsverbrecher bei der Erleichterung seines Gewissens half und Hilfe zur Selbsthilfe, sprich: Absolution, gewährte. Pater Athanasius war sich seiner Position bewusst: »Für Albert Speer waren Menschen immer Funktionsträger, die eine ganz bestimmte Rolle für ihn einzunehmen hatten. Das galt im Übrigen auch für seine Ehefrau und Kinder. Insofern war es meine Aufgabe und die des Klosters, ihm das Leben mit sich selbst zu erleichtern. Denn tief im Innern war Speer ein zerrissener Mensch.« Seine Aufenthalte bei den Benediktinerbrüdern waren geprägt von Ritualisierung und größter Disziplin – wie Speers gesamtes Leben. Der immer wiederkehrende Tagesablauf bedeutete für den Gast aus Heidelberg eine vertraute Berechenbarkeit und Einfachheit. »Auch wenn es absurd klingt: Irgendwie sehnte er sich wohl zurück nach der Einsamkeit, die ihn zwanzig Jahre lang prägte. Und auch unsere gemeinsamen Spaziergänge und seine Gartenarbeit im Kreuzgarten schienen ihn in jene Zeit zurückzukatapultieren«, erinnert sich der Pater. Schon im Gefängnisgarten von Spandau hatte Albert Speer auf langen Wanderungen mit eiserner Disziplin physisch und in Gedanken die Welt bereist. Seine Aufenthalte im Kloster galten ihm als Rückzug vom anstrengenden Leben in Freiheit in eine Welt der Abgeschiedenheit, die er zwei Jahrzehnte lang zwangsläufig kennengelernt hatte.

Das Kloster Maria Laach nutzte Speer allerdings nicht nur, um seine innere Zerrissenheit zu kurieren, sondern auch als Standort zum Schreiben und Recherchieren im nahe gelegenen Bundesarchiv in Koblenz, dem er seinen umfangreichen Nachlass übergeben hatte. Denn nach dem Buch ist vor dem Buch: Die *Erinnerungen* verblassten allmählich, Zeit also für einen neuen Bestseller. Stoff hatte Albert Speer nämlich reichlich. Dafür hatte er bereits Jahre zuvor in seiner Spandauer Zelle gesorgt. Dort hatte er nach dem Hitler-Stellvertreter Rudolf Heß die zweitlängste Zeit als Kriegsgefangener verbracht – und eingehend Tagebuch geführt. Der Stratege und Organisator besaß schon damals den Weitblick und den Mut, das von der neugierigen Außenwelt isolierte Innenleben der sieben Häftlinge in dem kolossal überdimensionierten Alliiertengefängnis festzuhalten. Auf kleinsten Papierschnipseln, Toilettenpapier und allem möglichen Beschreibbaren notierte er seine Beobachtungen aus der letzten Enklave Hitlers und ließ die Kassiber unter Aufsicht seines Getreuen Rudolf Wolters herausschmuggeln und ins Reine schreiben. Albert Speer muss geahnt haben, dass die voyeuristische Nachkriegsgesellschaft gern auch mal einen Blick durchs Schlüsselloch des Gefängnistors werfen würde. 1975 war es dann so weit: Albert Speers *Spandauer Tagebücher* befriedigten die öffentliche Neugier abermals. Und wieder stürmte er die Bestsellerlisten. Einnahmen inklusive. Geld und Geltung, Episode zwei.

Die Erstauflage von 200 000 Exemplaren war bald vergriffen, die *Welt* hatte 600 000 D-Mark für den Serienabdruck bezahlt und ein New Yorker Verlag 350 000 US-Dollar für die englischsprachige Lizenz. Zwar wiederholten die *Tagebücher* nicht ganz den Erfolg der *Erinnerungen*, aber auch

Speers Wohnhaus in Heidelberg war ein Gespensterhaus. Ich hatte das Gefühl, hier lebt niemand. Seiner Frau bin ich nur im Vorübergehen begegnet, aber ich bin ihr nie vorgestellt worden. Er hatte kein familiäres Zuhause und hat auch über seine Familie kaum mit mir gesprochen.

Pater Athanasius, Speer-Vertrauter

»Rückzug ins religiöse Exil«: Albert Speer kam ab den 1970er-Jahren regelmäßig ins Benediktinerkloster Maria Laach.

»Höhere Macht«: Pater Athanasius Wolff wurde zu einem engen Speer-Vertrauten.

Speers Erzählungen aus dem Innenleben der Spandauer Haft trafen den Nerv der Öffentlichkeit: Die Faszination für Hitlers weggesperrten Erfüllungsgehilfen schien auch dreißig Jahre nach Kriegsende ungebrochen zu sein. Albert Speer nutzte das wieder aufflackernde Interesse an seiner Person, um seine seit Jahren geübte Selbststilisierung zu vertiefen: Systematische Judenvertreibungen und -morde – den Holocaust – hätte er ahnen können, wenn er nachgefragt hätte, aber gewusst oder gar tatkräftig unterstützt: sicher nicht. Und dass Zwangsarbeiter in Konzentrationslagern seine Produktionszahlen als

Rüstungsminister durch Schweiß, Blut und Tränen nach oben katapultierten und dafür mit ihrem Leben bezahlten: tragisch, aber nicht zu beweisen. Dabei hatte Speer sein »Rüstungswunder« in der schier aussichtslosen Phase 1944 vornehmlich der rücksichtlosen Deportation von Millionen Arbeitskräften aus dem Osten zur Zwangsarbeit ins Reich zu verdanken. Zugleich bediente sich Speer mithilfe von Himmlers SS der erforderlichen Arbeitskräfte aus den Konzentrationslagern, die sich zur Produktionssteigerung der Rüstung buchstäblich zu Tode arbeiten mussten. Das Thüringer Bergwerk mit dem Tarnnamen »Dora-Mittelbau« beispielsweise wurde als Dependance des KZ Buchenwald etabliert, wo mindestens 20 000 der 60 000 eingesetzten Häftlinge das mörderische Arbeitstempo nicht überlebten. Ende 1944 waren insgesamt fast eine halbe Million KZ-Häftlinge in Speers Imperium tätig.

Und dennoch, Albert Speer wehrte alle Angriffe erfolgreich ab. Somit glich Hitlers Helfer einem Slalomfahrer, der mit großer Eleganz die Hindernisse umkurvte, die seinen Ruf bedrohten, sie sogar gelegentlich touchierte, wenn wieder einmal jemand zu interessiert nachhakte, letztlich jedoch auf den Beinen blieb, niemals einfädelte und sich schließlich mit letzter Kraft ins Ziel rettete. Nach den *Spandauer Tagebüchern* meldete sich wieder Speers »alter Freund«, Vertrauensmann und personifiziertes schlechtes Gewissen Rudolf Wolters mit einer finalen Kritik an den Veröffentlichungen des Schriftstellers in eigener Sache – und zog im August 1975 brieflich einen Schlussstrich unter eine Freundschaft, die keine mehr war.

Er schaffte es tatsächlich, alle Vorwürfe und Gefahren abzuwehren. Erstaunlich! Von Ronald Reagan sagte man einst, er war der »Teflon-Mann«. Speer war das wohl auch: Nichts konnte ihm etwas anhaben. Ein echtes Wunder!

Dan van der Vat,
Speer-Biograf

Es war dies die Verbitterung eines anonymisierten Weggefährten, der sich von Speer benutzt, über- und hintergangen fühlte. Und es sollte Jahre dauern, bis die verschmähte Zuneigung in eine späte Rache umschlagen würde.

Bilder? Welche Bilder?

Zu der Zeit, als sich auch der letzte verbliebene Freund von Albert Speer abgewendet hatte, schlummerte seine geheime Bildersammlung nun schon seit mehr als zwanzig Jahren in einer Lagerhalle in Mexiko-Stadt – nach ihren Umwegen über Gut Sigrön, die Commerzbank Hamburg und Eschweiler. Niemand schien sie zu vermissen noch von ihrer Existenz zu wissen oder sich ihrer zu erinnern. Nur durch kuriose Umstände und Zufälle wurden die Bilder wieder zum Leben erweckt – nämlich durch einen Todesfall in Rhöndorf bei Bonn, dem einstigen Wohnort Konrad Adenauers. Hier verbrachten die Besitzer der Speer'schen Bilder, die Eheleute Robert und Marguerite Frank, ab 1956 ihren Lebensabend. Als die gebürtige Elsässerin am 20. Januar 1978 verstarb, betraute das Gericht den ortsansässigen Anwalt Günter Hank, der zuvor schon nach Robert Franks Tod im Jahr 1961 das Mandat übernommen und die verschuldete Witwe Frank beraten hatte, »um ihr die Gläubiger vom Hals zu halten«, mit der Testamentsvollstreckung und Nachlassverwaltung. Günter Hank ahnte weder etwas von Bildern noch von deren exotischem Aufenthaltsort oder ihrer Provenienz und dem wahren Eigentümer – Albert Speer.

Ein Dauerauftrag auf ein Konto in Mexiko setzte den Nachlassverwalter auf die Spur. Seine Recherche erbrachte, dass Marguerite Frank jahrzehntelang einer Freundin in dem mittelamerikanischen Land monatlich einen festen Betrag überwies. Verwendungszweck: Lagerkosten für Vermögensgegenstände in einer Halle. Günter Hank wurde so stutzig wie neugierig. Kurzerhand bestieg er ein Flugzeug, um sich vor Ort persönlich vom Wert der Ware zu überzeugen. »Ich wollte sichergehen, dass sich da keine unerwartet wertvollen Kunstschätze verbargen«, erinnert sich Hank heute. »Als ich dort in

Durch dieses Bild Arnold Böcklins ist die Sache rausgekommen. Dr. Andree in Düsseldorf wusste, dass ein Böcklin nach dem Krieg verschwunden war. Und er wusste auch, dass dieser Böcklin dem Speer gehörte. Dadurch ist dann die Kette Lempertz – Düsseldorf – Speer zustande gekommen – und das Geheimnis lüftete sich allmählich.

Günter Hank, Nachlassverwalter der Familie Frank

diese staubige Halle kam, stieß ich tatsächlich auf Möbel – aber auch auf Bilder. Davon war zuvor nie die Rede. Von der Qualität und dem offenbaren Wert der Bilder war ich beeindruckt.«

Im Kölner Kunst- und Auktionshaus Lempertz wurde die Speer'sche Bildersammlung versteigert.

Der Nachlassverwalter ließ die etwa 30 Gemälde umgehend zu sich nach Königswinter schaffen. Dort lagerte er die vermeintlichen Werte aus dem Nachlass seiner Mandanten zuerst einmal in seiner Garage und überlegte, wie er die Bilder am schnellsten und lukrativsten umsetzen könnte. Bald inspizierte ein Mitarbeiter des Kölner Kunst- und Auktionshaus Lempertz den Schatz. Der Experte erkannte gleich den tatsächlichen Wert des Überraschungsfunds und wurde sofort aktiv. »Der Mann war ganz aufgeregt, rief gleich seine Versicherung an und bestellte einen Lastwagen, um die Bilder zu Lempertz zu schaffen«, berichtet Hank heute. Dort wurde ein Verzeichnis der Werke angelegt, und schon bald sollten sie im Auktionskatalog stehen und versteigert werden.

Die vornehmlichen Werke der Frühromantik waren von hervorragender Qualität. Kein Wunder, schlummerten sie doch jahrzehntelang in einem dunklen, trockenen Versteck! Die »Ital. Landschaft« von Jakob Philipp Hackert aus dem 1938er-Haberstock-Verkauf sowie die Bilder von Bürkel, Carus, Castell, Frey, Fries, Kunz, von Kobell, Schirmer, Schleich und anderen wurde von dem Lempertz-Experten für »Alte Kunst«, Dr. Paul Wallraf, genauestens inspiziert – und natürlich auch die »Landschaft aus den Pontinischen Sümpfen« Arnold Böcklins von 1851. Doch etwas an diesem Bild machte Wallraf offenbar stutzig: War dies nicht die Art von Rahmen, die Nazi-Größen für ihre Sammlungen benutzt hatten? Wallraf bat den Böcklin-Experten eines Düsseldorfer Museums um Rat. Und tatsächlich: Dr. Rolf Andree, der 1977 ein Werkverzeichnis des Künstlers veröffentlicht hatte, bestätigte, dass es sich um ein Bild aus einer als verschollen geltenden Sammlung eines Ministers von Hitler handelte: Albert Speer.

Das Kunst- und Auktionshaus Lempertz sagte die geplante Versteigerung kurzerhand ab, nahm um die Jahreswende 1978/79 Kontakt zu Albert Speer auf, und informierte ihn vom überraschenden Auftauchen »seiner« Bilder. Für diesen muss die Nachricht ein Schock gewesen sein, denn einerseits war nun zwar seine Kriegsbeute wieder aufgetaucht – eine potenziell hochwertige Einnahmequelle –, aber zugleich barg sie auch das Potenzial einer unangenehmen öffentlichen Diskussion. Wie würde es wohl wirken, wenn er nach all den Jahren wieder eine versteckte Kunstsammlung als Kriegsbeute zurückbekäme? Und womöglich aus jüdischem Besitz? Bei Speer schrillten offenbar sämtliche Alarmglocken. Hatte er in den zwölf Jahren seit seiner Haftentlassung nicht erfolgreich um die Wiederherstellung seines Rufs gekämpft – mit allen Mitteln? War es ihm nicht gelungen, sowohl die deutsche als auch die internationale Öffentlichkeit vom eigenen Mythos des »guten Nazis« zu überzeugen? Und nun sollte all das Verheimlichen und Verschleiern, das Betrügen und Lügen, das Tricksen und Täuschen umsonst gewesen sein wegen ein paar wieder aufgetauchter Gemälde aus einem Lagerhaus in Mexiko?

Schon bald meldete sich der Kölner Anwalt Dr. Walter Oppenhoff im Auftrag Speers beim Frank-Nachlassverwalter Günter Hank in Königswinter: Der »Herr Minister« wolle Publizität vermeiden und sei stark an einer baldigen, diskreten Lösung interessiert. Am 4. Februar 1979 machte sich in Köln eine illustre Reisegruppe mit dem Zug auf den Weg nach Heidelberg zu Albert Speer: neben den Anwälten Dr. Walter Oppenhoff und Günter Hank noch Professor Karl Maria Hettlage, Speers einstiger Büroleiter im Ministerium, Lempertz-Experte Dr. Reiner Schütte sowie der erst 29-jährige Henrik Hanstein, der die Geschäfte des Auktionshauses Lempertz führte. Das Quintett besuchte Albert Speer im Krankenhaus, um bezüglich des lästigen, aber für alle Parteien lukrativen Bilder-Geheimnisses eine Einigung zu erzielen. Günter Hank zeigt sich heute noch beeindruckt bis eingeschüchtert von dem Besuch, denn »alle sprachen Speer mit ›Herr Minister‹ an – und das war er ja auch. Das war kein

Speer konnte nicht nachweisen, dass die Bilder tatsächlich »sauber« waren. Und ich konnte nicht nachweisen, dass die Franks die Bilder rechtmäßig besessen haben. Dann haben wir beschlossen, dass die Bilder bewertet wurden von Lempertz, Strich drunter, halbe-halbe. Die Hälfte kriegt der Speer zurück und die andere Hälfte bleibt bei Frank, mit einer Maßgabe: Der Speer darf sich von den taxierten Bildern zunächst immer eines aussuchen, damit er immer der Erste ist, der drankommt.

Günter Hank, Nachlassverwalter der Familie Frank

Mann, das war ein Herr.« Das jahrzehntelange Zerren um die Bilder zwischen den Franks und Albert Speer wurde nun von den beiden Anwälten Günter Hank und Walter Oppenhoff weitergeführt. Beide Parteien waren an einer schnellen Lösung ohne Aufsehen interessiert.

Der Kriegsminister macht späte Kasse

Im Mai 1981 fand im traditionsreichen Kunsthaus Lempertz am Kölner Neumarkt die Auktion Nummer 582, »Alte Kunst«, statt. Nichts in diesem Katalog deutete auf Bilder des ehemaligen Architekten und Rüstungsministers Hitlers hin – dabei stammten ein gutes Dutzend aus dem Eigentum Speers. Diesmal fand die Auktion tatsächlich statt und wurde nicht im letzten Moment abgesagt. »Gemälde Neuer Meister« wie Carl Gustav Carus, Anton Castell und Johannes Jacob Frey wechselten ihren Besitzer ebenso wie Werke von Bernhard Fries, Adam Ludwig Kunz oder Wilhelm von Kobell. Die Gemälde von Johann Wilhelm Schirmer und Eduard Schleich dem Älteren sowie die »Italienische Seenlandschaft« eines »unbenannten Deutschen Meisters« vom Anfang des 19. Jahrhunderts – wohl die »Tiberlandschaft in der Art Phil. Hackert«, die Speer im Dezember 1937 für 1000 Reichsmark bei der Galerie Haberstock gekauft hatte – komplettierten den Verkauf aus einer mexikanischen Lagerhalle: ein wahres Auktionsfeuerwerk für Liebhaber der Romantik. Der Nachlass-

»Nichts von Speer gehört«: Der Auktionskatalog von Lempertz aus dem Mai 1981. Während der Auktion wurde ein gutes Dutzend der Speer'schen Bilder verkauft – anonym.

»Keine Bauchschmerzen«: Lempertz-Geschäftsführer Henrik Hanstein (Mitte, hier bei einer Auktion im Jahr 2002) beteuert, dass bei den Speer-Bildern keinerlei Anzeichen auf »jüdische Provenienz« hingedeutet hätten.

verwalter von Robert und Marguerite Frank ließ für die Erben deren Anteil aus dem Vergleich auf einen Schlag versteigern – 14 Werke. Anonym. Als Einlieferer Nummer 121. Der Gesamterlös: mehr als 750 000 D-Mark. Die Rechnung Robert Franks und seiner Frau Marguerite ging im Nachhinein auf – auch wenn sie selbst nicht mehr die Ernte einfahren konnten. Das jahrzehntelange Leugnen und Verstecken in einer Lagerhalle in Mexiko-Stadt lohnte sich zwar nicht mehr für die Franks, aber doch für ihre Erben.

Und für Albert Speer noch mehr. Denn bei dieser besagten Auktion und anderen mit dem Thema »Alte Kunst« ließ Hitlers Rüstungsminister ebenfalls diverse Gemälde bei Lempertz versteigern – gleichfalls anonym. 35 Jahre lang hatte er die Bilder seiner Sammlung bis dahin nicht mehr gesehen. So viele Jahre waren inzwischen vergangen, seit er sie bei seinem »Freund« Robert Frank auf dem brandenburgischen Gut Sigrön versteckt hatte und Ende April 1945 in den sicheren Tresor der Hamburger

»Späte Kasse«: Albert Speer Anfang der 1980er-Jahre mir seinem NSU Ro 80.

Commerzbank bringen ließ. Albert Speers Geduld, Stillhalten und Verschweigen zahlten sich nun ebenfalls aus: Sein Ruf wurde nicht beschädigt – und er ein reicher Mann. Während die Frank-Erben ihre Hälfte der Bilder in einer Auktion verkauften, »erhielt Speer aus seiner Sammlung die schneller verkäuflichen Bilder«, wie sich Lempertz-Geschäftsführer Prof. Henrik Hanstein erinnert. Still und heimlich wurde sein Anteil peu à peu versteigert. Albert Speer war allerdings bei keiner dieser Auktionen

Jemand, der bei der Versteigerung dabei war, als die Bilder versteigert wurden, der hatte nichts von Speer gehört, der hatte nichts von Speer gewusst. Lempertz war in solchen Sachen doch immer sehr zurückgenommen mit Informationen. Also bin ich fest davon überzeugt, dass diejenigen, die ersteigert haben, nichts von der Provenienz Speer gewusst haben.

Günter Hank, Nachlassverwalter der Familie Frank

anwesend. Sukzessive fuhr er mehrfach in seinem NSU Ro 80 nach Köln, parkte in einem nahe gelegenen Parkhaus und holte das Geld persönlich bei Lempertz am Neumarkt ab. Anonym, konspirativ und geheimnisvoll ließ sich Hitlers Rüstungsminister den Betrag aushändigen – bar in einem Umschlag. Quittieren wollte er partout nicht, bloß keine Beweise! Die Zahltage machten Albert Speer auf seine letzten Tage noch einmal zum Millionär: Insgesamt erbrachte der späte Geldregen eine runde Million D-Mark. Keine schlechte Rendite für die Kriegsbeute.

Bei Lempertz hatte man offenbar kein Problem damit, einen Kunden mit der fragwürdigen Prominenz eines verurteilten Kriegsverbrechers bedient zu haben. Und auch die Herkunft der Bilder sorgte bei Henrik Hanstein und seinen Mitarbeitern nicht für Bauchschmerzen. Treuherzig unterstrich der Kunstexperte und Geschäftsmann, dass keines der Bilder aus der Speer-Sammlung auf jüdische Herkunft hindeutete. So wechselte dann auch Jakob Philipp Hackerts »Landschaft mit Motiven des Englischen Gartens von Caserta« den Besitzer: Ein privater Kunstsammler aus Andernach erwarb das Bild, das der damalige Generalbauinspektor der Stadt Berlin im Juni 1938 auf seinen Namen »Professor Albert Speer, Chrlottenbg.« für 5600 Reichsmark bei der Galerie Karl Haberstock unter dem Begriff »Italienische Landschaft« gekauft hatte. Im Auktionskatalog deutete jedenfalls nichts auf den beziehungsweise die Vorbesitzer hin. Die Namen »Haberstock« oder »Albert Speer« wären wohl kaum verkaufsfördernd gewesen.

> **Es gibt auch die Lüge durch Verschweigen, und genau das war auch schon in Nürnberg geschehen: Speer hat durch das Unterschlagen wesentlicher Fakten gelogen. Anders gesagt, hat er die Dinge verschwiegen, von denen er genau gewusst hat, in welcher Weise er eingebunden war, aber was die Anklage nicht wissen konnte. Und das hat auch Jahrzehnte später noch funktioniert.**
>
> Dan van der Vat, Speer-Biograf

Doch nicht alle Speer-Bilder wurden per Auktion veräußert. Das Gemälde von Arnold Böcklin, »Landschaft aus den Pontinischen Sümpfen«, das er im März 1939 ebenfalls bei Haberstock für 8500 Reichsmark als »Röm. Landschaft« erworben hatte, vermachte er nun direkt dem Düsseldorfer Kunstmuseum. Allerdings landete das Bild dort nicht als Schenkung, wie lange kolportiert wurde, weil der dortige Kunstexperte Dr. Rolf

Andree anhand des Böcklin-Bildes später den Stein ins Rollen brachte und somit Rückschlüsse auf die Speer'sche Sammlung herstellte, sondern für 60 000 D-Mark. Warum hätte Speer auch – entgegen seiner sonstigen Gewohnheit – ein Werk aus seiner Sammlung verschenken sollen? Somit schloss sich der Kreis der Bilder.

Albert Speers Geheimnis blieb noch immer gewahrt: Niemand der Eingeweihten hatte ein Interesse daran, die Herkunft der Bilder preiszugeben. Teils aus Loyalität zu dem alten Weggefährten aus braunen Kriegszeiten, teils natürlich aus Geschäftsinteresse. Weshalb sollte man sich ohne Not den Markt und die Preise kaputt machen? Und warum sollte man zugeben, sich den Lebensabend auf diese Weise noch einmal zu versüßen? Denn mit Geheimnis Nummer eins finanzierte der verurteilte Kriegsverbrecher und ehemalige Spandauer Gefangene mit der Häftlingsnummer 5 nicht zuletzt Geheimnis Nummer zwei: eine Liebesaffäre. Der inzwischen 75-jährige Greis war auf seine alten Tage frisch verliebt – und konnte etwas Spielgeld sicher gut gebrauchen.

Auf Liebe und Tod

Um die Jahreswende 1979/80 bekam der Bestsellerautor Albert Speer laut seiner Biografin Gitta Sereny Post aus England. Eine gebürtige Deutsche mit zwei kleinen Kindern, verheiratet mit einem Engländer, hatte gerade erst seine 1975 erschienenen *Spandauer Tagebücher* gelesen – und war wohl tief beeindruckt von dem Kriegsverbrecher. Dieser zeigte sich offenbar ebenso berührt wie geschmeichelt – und lud die Bewunderin zu einem Treffen ein. Zwischen dem Mittsiebziger und der nur etwa halb so alten Frau entbrannte eine leidenschaftliche Liebe. Das Paar lebte sie sowohl in einem Ferienhaus in Südfrankreich aus als auch bei mancher anderen sich bietenden Gelegenheit. Offenbar bemühte sich der so spät von der Liebe Geküsste nicht einmal, die Affäre vor seiner Ehefrau Mar-

> **Er war in einem ganz seltsamen Sinne ein schöner Mann, der seine Leiblichkeit nicht akzeptiert hat und sie gleichzeitig ausgespielt hat.**
>
> Pater Athanasius, Speer-Vertrauter

»Lieblose Ehe«: Offenbar hatte Speer keinerlei moralische Bedenken, seine Gattin Margarete mit einer nur halb so alten Frau zu betrügen.

In Bezug auf sein Familienleben habe ich den Eindruck, dass er in einer lieblosen Ehe lebte, trotz der großen Anzahl an Kindern. Er entdeckte erst am Ende seines Lebens, was leidenschaftliche Liebe bedeutet. Speer traf diese deutschstämmige Frau aus London, die ihm einen bewundernden Brief geschrieben hatte. Sie verliebten sich buchstäblich auf den ersten Blick. Ich habe den Eindruck, das war für ihn die erste Erfahrung mit einer solchen Gefühlswallung, wie sie nur wahre Liebe auslösen kann.

Dan van der Vat, Speer-Biograf

garete sowie seinen Töchtern und Söhnen zu verheimlichen. Für die geduldige Mutter seiner sechs Kinder muss dieser späte Betrug wie ein Schlag ins Gesicht gewesen sein – nach all den Entbehrungen, Sorgen und Nöten während Speers zwanzigjähriger haftbedingter Abwesenheit als Ehemann, Vater und Ernährer. Albert Speer entdeckte tatsächlich im Spätherbst seines Lebens die Liebe – emotional wie körperlich. Denn »zu echter Liebe war Speer bis dahin offenbar nicht fähig«, wie es sein Vertrauter Pater Athanasius ausdrückt.

Doch diese letzte Täuschung endete für ihn tödlich. Am 31. August 1981 – das Verhältnis währte nun schon gut anderthalb Jahre – flog er nach London für ein Interview bei der BBC. Ironischerweise war der Profiteur einer geheimen Bildersammlung vom Geschichtsprofessor und Dokumentarfilmer Norman Stone eingeladen worden – für ein Interview zum Thema »Kunst und Kunstraub im ›Dritten Reich‹«. Albert Speer war ein profunderer Experte, als der britische Filmemacher ahnen konnte. Stone interviewte seinen deutschen Gast am Morgen des 1. September in einem Studio auf dem BBC-Gelände für seinen Film »The Great Art Dictator« (»Der große Kunstdiktator«), der erst dreieinhalb Monate später ausgestrahlt werden sollte. Die Einladung des Regisseurs zu

Er muss wohl sehr empfänglich dafür gewesen sein, diese Frau am Ende seines Lebens zu treffen. Speer muss sich gesagt haben: »Mein Gott, warum ist mir das nicht früher passiert?«

Dan van der Vat,
Speer-Biograf

»Verweigerung persönlicher Schuld«: Neben der BBC stellte sich Albert Speer auch anderen Sendeanstalten als Experte zur Verfügung, wie hier Ende 1980 dem französischen Fernsehen.

einem anschließenden gemeinsamen Mittagessen lehnte Speer dankend ab mit einem höflichen Lächeln: anderweitige Termine. Niemand ahnte, dass der Kunstexperte nach London gekommen war, um das Nützliche mit dem Angenehmen zu verbinden. Auf Jane Ellison, die Producerin des Dokumentarfilms und für Speers Betreuung zuständig, wirkte er »durch aus beschwingt. Niemand ahnte ja, was er an diesem Nachmittag noch vorhatte.«

Albert Speer hatte sich unter dem Namen »David Wallace« im Park Court Hotel im Stadtteil Bayswater eingemietet. Von einem falschen Namen kann man nicht sprechen, denn tatsächlich war David Wallace der Produzent des BBC-Dokumentarfilms. Doch analog zu seinem »Bildergeheimnis« legte Speer auch hier keinen Wert auf Öffentlichkeit. Aus gutem Grund, denn im Hotel wartete bereits die junge deutsch-englische Geliebte. In der Anonymität der Weltmetropole London bewahrte der an diesem Tag so vitale 76-Jährige sein süßes Geheimnis – bis kurz vor 17 Uhr. Um diese Uhrzeit klingelte an der Rezeption das Telefon. Am Ap-

> **Offensichtlich war das in jeder Beziehung eine Art »glücklicher Unfall« für ihn. Und ohne zynisch klingen zu wollen, kann man wohl sagen: Das war eine schöne Art und Weise, aus dem Leben zu scheiden.**
>
> Dan van der Vat, Speer-Biograf

parat war Albert Speers Freundin. In extremer Aufregung bat sie um Hilfe für ihren Begleiter, der regungslos auf dem Bett lag. Hitlers Architekt hatte einen Schlaganfall erlitten und wurde mit dem Notarzt ins Saint Mary's Hospital gefahren. Jane Ellison, die Filmproducerin, traf wenig später dort ein und gesellte sich vor Speers Krankenzimmer zu einer dort wartenden schlanken, großen blonden Frau Ende dreißig: »Sie stellte sich mir als seine britische Verlegerin vor. Die Frau war völlig aufgelöst – deutlich mehr, als man das von einer rein professionellen Beziehung erwarten würde.« Gegen 21 Uhr konnten die Ärzte nur noch einen Herzstillstand infolge einer Gehirnblutung feststellen, ohne dass Albert Speer noch einmal aus dem Koma erwacht wäre.

»Als Speer dann für tot erklärt wurde, lehnte sie es ab, von mir nach Hause gefahren zu werden – und verschwand auf Nimmerwiedersehen in die dunkle Nacht«, erinnert sich Jane Ellison über den letzten Auftritt von Speers Geliebter. Die »große Unbekannte« lebt immer noch im Großraum London, lehnt aber bis heute jeden Kontakt mit der Öffentlichkeit ab. Speers geheimnisvolle letzte Liebe bewahrt auch dreißig Jahre nach seinem Tod Diskretion in bedingungsloser Loyalität. Entgegen modernen Gepflogenheiten widersteht sie der Versuchung, Kapital aus ihrer heimlichen Liaison mit Hitlers Architekt und Rüstungsminister zu schlagen. Denn auch die heute etwa siebzigjährige zweifache Mutter hat das Kostbarste zu verlieren, das ihr das Leben geschenkt hat: ihren Ruf. Und so wird sie wohl weiter schweigen.

Das Lügengebäude kollabiert

Hitlers Architekt und Rüstungsminister wurde 76 Jahre alt. Und die letzten fünfzehn Jahre davon – seit seiner Freilassung aus der Haft 1966 – kämpfte er vor allem darum, seinen Ruf zu rehabilitieren. Mit Erfolg. Ihm blieb erspart mitzuerleben, wie sein Selbstbildnis und das Bild in der Öffentlichkeit zunehmend Kratzer erlitt und er auf vielen Ebenen post mortem entlarvt wurde. Insofern ereilte ihn die Gnade des zeitigen Todes. Denn schon im Jahr nach dem Ableben in den Armen seiner Geliebten kollabierten zentrale Teile des mit großem Aufwand gezimmerten Lügengebäudes des Albert Speer. Der Historiker Matthias Schmidt hatte es sich in seiner Doktorarbeit zur Aufgabe gemacht, den Wahrheitsgehalt der Aussagen des »zweiten Mannes im NS-Staat« hinsichtlich seines Wissens – respektive Nicht-Wissens – der Gräueltaten des Nazi-Regimes akademisch zu überprüfen. Sein 1982 veröffentlichtes Buch bewies, dass Speer sehr wohl von den Vertreibungen der Berliner Juden gewusst hatte. Und nicht nur das: Er hatte diese sogar angeordnet, um Hitlers größenwahnsinnige Vision von einer Reichshauptstadt »Germania« in die Tat umsetzen zu können.

Bereits Ende 1979 hatte der Doktorand Matthias Schmidt, der sich mit dem Phänomen »Albert Speer« beschäftigte, dem einstigen Rüstungsminister einen Besuch abgestattet. Für weitere Informationen empfahl Speer dem Junghistoriker leichtfertig einen Besuch bei seinem alten Weggefährten Rudolf Wolters in Coesfeld. Dabei unterschätzte er offenbar, wie verbittert, gedemütigt und voller Rachegelüste dieser mittlerweile ihm gegenüber war. Im Frühjahr 1980 konnte sich Schmidt im Hause Wolters von dem Komplott der beiden Alt-Nazis überzeugen: Wolters gestattete ihm den Zugang zu all seinen Dokumenten – und ließ den Historiker sogar in der Original-Chronik blättern, die Wolters ja mit Wissen Speers zu dessen Gunsten gefälscht hatte. Schmidt brauchte nicht lange, um den Sprengstoff dieser Lügengeschichte um die Berliner Juden-

> Sein Lügengebäude hatte lange Bestand. Dann kam sein Freund Rudolf Wolters – sein größter und treuester Helfer während der zwanzigjährigen Haftzeit – und ließ die Katze aus dem Sack. Plötzlich verdächtigten ihn immer mehr Leute der Lüge, und sein Gebäude geriet allmählich ins Wanken. Heute ist Speers Ruf völlig zerstört.
>
> **Dan van der Vat, Speer-Biograf**

vertreibungen zu erkennen. Wolters gewährte tiefe Einblicke in die Abgründe der Speer'schen Seele – und versorgte Schmidt mit allen notwendigen Details. Es war die späte Rache eines Betrogenen.

Wolters Ankündigung im Briefwechsel mit Speer Anfang 1970 – »Im übrigen kannst Du beruhigt sein; ich habe verfügt, daß das Original der Öffentlichkeit zugänglich gemacht wird, sobald keinem mehr ein Schaden daraus erwachsen kann« – machte dieser nun wahr, zumindest teilweise. Denn Schaden konnte Speer durchaus erwachsen: Diese Geschichte hatte genug Sprengstoff, Speers jahrzehntelange Anstrengungen im Kampf um seinen Ruf als »guter Nazi« zu demolieren. Und es muss ihm sofort klar geworden sein, als Schmidt ihn kurz vor seinem Tod noch einmal mit seinen Forschungsergebnissen konfrontierte. Dennoch leugnete Speer, von der »Reinigung« der »Chronik« oder einer Täuschung des Bundesarchivs gewusst zu haben. Außerdem behauptete er in der Folge, nichts mit der im Oktober 1941 einsetzenden Deportation der Berliner Juden in den Osten zu tun gehabt zu haben, obwohl seine Mitarbeiter mit der Gestapo zwischen Oktober 1941 und März 1943 die Transportlisten für 50 000 Berliner Juden in den sicheren Tod zusammengestellt hatten. Speer gab zwar den Gönner, der Schmidt mündlich eine »carte blanche« zur Publikation erteilte – um dann umgehend im *Bundesanzeiger* sämtliche Vollmachten für seinen alten Spezi Wolters zu streichen und sowohl diesen als auch den jungen Doktoranden Schmidt durch einschüchternde Schriftsätze seiner Anwälte an einer Veröffentlichung zu hindern. Das formale Ende einer einstigen, beinahe ein halbes Jahrhundert währenden Freundschaft zwischen Speer und Wolters wurde nun gar auf juristischem Wege dokumentiert. Lange wogte der Disput zwischen den Rechtsbeiständen hin und her, Schmidts Verlag prüfte eingehend die Gefahren einer Veröffentlichung – vor allem, da Speer das Urheberrecht an den von Wolters erstellten »Chroniken« beanspruchte – und entschied sich letztlich doch zu einer um 50 Seiten gekürzten Herausgabe des Schmidt-Buches unter dem Titel: *Albert Speer – Das Ende eines Mythos*. Der Titelgeber musste dies ebenso wenig erleben wie die Erkenntnisse von Historikern über seine Verstrickungen beim Ausbau des Konzentrationslagers Auschwitz, seine Verwicklungen mit der SS oder die todbringende Ausbeutung von Zwangsarbeitern.

Die Bilder lernen laufen

Nichts ist von ewiger Dauer – weder Alberts Speers Mythos noch sein »Bildergeheimnis«. Der erste Dominostein fiel im Jahr 2006, immerhin ein Vierteljahrhundert nach Albert Speers Tod im Londoner Liebesnest und seinen heimlichen Bildverkäufen. Manchmal braucht die Wahrheit etwas länger, um ans Licht zu gelangen – doch meistens schafft sie es. Das Kölner Auktionshaus Van Ham plante im April 2006 eine Auktion »Alte Kunst«. Besonders begeistert war Geschäftsführer Markus Eisenbeis von einem Gemälde, das er im Auftrag der Erben eines verstorbenen Andernacher Kunstsammlers versteigern sollte: die »Landschaft mit Motiven des Englischen Gartens von Caserta« von Jakob Philipp Hackert. Im Auktionskatalog Nr. 247 wurde das Bild aus dem Jahre 1795 mit einem Schätzpreis von 70 000 Euro angegeben: »Im Hintergrund Ansicht von Neapel. Signiert und datiert unten rechts: Filippo Hackert. Dipinse 1795. Öl auf Leinwand. Doubliert. 96 x 134 cm.« Zur Provenienz waren die Galerie Haberstock, Berlin, und das Kunsthaus Lempertz, Köln, angegeben. Dass das Gemälde darüber hinaus von dubioser Herkunft war, erfuhr Van-Ham-Geschäftsführer Markus Eisenbeis kurz vor der Auktion durch einen Anruf.

Ein Journalist wies den Auktionator darauf hin, dass sein Hackert-Bild aus dem Besitz des verurteilten Kriegsverbrechers Albert Speer und dessen als verschollen geltender Sammlung stammte. »Wir fielen aus allen

Wir waren völligst erstaunt zu hören, dass das Hackert-Bild einmal in Speers Besitz gewesen sein soll. Es war an keine solche Information zu kommen, und wir haben dem erst mal keinen Glauben geschenkt. Wir haben uns nur sehr gewundert, warum jetzt diese Information aufkommt, einen Tag vor der Auktion. Da fragt man sich schon: Verfolgt da irgendjemand eigene Interessen?

Markus Eisenbeis, Auktionator

»Dubiose Herkunft«: Die Versteigerung eines Bildes aus der »Provenienz Speer« im Kölner Auktionshaus Van Ham brachte 2006 den Stein um das Speer'sche Bildergeheimnis ins Rollen.

Wolken«, erinnert sich Eisenbeis. Doch das Gerücht allein hielt ihn nicht davon ab, das Hackert-Bild anzubieten. Ohne Beweis sah er sich auch nicht in der Pflicht, die mögliche Provenienz öffentlich zu machen. Ein Hinweis auf den Namen Albert Speer: Fehlanzeige. Die Auktion Anfang April 2006 wurde ein voller Erfolg. Die »Landschaft mit Motiven des Englischen Gartens von Caserta« erzielte einen Weltrekord für ein Hackert-Bild: Für 430 000 Euro wechselte das Gemälde seinen Besitzer. Van-Ham-Chef Eisenbeis war stolz, und der neue Besitzer erfreute sich an dem neuen Prunkstück seiner Sammlung – aber nur für kurze Zeit. Denn schon bald erfuhr er die wahre Identität des Vorbesitzers seines Neuerwerbs: Käufer Jonathan Green verlangte die nahtlose Offenlegung der Provenienz.

Wenn sich herausstellt, es gibt ungeklärte Rechtsverhältnisse, dann ist etwas nicht verkäuflich. Und so eine Persönlichkeit wie Albert Speer ist natürlich kritisch zu beäugen, ohne Wenn und Aber.«

Markus Eisenbeis,
Auktionator

Auf eine Anfrage bei dem lokalen Konkurrenten und einstigen Vermittler des Hackert-Gemäldes, dem Auktionshaus Lempertz, will Eisenbeis damals keine Antwort erhalten haben. Aber im Augsburger Haberstock-Archiv stieß er schließlich auf den Eintrag aus dem Juni 1938, dass der damalige Generalbauinspektor der Stadt Berlin auf seinen Namen »Professor Albert Speer, Chrlottenbg.« für 5600 Reichsmark bei der Galerie Karl Haberstock das Gemälde »Italienische Landschaft« von Jakob Philipp Hackert erworben hatte. Es gab also keinen Zweifel: Das Bild stammte tatsächlich aus der »Provenienz Speer«. Der neue Besitzer der Hackert-Landschaft war überhaupt nicht amüsiert, was nicht nur mit der Herkunft des Bildes, sondern auch mit seiner eigenen zu tun hatte: Jonathan Green war ein jüdischer Kunstsammler aus London. Und der Gedanke, ein Bild des verurteilten Kriegsverbrechers Albert Speer zu besitzen – möglicherweise aus jüdischen Notverkäufen

Ob Albert Speers Bilder aus jüdischem Besitz und Notverkäufen stammen oder nicht, macht keinen Unterschied für seine Korrumpierbarkeit: In jenen Jahren, in dem Umfeld und mit seinen Möglichkeiten musste er einfach davon ausgehen, dass ›seine‹ Bilder auch von dubioser Herkunft sind.«

Jonathan Petropoulos,
Speer- und Kunstexperte

»Big Business«: Möglicherweise hält der Kunstmarkt auch in den kommenden Jahren noch einige überraschende Erkenntnisse über die Herkunft verschollener Bilder bereit.

stammend –, war für ihn unerträglich. Er zwang Van Ham, das Bild zurückzunehmen und ihm den Gegenwert auszuzahlen. Zähneknirschend kam Markus Eisenbeis der Aufforderung nach: »Was sollte ich tun? Green war einer meiner besten Kunden. Gewundert haben wir uns damals allerdings schon, weshalb und woher ausgerechnet vor der Auktion die Verbindung zu Albert Speer lanciert wurde.«

Das Verstecken der Bildersammlung ist ein weiteres Verbrechen. So etwas hätte kaum jemand geahnt, bis sie vor Kurzem wieder aufgetaucht ist. Es war zunächst eine große Überraschung, aber dann eben doch nicht, wenn man sich wieder daran erinnert, was für ein Meister der Anpassung er war. Er griff nach allem, was sich ihm bot.

Dan van der Vat, Speer-Biograf

Der Kunstmarkt ist »big business« und das Interesse der Verkäuferseite an einer gnadenlosen Offenlegung sämtlicher Provenienzen – gerade bei zweifelhaftem Erwerb wie beispielsweise aus jüdischen Notverkäufen oder etwa Vorbesitz durch Nazi-Granden – gering. Inzwischen ist »der Hackert« wieder bei einem privaten Sammler gelandet, der es entweder weiterveräußert oder dessen ahnungslose Erben es irgendwann einmal versteigern lassen. Wenn es dann abermals auf dem Kunstmarkt den Besitzer wechselt, wird jedoch niemand mehr sagen können: »Von einer Provenienz Speer war uns nichts bekannt!«

Albert Speers Geheimnis um seine versteckte Bildersammlung brauchte nach seinem Tod noch dreißig Jahre, um vollständig gelüftet zu werden und den exakten Werdegang der Bilder seit Kriegsende 1945 zu rekonstruieren. Ob es sein letztes Geheimnis war? Jedenfalls ist es ein Paradebeispiel für die Täuschungen, Tricks, Verheimlichungen, Halbwahrheiten und Lügen des verurteilten Kriegsverbrechers, Hitler-Vertrauten, -Architekten und -Rüstungsminister Speer – lebenslang und darüber hinaus. Damit davongekommen zu sein, überlebt zu haben und sich als »guter Nazi« darzustellen, dürfte wohl die größte Lebensleistung gewesen sein. Heute kann man allenfalls das Geschick bewundern, mit dem Hitlers Architekt zeitlebens sein frei schwingendes Lügengebäude vor dem Kollabieren bewahrt hat. Drei Jahrzehnte nach seinem tödlichen Zusammenbruch im Londoner Liebesnest sind von seinem Ruf als »guter Nazi« nur noch Trümmer erhalten geblieben.

Literatur

Familie Hitler

Bavendamm, Dirk: Der junge Hitler – Korrekturen einer Biographie 1889–1914. Graz 2009.

Boone, Jasper C.: Hitler at the Obersalzberg: with perceptions. Philadelphia 2008.

Eberle, Hendrik (Hrsg.)/Uhl, Matthias (Hrsg.): Das Buch Hitler – Geheimdossier des NKWD für Josef W. Stalin, zusammengestellt aufgrund der Verhörprotokolle des persönlichen Adjutanten Hitlers, Otto Günsche, und des Kammerdieners Heinz Linge, Moskau 1948/49. Bergisch Gladbach 2007.

Fest, Joachim: Hitler: Eine Biographie. Hamburg 2007.

Frank, Hans: Im Angesicht des Galgens. München 1953.

Gardner, David: The Last of the Hitlers. Worcester 2001.

Hamann, Brigitte: Hitlers Wien – Lehrjahre eines Diktators. München 2004.

Joachimsthaler, Anton: Korrektur einer Biographie – Adolf Hitler 1908–1920. München 1989.

– Ders.: Hitlers Weg begann in München 1913–1923. München 2000.

Kershaw, Ian: Hitler: 1889-1936. Stuttgart, München 1998.

Läpple, Alfred: Paula Hitler – Die unbekannte Schwester. Stegen/Ammersee 2003.

Romeder, Wilhelm: Das Jahr 1945 in Weitra und Umgebung: Ereignisse – Erlebnisse – Schicksale: Mit einem ausführlichen Beitrag über die Hitler-Verwandten. Horn, Wien 2003.

Sigmund, Anna Maria: Diktator, Dämon, Demagoge: Fragen und Antworten zu Adolf Hitler. München 2006.

– Dies.: Des Führers bester Freund – Adolf Hitler, seine Nichte Geli Raubal und der »Ehrenarier« Emil Maurice. München 2003.

Unger, Michael (Hrsg.): The Memoirs of Bridget Hitler. London/Dallas 1979.

Zdral, Wolfgang: Die Hitlers. Die unbekannte Familie des Führers. Frankfurt/M., New York 2005.

Legende Rommel

Fraser, David: Rommel – Die Biographie. München 2001.
Haufler, Hervie: Codebreakers' Victory – How the Allied Cryptographers Won World War II. New York 2003.
Haus der Geschichte Baden-Württemberg (Hrsg.): Erwin Rommel. Geschichte und Mythos. Karlsruhe 2009.
Hecht, Cornelia (Hrsg.): Mythos Rommel – Katalog zur Sonderausstellung, 18. Dezember 2008 bis 30. August 2009. Stuttgart 2008.
Irving, David: Rommel – Eine Biographie. Berlin/Frankfurt am Main 1990.
Knopp, Guido: Hitlers Krieger. München 1998.
Mallmann, Klaus-Michael/Cüppers, Martin: Halbmond und Hakenkreuz – Das Dritte Reich, die Araber und Palästina. Darmstadt 2011.
Neitzel, Sönke: Abgehört – Deutsche Generäle in britischer Kriegsgefangenschaft 1942–1945. Berlin 2007.
Remy, Maurice Philip: Mythos Rommel. München 2004.
Reuth, Ralf Georg: Erwin Rommel – Des Führers General. München 1987.
– Ders.: Erwin Rommel – Das Ende einer Legende. München/Zürich 2004.
Rommel, Erwin: Krieg ohne Hass – Afrikanische Memoiren. Heidenheim 1950.
Rommel, Manfred: 1944 – Das Jahr der Entscheidung. Erwin Rommel in Frankreich. Stuttgart 2010.
Speidel, Hans: Invasion 1944 – Ein Beitrag zu Rommels und des Reiches Schicksal. Tübingen/Stuttgart 1949.
Wynter, H. W.: Special Forces in the Desert War 1940–1943. Kew 2008.
Young, Desmond: Rommel, der Wüstenfuchs. Frankfurt am Main/Berlin 1987.

Hitlers Geld

Aly, Götz: Hitlers Volksstaat – Raub, Rassenkrieg und nationaler Sozialismus. Frankfurt am Main 2006.
Hamann, Brigitte: Hitlers Wien – Lehrjahre eines Diktators. München 2004.
Herz, Rudolf: Hoffmann & Hitler – Fotografie als Medium des Führer-Mythos. München 1994.
Löhr, Hanns-Christian: Das Braune Haus der Kunst – Hitler und der »Sonderauftrag Linz«. Visionen, Verbrechen, Verluste. Berlin 2005.

Schwarz, Birgit: Geniewahn – Hitler und die Kunst. Wien/Köln/Weimar 2009.
Schwarzwäller, Wulf: Hitlers Geld – Vom armen Kunstmaler zum millionenschweren Führer. Wien 1998.
Schwendemann, Heinrich/Dietsche, Wolfgang: Hitlers Schloss – Die »Führerresidenz« in Posen. Berlin 2003.
Schwerin von Krosigk, Lutz Graf von: Staatsbankrott – Die Geschichte der Finanzpolitik des Deutschen Reiches von 1929 bis 1945, geschrieben vom letzten Reichsfinanzminister. Göttingen/Frankfurt am Main/Zürich 1974.
Zdral, Wolfgang: Der finanzierte Aufstieg des Adolf H. Wien 2002

Himmlers Wahn, Himmlers Schuld

Himmler, Katrin: Die Brüder Himmler – Eine deutsche Familiengeschichte. Frankfurt am Main 2005.
Höhne, Heinz: Der Orden unter dem Totenkopf – Die Geschichte der SS. München 2008.
Kater, Michael H.: Das »Ahnenerbe« der SS 1935–1945 – Ein Beitrag zur Kulturpolitik des Dritten Reiches. München 2005.
Koch, Peter-Ferdinand (Hrsg.): Himmlers graue Eminenz – Oswald Pohl und das Wirtschaftsverwaltungshauptamt der SS. Hamburg 1988
Leszczyńska, Katarzyna: Hexen und Germanen – Das Interesse des Nationalsozialismus an der Geschichte der Hexenverfolgung. Bielefeld 2009
Longerich, Peter: Heinrich Himmler – Biographie. München 2008.
Lorenz, Sönke u. a.: Himmlers Hexenkartothek – Das Interesse des Nationalsozialismus an der Hexenverfolgung. Bielefeld 1999.
Schwarz, Gudrun: Eine Frau an seiner Seite: Ehefrauen in der »SS-Sippengemeinschaft«. Berlin 2000.

Hitlers Frauen

Bolius, Uwe: Hitler von innen – Roman. Hohenems 2008.
Görtemaker, Heike B.: Eva Braun – Leben mit Hitler. München 2010.
Gun, Nerin E.: Eva Braun-Hitler – Leben und Schicksal. Kiel 1994.
Hamann, Brigitte: Hitlers Wien – Lehrjahre eines Diktators. München 2004.

Hayman, Ronald: Hitler and Geli. London 1998.
Klabunde, Anja: Magda Goebbels – Annäherung an ein Leben. München 1999.
Knopp, Guido: Hitlers Frauen und Marlene. München 2001.
Leutheusser, Ulrike (Hrsg.): Hitler und die Frauen. München 2003.
Loret, Jean-Marie/Mathot, René: Ton père s'appelait Hitler. Paris 1981.
Lovell, Mary S.: The Sisters – The Saga of the Mitford Family. New York 2002.
Machtan, Lothar: Hitlers Geheimnis – Das Doppelleben eines Diktators. Frankfurt am Main 2003.
Maser, Werner: Adolf Hitler – Legende, Mythos, Wirklichkeit. München/Esslingen 2001.
Meissner, Hans Otto: Magda Goebbels – Ein Lebensbild. München 1978.
Mulders, Jean-Paul: Auf der Suche nach Hitlers Sohn – Eine Beweisaufnahme. München 2009.
Pryce-Jones, David: Unity Mitford – A Quest. London 1995.
Sayer, Ian: The Women Who Knew Hitler. The Private Life of Adolf Hitler. New York 2004.
Schaake, Erich/Bäurle, Roland: Hitlers Frauen – Die willigen Helferinnen und ergebenen Mätressen des Führers. München 2001.
Schad, Martha: Sie liebten den Führer – Wie Frauen Hitler verehrten. München 2009.
Schirach, Henriette von: Frauen um Hitler. München/Berlin 1983.
Schneider, Wolfgang: Frauen unterm Hakenkreuz. Hamburg 2001.
Sigmund, Anna Maria: Die Frauen der Nazis. München 1998.
– Dies.: Die Frauen der Nazis (II). München 2000.
– Dies.: Die Frauen der Nazis (III). München 2002.
Weber, Thomas: Hitlers erster Krieg – Der Gefreite Hitler im Weltkrieg. Mythos und Wahrheit. Berlin 2011.

Speers Täuschung

Bajohr, Frank: Parvenüs und Profiteure – Korruption in der NS-Zeit. Frankfurt am Main 2004.
Breloer, Heinrich: Die Akte Speer – Spuren eines Kriegsverbrechers. Berlin 2006.
Fest, Joachim: Speer – Eine Biographie. Berlin 1999.
– Ders.: Die unbeantwortbaren Fragen – Notizen über Gespräche mit Albert Speer zwischen Ende 1966 und 1981. Reinbek 2005.

Keßler, Horst: Karl Haberstock – Umstrittener Kunsthändler und Mäzen. München/Berlin 2008.

Knopp, Guido: Hitlers Helfer – Täter und Vollstrecker. München 1998.

– Ders.: Hitlers Manager. München 2004.

Koldehoff, Stefan: Die Bilder sind unter uns – Das Geschäft mit der NS-Raubkunst. Frankfurt am Main 2009.

Petropoulos, Jonathan: Kunstraub und Sammelwahn – Kunst und Politik im Dritten Reich. Berlin 1999.

Schlie, Ulrich (Hrsg.): Albert Speer: »Alles was ich weiß« – Aus unbekannten Geheimdienstprotokollen vom Sommer 1945. München 2000.

Schmidt, Matthias: Albert Speer – Das Ende eines Mythos. Speers wahre Rolle im Dritten Reich. Bern/München 1982.

Schwarz, Birgit: Geniewahn – Hitler und die Kunst. Wien/Köln/Weimar 2009.

Sereny, Gitta: Albert Speer – Das Ringen mit der Wahrheit und das deutsche Trauma. München 2005.

Speer, Albert: Erinnerungen. Berlin 2005.

– Ders.: Spandauer Tagebücher. Berlin 2005.

– Ders.: Der Sklavenstaat – Meine Auseinandersetzungen mit der SS. Stuttgart 1981.

Vat, Dan van der: Der gute Nazi – Albert Speers Leben und Lügen. Berlin 1997.

Willems, Susanne: Der entsiedelte Jude – Albert Speers Wohnungsmarktpolitik für den Berliner Hauptstadtbau. Berlin 2002.

Personenregister

Kursive Seitenangaben verweisen auf Abbildungen.

Z

Orts- und Sachregister

Kursive Seitenangaben verweisen auf Abbildungen.

Y

Z

Abbildungsnachweis

Familie Hitler

Amt der niederösterreichischen Landesregierung, St. Pölten, Österreich: 24
Anshe Emet Synagoge, Chigaco, USA: 63 u.
Anzenberger, Wien, Österreich: 73 (Michael Appelt)
AP Photo, Frankfurt: 44 (Jim Pringle)
Bayerische Staatsbibliothek, München: 14, 23, 29, 32, 33 l. (Fotoarchiv Hoffmann)
bpk – Bildagentur für Kunst, Kultur und Geschichte, Berlin: 17, 38 (Bayerische Staatsbibliothek/Archiv Heinrich Hoffmann)
Bundesarchiv Berlin: 41 u. (R 179), 52 (R 9347), 58 (NS 51)
Corbis, Düsseldorf: 26 (David J. & Janice L. Frent Collection), 37 (Bettmann)
Diözesanarchiv St. Pölten, Österreich: 21 u.
Getty Images, München: 63 o. (Hulton Archive), 68 (Keystone)
Library of Congress, Washington, USA: 33 r., 41 o. (Prints & Photographs Division), 59, 64, 65 (Prints & Photographs Division, Look Magazine Photograph Collection)
Loopfilm, München: 51, 72
National Archives, Washington: 21 o.
New York Public Library, New York: 36 o.l., 36 o.r., 56
Privat: 71
ullstein bild, Berlin: 28 l., 28 r. (Schöning)
Verlag Florian Beierl, Berchtesgaden: 19, 36 u., 48, 50, 54, 69

Legende Rommel

Bayerische Staatsbibliothek, München: 74, 90 o., 93, 99, 133, 134, 136 u. (Fotoarchiv Hoffmann)
bpk – Bildagentur für Kunst, Kultur und Geschichte, Berlin: 90 u., 105 o., 112, 113 (Bayerische Staatsbibliothek/Archiv Heinrich Hoffmann)
Bundesarchiv Koblenz: 96 o. (Bild 146-1998-043-20A), 96 u. (Bild 183-L17802), 110 (Bild 101I-782-0049-21, Foto Erich Borchert), Bundesarchiv, 119 o. (Bild 101I-785-0299-24A, Foto Moosmüller), 119 u. (Bild 183-R80531), 122 (Bild 183-J20384, Foto Lüken), 129 (Bild 101I-298-1763-09, Foto Scheck), 138 (Bild 101I-721-0370-15A, Foto Jesse)
Corbis, Düsseldorf: 120, 124 u.l. (Bettmann)
Getty Images, München: 131 o. (Time & Life Pictures)
Haus der Geschichte Baden-Württemberg, Stuttgart: 81 o., 81 u., 85 o., 85 u., 89, 102, 104, 105 u., 109 o., 109 u., 124 o., 128 o., 128 u., 131 u., 136 o., 140 u., 141 o., 141 u.
MPR Film und Fernsehproduktion, München: 84 o., 84 u. (Maurice Remy)
Oliosi Piero, Mailand, Italien: 124 u.r.
The National Archives, Surrey, United Kingdom: 115
Yad Vashem Jerusalem, Israel: 121
ZDF, Mainz: 140 o.

Hitlers Geld

akg-images, Berlin: 144 (John Heartfield, *Der Sinn des Hitlergrußes* © The Heartfield Community of Heirs/VG Bild-Kunst, Bonn 2011), 152 o.
Architekturmuseum der Technischen Universität Berlin: 189 u.r.
Baumann, Christian: 146, 147
Bayerische Staatsbibliothek, München: 152 u., 154 o., 154 u.l., 156, 158, 159 o., 161 o., 161 u., 164 o., 165, 167 o., 167 u., 170 o.l., 170 o.r., 170 u., 172 o., 172 u., 179 o., 181 (Fotoarchiv Hoffmann)
bpk – Bildagentur für Kunst, Kultur und Geschichte, Berlin: 175 (Bayerische Staatsbibliothek), 176, 182, 190, 196 (Bayerische Staatsbibliothek/Archiv Heinrich Hoffmann)
DHM, Berlin: 173 (John Heartfield, *Thyssen mit Zigarre zieht Hitler wie einen Hampelmann am Strick* © The Heartfield Community of Heirs/VG Bild-Kunst, Bonn 2011)

Getty Images, München: 164 u. (Popperfoto), 197 (Keystone)
Interfoto, München: 179 u. (Marz)
Österreichische Nationalbibliothek, Wien, Österreich: 192
Süddeutsche Zeitung Photo, München: 159 o. (Knorr + Hirth), 185 (Scherl)
ullstein bild, Berlin: 150 (Max Ehlert), 194 (Heinrich Hoffmann)
Wikipedia: 154 u.r.

Himmlers Wahn, Himmlers Schuld

bpk – Bildagentur für Kunst, Kultur und Geschichte, Berlin: 211 o. (K.H. Alex), 211 u. (Friedrich Bauer), 223, 227, 256 (Bayerische Staatsbibliothek/Archiv Heinrich Hoffmann), 235, 241, 249 o., 258 o. (N.N.) 252 (Walter Frentz), 253 u. (Karl Sturm)
Bundesarchiv Koblenz: 202 (Bild 183-H08448), 206 l. (Bild 146-1990-080-04), 213 (Bild N1126-38-86-RS), 224 (Bild 146-1974-080-70), 231 (Bild 152-11-12, Foto Friedrich Franz Bauer), 236 (Bild 135-S-13-05-34, Foto Ernst Schäfer), 238 o. (Bild 146-1977-095-02), 245 (N.N.), 249 u. (Bild 146-1968-034-19A),
Interfoto, München: 234 o., 234 u. (Hermann Historica)
Süddeutsche Zeitung Photo, München: 216 o., 220 o., 229 (Scherl), 216 u., 221, 258 u.
ullstein bild, Berlin: 204 o., 204 u. (Karwasz), 239 (N.N.), 254 (TopFoto)
United States Holocaust Memorial Museum, Washington: 206 r., 209 o., 220 u., 253 o.
Wikipedia: 238 u.

Hitlers Frauen

Action Press, Hamburg: 274 u. (Michael Mittelsteiner)
Aus Maser, Werner: *Adolf Hitler – Legende, Mythos, Wirklichkeit*. München/Esslingen: Bechtle 2001: 269
Bayerische Staatsbibliothek, München: 268 o., 268 u., 272, 279, 280 o., 280 u., 291 u., 296 u., 300 l., 303, 308 o., 312 o., 312 u., 314 l., 314 r., 316, 318 u., 322 (Fotoarchiv Hoffmann), 276 (Porträt- und Ansichtensammlung), 299
bpk – Bildagentur für Kunst, Kultur und Geschichte, Berlin: 260, 262, 265 u., 266, 284 o., 296 o., 300 r., 308 u., 318 o. (Bayerische Staatsbibliothek/Archiv Heinrich Hoffmann)

Bundesarchiv Koblenz: 265 o. (Bild 183-H13160), 293 (Bild 183-R32860)
Getty Images, München: 309 u. (Popperfoto)
Süddeutsche Zeitung Photo, München: 287 (PVDE/Rue des Archives)
ullstein bild, Berlin: 274 o. (dpa), 282 (BPK/Willy Römer), 284 u., 291 o., 309 o. (N.N.), 294 (SV-Bilderdienst)
ZDF, Mainz: 271

Speers Täuschung

akg-images, Berlin: 368 o. (Hilbich)
Aus Broschüre *Namensgebung Erdgaskraftwerk Robert Frank*: 340 r.
bpk – Bildagentur für Kunst, Kultur und Geschichte, Berlin: 327, 332 (N.N.), 330 o., 363 (Bayerische Staatsbibliothek/Archiv Heinrich Hoffmann), 330 u. (Hanns Hubmann)
Bundesarchiv Koblenz: 329 (Bild 183-V00555-3), 344 o. (Bild 146-1968-036-22), 344 u., 355 (Nachlass Rudolf Wolters)
Der Spiegel, Hamburg: 351 (40/1966)
Kunsthaus Lempertz, Köln: 374 (Alte Kunst Auktion 582/1981)
Kunstmuseum Düsseldorf: 338 o.
Laif, Köln: 336 (Redux/The New York Times/Heidi Schumann)
picture alliance, Frankfurt: 324 (Manfred Rehm), 358 u. (dpa), 371 (dpa/Oliver Berg)
Privat: 338 u., 368 u.
Sipa, Paris, Frankreich: 381 (TF1/Galmiche)
Süddeutsche Zeitung Photo, München: 335 o., 340 l., 376, 379 (N.N.), 343 (Alfred Strobel), 358 o. (Sven Simon), 375 (version), 388 (Teutopress)
ullstein bild, Berlin: 334 o., 354 l., 354 r. (N.N.), 334 u. (Nowosti), 335 u. (Sakowitz(L)), 349 (dpa)
Van Ham Kunstauktionen, Köln: 386 (Alte Kunst Auktion 247/2006)

Die Rechteinhaber einiger Abbildungen konnten trotz intensiver Recherche nicht ermittelt werden. Der Verlag bittet Personen oder Institutionen, welche die Rechte an diesen Abbildungen haben, sich zwecks angemessener Vergütung zu melden.